ARRIBA

CUSTOM EDITION FOR GEORGIA STATE UNIVERSITY

Taken from

¡Arriba! Comunicación y cultura, Brief Fourth Edition
by Eduardo Zayas-Bazán and Susan M. Bacon

PEARSON
Custom
Publishing

PEARSON
Prentice
Hall

Taken from:

Arriba! Comunicación y cultura, Brief Fourth Edition
by Eduardo Zayas-Bazán and Susan M. Bacon
Copyright © 2004, 2001, 1997, 1993 by Pearson Education
Published by Prentice-Hall, Inc.
Upper Saddle River, New Jersey 07458

This special edition published in cooperation with Pearson Custom Publishing.

Printed in the United States of America

10 9 8 7 6 5 4

ISBN 0-536-97675-9

2005320037

EC

Please visit our web site at *www.pearsoncustom.com*

PEARSON CUSTOM PUBLISHING
75 Arlington Street, Suite 300, Boston, MA 02116
A Pearson Education Company

Brief Contents

SCOPE & SEQUENCE

	Objetivos comunicativos	Vocabulario

Estructuras

Cultura

| SCOPE & SEQUENCE | Objetivos comunicativos | Vocabulario |

SCOPE & SEQUENCE

	Objetivos comunicativos	Vocabulario

Estructuras

Cultura

SINCE it was first published more than a decade ago, *¡Arriba! Comunicación y cultura* has been used successfully by thousands of instructors and hundreds of thousands of students throughout North America. Originally conceived to address the need for an elementary Spanish text that went beyond grammar drill to develop cultural insight and communication skills, it has come to be known as a highly flexible program—one that can be used effectively in a wide range of academic settings and by instructors with a variety of different teaching styles. Adopters have consistently praised it for its clarity and for providing materials that are both motivating and easy to use in the classroom.

Highlights of the Fourth Edition

Drawing on the success of previous editions, the fourth edition of *¡Arriba!* has been carefully crafted to educate another generation of students. Like its predecessors, the new edition has been designed as an eclectic and flexible text that is clear, easy to use, and motivating to students.

But while the goals remain the same, many changes and refinements have been made as a result of extensive feedback from over a hundred reviewers. A new design enhances the clarity of the chapter structure, while other changes to the student text make it even more appealing and relevant to today's students. The comprehensive array of supplemental materials has also been carefully reviewed and revised, and several new items have been added to the program. Specific changes include the following:

The chapter opening spread now serves as an *advance organizer* for the chapter as a whole, explicitly introducing the chapter's target country or region through photos, a locator map, and a proverb, in addition to providing an outline and identifying communicative objectives for the chapter.

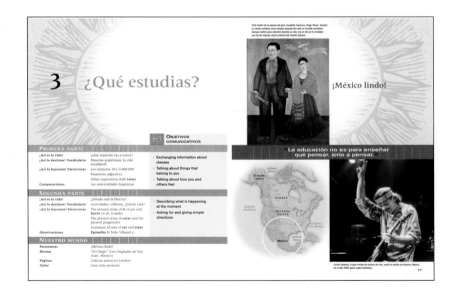

The vocabulary lists of **Así lo decimos** have been streamlined, with visuals added to provide context and motivate learning.

The **Aplicación** vocabulary and grammar activities now move more systematically from guided to open-ended activities. The new organization allows a gradual progression from receptive to guided productive to open-ended communicative activities, building student competence in steady increments.

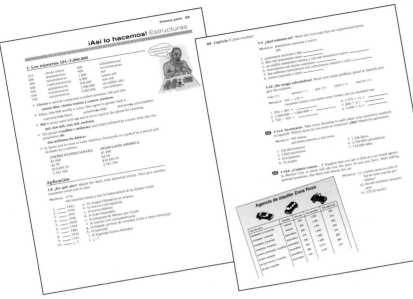

¿**Cuánto sabes tú?** self-assessment boxes at the end of each of the first two parts of each chapter remind students of the objectives set out in the chapter opener and assist students in determining how well they have mastered the material.

The **Comparaciones** section, now at the end of the first part of each chapter, has been organized into two sets of activities: a pre-reading activity, **En tu experiencia,** in which students draw on their own experiences and a post-reading activity, **En tu opinión,** in which students express their opinions.

A new video section, entitled **Observaciones**, appears at the end of the second part of each chapter. It enables students to integrate what they have learned both in the chapter and in the video through a series of pre-viewing, viewing, and post-viewing activities.

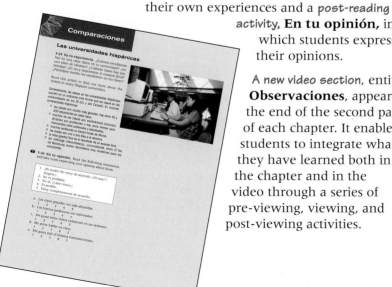

Nuestro mundo, the third major part of each chapter, has been reorganized and expanded to include **Panoramas, Ritmos, Páginas**, and **Taller**.

- **Panoramas**: a visually stimulating presentation of the chapter's featured country or region, accompanied by activities that foster student engagement with the material.

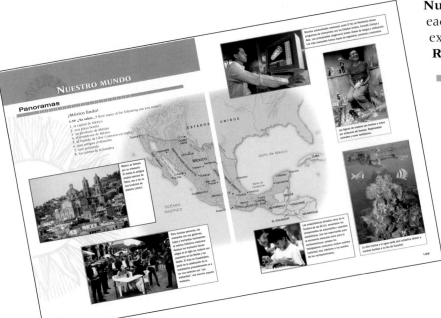

- **Ritmos**: lyrics and listening activities to accompany a culturally relevant musical selection, with music available to instructors on a special CD entitled *Ritmos de nuestro mundo*.

- **Páginas**: authentic readings, building in l ength and complexity throughout the text and accompanied by pre-reading, reading, and post-reading activities.

- **Taller**: realistic writing assignments in a process-oriented framework.

New annotations (*Vínculos*) in the **Annotated Instructor's Edition** correlate appropriate sections of supplementary materials with the activities in the student text. New annotations containing Teaching tips effectively provide lesson plans for each of the chapter's major sections.

In addition...

The *Scope and Sequence* has been revised to create more balance between semesters. Specific changes include the following:

- The familiar and formal commands have been moved from Chapters 4 and 6 to Chapters 11 and 12 in order to address them shortly after the subjunctive.

- The preterit and imperfect tenses are introduced earlier in order to allow coverage during the first semester.

- The conditional is now introduced in Chapter 12, allowing users of the brief edition to cover the conditional in the first year.
- Contextualized grammar presentations are drawn from the preceding conversations and are recycled throughout the text.

Two different types of listening activities are now included in the **¡Así lo decimos!** sections of each chapter, the first focused on global understanding, the second on listening for details.

Internet activities are now integrated into each chapter to encourage students to explore and research Hispanic culture outside the classroom.

The illustration program has been extensively revised to reflect diversity of gender, ethnicity, age, physical ability, and socioeconomic and civil status.

The Instructor's Resource Manual has been expanded to include a general introduction to the **¡Arriba!** program, an explanation of the North American educational system, and lesson plans for all 15 chapters.

A new Instructor's Resource Center on CD brings the Instructor's Resource Manual, Testing Program, and Image Resource CD together on one convenient CD.

Testing content is now available in Test Gen format, allowing instructors to create, rearrange, and customize multiple versions of their exams from an extensive question bank.

A new integrated online resource, known as the **¡Arriba!** OneKey, brings a wide array of supplemental resources together in one convenient place. It includes the online versions of the Workbook/Lab manual, the complete audio program, the complete video program, and a gradebook feature—as well as many other valuable tools and resources.

Organization and Pedagogy

¡Arriba!, fourth edition, consists of fifteen topically organized chapters. The first twelve chapters present essential communicative functions and structures, along with basic cultural information about the countries that make up the Hispanic world. The last three chapters present more advanced structures together with thematically focused cultural material. (A brief version of the text, consisting of the first twelve chapters only, is also available.)

All chapters have the same basic organizational structure, with content presented in three major sections. The language material that forms the core of each chapter is divided into two distinct instructional units, **Primera parte** and **Segunda parte.** The third, **Nuestro mundo** is a synthesizing section that presents cultural information on a target country or region, along with activities designed to develop students' reading and writing skills.

Primera parte

The **Primera parte** opens with a section called **¡Así es la vida!,** which uses a combination of lively conversations, drawings, photos, realia, and/or readings to set the stage for the communicative functions and culture to be presented more formally later.

Vocabulary is presented and practiced in the **¡Así lo decimos!** section. The revised and streamlined vocabulary lists are grouped functionally and practically, with illustrations to provide context. A wide range of practice activities follows, ranging from more guided to more open-ended activities. One of these is a listening comprehension activity, building on the language sample in the **¡Así es la vida!** section.

Grammatical topics are presented and practiced in the **¡Así lo hacemos!** section. Grammatical explanations are clear and concise; many include helpful illustrations. Study tips assist students with structures that non-native speakers of Spanish often find difficult, and some structures are elaborated a step further in **Expansión** boxes. A wide variety of practice activities are provided for each grammar topic, moving from form-focused to meaning-focused to more open-ended communicative activities. A **¿Cuánto sabes tú?** self-assessment box toward the end of the **Primera parte** reminds students of the objectives set out in the chapter opener and assists them in determining how well they have mastered the material.

The final section of the **Primera parte,** entitled **Comparaciones,** presents information about the Spanish-speaking world as a whole, then asks students to compare what they have learned with aspects of their own culture. The **En tu experiencia** questions invite students to reflect on their experiences of their own culture, while the **En tu opinión** activities encourage students to discuss the topic in small groups.

Segunda parte

The organization of the **Segunda parte** is largely parallel to that of the **Primera parte.** It also presents additional vocabulary and grammatical topics through sections entitled **¡Así es la vida!, ¡Así lo decimos!** and **¡Así lo hacemos!** Instead of **Comparaciones,** however, this section of the chapter offers a video-based section entitled **Observaciones.** The video comprehension activities offered here are based on the corresponding episode of the video filmed specifically to accompany *¡Arriba!, Toño Villamil y otras mentiras.* The pre-viewing, viewing, and post-viewing activities are designed to help students follow the plot of the story.

Nuestro mundo

The synthesizing third part of each chapter begins with **Panoramas,** a visually and textually panoramic presentation of the targeted country or region of the Hispanic world. The material is supported by activities that encourage students to discuss the regions and topics, do additional research on the Web, and make comparisons.

Students get an additional and highly motivating look at the target country's culture through the **Ritmos** section, which features a musical selection from the targeted country or region, together with pre-listening, listening, and post-listening activities. (Musical selections are available to instructors on an accompanying audio CD.)

Reading skills are the focus of the **Páginas** section. Many of the readings in the fourth edition are new, and include a wider variety of genres and male and female authors. The readings include excerpts from magazine and newspaper articles, a fable, poems, short stories, and excerpts from novels and plays by contemporary Hispanic writers from various parts of the Spanish-speaking world, including the United States. All the readings are supported by pre- and post-reading activities.

The **Taller** section provides guided writing activities that incorporate the vocabulary, structures, and themes covered in the chapter. Writing assignments include such items as personal and business letters and fables, and each is presented in a process-oriented manner, encouraging students to follow a carefully planned series of steps, including self-monitoring and peer editing.

Program Components

Instructor Resources

ANNOTATED INSTRUCTOR'S EDITION (0-13-117530-0)

The *¡Arriba!* AIE has two-color annotations organized into two types:

- **Vínculos** which correlate appropriate sections of supplementary materials (e.g., Workbook/Lab Manual, Gramática viva, Image resource CD, and so on) with the activities in the student text, and
- Annotations that provide detailed information, suggestions, and explanations on how to teach with the *¡Arriba!* program.

Marginal notations in the AIE include information about the content of the activities, teaching tips, and hints on effective classroom techniques. Additional notations include notes for expanding on in-class activities. Answers to activities are printed in the appropriate blank within the activity itself, or in the margin of the text.

INSTRUCTOR'S RESOURCE MANUAL (0-13-117557-2)

The IRM is a one-stop resource manual that instructors can use for a variety of purposes. Contents include:

- An introduction that discusses the philosophy behind the *¡Arriba!* program, a guide to using the text's features, and a guide to other program components
- Pointers for new instructors, including lesson planning, classroom management, warm-ups, error correction, first day of class, quizzes/tests, and other teaching resources
- An explanation of the North American educational system, written (in Spanish) for instructors who may be unfamiliar with it.
- Sample syllabi showing how the program can be used in different educational settings (three or four contact hours per week; use of the text over two or three semesters)
- Two sets of lesson plans for all 15 chapters, one designed for a two-semester syllabus, the other for a three-semester syllabus.
- A testing program includes two versions of tests for each of the 15 chapters, plus midterms and final exams
- A video manual that includes the videoscript and pre-viewing, viewing, and post-viewing activities that may be photocopied and used in class.
- The Lab Manual Audioscript

VHS VIDEOCASSETTE (0-13-117568-8)

This 60-minute video supports each chapter of the text with a segment consisting of two main parts:

- The first part of the video is a dramatic story (*telenovela*) that follows the experiences of three young Spanish speakers as they explore regional and cultural elements of Mexico.
- The second part of the video features interviews with native speakers from the country or region featured in each chapter of the text. Interview questions are related to each chapter theme.

INSTRUCTOR'S RESOURCE CENTER ON CD (0-13-117558-0)

This new supplement brings the Instructor's Resource Manual and Image Resource CD together on one convenient CD. All line art, realia, maps, and grammar boxes from the textbook are included as well as the Word files for the entire Instructor's Resource Manual.

MUSIC CD: RITMOS DE NUESTRO MUNDO (0-13-117565-3)
New to this edition, the Music CD contains all of the songs from the *Ritmos* sections of the text. Each song represents a different musical genre and style based on the country featured in each chapter.

TESTING PROGRAM AUDIO ON CD (0-13-189866-3)
This CD contains the recordings to accompany the listening activities in the Testing Program.

TEST GEN (0-13-117560-2)
Testing software that allows you to easily create, rearrange, and customize multiple versions of your exams from an extensive question bank. Exams can be printed or administered on line.

Student Resources

WORKBOOK/LAB MANUAL (0-13-117551-3)
The Workbook and Lab Manual are combined chapter by chapter for ease of use, providing additional practice for all of the vocabulary and grammar points in the textbook. Each chapter includes a **Nuestro mundo** and a **¿Cuánto sabes tú?** section. The Lab Manual activities also review vocabulary and grammar structures while focusing on listening and pronunciation.

ANSWER KEY TO ACCOMPANY THE WORKBOOK/LAB MANUAL (0-13-117561-0)
The key contains answers to the Workbook and Lab Manual activities.

AUDIO CDS TO ACCOMPANY LAB MANUAL (0-13-146661-5)
CD recordings correspond to each activity in the Lab Manual.

AUDIO CDS TO ACCOMPANY TEXT (0-13-117555-6)
CD recordings correspond to each listening activity in the textbook as well as the **¡Así es la vida!** dialogs and the **¡Así lo decimos!** vocabulary words.

STUDENT VIDEO CD-ROM (0-13-117552-1)
This CD-ROM features the complete original, dramatic story-line video and cultural interviews that accompany the textbook as well as comprehension-based activities derived from the story-line that develop listening skills. The video is displayed using the Divace® media player developed by Sanako—the only media player on the market that was designed specifically for the language learner.

SUPPLEMENTARY ACTIVITIES (0-13-146660-7)
This supplement (new to this edition) provides additional activities to be used in class to increase student interest and motivation. With games, crossword puzzles, fill-in-the blank activities, and paired activities, it is a rich resource for the classroom experience.

Online Resources

COMPANION WEBSITE™
The open-access Companion Website™ features the complete audio program to accompany the text and Lab Manual; Web resources such as cultural activities and links; and comprehensive chapter review materials. These include self-grading vocabulary and grammar exercises with detailed feedback, as well as an interactive soccer game and flash-card module. Finally, sample chapter tests are included to enhance self-study.

ONEKEY
The *¡Arriba!* OneKey (new to this edition) is an integrated online resource that brings a wide array of supplemental resources together in one convenient place.

OneKey features everything you and your students need for out-of-class work, conveniently organized to match your syllabus. An online version of the Workbook and Lab manual is included, along with the complete audio program and an automated gradebook for instructors. Testing materials and other instructor resources are available in a separate section that can be accessed by instructors only.

The *¡Arriba!* **OneKey** content is available in three different platforms. A nationally hosted version is available in the reliable, easy-to-use CourseCompass™ platform. The same content is also available for download to locally hosted versions of BlackBoard™ and WebCT™.

Acknowledgments

The fourth edition of *¡Arriba!* is the result of careful planning between ourselves and our publisher and ongoing collaboration with students and you—our colleagues—who have been using the first, second and third editions. We look forward to continuing this dialog and sincerely appreciate your input. We owe special thanks to the many members of the Spanish-teaching community whose comments and suggestions helped shape the pages of every chapter. We gratefully acknowledge and thank in particular our reviewers for this fourth edition:

Kathleen Aguilar, Fort Lewis College
Javier Alcaraz, Pima Community College–Downtown Campus
Sandra Alzate, University of Cincinnati
Mary Jo Arns-Radaj, Normandale Community College
Alan Bell, University of Maryland, Baltimore County
Judy Brandon, Clovis Community College
Herbert Brant, Indiana University Perdue Indianapolis
Valerie Budig-Markin, Humboldt State University
María-Cristina Burgueño, Marshall University
Lisa Calvin, Indiana State University
Carmen Carracelas-Juncal, Amherst College
Edy Carro, University of Cincinnati
Ana Castro, University of South Florida
Maritza Chinea-Thornberry, University of Southern Florida
Donna Clark, Northern Virginia Community College–Woodbridge Campus
Luis Clay-Méndez, Eastern Illinois University
Octavio de la Suarée, William Paterson University
Jesús De León, El Paso Community College
Conxita Domènech, Front Range Community College–Westminster Campus
Colleen Ebacher, Towson State University
Rosalba Esparragoza, University of North Carolina at Charlotte
April Fisher, Oregon State University
Richard Ford, University of Texas at El Paso
Diego García, University of Cincinnati
Ricardo García, San Jacinto College South
Virginia Gibbs, Luther College
Jorge Giró, Towson University
Yolanda González, Valencia Community College
Mike Hammer, San Francisco State University
Jim Heinrich, Humboldt State University
Hildegart Hoquee, The San Jacinto College District–Central Campus
Patricia Houston, Pima Community College
Amy Huseman, University of Cincinnati
Carolina Ibáñez-Murphy, Pima Community College–Downtown Campus

Alfonso Illingworth-Rico, Eastern Michigan University
Anne Kelly-Glasoe, South Puget Sound Community College
David Knutson, Xavier University
Linda Lane, East Central Community College
Maria Lightner-Ferrer, Pacific Lutheran University
Gary Ljungquist, Salem College
Oswaldo A. López, Miami Dade Community College
Ignacio López-Calvo, California State University at Los Angeles
Lucrecia Maclachlan, North Carolina Central University
Maria Mahaffey, University of North Carolina at Charlotte
Martha Manier, Humboldt State University
José María Mantero, Xavier University
Tom Manzo, San Antonio College
Paloma Martínez-Carbajo, Pacific Lutheran University
Ingrid Martínez-Rico, Florida Gulf Coast University
Sonia Maruenda, University of Wisconsin–Green Bay
Ornella Mazzuca, Dutchess Community College
Robert McCaw, University of Wisconsin–Milwaukee
Tim McGovern, University of California at Santa Barbara
Chris Miles, University of Cincinnati
Edward Miller, Calvin College
Nancy Minguez, Old Dominion University
Deborah Mistron, Mid Tennessee State University
Lisa Nalbone, University of Central Florida
Eric Narváez, Normandale Community College
Holly Nibert, Western Michigan
William Nichols, Texas A&M International University
Trista Nicosia, Cape Fear Community College
Milagros Ojermark, Diablo Valley College
Joanne Olson-Biglieri, Lexington Community College
Lola Orellano-Pérez, Texas A & M International University
Hilda Otaño-Benítez, Amherst College
Jeana Paul-Ureña, Stephen F Austin State University
Ariel Pérez, University of California at Santa Cruz
Teresa Pérez-Gamboa, University of Georgia
Stacy Powell, Auburn University
Anne Prucha, University of Central Florida
April Reyes, University of South Dakota
Fanny Roncal, Luther College
L. Louise Rozwell, Monroe Community College–Brighton Campus
María-Cristina Saavedra, University of Pittsburgh at Johnstown
Verónica Saunero-Ward, New Mexico Highlands University
Carmen Schlig, Georgia State University
Teresa Sears, University of North Carolina at Greensboro
Juan-Antonio Sempere-Martínez, San José State University
Laure Shaw, Mount Saint Mary College
Roger Simpson, Clemson University
Ruth Smith, University of Louisiana at Monroe
María Spero, Fort Lewis College
Wayne Steely, Saint Joseph College
Christine Swoap, Warren Wilson College
Jesus Tafoya, Sul Ross State University
David Towles, Liberty University
Diana Valencia, Saint Joseph College
Julián Vásquez, University of Cincinnati
Nora Vera-Godwin, Southeastern Community College
Rina Villars, Old Dominion University

Susan Walter, University of Denver
Susan Wehling, Valdosta State University
Tanya Wilder, Washington State Community College
Bruce Williams, William Paterson University
Sonia Wohlmuth, University of South Florida
Maríablanca Wortham, University of Louisiana at Monroe
Horacio Xaubet, North Carolina Central University
Bridget Yaden, Pacific Lutheran University
Katie Yates, NorthEast State Technical Community College
Christine Young, Kutztown University

We owe many thanks to Pepe Fernández, a longtime contributor and friend, to Enric Figueras for the Workbook and to Lisa Nalbone for the Lab Manual. Special thanks are due to Meghan and Marguerite Barnes for the *Vínculos* in the Annotated Instructor's Edition; Kerry Kautzman for many of the annotations in the AIE; Héctor Torres for his knowledge and connections in helping us choose the music and his tenacity in obtaining permissions for the **Ritmos;** and Anne Prucha, for creating the **Ritmos** activities in the text. Thank you also to José Cruz for his work on the activities for the Student Video CD-ROM, and to Pamela Ranallo for the development of the web site to accompany the new edition.

We wish to express our gratitude and appreciation to the many people at Prentice Hall who contributed their ideas, tireless efforts, and publishing experience to the fourth edition of *¡Arriba!* We are especially indebted to Julia Caballero, Sr. Development Editor, for helping to shape the fourth edition in every detail; and Claudia Dukeshire, our Production Liaison, for all her hard work and dedication to the text.

We would like to sincerely thank Bob Hemmer, Sr. Acquisitions Editor, and Phil Miller, Publisher, for their support and commitment to the success of the text. Many thanks are also due to Mary Rottino, Assistant Director of Production, who oversaw the production process; Guy Ruggiero, Line Art Manager; Diana Góngora, Photo Researcher; Andrew Lange, Scott Baker and Rolin Graphics for clever illustrations; and Mirella Signoretto for the creative reproductions of the realia. For creating the exciting new CD-ROM and Companion Website, thanks are due to Samantha Alducin, Media Editor, and Roberto Fernández, Media Project Manager, for their creativity, constant dedication, and attention to detail. We would like to thank Meriel Martínez Moctezuma, Assistant Editor, for her efficient and meticulous work in managing the preparation of the Workbook/Lab Manual, and other supplements; Pete Ramsey, Editorial Assistant, for his hard work and efficiency in obtaining reviews and attending to many administrative details; Kristine Suárez, Sr. Director of Market Development; Eileen Bernadette Moran, Executive Marketing Manager; and Claudia Fernandes, Publishing Coordinator, for their creativity and efforts in coordinating marketing and promotion for the new edition.

We thank our partners at PreMediaONE for their careful and professional editing services, design and project management.

Finally, our love and deepest appreciation to our families: Lourdes, Cindy, Eddy, and Lindsey, Elena, Ed, Lauren, and Will; Wayne, Alexis and Sandro, Camille, Chris and Eleanor.

Eduardo Zayas-Bazán

Susan M. Bacon

CREDITS

Text Credits

Cover CORBIS/Bettmann; **p. 20** "Ellos, ellas y los colores", permission granted by Vanidades, Editorial Televisa; **p. 35** "Huracán" written by M. O. Lacopetti, T. Romeo, and I. Serna © BMG US Latin; **p. 36** "XXXIX" from *Versos sencillos*, José Martí, © Ediciones Catedra, 2001; **p. 72** "Cuéntame alegrías" written by Salvador Puerta © Teddysound SL; **p. 110** "El Chapo" by Jesús Chávez © EMI Latin; **p. 112** "Cultura azteca en Londres", permission granted by Vanidades, Editorial Televisa; **p. 147** "Marimba con punta" by César Castillo © MC Productions Inc.; **p. 148** "Querida Dolores" ©*Latina* magazine; **p. 183** "Ligia Elena" by Rubén Blades © Sony ATV Music Publishing; **p. 217** "Tren al sur" by writer/composer/Jorge González Rios/SCD,Chile; **p. 218** "Oda a la manzana"by Pablo Neruda, used by permission of Agencia Literaria Carmen Balcells; **p. 253** "El Pregonero" by R. Rodríguez © TTH Records, Inc.; **p. 256** "Sensemayá" by Nicolás Gillén, used by permission of Juan Pablos, editor; **p. 285** "Camino de la montaña" © Producciones Iempsa SA; **p. 286** "Los rivales y el juez" by Ciro Alegría, used by permission of Los Morochucos; **p. 323** "Tu Ausencia" © Discos Fuentes SA; **p. 325** *Relato de una vida equivocada* by Rosaura Rodríguez used by permission of Editorial Grijalbo; **p. 354** "Sol de Primavera" by Gonzalo Vargas © Celestial Harmonies; **p. 355** "El ñandutí." Aitor Bikandi-Mejías, used by permission of Aitor Bikandi-Mejías; **p. 389** "Todo Cambia" by Julio Numhauser © Warner Chappell Music Argentina; **p. 391** "No hay que complicar la felicidad" by Marco Denevi, used by permission of Marco Denevi; **p. 429** "Caminando" by Millo Torres © Millo Music; **p. 430** Excerpt from *La Casa en Mango Street*, copyright © 1984 by Sandra Cisneros. Published by Vintage Espanol, a division of Random House Inc. Translation copyright © 1994 by Elena Poniatowska. Reprinted by permission of Susan Bergholz Literary Services, New York. All rights reserved.

Photo Credits

Photos in the Observaciónes sections are stills from *Toño Villamil y otras mentiras*, video to accompany *¡Arriba!, Comunicación y cultura*, 4th Edition, ©2005; **p. 3 (top)** Salvador Dalí (1904–1989), "The Discovery of America by Christopher Columbus, 1958–1959, oil on canvas, 410.2 x 310 cm. Salvador Dalí Museum, St. Petersburg, Florida, USA. The Bridgeman Art Library International Ltd.; **p. 3 (bottom right)** Diego Rivera, "Battle of the Aztecs and the Spaniards". Courtesy of the Art Museum of the Americas. © 2003 Banco de México Diego Rivera & Frida Kahlo Museums Trust. Av. Cinco de Mayo No. 2, Col. Centro, Del. Cuauhtémoc 06059, México, D.F. Reproduction; **p. 4 (top)** Getty Images, Inc./PhotoDisc; **p. 4 (bottom)** Odyssey Productions, Inc.; **p. 6** Odyssey Productions, Inc.; **p. 15** Aurora & Quanta Productions, Inc.; **p. 17** Odyssey Productions, Inc.; **p. 29 (both)** CORBIS/Bettmann; **p. 30 (top right)** Picture Desk Inc./Kobal Collection; **(1)** Getty Images; **(2)** CORBIS/Bettmann; **(3)** WireImage, **(4)** Getty Images; **p. 32 (top)**, Getty Images/Image Bank; **(bottom)** Getty Images Inc./Stone Allstock; **p. 33 (top)** SuperStock, Inc.; **(middle)** Stock Boston; **(bottom)** CORBIS/Bettmann; **p. 35** Reuters America Inc.; **p. 36** Getty Images/Image Bank; **p. 37** PhotoDisc/Getty Images; **p. 39 (top)** Pablo Picasso (1881-1973). © ARS, NY. Don Quichotte. 1955. © Scala/Art Resource, NY. Musee d'Art et d'Histoire, St. Denis, France. © 2004 Estate of Pablo Picasso/Artists Rights Society (ARS), NY; **(bottom)** Getty Images, Inc./Liaison; **p. 40** PhotoEdit; **p. 43** Odyssey Productions, Inc.; **p. 44** AP/Wide World Photos; **p. 45 (top left)** © AFP/CORBIS; **(middle)** Getty Images, Inc./Hulton Archive Photos; **(bottom)** Getty Images, Inc./Liaison; **p. 46** Getty Images, Inc./Hulton Archive Photos; **p. 52** © Oliver Benn/Stone/Getty Images; **p. 53** Getty Images, Inc./Stone Allstock; **p. 56** David Young-Wolff/PhotoEdit; **p. 57 (top right)** Odyssey Productions, Inc.; **(top left)** PhotoEdit; **(bottom right)** Odyssey Productions, Inc.; **(bottom left)** Latin Focus.com; **p. 64 (left)** The Image Works; **(right)** Getty Images, Inc./PhotoDisc; **p. 65 (top)** PhotoEdit; **(bottom)** Getty Images, Inc./ Hulton Archive Photos; **p. 69** Getty Images, Inc./Stone Allstock; **p. 70 (both)** Getty Images Inc./Stone Allstock; **p. 71 (top left)** Odyssey Productions, Inc.; **(top right)** Index Stock Imagery, Inc.; **(middle)** CORBIS/Bettmann; **(bottom)** Odyssey Productions, Inc.; **p. 77 (top)** Frida (Frieda) Kahlo, "Frieda and Diego Rivera", 1931, oil on canvas, 39 3/8 in. x 31 in. (100.01 cm x 78.74 cm). Ben Blackwell/San Francisco Museum of Art. © 2003 Banco de México Diego Rivera & Frida Kahlo Museums Trust. Estate of Frida Kahlo; **(bottom)** Retna Ltd. USA; **p. 78 (top)** Peter Menzel Photography; **(bottom)** Woodfin Camp & Associates; **p. 89** Getty Images, Inc./Liaison; **p. 90** CORBIS/Bettmann; **p. 91** Donne Bryant Stock Photography; **p. 92 (top)** Odyssey Productions, Inc.; **(bottom)** David Alfaro Siqueiros's mural "The People for the University, the University for the People" (1952–6) is a relief mosaic at Mexico City's main university. © Estate of David alfaro Siqueiros/SOMAAP, México/VAGA, New York. Reproduction authorized; **p. 101** Omni-Photo Communications, Inc.; **p. 105** The Vestic Collection, Inc.; **p. 108 (top)** © Robert Frerck/Odyssey/Chicago; **(bottom)** D. Donne Bryant Stock Photography; **p. 109 (top left)** Getty Images, Inc./Image Bank; **(top right)** Getty Images, Inc./Stone Allstock; **(bottom left)** CORBIS/Bettmann; **(bottom right)** Getty Images, Inc./Image Bank; **p. 110** Los Originales de San Juan, courtesy EMI Latin; **p. 112 (right)** CORBIS/Bettmann; **(left)** Dorling Kindersley Media Library; **p. 115 (top)** CORBIS/Sygma; **(bottom)** © The Trustees of The British Museum; **p. 118 (1)** Everett Collection, Inc.; **(2)** AP/Wide World Photos; **(3)** Getty Images, Inc./Hulton Archive Photos; **(4)** CORBIS/Bettmann; **p. 119** Pearson Education/PH College; **p. 123** AP/Wide World Photos; **p. 127 (top)** Art Resource, N.Y.; **(bottom)** Rob Crandall, Photographer; **p. 128** Foto propiedad de *El Diario de Hoy*/El Salvador; **p. 132** Odyssey Productions, Inc.; **p. 136** CORBIS/Sygma; **p. 141** ©

1 Hola, ¿qué tal?

El descubrimiento de América por Cristóbal Colón, Salvador Dalí, 1958.

El mundo hispano

« Si vives alegre, rico eres. »

AMÉRICA
DEL NORTE

EUROPA

OCÉANO
ATLÁNTICO

ÁFRICA

OCÉANO
PACÍFICO

AMÉRICA
DEL SUR

ANTÁRTIDA

Lucha entre aztecas y españoles. Diego Rivera,
1929–1930.

¡Así es la vida!¹

Saludos y despedidas

En la cola²

Elena:	¡Buenos días! ¿Cómo te llamas?
Juan Carlos:	¡Hola! Me llamo Juan Carlos Fernández. ¿Y tú?
Elena:	Soy Elena Acosta. Mucho gusto.
Juan Carlos:	El gusto es mío.

En clase

Prof. López:	Hola, buenas tardes. ¿Cómo se llama usted?
María Luisa:	Me llamo María Luisa Gómez.
Prof. López:	Mucho gusto. Soy la profesora López.
María Luisa:	Encantada.

En el pasillo³

Jorge:	Hola, Rosa. ¿Qué tal? ¿Cómo estás?
Rosa:	Muy bien, Jorge, ¿y tú?
Jorge:	Eh...regular...

En la biblioteca⁴

José Manuel:	Buenas noches, señora Peñalver, ¿cómo está?
Sra. Peñalver:	Bastante bien, José Manuel. ¿Y tú? ¿Cómo estás?
José Manuel:	No muy bien.
Sra. Peñalver:	¿De verdad? Lo siento, José Manuel.

En el parque

Eduardo:	¡Hasta mañana, Raúl!
Raúl:	¡Adiós, Eduardo!

---

¹That's life!
²line, queue
³hallway
⁴library

Saludos *(Greetings)*

Otros saludos	Other greetings
¿Qué pasa?	*What's happening? What's up?* (inf.)
¿Qué tal?	*What's up? How's it going?* (inf.)
¿Cómo está usted?	*How are you?* (form.)
¿Cómo estás?	*How are you?* (inf.)

Respuestas	Answers
Bastante bien.	*Pretty well.*
De nada.	*You're welcome.*
¿De verdad?	*Really?*
Lo siento.	*I'm sorry.*
(Muy) Bien, gracias.	*Fine (Great), thank you.*
(Muy) Mal.	*(Very) Bad.*
Más o menos.	*So, so.*
(Muchas) Gracias.	*Thanks (a lot).*
Regular.	*So, so.*
¿Y tú/usted?	*And you?* (inf./form.)

Otras despedidas	Other farewells
Hasta luego.	*See you later.*
Hasta pronto.	*See you soon.*

Otras presentaciones	Other introductions
¿Cómo se llama usted?	*What's your name?* (form.)
¿Cómo te llamas?	*What's your name?* (inf.)
Me llamo...	*My name is…*
Mi nombre es...	
Soy...	*I am…*
Encantado/a.	*Delighted.*
El gusto es mío.	*The pleasure is mine.*
Igualmente.	*Likewise.*

Otros títulos	Other titles
el/la profesor/a	*professor*
el señor (Sr.)	*Mr.*
la señora (Sra.)	*Mrs.*
la señorita (Srta.)	*Miss*

Otras palabras y expresiones	Other words and expressions
con	*with*
mi/mis	*my*
o	*or*
tu/tus	*your* (inf.)
y	*and*

---

¹That's how we say it!

Aplicación

1-1 ¿Qué tal? If you heard the statements or questions on the left, how would you respond? Choose from the list of options on the right.

MODELO: Adiós.
Hasta luego.

1. Hola, ¿qué tal?
2. Gracias.
3. ¿Cómo se llama usted?
4. Mucho gusto.
5. ¿Cómo estás?
6. Buenas tardes, Tomás.
7. Adiós.
8. Estoy muy mal.

a. _____ Me llamo Pedro Guillén.
b. _____ Muy bien, ¿y tú?
c. _____ Buenas tardes, profesora.
d. _____ Hasta mañana.
e. _____ Lo siento.
f. _____ De nada.
g. _____ Igualmente.
h. _____ Estoy regular.

AUDIO **1-2 ¿Quiénes son? (*Who are they?*)** Listen to the short conversations on your *¡Arriba!* audio program or as read by your instructor. Write the number of each conversation next to the corresponding situation below.

_____ two friends saying good-bye

_____ a teacher and student introducing themselves

_____ a young person greeting an older person

_____ two friends greeting each other

_____ two students introducing themselves

1-3 ¡Hola! The following people are meeting for the first time. What would they say to each other?

el profesor Solar,
Ester Muñoz

MODELO: PROF. SOLAR: *Buenas tardes. Soy el profesor Solar.*
ESTER: *Buenas tardes, profesor Solar. Soy Ester Muñoz.*
PROF. SOLAR: *Mucho gusto.*
ESTER: *Igualmente.*

la Sra. Aldo,
la Sra. García

Patricia, Marcos

Eduardo, Manuel

1-4 Saludos. How do you greet people you're meeting for the first time? How do you greet relatives? Friends? Does the age of the person you are greeting make a difference? When do people embrace, hug, or kiss each other on the cheek in the U.S. and Canada? Read about greetings in Latin America or Spain and think about how you would react and why.

María, ¿cómo estás?

Many Spanish speakers use nonverbal signs when interacting with each other. These signs will vary, depending on the social situation and on the relationship between the speakers. In general, people who meet each other for the first time shake hands (*dar la mano*) both when greeting and when saying good-bye to each other. Relatives and friends, however, are usually more physically expressive. Men who know each other well often greet each other with an *abrazo*, or hug, and pats on the back. Women tend to greet each other and their male friends with one (Latin America) or two (Spain) light kisses on the cheeks.

G **1-5 Presentaciones.** Introduce yourself to five of your classmates. Shake hands or kiss lightly on the cheek as you ask them their names and how they are doing. Then say good-bye.

AB **1-6A ¿Cómo está usted?** (*When you see the A/B icon, one of you will assume the* **A** *role given in the text; the other, the* **B** *role in Appendix 1 for* **B Activities.**) Assume the role of instructor—Sr./Sra. Pérez. Your partner is your student. Greet each other and ask how things are. Use the following information about yourself and the day.

- It's morning.
- You feel great today.
- You don't know this student's name.

¡Así lo hacemos! Estructuras

1. The Spanish alphabet

The Spanish alphabet contains twenty seven letters, including one that does not appear in the English alphabet: **ñ**.[1]

Letra	Nombre	Ejemplos
(letter)	(name)	(examples)
a	a	Ana
b	be (grande)	Bárbara
c	ce	Carlos; Cecilia
d	de	Dios; Pedro
e	e	Ernesto
f	efe	Fernando
g	ge	gato; Germán
h	hache	Hernán; hola
i	i	Inés
j	jota	José
k	ka	kilómetro
l	ele	Luis
m	eme	María
n	ene	Nora; nachos
ñ	eñe	niño
o	o	Óscar
p	pe	Pepe
q	cu	Quique; química
r	ere	Laura
s	ese	Sara
t	te	Tomás
u	u	usted; Úrsula
v	be (chica) or uve	Venus; vamos
w	doble be (or uve doble)	Washington
x	equis	excelente; México
y	y griega	Yolanda; soy
z	zeta	Zorro

---

[1]Until mid-1994 the Spanish alphabet had three additional letters: **ch, ll,** and **rr.**

- The letter names are feminine: **la be, la jota,** etc.[1]
- The letters **b** and **v** are pronounced exactly alike, as a **b.**
- The letters **k** and **w** are not common, and appear only in borrowed words, such as **karate** and **whisky.**
- At the beginning of a word, **r** is always pronounced as a trilled **rr,** for example, **Ramón, Rosa, reloj.**
- Depending on its position, the letter **y** can be a semivowel as in the English words *boy* and *toy:* **Paraguay, voy.** It can also be a consonant as in the English words *yard* and *yesterday:* **yo, maya.**
- The letter **c** is pronounced like **s** before **e** or **i: cero, cita.** It sounds like the English **k** before **a, o,** or **u: casa, Colombia, Cuba.**
- The letter **z** is voiceless in Spanish and is pronounced like the English *s:* **gazpacho, zona, lápiz.**
- In most of Spain, **c** before **e** and **i,** and **z** are pronounced like the English *th,* as in **zapato** or **cielo.**
- The letter **g** is pronounced like the Spanish **j** (or hard English **h**) before **e** or **i: Germán, gitano.** The combinations **ga, go, gu, gue,** or **gui** are pronounced like the English *g* in *gate:* **gato, Gómez, Gutiérrez, guerra, guía.**
- When a letter carries an accent, say **con acento** after saying the name of the letter: **eme - a - ere - i con acento - a (María).**

Aplicación

1-7 ¿Qué vocal falta? What vowels are missing from the following names of famous people?

MODELO: S____nt____n____
       Santana

1. J____nn____f____r   L____p____z   (actriz y cantante)
2. C____m____r____n   D_____z   (actriz)
3. R____b____rt____   Cl____m____nt____   (beisbolista)
4. ____sc____r d____   l____   H____y____   (boxeador)
5. P____bl____   P____c____ss____   (pintor)

1-8 ¿Qué letra falta? What consonants are missing from these place names in the Spanish-speaking world?

MODELO: Mé____i____o
       x (equis), c

1. Ar____e____ti____a   6. El Sa____ ____ado____
2. Bo____i____ia   7. Re____ública Do____ini____ana
3. ____e____ú   8. Co____ ____a ____ica
4. E____ua____or   9. Para____ua____
5. Ve____e____ue____a   10. Espa____a

---

[1]Gender of nouns is explained in this lesson beginning on p. 22.

1-9 ¿Cómo se escribe? Take turns spelling these Spanish names out loud.

MODELO: México
eme - e con acento - equis -i - ce - o

1. Cuba
3. Honduras
5. Nevada
7. Colombia

2. California
4. Tijuana
6. Panamá
8. Chile

1-10 ¿Quién soy yo? (*Who am I?*) Take turns dictating your full name to each other. Then check to see if your spelling is correct.

1-11A Otra vez, por favor (*please*). Take turns spelling out your words to each other. Be sure to say what category they are in. If you need to hear the spelling again, ask your partner to repeat by saying, **Otra vez, por favor.**

MODELO: cosa (*thing*) (enchilada)
e- ene - ce - hache - i - ele - a - de - a

YOU SPELL ...	YOU WRITE ...
1. persona famosa (Jimmy Smits)	1. persona famosa: _____
2. ciudad (Lima)	2. ciudad (*city*): _____
3. cosa (banana)	3. cosa: _____
4. ciudad (Taos)	4. ciudad: _____

2. The numbers 0–100

0–9	10–19	20–29	30–39
cero	diez	veinte	treinta
uno	once	veintiuno	treinta y uno
dos	doce	veintidós	treinta y dos
tres	trece	veintitrés	treinta y tres
cuatro	catorce	veinticuatro	treinta y cuatro
cinco	quince	veinticinco	treinta y cinco
seis	dieciséis	veintiséis	treinta y seis
siete	diecisiete	veintisiete	treinta y siete
ocho	dieciocho	veintiocho	treinta y ocho
nueve	diecinueve	veintinueve	treinta y nueve

40–49: cuarenta, cuarenta y uno, cuarenta y dos, cuarenta y tres...

50–59: cincuenta, cincuenta y uno, cincuenta y dos, cincuenta y tres...

60–69: sesenta, sesenta y uno, sesenta y dos, sesenta y tres...

70–79: setenta, setenta y uno, setenta y dos, setenta y tres...

80–89: ochenta, ochenta y uno, ochenta y dos, ochenta y tres...

90–99: noventa, noventa y uno, noventa y dos, noventa y tres...

100–109: cien, ciento uno, ciento dos, ciento tres...

▪ **Uno** becomes **un** before a masculine singular noun and **una** before a feminine singular noun.

un libro	*one book*	**una** mesa	*one table*
un profesor	*one professor (male)*	**una** profesora	*one professor (female)*

▪ In compound numbers, -**uno** becomes -**ún** before a masculine noun and -**una** before a feminine noun.

veintiún libros	*twenty-one books*
veintiuna profesoras	*twenty-one professors*

■ The numbers **dieciséis** through **diecinueve** (16–19) and **veintiuno** through **veintinueve** (21–29) are generally written as one word. The condensed spelling is not used after 30.

■ **Cien** is used when it precedes a noun or when counting the number 100 in sequence.

cien estudiantes   *one hundred students*
noventa y ocho, noventa y nueve, cien

■ **Ciento** is used in compound numbers from 101 and 199.

ciento uno   **ciento cuarenta y cinco**
ciento diez   **ciento noventa y nueve**

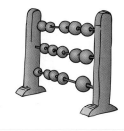

Aplicación

1-12 Problemas de matemáticas. Solve the following math problems in Spanish.

MODELO: 2 + 3 = *cinco*

| **más (+)** | **menos (−)** | **por (×)** | **entre (÷)** | **son (=)** |

1. 5 × 5 = _____
2. 15 + 2 = _____
3. 9 − 3 = _____
4. 44 ÷ 11 = _____

5. 6 × 10 = _____
6. 50 + 50 = _____
7. 100 − 23 = _____
8. 30 ÷ 10 = _____

9. 20 × 4 = _____
10. 62 + 3 = _____
11. 5 + 20 = _____
12. 90 ÷ 45 = _____

1-13 ¿Qué número falta? Complete the following sequences with the logical number in Spanish.

MODELO: uno, *tres*, cinco, *siete*, nueve

1. dos, _____, seis, ocho, _____, doce, _____
2. _____, _____, cinco, siete, _____, once
3. uno, cinco, _____, _____, diecisiete
4. cinco, diez, _____, veinte, veinticinco, _____, _____
5. treinta, cuarenta, _____, _____, setenta, _____, _____
6. _____, veintidós, _____, cuarenta y cuatro, _____, _____, setenta y siete, _____
7. veintiuno, veintitrés, _____, veintisiete, veintinueve
8. noventa y cinco, setenta y dos, _____, veintiséis, _____

1-14 Te toca a ti (*It's your turn*). Challenge a classmate with an original sequence of numbers. See the previous activity for models.

1-15 ¿Cuál (*What*) **es tu número de teléfono?** Write your telephone numbers, including the area code, and take turns dictating them to each other.

MODELO: E1: *¿Cuál es tu número de teléfono?*
         E2: *(5 13) 5 56 22 40: cinco, trece, cinco, cincuenta y seis, veintidós, cuarenta*

1-16 ¿Qué hacer en Madrid? On what page of the tourist guide can you find information about what to do in Madrid?

En Madrid

ABRIL - 2005 Nº 158

La **Semana Santa** en Madrid ofrece un buen número de procesiones.

El primer domingo de abril se corre la famosa **Mapoma** (Maratón Popular de Madrid).

El 23 de abril se celebra el **Día del libro** para conmemorar la muerte de Miguel de Cervantes. Se ofrece una gran variedad de libros por todo el centro de la ciudad.

El teléfono turístico 902 202 202. La línea turística proporciona amplia información sobre hoteles, restaurantes, camping, hostales, etcétera, las mejores ofertas para viajar, dónde y cómo reservar.

010 Teléfono del consumidor. Toda la información cultural y de servicios del Ayuntamiento de Madrid.

Ballet	.13	Fiestas	.20
Conciertos	.12	Miscelánea	.23
Congresos	.18	Música	.20
Datos útiles	.26	Niños	.22
Deportes	.14	Ópera	.14
Exposiciones	.4	Paseo del arte	.31
Ferias	.14	Puntos de interés	.27

EDITA Patronato Municipal de Turismo Mayor, 69, 28013
Madrid. Tel. 91 588 29 00
El p.m.t. no se responsabiliza de los cambios de última hora.

MODELO: música
en la página veinte

1. _____ puntos de interés
2. _____ datos útiles
3. _____ congresos
4. _____ niños
5. _____ conciertos
6. _____ ballet
7. _____ paseo del arte
8. _____ deportes
9. _____ fiestas
10. _____ ópera

3. The days of the week, the months, and the seasons

Los días de la semana

- The days of the week in Spanish are not capitalized and are all masculine.
- Calendars begin the week with Monday, not Sunday.
- The definite article is not used after **es** when telling what day of the week it is.

   Hoy **es jueves**.   *Today is Thursday.*

- On Monday . . . , on Tuesday, . . . etc., is expressed by using the definite article, **el** or **los**.

   El examen es **el lunes**.   *The exam is on Monday.*

septiembre 2005						
lunes	martes	miércoles	jueves	viernes	sábado	domingo
			1	2	3	4
5	6	7	⑧	9	10	11
12	13	14	15	16	17	18
19	20	21	22	23	24	25
26	27	28	29	30		

¿Qué día es hoy?	Es jueves, 8 de septiembre.
¿Y mañana?	Es viernes, 9 de septiembre.
¿Y pasado mañana?	Es sábado, 10 de septiembre.

■ Days that end in **-s** have the same form in the singular and the plural.

el lunes   **los lunes**

■ In the plural, the days of the week express the idea of doing something regularly.

La clase de filosofía es **los lunes, los miércoles** y **los viernes**.	*Philosophy class is on Mondays, Wednesdays, and Fridays.*
Los sábados voy al gimnasio.	*I go to the gym on Saturdays.*

Los meses del año

—¡Mi cumpleaños es el 10 de **abril**!

—¡Felicitaciones!

—¿Y tu cumpleaños?

—¡Es hoy!

■ Months are not capitalized in Spanish.

Mi cumpleaños es en **noviembre.**	*My birthday is in November.*
Hay veintiocho días en **febrero.**	*There are twenty-eight days in February.*

L	M	M	J	V	S	D
		agosto				
	1	2	3	4	5	6
7	8	9	10	11	12	13
14	15	16	17	18	19	20
21	22	23	24	25	26	27
28	29	30	31			

Las estaciones del año

el invierno

la primavera

el verano

el otoño

■ The definite article is normally used with seasons. Seasons are not capitalized.

¿Cómo es **la primavera** aquí?   *What is spring like here?*

Aplicación

1-17 Fechas importantes en los Estados Unidos y Canadá. Tell the date of the following celebrations.

MODELO:    *el diecisiete de marzo*

1.

2.

3.

4.

1-18 Fiestas importantes en el mundo hispano. Refer to the calendar on page 13 and match the dates with the probable event.

MODELO: El día de la independencia de México es en el otoño.
El 16 de septiembre es el día de la independencia de México.

1. Se celebra la batalla de Puebla en la primavera.
2. El día de la Raza (o el día de Colón) es en el otoño.
3. La fiesta de la Virgen de Guadalupe es en el invierno.
4. El día festivo (*holiday*) para los trabajadores es en la primavera.
5. En México, el día de las madres también es en la primavera.
6. En Pamplona, España, se celebran los sanfermines por nueve días en el verano.

Ernest Hemingway escribió sobre las fiestas de San Fermín.

1-19 Los meses y las estaciones. Write the season in which each month falls in the northern hemisphere. Then do the same with the southern hemisphere.

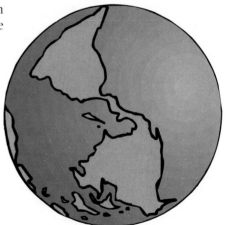

	HEMISFERIO NORTE	HEMISFERIO SUR
1. agosto	_____	_____
2. julio	_____	_____
3. diciembre	_____	_____
4. marzo	_____	_____
5. octubre	_____	_____
6. septiembre	_____	_____
7. enero	_____	_____
8. abril	_____	_____

AB **1-20A Trivia.** Take turns asking each other questions. One of you will use this page; the other will use the corresponding activity **1-20B** in the Appendix.

MODELO: E1: *un mes con veintiocho días*
E2: *febrero*

1. los días en que no hay clases
2. los meses de la primavera
3. un mes con treinta y un días
4. un mes del otoño
5. un día malo (*bad*)
6. el mes de tu cumpleaños (*birthday*)

2 **1-21 Las clases.** Make a chart indicating what classes you have each day of the week. Then compare schedules.

MODELO: E1: *Tengo* (I have) *física los lunes. ¿Y tú?*
E2: *Tengo francés y álgebra los lunes.*

ALGUNAS MATERIAS

arte	geografía	gimnasia	matemáticas
biología	español	historia	inglés
ciencias políticas	filosofía	música	sociología

G **1-22 ¿Cuándo es tu cumpleaños?** Take turns reporting your birthdays. Have one person fill in the information on a twelve-month graph, like the one below, for the class.

1. *¿Cuál* (Which) *es el mes más* (most) *común?*
2. *¿Cuál es el mes menos* (least) *común?*

Número de estudiantes																					
enero	X	X	X	X	X	X	X	X	X	X	X	X	X	X	X	X	X					
febrero	X	X	X	X	X	X	X	X	X	X	X	X	X									
marzo	X	X	X	X	X	X	X	X	X	X	X											
abril	X	X	X	X	X	X	X	X	X	X												
mayo	X	X	X	X	X	X	X	X	X	X	X											
junio	X	X	X	X	X	X	X	X	X													
julio	X	X	X	X	X	X	X	X														
agosto	X	X	X	X	X	X	X	X	X													
septiembre	X	X	X	X	X	X	X	X	X	X	X	X	X	X	X	X	X	X	X			
octubre	X	X	X	X	X	X	X	X	X	X	X	X	X	X	X							
noviembre	X	X	X	X	X	X	X	X	X	X	X	X										
diciembre	X	X	X	X	X	X	X	X	X	X												

¿Cuánto sabes tú? *How much do you know? Can you...*

☐ introduce yourself to your teacher? to a classmate? to a person at a party?

☐ greet and say good-bye to friends from class? use the Hispanic ways of greeting?

☐ spell your name in Spanish? write down a classmate's name when it is dictated?

☐ perform simple math problems, such as **tres por quince son...; veinte más cincuenta son...; cien entre veinticinco son...; setenta y tres menos treinta y tres son...**?

☐ talk about the calendar and dates: say when your birthday is? ask when a friend's birthday is? say which days you have class? say which months you're in school? give today's date?

Comparaciones

El mundo hispano

1-23 En tu experiencia. How many countries can you name whose official language is English? Can you think of differences in accents or in expressions that people use in regions of the U.S., and other English-speaking countries? As you read about the Spanish-speaking world, think about how geography influences language and culture.

There are over 375 million Spanish speakers in the world today. Spanish is the official language of Spain, Mexico, much of Central and South America, and much of the Caribbean. Spanish is spoken in some Asian countries, such as the Philippines, and by a portion of the population in Equatorial Guinea and Morocco in Africa. The U.S. has over 37 million people who are of Hispanic heritage (which is 13% of its population!). With some 22 million people who speak Spanish at home, the U.S. is the fifth largest Spanish-speaking country in the world. Today, only Spain, Mexico, Argentina, and Colombia have more Spanish speakers than the U.S. By the year 2010, one in every four U.S. citizens will be Hispanic.

The enormous diversity among Spanish speakers results in differences in pronunciation and vocabulary, similar to differences in expressions and accents in English. Different neighbors and ethnic groups influenced the words and accents of each country. Below are some examples.

1-24 En tu opinión. Take turns telling each other in which country you are, based on what you need.

MODELO: E1: *Necesito un coche.*
E2: *Estás en España.*

	Spain	Colombia	Mexico	Argentina
car	coche	carro	carro	auto
apartment	piso	apartamento	departamento	departamento
bus	autobús	bus	camión	ómnibus
sandwich	bocadillo	sándwich	sándwich, torta	sándwich, bocadillo

SEGUNDA PARTE

¡Así es la vida!

En la clase

1. el estudiante
2. la estudiante
3. el mapa
4. la silla
5. el cuaderno
6. los libros
7. el papel
8. la pizarra
9. la profesora
10. el bolígrafo
11. el lápiz
12. la puerta
13. la mochila
14. el reloj
15. la mesa
16. el diccionario
17. la tiza

Los colores

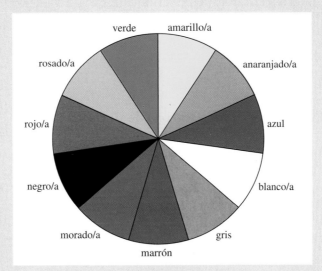

Preguntas

¿Cómo es?	*What is (it) like?*
¿Cuántos(as)?	*How many?*
¿Cuánto cuesta(n)...?	*How much is (are)...?*
¿De qué color es...?	*What color is...?*
¿Necesitas...?	*Do you need...?*
¿Qué hay en...?	*What is/are there in...?*
¿Qué es esto?	*What's this?*
¿Tienes...?	*Do you have...?*

Respuestas

Cuesta(n)...	*It costs... / They cost...*
Es.../Son...	*It is... / They are...*
Hay un/a (unos/as)...	*There is a (are some)...*
Necesito...	*I need...*
Tengo...	*I have...*

Adjetivos

aburrido/a	*boring*
barato/a	*cheap, inexpensive*
bueno/a	*good*
caro/a	*expensive*
extrovertido/a	*outgoing*
fascinante	*fascinating*
grande	*big*
inteligente	*intelligent*
interesante	*interesting*
malo/a	*bad*
pequeño/a	*small*
simpático/a	*nice*
tímido/a	*shy, timid*
trabajador/a	*hard-working*

Adverbios

allí	*there, over there*
aquí	*here*
mucho	*a lot*
poco	*a little*

Expresiones para la clase[1]

Abre (Abran) el libro.	*Open your book(s).*
Cierra (Cierren) el libro.	*Close the book.*
Contesta (Contesten) en español.	*Answer in Spanish.*
Escribe (Escriban) en la pizarra.	*Write on the board.*
Escucha. (Escuchen.)	*Listen.*
Estudia. (Estudien.)	*Study.*
Lee (Lean) el diálogo.	*Read the dialog.*
Repite. (Repitan.)	*Repeat.*
Ve (Vayan) a la pizarra.	*Go to the board.*

[1]These commands are for one student. Commands for the whole class are given in parentheses.

19

Aplicación

1-25 ¿Qué hay en la clase? Take inventory of your classroom. Indicate how many of each item there are.

MODELO: Hay veinte estudiantes.

_____ pizarra(s)	_____ cuaderno(s)
_____ bolígrafo(s)	_____ silla(s)
_____ mesa(s)	_____ reloj(es)
_____ mapa(s)	_____ libro(s)

1-26 Un sondeo (*survey*) de tu clase. Take a class survey to find out the favorite colors. Record them below according to women (*mujeres*) and men (*hombres*).

Color	Número de mujeres	Número de hombres

1-27 Ellos, ellas y los colores. This reading comes from *Vanidades*, a popular magazine throughout Latin America. The reading contains surveys about different human interests. This particular survey compares men and women and their color preferences. Skim the reading. Don't try to understand every word. Read for general meaning to answer the questions below.

1. Where did the study take place?
2. Who were the subjects interviewed?
3. What percentage of men are referred to?
4. What colors are mentioned?
5. Now read the article more carefully and react to its findings below.

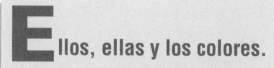

Ellos, ellas y los colores.

En un hospital de París se desarrolló un estudio en el que se les pidió a pacientes adultos, hombres y mujeres, que pintaran acuarelas con sus colores favoritos. En los resultados se observó que el 85% de los hombres prefirió usar los tonos verdes y los azules, mientras que la mayoría de las mujeres escogió los rojos y los amarillos, mostrando así —una vez más— las marcadas diferencias que en cuanto a preferencias de colores existen entre los dos sexos.

Vanidades, 34 (20), p. 16.

1-27 Reacción. Now compare your class with the subjects in the article.

Los hombres del estudio son como (*are like*)
   los hombres de la clase.   sí   no
Las mujeres del estudio son como
   las mujeres de la clase.   sí   no

2 **1-28 ¿Es mucho o poco?** Take turns saying how much an item in your classroom costs, and asking whether it costs a lot or a little. Your partner will respond to your question.

MODELO: lápiz/10 dólares
          E1: *El lápiz cuesta 10 dólares. ¿Es mucho o es poco?*
          E2: *Es mucho.*

1. mesa/50 dólares
2. papel/50 centavos
3. bolígrafo/2 dólares
4. silla/59 dólares
5. libro/85 dólares
6. cuaderno/21 dólares
7. mapa/39 dólares
8. escritorio/99 dólares

AUDIO **1-29 ¿Qué haces cuando...?** (*What do you do when... ?*) Listen to a Spanish teacher make various requests in the classroom, and write the number of each request by your corresponding reaction.

_____ I answer in Spanish.   _____ I close the book.
_____ I open my book.   _____ I listen to the music.
_____ I read the dialog.   _____ I repeat the month.
_____ I write the phrase.   _____ I go to the board.

G **1-30 Te toca a ti.** (*It's your turn.*) In a group of three to four students, take turns acting out each other's instructions.

AB **1-31A Necesito...** Below is a list of items you need. Tell a classmate what you need and ask if he/she has them. Mark the items your classmate has. When you finish, compare your lists.

MODELO: E1: *Necesito un bolígrafo. ¿Tienes?*
          E2: *Sí, tengo.*
          E1: *Necesito treinta y tres libros. ¿Tienes?*
          E2: *Sólo* (only) *veintidós.*

Necesito...

_____ 1 puerta   _____ 14 cuadernos   _____ 11 mesas
_____ 10 sillas   _____ 80 bolígrafos   _____ 20 diccionarios
_____ 100 papeles   _____ 17 lápices   _____ 75 pizarras
_____ 16 mochilas   _____ 95 mapas   _____ 33 libros

2 **1-32 Veo algo...** (*I see something...*) Describe an object to see if your classmate can guess what it is. Use colors and adjectives from **¡Así lo decimos!**

MODELO: E1: *Veo algo verde y grande.*
          E2: *¿Es la pizarra?*

1-33 De compras (*Shopping*). You are responsible for buying supplies for an academic department. Figure out how many of the following items you need to order. (Be sure to show your calculation.)

Hay nueve profesores y dos secretarias. Cada (*each*) profesor necesita una mesa. Tres profesores necesitan un cuaderno y diez bolígrafos cada uno. Tres profesores necesitan ocho lápices y una silla cada uno. Dos profesores necesitan veinticinco cuadernos y una pizarra cada uno. Un profesor necesita cuatro diccionarios, dos borradores y dos cuadernos. Las secretarias necesitan quince bolígrafos, una computadora, veinte lápices, quince borradores y una mochila.

Modelo: *9 mesas* (9 × 1 = 9)

1. cuadernos _____
2. computadoras _____
3. lápices _____
4. pizarras _____

5. mochilas _____
6. bolígrafos _____
7. borradores _____
8. diccionarios _____

¡Así lo hacemos! Estructuras

4. Nouns and articles

Words that identify persons, places, or objects are called nouns. Spanish nouns—even those denoting nonliving things—are either masculine or feminine in gender. Note how the definite article (*the*) must agree with the noun.

Masculine		Feminine	
SINGULAR	**PLURAL**	**SINGULAR**	**PLURAL**
el hombre	los hombres	la mujer	las mujeres
el muchacho	los muchachos	la muchacha	las muchachas
el libro	los libros	la mesa	las mesas
el profesor	los profesores	la profesora	las profesoras
el lápiz	los lápices	la clase	las clases
el mapa	los mapas	la universidad	las universidades

There are many clues that will help you identify the gender of a noun.

- Most nouns ending in **-o** or those denoting male persons are masculine: **el libro, el hombre.** Most nouns ending in **-a** or those denoting female persons are feminine: **la mesa, la mujer.** Some common exceptions are: **el día** (*day*) and **el mapa,** which are masculine.

- Many person nouns have corresponding masculine **-o** and feminine **-a** forms.

  el muchacho/la muchacha   **el niño/la niña** (*boy / girl*)

- Most masculine nouns ending in a consonant simply add **-a** to form the feminine.

  el profesor/la profesora   **el francés/la francesa**

- Certain person nouns use the same form for masculine and feminine, but the article used will show the gender.

  el estudiante/la estudiante   (*male/female student*)

- If it is provided, the article will tell you what the gender of the noun is.

  la clase   **el lápiz**

- Most nouns ending in **-ad** and **-ión** are feminine.

  la universidad   **la nación**

- Most nouns ending in **-ema** are masculine.

  el problema   **el poema**

- Use the definite article with titles when talking about someone, but not when addressing the person directly.

  El profesor Gómez habla español.   *Professor Gómez speaks Spanish.*
  ¡Buenos días, profesor Gómez!   *Good morning, Professor Gómez!*

- Nouns that end in a vowel form the plural by adding **-s.**

  mesa → mesas

- Nouns that end in a consonant or a stressed vowel add **-es.**

  mujer → mujeres   **israelí → israelíes**

- Nouns that end in a **-z** change the **z** to **c,** and add **-es.**

  lápiz → lápices

- When the last syllable of a word that ends in a consonant has an accent mark, the accent is no longer needed in the plural.

  lección → lecciones

	Masculine		Feminine	
Singular	**un** bolígrafo	*a pen*	**una** silla	*a chair*
Plural	**unos** bolígrafos	*some pens*	**unas** sillas	*some chairs*

- Indefinite articles (*a, an, some*) also agree with the noun they modify. **Un** and **una** are equivalent to *a* or *an*. **Unos** and **unas** are equivalent to *some* (or *a few*).
- In Spanish, the indefinite article is omitted when telling someone's profession, unless you qualify the person (good, bad, hard-working, etc.).

Lorena es profesora de matemáticas.	*Lorena is a mathematics professor.*
Lorena es **una** profesora buena.	*Lorena is a good professor.*

Aplicación

1-34 ¿Masculino o femenino? Say which of the following words are masculine (M) or feminine (F).

1. _____ libro
2. _____ universidad
3. _____ mesa
4. _____ muchacho
5. _____ mujer
6. _____ problema
7. _____ lápiz
8. _____ silla
9. _____ poema

1-35 ¿Qué necesita? Say what the following people or places need. Use the indefinite article.

MODELO: ¿Qué necesita un profesor de informática (*computer science*)?
una computadora,...

bolígrafos	cuaderno	mapas	papeles	lápices
diccionario	mesa	reloj	sillas	computadora
calculadora	estudiantes	microscopio	puerta	libros

¿Qué necesita...

1. un profesor de historia?
2. un científico?
3. una profesora de biología?
4. un matemático?
5. una profesora de ingeniería?
6. un estudiante?

1-36 ¿Qué son? Identify the people and objects in the classroom. Use the definite article.

MODELO: El número uno
Es la estudiante.

1. female student
2. professor
3. door
4. clock
5. pencil
6. chalkboard
7. map
8. table

1-37 Más de uno. Give the plural form of each of these nouns.

MODELO: el libro
los libros

1. la profesora
2. el lápiz
3. la lección
4. la puerta
5. el reloj
6. el día
7. el mapa
8. la mujer

1-38 En la clase de español. Complete the paragraph about a Spanish class using the correct form of the definite or indefinite article in each blank.

En (1) _____ clase de español, hay (2) _____ mapa, (3) _____ pizarra, (4) _____ mesa y (5) _____ sillas. (6) _____ estudiantes son (*are*) muy inteligentes. (7) _____ profesor/profesora es (8) _____ señor/señora/señorita... Todos (*Every*) (9) _____ días, estudiamos (*we study*) (10) _____ lección y hablamos (*we speak*) mucho.

AB **1-39A ¿Qué hay en la clase?** Ask your classmate questions about your classroom. Then respond to questions he/she asks you.

MODELO: E1: *¿Cuántos estudiantes hay en la clase?*
E2: *Hay veinticuatro.*

1. ¿Cuántos estudiantes hay en la clase?
2. ¿Qué hay en la pizarra?
3. ¿Hay un mapa?
4. ¿Cuántas puertas hay?
5. ¿Cuántas sillas hay?
6. ¿Qué más hay (*anything else*)?

2 **1-40 Desafío.** Challenge each other to change nouns from the singular to the plural, or the plural to the singular.

MODELO: E1: *el papel*
E2: *los papeles*

5. Adjective form, position, and agreement

- Descriptive adjectives, such as those denoting size, color, and shape, describe and give additional information about objects and people.

un libro **fascinante**	*a fascinating book*
una clase **grande**	*a big class*
un cuaderno **rosado**	*a pink notebook*

- Descriptive adjectives agree in gender and number with the noun they modify, and they generally follow the noun. Note that adjectives of nationality are not capitalized in Spanish.

el profesor **colombiano**	*the Colombian professor*
la señora **mexicana**	*the Mexican woman*
los estudiantes **españoles**	*the Spanish students*

- Adjectives whose masculine form ends in **-o** have a feminine form that ends in **-a.**

el profesor **argentino**	*the Argentine professor* (male)
la profesora **argentina**	*the Argentine professor* (female)

- Adjectives ending in a consonant or **-e** have the same masculine and feminine forms.

un coche **azul**	*a blue car*
una silla **azul**	*a blue chair*
un libro **grande**	*a big book*
una clase **grande**	*a big class*

- Adjectives of nationality that end in a consonant, and adjectives that end in **-dor,** add **-a** to form the feminine. If the masculine has an accented final syllable, the accent is dropped in the feminine and the plural forms.

el profesor **español**	*the Spanish professor*
la estudiante **española**	*the Spanish student*
un libro **francés**	*a French book*
una mujer **francesa**	*a French woman*
unos libros **franceses**	*some French books*
un señor **trabajador**	*a hardworking man*
una profesora **trabajadora**	*a hardworking professor*

■ Adjectives generally form the plural like nouns.

Singular	Plural
mexicano	mexicanos
española	españolas
inteligente	inteligentes
trabajador	trabajadores

Aplicación

1-41 Parejas. Match the following objects with the colors.

1. las mesas   _____ amarillos
2. el bolígrafo   _____ blanca
3. los relojes   _____ rojas
4. la silla   _____ negro

1-42 ¿De qué color? Look at the following items in your classroom and say what color they are.

MODELO: la pizarra
La pizarra es negra.

1. el mapa
2. el lápiz
3. el libro
4. los cuadernos
5. las sillas
6. la puerta
7. los papeles

1-43 ¿Cómo es? ¿Cómo son? Combine nouns and adjectives to make logical sentences in Spanish. Remember that articles, nouns, and adjectives agree in gender and number.

MODELO: los estudiantes
Los estudiantes son buenos.

el libro de español		fascinante
los profesores		interesante
las sillas		simpático
la clase		inteligente
los estudiantes		bueno/malo
la pizarra	es/son	norteamericano/español, etcétera
el libro de inglés		rojo/anaranjado/amarillo/negro, etcétera
el bolígrafo		barato/caro
la universidad		grande/pequeño
los cuadernos		trabajador

1-44 ¿Cómo es? Describe your Spanish professor and one or more students in the class. Use at least two descriptive words for each person.

MODELO: _Cristina es inteligente y trabajadora._

1. El profesor (La profesora) es _____
2. (nombre de un/a estudiante) es _____

1-45 Palifruta. Answer these questions based on the ad.

1. ¿De qué color es el palifruta de limón?
2. ¿De qué color es el palifruta de grosella?
3. ¿Son buenos o malos los palifrutas? ¿Por qué?

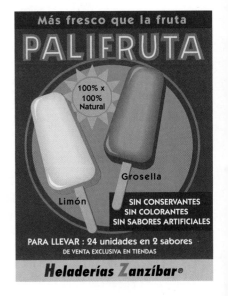

¿Quién es usted?

¿Yo?

6. Subject pronouns and the present tense of *ser* (to be)

In Spanish, subject pronouns refer to people (*I, you, he,* etc.).[1] Just like the verb *to be* in English, the verb **ser** in Spanish has irregular forms. You have already used several of them. Here are all of the forms along with the subject pronouns.

<table>
<tr><td colspan="4" align="center">**ser (*to be*)**</td></tr>
<tr><td colspan="2" align="center">**Singular**</td><td colspan="2" align="center">**Plural**</td></tr>
<tr><td>yo **soy**</td><td>*I am*</td><td>nosotros/as **somos**</td><td>*we are*</td></tr>
<tr><td>tú **eres**</td><td>*you are* (inf.)</td><td>vosotros/as **sois**</td><td>*you are* (inf.)</td></tr>
<tr><td>él, ella, Ud. **es**</td><td>*he/she is, you are* (for.)</td><td>ellos/as, Uds. **son**</td><td>*they are, you are* (for.)</td></tr>
</table>

- Because the verb form indicates the subject of a sentence, subject pronouns are usually omitted unless they are needed for clarification or emphasis.

¿Eres de Puerto Rico?	*Are you from Puerto Rico?*
Sí, soy de Puerto Rico.	*Yes, I'm from Puerto Rico.*
Yo no, pero **ellos** sí son de Puerto Rico.	*I'm not, but they're from Puerto Rico.*

- There are four ways to express *you*: **tú, usted, vosotros/as,** and **ustedes. Tú** and **usted** are the singular forms. **Tú** is used in informal situations, that is, to address friends, family members, and pets. **Usted** denotes formality or respect and is used to address someone with whom you are not well acquainted or a person in a position of authority (e.g., a supervisor, teacher, or older person).[2]

- **Vosotros/as** and **ustedes** are the plural counterparts of **tú** and **usted,** but in most of Latin America, **ustedes** is used for both the familiar and formal plural *you*. **Vosotros/as** is used in Spain to address more than one person in a familiar context (e.g., a group of friends or children).[3]

- The pronouns **usted** and **ustedes** are commonly abbreviated as **Ud.** and **Uds.** or **Vd.** and **Vds.**

- **Ser** is used to express origin, occupation, or inherent qualities.

¿De dónde **eres**?	*Where are you from?*
Soy de Toronto.	*I am from Toronto.*
Mi madre **es** profesora.	*My mother is a professor.*
Ustedes **son** muy pacientes.	*You are very patient.*

---

[1]Subject pronouns are not generally used for inanimate objects or animals (except when addressing pets).

[2]In the families of some Hispanic countries, children use **usted** and **ustedes** to address their parents as a sign of respect.

[3]*¡Arriba!* uses **ustedes** as the plural of **tú** except where cultural context would require otherwise.

Aplicación

1-46 Dos artistas importantes. Read the description of the two artists below and underline the uses of **ser.** Then answer the questions that follow.

Salvador Dalí y Diego Rivera son dos de los artistas más famosos del mundo. Sus pinturas son admi-radas por expertos y por estudiantes de arte. Los dos son del siglo xx, pero sus experiencias y sus estilos son muy diferentes. Salvador Dalí es español. Es de Figueras, un pueblo cerca de Barcelona. Dalí es famoso no sólo por su arte surrealista, sino también por su apariencia extravagante. *El des-cubrimiento de América por Cristóbal Colón* conmemora el famoso viaje de Colón en 1492. La muerte de Dalí es en 1989 a la edad de 84 años.

Diego Rivera es mexicano. Es de Guanajuato, una ciudad colonial al norte de la Ciudad de México. La fecha de su nacimiento es 1886 y la fecha de su muerte es 1957. Rivera es famoso por sus murales que describen (*depict*) la historia de México, especialmente la conquista de México por los españoles. *Lucha entre aztecas y españoles* es un mural muy grande. Su estilo es realista.

Now answer in Spanish.

MODELO: What do Rivera and Dalí have in common?
            Son artistas.

1. What else do they have in common?
2. How do they differ?

G **1-47 Una encuesta.** Take a survey of class members to find out what they consider to be the ideal qualities of the following people, places, and things. Respond with your own opinions as well. You may wish to refer to the list of adjectives in activity **1-43** on page 27.

MODELO: E1: *¿Cómo es la clase ideal?*
            E2: *La clase ideal es pequeña.*
            E1: *La clase ideal es interesante.*

1. ¿Cómo es la clase ideal?
2. ¿Cómo es el/la profesor/a ideal?
3. ¿Cómo es el/la amigo/a ideal?
4. ¿Cómo es el libro ideal?
5. ¿Cómo es la universidad ideal?

AB **1-48A En la celebración de los Grammy.**
Identify the following people at the Grammy
Award celebration. Use adjectives from this lesson
and those below. Be sure to make adjectives agree
with the noun they modify.

MODELO: E1: *¿Cómo es Jimmy Smits?*
E2: *Es un hombre muy activo y alto. Es de*
Puerto Rico.

alto/bajo	*tall/short*
delgado/gordo	*thin/fat*
rubio/moreno	*blond/dark*
bonito/feo	*pretty/ugly*
joven/viejo	*young/old*
gracioso	*funny*
misterioso/exótico	
extrovertido/introvertido	
romántico	
idealista/realista/pesimista	
paciente/impaciente	

1. Gloria Estefan

2. Ricky Martin

3. Enrique Iglesias

4. Daisy Fuentes

2 **1-49 Yo soy...** Introduce and describe yourself to a classmate, then ask what
he/she is like. Follow the model.

MODELO: Me llamo... Soy..., ... y... (adjectives). *¿Cómo eres tú?*

¿Cuánto sabes tú? *How much do you know? Can you…*

☐ identify the objects in your classroon?

☐ follow your teacher's instructions in Spanish?

☐ describe yourself using several adjectives?

☐ describe items using colors and other adjectives?

Observaciones

Toño Villamil y otras mentiras (*deceptions*) Episodio 1

Toño Villamil y otras mentiras is an on-going *telenovela* that takes place in the small Mexican town of Malinalco.

1-50 ¿Cómo es Malinalco? Read the description below about where the town is located and answer in English the questions that follow.

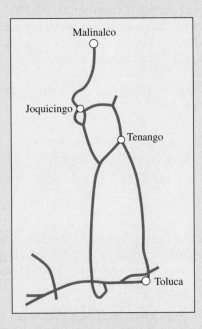

Malinalco está (*is located*) a 115 kms. de la Ciudad de México, en la parte central de la República de México. En coche, el viaje de la Ciudad de México a Malinalco dura (*lasts*) una hora y 35 minutos. En autobús desde la Ciudad de México hay dos salidas (*departures*) diarias desde la estación de Observatorio a las 3:00 y a las 5:00 de la tarde en la línea "Estrella Blanca". El viaje en autobús es de la Ciudad de México a Toluca, de Toluca a Tenango y de Tenango a Joquicingo. En Joquicingo es necesario tomar un taxi por 20 kms. hasta Malinalco.

1. How far is Malinalco from Mexico City?
2. How long does it take to get there by car?
3. What bus line can also take you most of the way?
4. How many buses go each day?
5. What is the name of the town where the bus stops last?
6. How do you get the last few miles to Malinalco?
7. Judging from the location, do you think Malinalco receives many tourists? Why, or why not?

1-51 Lucía, Isabel y Toño. Watch the first episode of *Toño Villamil y otras mentiras*. The three main characters are Lucía, Isabel and Toño. Judging from the title and the genre, what do you think it will be about? Keep this question in mind as you watch the video. Then answer the following.

1. La maleta de Lucía es...
   _____ roja
   _____ negra
   _____ amarilla
2. La mochila (*backpack*) de Isabel es...
   _____ azul
   _____ blanca
   _____ roja
3. El chofer (*driver*) lleva (*is wearing*) unos pantalones...
   _____ grises
   _____ marrones
   _____ azules
4. Lucía tiene el pelo (*hair*)...
   _____ moreno (*dark*)
   _____ rojo
   _____ negro
5. Los trajes de los dos niños son de color blanco y...
   _____ rojo
   _____ azul
   _____ negro

WWW

1-52 Malinalco. Connect with the *¡Arriba!* Web site (**www.prenhall.com/arriba**) to see photographs of Malinalco and write three adjectives to describe it.

MODELO: Malinalco es un pueblo...

Panoramas

El mundo hispano

You will soon see that our world (*nuestro mundo*) is full of diversity and surprises. Throughout *¡Arriba!* we hope to emphasize that the Hispanic world is one of many cultures with the Spanish language tying it together across five continents. As you make these discoveries, we hope that you remember and appreciate the diversity. To begin, what do you already know about the Spanish-speaking world? Supply as much of the following information as you can.

1-53 ¿Ya sabes? (*Do you already know?*) How many of the following can you name?

1. the names of some countries
2. a coffee-producing country
3. the number of independent Spanish-speaking countries
4. states in the U.S. where Spanish is an important language
5. a petroleum-producing country
6. a country with many volcanoes
7. a tropical zone

On the next two pages, you will find the answers to some of these questions, as well as other information about the Spanish-speaking world. Use the images and your guessing skills to understand the text, then test your comprehension with the activities that follow.

Los yacimientos arqueológicos, como el de Tulum, México, son testigos (*witnesses*) de las civilizaciones precolombinas.

AMÉRICA DEL NORTE

OCÉANO ATLÁNTICO

ESPAÑA

HONDURAS
CUBA
REPÚBLICA DOMINICANA
MÉXICO
GUATEMALA
EL SALVADOR
NICARAGUA
PANAMÁ
COLOMBIA
ECUADOR
PERÚ
PUERTO RICO
COSTA RICA
VENEZUELA

OCÉANO PACÍFICO

AMÉRICA DEL SUR

GUIN
ECUATOR

BOLIVIA
CHILE
PARAGUAY
ARGENTINA
URUGUAY

Muchas capitales suramericanas son metrópolis grandes y modernas con sus rascacielos (*skyscrapers*), su comercio, su gente (*people*) y su contaminación (*pollution*).

Santa Fe de Bogotá, la capital de Colombia, incluye un nombre con origen indígena (Bogotá) y español (Santa Fe).

La topografía, el clima y la economía de Suramérica varían de región en región. La majestuosa cordillera de los Andes, donde hace mucho frío (*it's very cold*) y donde hay poca vegetación, contrasta con la rica y calurosa (*warm*) zona del Amazonas.

Algunas de las plantas de esta región tienen valor medicinal.

EUROPA

A S I A

OCÉANO PACÍFICO

ÁFRICA

EA
AL

OCÉANO ÍNDICO

AUSTRALIA

ANTÁRTIDA

La presencia de los hispanos en los EE.UU. (*U.S.*) se nota en muchas partes, especialmente en las grandes ciudades y en el sur del país. Este desfile en febrero es parte de la celebración del Carnaval de la Calle Ocho de Miami donde muchas personas son de origen hispano.

1-54 ¿Cierto o falso? Say whether the following statements are true or false. Correct any false statement.

MODELO: Bogotá es la capital de Chile.
Falso. Es la capital de Colombia.

1. Hay muchos hispanos en Miami.
2. Los Andes están en Norteamérica.
3. Tulum está en la costa de Guatemala.
4. El Carnaval en Miami es en el otoño.
5. Algunas plantas de los Andes tienen valor medicinal.
6. La capital de Colombia es pequeña.

1-55 ¿Cómo es? Working with a classmate, name the capital, and describe and locate these places. Choose from the items in the chart below.

MODELO: *Cuba*
La Habana
una isla
el Caribe

País	Capital	Descripción	Lugar
España	Caracas	una península	el Caribe
Colombia	La Ciudad de México, Distrito federal	una isla	Centroamérica
Argentina	Santo Domingo	grande	Europa
Venezuela	San José	pequeño	Suramérica
México	Madrid	árido	Norteamérica
El Salvador	Bogotá	moderno	
La República Dominicana	Buenos Aires	lluvioso (rainy)	
Costa Rica	San Salvador	montañoso	
		tropical	
		volcánico	

1-56 Conexiones. Connect with the *¡Arriba!* Web site (**www.prenhall.com/arriba**) to find out the following information about the Spanish-speaking world.

1. a Central American country where English is the official language
2. the five smallest countries
3. the three longest rivers
4. the name of an active volcano
5. three important mountain ranges
6. the highest navigable lake
7. a city in the U.S. with a large Spanish-speaking population

1-57 ¡Vamos! Work with another student to choose three Spanish-speaking countries you are going to visit. Once you choose the countries, connect to the Internet and print information about them. Be prepared to justify why you chose the three countries.

MODELO: *Vamos a Chile, a Bolivia y a la Argentina.*

Ritmos

"Huracán" (Natalia Oreiro, Uruguay)

This contemporary song (from Uruguay) displays different Spanish and Latin American musical influences such as flamenco, salsa, and tropical and incorporates them into a dance-pop rhythm.

Antes de escuchar (*Pre-listening*)

1-58 El qué dirán. Many countries have expressions and sayings that are commonly used in colloquial speech. In "Huracán" the narrator says she does not care about **el qué dirán.** Roughly translated, this means *what people say* and refers to gossip or hearsay. What sayings from your country or the region where you live can you think of? How do they compare with those of your classmates?

1-59 La canción. With a classmate skim the lyrics to the chorus of "Huracán" below and then look at the list of possible themes: **el amor, la independencia, la política, la vida, el tiempo, la escuela.**

What do you think this song is about? Why do you think the narrator calls herself *un* **huracán?**

Aunque digan lo que digan	Aunque digan lo que digan
No me importa el qué dirán	No me importa el qué dirán
Sólo basta una mirada	No me importa qué murmuran
Y desato un huracán	Porque soy un huracán

A escuchar (*Listening*)

1-60 Huracán.   Here are some of the words in the song. Try to match them with their meaning. Then practice changing the definite articles to their plural forms; change the nouns to the plural form as well. What would be the correct singular and plural forms of the indefinite article for these terms?

1. el sol	_____ a. *hurricane*
2. el cielo	_____ b. *water*
3. la mirada	_____ c. *sun*
4. el huracán	_____ d. *salt*
5. el agua	_____ e. *wind*
6. el viento	_____ f. *soul*
7. la sal	_____ g. *glance*
8. el alma	_____ h. *heaven*

Después de escuchar (*Post-listening*)

1-61 ¿Cuál es tu opinión? Now that you are familiar with the song "Huracán," indicate in the spaces below which of the following statements describe the narrator (**N**) and/or the song (**S**) itself.

_____ Es extrovertida.	_____ Tiene un ritmo bueno.
_____ Es emocionante.	_____ Es aburrida.
_____ Es inteligente.	_____ Es buena.
_____ Tiene una letra poética.	_____ Es señorita.
_____ Es interesante.	_____ Es inteligente.

1-62 Tus amigos y tú. Which of these statements apply to you? To your classmates? To your friends and family? Use the verb **ser** to write sentences that describe yourself, your classmates, and your friends and family.

Páginas

Versos sencillos, "XXXIX" (José Martí, Cuba)

The readings that you will find in the reading section, **Páginas,** come from the Spanish-speaking world and were written for native Spanish speakers. Remember that you do not have to comprehend every word in order to understand the passage and glean essential information. The related activities will help you develop reading comprehension strategies.

José Martí (1853–95) was an artist, intellectual, and patriot. Besides being known for his struggle to gain Cuba's independence from Spain, he is famous for his poetry, some of which has been popularized through song ("*Guantanamera*"). This selection comes from a series of short poems entitled *Versos sencillos* and discusses how the poet treats both his friends and his enemies.

Antes de leer (*Pre-reading*)

1-63 Los cognados. Spanish and English share many cognates, words or expressions that are identical or similar in two languages,—for example, **profesor**/*professor* and **universidad**/*university.* When you read Spanish, cognates will help you understand the selection. Skim the selection and list the cognates you see. Then for each cognate, guess the meaning of the phrase in which it appears.

A leer (*Reading*)

1-64 Un poema.

"XXXIX"

Cultivo una rosa blanca,
En julio como en enero,
Para el amigo sincero
Que me da (*gives*) su mano (*hand*) franca.
Y para el cruel que me arranca (*yanks out*)
El corazón (*heart*) con que vivo,
Cardo (*thistle*) ni ortiga (*nettle; a prickly plant*) cultivo:
Cultivo una rosa blanca.

Después de leer (*Post-reading*)

1-65 ¿Comprendiste? (*Did you understand?*) Which of the following seem to describe the poet from what he writes?

1. Es blanco.
2. Es optimista.
3. Tiene amigos.

4. Tiene enemigos.
5. Es generoso.
6. Es vindicativo.

7. Su mes favorito es julio.

1-66 Los símbolos. We often use colors as symbols for other things. Match these colors with what you believe they could symbolize. What else do they symbolize for you?

1. _____ el rojo
2. _____ el amarillo
3. _____ el blanco
4. _____ el verde
5. _____ el negro

a. la pureza
b. el misterio
c. la juventud (*youth*)
d. la pasión
e. la cobardía (*cowardice*)

Taller

1-67 Una carta de presentación. When you write a letter of introduction, you want to tell something about your physical and personal characteristics and something about your life. In this first introduction, think of information you would share with a potential roommate. Follow the steps below to write five sentences in Spanish to include with a housing application.

Antes de escribir (*Pre-writing*)

- Write a list of adjectives that you identify with yourself.
- Write a list of adjectives to describe your classes and your professors.

A escribir (*Writing*)

- Introduce yourself.
- Using adjectives from your list, describe what you are like. Use the connector **y** (*and*) to connect thoughts.
- Describe your classes and your professors.
- Say what your favorite color is.
- Add any other personal detail about yourself (your birthday, favorite day of the week, etc.)

Después de escribir (*Post-writing*)

- **Revisar** (*Review*)
  - ☐ Go back and make sure all of your adjectives agree with the nouns they modify.
  - ☐ Check your use of the verb **ser.**

- **Intercambiar** (*Exchange*)
  Exchange your description with a classmate's. Then make suggestions and corrections, and add a comment about the description.

- **Entregar** (*Turn in*)
  Rewrite your letter, incorporating your classmate's suggestions. Then turn in the letter to your instructor.

Santa Clara, CA
25 de septiembre de 2005

¡Hola!

Me llamo Susanita. Soy extrovertida y simpática. Tengo clases muy interesantes y fascinantes. Mi profesora de español es la señora Carro. Es muy inteligente y trabajadora. Mi cumpleaños es el 10 de abril. Mi color favorito es el amarillo. . .

¡Hasta pronto!

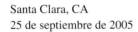

2 ¿De dónde eres?

OBJETIVOS COMUNICATIVOS

- Describing yourself, other people, and things
- Asking and responding to simple questions
- Asking and telling time

- Talking about what you like to do (*Me gusta/Te gusta*)
- Talking about what you have and what you have to do

Pablo Picasso, pintor prolífico, nació en Málaga.
Esta obra es una de sus más famosas.

PICASSO
Don Quichotte
1955

Bienvenidos a España

《Buenas acciones valen más que buenas razones.》

Miguel Induráin, de Navarra, España, ha ganado cinco Tours de Francia.

¡Así es la vida!

En la Universidad de Salamanca, España...[1]

¿Quién soy?

¡Hola! Me llamo José Ortiz. Soy estudiante en la Universidad de Salamanca, pero soy de Algeciras, un puerto en el mar Mediterráneo. Tengo clases a las diez y a las once todos los días.

La muchacha morena se llama Isabel Rojas Lagos. Es de Sevilla. Es muy inteligente y muy trabajadora. También es muy simpática.

El muchacho rubio se llama Daniel Gómez Mansur. Es de Madrid, la capital de España. Es alto y delgado.

Los otros son Paco y María.

Paco: ¿De dónde eres tú, María?

María: Soy de Bilbao, en el norte de España, pero mis padres son de Barcelona. Y tú, ¿de dónde eres?

Paco: Soy de Santander.

María: ¿Cuándo son tus clases, por la mañana o por la tarde?

Paco: Mis clases son por la mañana.

María: Oye, ¿qué hora es?

Paco: Son las nueve de la mañana.

María: ¡Ay! ¡Mi clase de álgebra es a las nueve!

---

[1]La Universidad de Salamanca, founded in 1218, is the oldest university in Spain. Students from around the world come to study here in special programs as well as in the regular curriculum.

Adjetivos de nacionalidad.[1]

canadiense

español/a

norteamericano/a*

mexicano/a

cubano/a

dominicano/a

puertorriqueño/a

guatemalteco/a

hondureño/a

panameño/a

salvadoreño/a

venezolano/a

nicaragüense

colombiano/a

costarricense

ecuatoriano/a

peruano/a

boliviano/a

paraguayo/a

uruguayo/a

chileno/a

argentino/a

*The term **estadounidense** also refers to someone from the United States. The term **americano**, referring to an American citizen, can identify anyone born in the Americas, not just someone from the United States.

Palabras interrogativas

¿Cuándo?	*When?*
¿De dónde?	*Where from?*
¿Qué?	*What?*
¿Quién?	*Who?*
¿Cómo?	*What? How?*

Los lugares

la capital	*capital city*
la ciudad	*city*
el país	*country*

Las personas

el/la amigo/a	*friend*
la madre	*mother*
el/la muchacho/a	*boy/girl*
el/la novio/a	*boyfriend/girlfriend; fiancé/fiancée*
el padre	*father*
los padres	*parents*

[1]Adjectives of nationality are not capitalized in Spanish.

Más adjetivos descriptivos

alta/bajo

rica/pobre

morena/rubia

vieja

joven

delgado/gordito

bonita

nuevo

feo/guapo

flaco/gordo

Expresiones adverbiales

ahora (mismo)	*(right) now*
muy	*very*
también	*also*
tarde	*late*
temprano	*early*

Conjunciones

pero	*but*
porque	*because*

Otras palabras y expresiones

mi/ mis	*my*[1]
¡Oye!	*Hey!*
tu/tus	*your*[1] (fam.)

---

[1]A detailed presentation of possessive adjectives appears in *Capítulo 3*.

Aplicación

2-1 ¿Quién eres tú? Listen to José and his friends on your *¡Arriba!* audio program or as read by your instructor. Based on the information in **¡Así es la vida!,** write the number of each monologue next to the corresponding name.

MODELO: Mis padres son de Barcelona.
María

——— Isabel   ——— María   ——— Paco   ——— Daniel   ——— José

2-2 Asociaciones. What do you associate with the following people and places? Choose terms in the two right columns that you associate with the people and places in the left column.

MODELO: Madrid—*ciudad, grande*

Cameron Díaz	**argentino/a**	**moreno/a**
Barcelona	**bonito/a**	**norteamericano/a**
Bogotá	**capital**	**país**
Bolivia	**ciudad**	**pequeño/a**
Buenos Aires	**colombiano/a**	**peruano/a**
Alejandro Sanz	**delgado/a**	**pobre**
Penélope Cruz	**español/a**	**puertorriqueño/a**
Lima	**joven**	**rico/a**
Los Ángeles	**mexicano/a**	**rubio/rubia**
Madrid	**ecuatoriano/a**	**viejo/a**
México		**grande**
Paraguay		
Salma Hayek		
San Juan		

2-3 ¿Cierto o falso? Indicate whether the following statements are true (**cierto**) or false (**falso**) for you. Correct any false statements.

MODELO: Soy alto/a.
Falso. Soy bajo/a.

1. Soy joven.
2. Mis padres son ricos.
3. Mi amigo es rubio.
4. Mi amiga es bonita.
5. Mi universidad es grande.
6. Mi madre es baja.
7. Mis padres son trabajadores.
8. Mi coche es pequeño.
9. Mi ciudad es grande.
10. Mi país es feo.

2-4 En una fiesta en Salamanca. Complete the conversation with words and expressions from the following list.

amiga	aquí	capital	cómo
dominicano	dónde	española	me llamo

—¡Hola! Soy Juan Luis Ruiz. ¿(1) ——————— te llamas?

—(2) ——————— Marisol. ¿De (3) ——————— eres, Juan?

—Soy (4) ———————.

Mi ——————— Ana es de Córdoba, en el sur de España.

—Yo no soy de Madrid, la (6) ———————. Soy de Zaragoza. ¿De dónde eres?

—Ay, yo soy (7) ———————. Soy de (8) ———————, de Salamanca.

La Universidad de Salamanca, fundada en 1218, es la más antigua de España.

2 **2-5 ¿Cómo son?** Use adjectives you have learned in *Capítulos 1* and *2* to describe the people working out at the gym.

MODELO: *Eugenio es alto,...*

1. Eugenio
2. María Eugenia
3. Antonio
4. María Antonia

5. Gonzalo
6. Virginia
7. Alicia
8. Juan Manuel

2-6 Miguel Induráin. Read the description about Miguel Induráin, then answer the questions that follow.

Miguel Induráin es uno de los ciclistas más famosos del mundo. Es de España, de la provincia de Navarra. Su primer año como profesional es en 1984. Ha ganado cinco veces el Tour de Francia. El Tour es una carrera en bicicleta que va de Francia hasta España y atraviesa (*it crosses*) los Pirineos. En estos momentos, Induráin no compite, pero todavía es considerado un gran campeón. Para él, lo más importante ahora es su familia.

1. ¿De dónde es Induráin?
2. ¿Cuál es su nacionalidad?
3. ¿Por qué es famoso?
4. ¿Qué es importante en su vida ahora?
5. ¿Cómo se llama el ciclista norteamericano que es también campeón del Tour de Francia?

2 **2-7 ¿Cómo son?** Take turns describing these people, places, and things to see if you agree with each other. When you agree, say: **Sí, es cierto.** When you disagree, offer your own opinion. Choose from the adjectives in the three right columns, taking care to make them agree with the noun they modify.

MODELO: universidad
        E1: *La universidad es pequeña.*
        E2: *Sí, es cierto. (No, es grande.)*

1. la ciudad de...	**alto/a**	**grande**	**pequeño/a**
2. el/la profesor/a	**bajo/a**	**guapo/a**	**pobre**
3. Frida Kahlo	**bonito/a**	**joven**	**puertorriqueño/a**
4. la clase	**delgado/a**	**mexicano/a**	**rico/a**
5. un estudiante	**español/a**	**moreno/a**	**rubio/a**
de la clase	**feo/a**	**norteamericano/a**	**simpático/a**
6. una estudiante	**gordito/a**	**nuevo/a**	**trabajador/a**
de la clase	**gordo/a**	**panameño/a**	**viejo/a**
7. Antonio			
Banderas			
8. España			

2 **2-8 ¿Cuál es su (*his/her*) nacionalidad?** Give the name of the country where the following people are from and their nationality.

MODELO: Felipe de Borbón / España
        E1: *¿De dónde es Felipe de Borbón?*
        E2: *Es de España. Es español.*

1. Juanes / Colombia
2. Juan Carlos de Borbón y Pedro Almodóvar / España
3. Gloria Estefan / Cuba
4. Rubén Blades / Panamá
5. Salma Hayek / México
6. Conchita Martínez / Argentina
7. Yo...
8. Nosotros...

2 **2-9 Yo soy...** Take turns introducing yourselves, saying where you are from and what you are like.

MODELO: *Hola, soy _____. Soy de _____. Soy _____ y _____. No soy _____.*

G **2-10 ¿Quién es...?** In groups of three, describe five famous people in as much detail as possible. Then challenge another group to guess who your personalities are. A list of professions and adjectives appear below.

MODELO: E1: *Es alta y elegante. Es de Bolivia. Es actriz.*
E2: *Es Raquel Welch.*

PROFESIÓN	DESCRIPCIÓN	
actor / actriz	brillante	idealista
agente secreto/a	cínico/a	intelectual
atleta	cómico/a	nervioso/a
boxeador/a	conservador/a	liberal
dictador/a	creativo/a	realista
doctor/a	demócrata	republicano/a
poeta	dramático/a	ridículo/a
político/a	elegante	socialista
presidente	estupendo/a	tradicional

¡Así lo hacemos! Estructuras

1. Telling time

¿Qué hora es?

■ The verb **ser** is used to express the time of the day in Spanish. Use **Es la** with **una** (singular for one hour). With all other hours use **Son las.**

Es la una.	*It's one o'clock.*
Son las dos de la tarde.	*It's two o'clock in the afternoon.*
Son las siete.	*It's seven o'clock.*

■ To express minutes *past* or *after* an hour, use **y.** To express minutes before an hour (*to* or *till*) use **menos.**[1]

Son las tres **y** veinte.	*It's twenty past three. (It's three twenty.)*
Son las siete **menos** diez.	*It's ten to (till) seven.*

---

[1]This is how time is traditionally told. It is now common to use **y** for :01 to :59. 3:40 = **Son las tres y cuarenta.**

■ The terms **cuarto** and **media** are equivalent to the English expressions *quarter* (fifteen minutes) and *half* (thirty minutes). The numbers **quince** and **treinta** are interchangeable with **cuarto** and **media**.

Son las cinco menos **cuarto (quince)**.	*It's quarter to five. (It's four forty five.)*
Son las cuatro y **media (treinta)**.	*It's half past four. (It's four thirty.)*

■ For *noon* and *midnight* use **(el) mediodía** and **(la) medianoche**.

Es **mediodía**.	*It's noon (midday).*
Es **medianoche**.	*It's midnight.*

■ To ask at what time an event takes place, use **¿A qué hora...?** To answer, use **a las** + *time*.

¿A qué hora es la clase?	*(At) What time is the class?*
Es **a las** ocho y media.	*It is at half past eight.*

■ The expressions **de la mañana, de la tarde,** or **de la noche** are used when telling specific times. **En punto** means *on the dot* or *sharp*.

La fiesta es a las ocho **de la noche**.	*The party is at eight o'clock in the evening.*
El partido de fútbol es a las nueve **en punto.**	*The football game is at nine sharp.*

■ The expressions **por la mañana, por la tarde,** and **por la noche** are used as a general reference to *in the morning, in the afternoon,* and *in the evening*.

No tengo clases **por la mañana**.	*I don't have classes in the morning.*

■ In many Spanish-speaking countries, the 24-hour clock is used for schedules and official timekeeping. The zero hour is equivalent to midnight, and 12:00 is noon. 13:00–24:00 are the P.M. hours. To convert from the 24-hour clock, substract twelve hours from hours 13:00 and above.

> 21:00 (or 21,00)[1] = **las nueve de la noche**
> 16:30 (or 16,30) = **las cuatro y media de la tarde**

◎ STUDY TIPS

Learning to tell time in Spanish

1. To become proficient in telling time in Spanish, you'll need to make sure you have learned Spanish numbers well. Practice counting by fives to thirty: **cinco, diez, quince, veinte, veinticinco, treinta.**

2. Think about and say aloud times that are important to you: **Tengo clases a las 9, a las 10, ..., Hay una fiesta a las ...,** etc.

3. Every time you look at your watch, say the time in Spanish.

Aplicación

2-11 Miguel y sus actividades. You already know about Miguel Induráin, the famous Spanish cyclist. Write an X next to the activities you think he normally does.

—— Se levanta (*gets up*) a las 12:00 (mediodía).

—— Monta en bicicleta por 3 horas.

—— Lee (*reads*) poemas.

—— Juega (*plays*) con su hijo.

—— Se acuesta (*goes to bed*) a las 11:30 de la noche.

—— A las 11:00 de la mañana está en el gimnasio.

—— A las 2:00 de la tarde está en casa.

2-12 La vida diaria de Miguel Induráin. Read about Miguel Induráin's daily schedule, then answer the questions that follow in Spanish.

Miguel Induráin, el famoso ciclista español tiene un día muy activo. A las siete de la mañana, está en el gimnasio. A las ocho de la mañana, está en su bicicleta. A las once y media de la mañana, está en casa con su familia. A la una y cuarto de la tarde, está en la universidad. A las cinco de la tarde, está en un restaurante. A las nueve de la noche, está otra vez en casa con su familia. Ahora, son las once y media de la noche y Miguel está leyendo una novela. Mañana es otro día.

1. ¿A qué hora está en la universidad?
2. ¿Dónde está a las cinco?
3. ¿A qué hora está en casa con su familia?
4. ¿Qué hora es ahora?
5. Y tú, ¿dónde estás a las siete y media de la mañana?

---

[1]The punctuation used in giving the time varies from country to country. You might see periods or commas as well as the colon used in English.

mediodía   12:00   12.00   12,00

2-13 ¿Qué hora es? Look at the clocks and say whether the following statements are **cierto** or **falso.** Correct any false statements.

MODELO: Son las dos y cuarto de la tarde.
Falso, son las dos y media de la tarde.

1.

Son las dos y cuarto de la noche.

2.

Son las siete menos quince de la mañana.

3.

Son las ocho menos veinte de la noche.

4.

Son las cuatro menos cuarto de la mañana.

5.

Son las doce menos diez de la noche.

6.

Es medianoche.

2-14 ¿Qué hora es en...? Determine what time it is in the cities shown in the chart below. Notice that the chart uses the 24-hour clock. Be sure to use **de la mañana, de la tarde,** etc.

MODELO: E1: *Son las cinco de la tarde en San Francisco. ¿Qué hora es en Asunción?*
E2: *Son las nueve de la noche.*

Juneau	Nome	16:00
San Francisco	Seattle	17:00
Santa Fe	Boise	18:00
Houston	Tegucigalpa	19:00
Miami	San Juan	20:00
Caracas	Asunción	21:00
Buenos Aires	Montevideo	22:00
Madrid	Bilbao	2:00

2-15 Vuelos a Sevilla. Look at the airline schedule showing the days, flights, and departure and arrival times of various cities in Spain. With a classmate, take turns giving flight information and guessing where the flight originated. Note that schedules use a 24-hour clock, which means that the time **13,00** is **a la una de la tarde.**

MODELO: E1: *Todos los días* (Everyday). *Salida a las once y cinco. Llegada a mediodía.*
E2: *De Alicante.*

GRUPO IBERIA

VUELOS A SEVILLA DESDE:
VALIDEZ: HASTA 24 DE OCTUBRE 2005

	DÍAS	VUELO	SALIDA	LLEGADA
ALICANTE	D I A R I O	AO 463.1	11,05	12,00
ALMERÍA	L X V D	AX 111	11,15	12,20
	L X V D	AX 143	21,45	22,50
ARRECIFE DE LANZAROTE	X D	AO 522.0	17,50	20,45
BARCELONA	D I A R I O	IB 1102	07,30	08,55
	L M X J V	IB 1104	12,15	13,40
	D I A R I O	IB 1108	17,00	18,25
	L M X J V (*)	IB 1112	20,10	21,35
	D I A R I O	IB 1114	22,55	00,20
BILBAO	L X V D	IB 5206	10,30	11,45
	M J S	IB 5662	10,30	11,45
FUERTEVENTURA	D	AO 154.0	12,25	15,20
LAS PALMAS DE GRAN C.	D I A R I O	IB 2960	09,20	12,20
	D I A R I O (**)	IB 2840	23,55	02,55
MADRID	D I A R I O	IB 0104	06,25	07,20
	D I A R I O	IB 0118	08,40	09,35
	D	AO 153.0	09,05	10,00
	M J (*)	IB 0108	10,45	11,40
	L X V	IB 0108	10,45	11,40
	D	IB 0132	10,45	11,40
	L X V (*)	IB 0132	11,55	12,50
	M J S	IB 0132	11,55	12,50
	L M X J V (*)	IB 0122	14,05	15,00
	D I A R I O	IB 0112	16,40	17,35
	D I A R I O	IB 0114	19,45	20,40
	D I A R I O	IB 0134	21,00	21,55
	L M X J V	IB 0134	21,00	21,55
	D I A R I O	IB 0128	22,25	23,20
	D I A R I O	IB 0102	23,25	00,20
MÁLAGA	L X V D	AX 702	08,30	09,15
	L X V D	AX 742	19,00	19,45
PALMA DE MALLORCA	M X J SD	AO 461.0	14,15	15,30
	D	AO 461.0	18,00	19,15
SANTIAGO DE C.	D I A R I O	IB 2961	20,00	21,10
SANTA CRUZ DE TENERIFE	D I A R I O	IB 2860	09,55	13,00
	D I A R I O (**)	IB 2862	22,35	0140

(AB) 2-16A El horario (*schedule*) de Gracia Roldán. Complete Gracia's schedule by asking each other for the missing information. Once you've completed her schedule, ask each other the questions that follow.

MODELO: E1: *¿Qué clase tiene Gracia a las nueve?*
E2: *Tiene inglés a las nueve. ¿A qué hora es la clase de...?*
E1: *Es a la(s)...*

○	———	9:00 A.M.
	química	———
	matemáticas	1:10 P.M.
	español	3:30 P.M.
	biología	4:45 P.M.
	———	7:15 P.M.

1. ¿Qué clases tiene Gracia por la mañana?
2. ¿Qué clase tiene por la noche?

(AB) 2-17A ¿A qué hora? Complete your calendar by asking your partner when events with times missing take place.

MODELO: la fiesta (20:30)
E1: *¿A qué hora es la fiesta?*
E2: *Es a las ocho y media de la noche.*

Hora	Actividad
	la clase
11:30	la conferencia (*lecture*)
	la reunión
13:45	el examen
	el partido de fútbol
19:00	el programa "Amigos" en la televisión
20:30	la fiesta

2. Formation of yes/no questions and negation

La formación de preguntas *sí/no*

■ A yes/no question can be formed by inverting the position of the subject and the verb in a declarative sentence or by modifying the intonation pattern. Note that an inverted question mark (¿) is used at the beginning of the question, and the standard question mark (?) closes the question.

Inversion: Tú eres de Andalucía.

    →¿Eres tú de Andalucía?

Intonation: Ellos son de la Comunidad Valenciana.

    →¿Ellos son de la Comunidad Valenciana?

■ A yes/no question can also be formed by adding a tag word or phrase at the end of a statement.

   Juan Carlos es de Madrid, **¿verdad?**   *Juan Carlos is from Madrid, right?*

   La profesora es de Málaga, **¿no?**   *The professor is from Malaga, isn't she?*

Negación

■ To make a sentence negative, simply place **no** before the verb.

   Tú **no** eres de Portugal.   *You're not from Portugal.*
   Nosotros **no** somos de España.   *We're not from Spain.*

■ When answering a question in the negative, the word **no** followed by a comma also precedes the verb phrase.

   ¿Son Elena y Ramón de Segovia?   *Are Elena and Ramón from Segovia?*
   No, no son de Segovia.   *No, they're not from Segovia.*

Aplicación

2-18 ¿Verdad? Ask each other questions based upon the following statements by inverting the subject and the verb, or using a tag question. Respond to your partner's questions in a truthful manner.

MODELO: Cervantes es autor.
    E1: *¿Es autor Cervantes? (Cervantes es autor, ¿verdad?)*
    E2: *Sí, Cervantes es autor.*

1. Penélope Cruz es baja y fea.
2. Pedro Almodóvar es director de cine.
3. Pablo Picasso es pintor.
4. Antonio Gaudí es de Barcelona.
5. Arantxa Sánchez Vicario es perezosa.
6. Miguel Induráin es ciclista.
7. Antonio Banderas y Melanie Griffith son poetas.
8. El SEAT es un automóvil americano.

(AB) **2-19A ¿Es verdad?** Take turns asking and answering yes/no questions. Comment on the truthfulness of each other's responses.

MODELO: E1: *¿Eres norteamericano/a?*
E2: *No, no soy norteamericano/a.*
E1: *¿De verdad?*
E2: *Sí, de verdad. Soy de Francia.*

1. ¿Eres canadiense?
2. ¿Son profesores tus padres?
3. Tus amigos son trabajadores, ¿no?
4. ¿Eres de San Francisco?
5. Tu familia es rica, ¿verdad?
6. ¿...?

¿Quién eres tú?

3. Interrogative words

■ Interrogative words are often used at the beginning of a sentence to form questions. The most frequently used are:

¿Cómo...?	*How...? What...?*
¿Cuál(es)...?	*Which (one/ones)...?*
¿Cuándo...?	*When...?*
¿Cuánto/a(s)?	*How much (many)...?*
¿Dónde...?	*Where...?*
¿De dónde...?	*From where...?*
¿Adónde...?	*(To) Where...?*
¿Por qué...?	*Why...?*
¿Qué...?	*What...?*
¿Quién(es)...?	*Who...?*
¿De quién(es)...?	*Whose...?*

¿Quién es el profesor Suárez?	*Who is Professor Suárez?*
¿De quién es el bolígrafo azul?	*Whose is the blue pen?*
¿Por qué no hay clase hoy?	*Why is there no class today?*

■ When you ask a question using an interrogative word, your intonation will fall.

¿Cómo se llama el profesor?

Aplicación

2-20 Los sanfermines. Read the description of one of Spain's most famous festivals and match the questions that follow with their responses

La fiesta de San Fermín en España es muy famosa. Siempre es en Pamplona, en el norte de España. El primer día es el 6 de julio y el último día es el 14 de julio. Durante nueve días sueltan (*turn loose*) los toros que corren (*run*) por las calles. Los jóvenes corren delante (*in front*) de los toros. Es muy peligroso, pero también muy emocionante. El novelista norteamericano Ernest Hemingway, famoso por *The Sun Also Rises*, describió muy bien la fiesta de los *sanfermines*.

1. _____ ¿Dónde es la fiesta?
2. _____ ¿Cuándo es el primer día de la fiesta?
3. _____ ¿Cuál es el último día de la fiesta?
4. _____ ¿Quiénes corren por las calles?
5. _____ ¿Cómo es la fiesta?
6. _____ ¿Quién es el autor norteamericano que se asocia con esta fiesta?

a. Ernest Hemingway
b. emocionante
c. el 6 de julio
d. en Pamplona, España
e. los toros y los jóvenes
f. el 14 de julio

2-21 ¿Quién eres? Use interrogative words to complete the following exchanges between Carmen and Jesús.

Jesús:	Hola, 1. ¿——————— te llamas?
Carmen:	Me llamo Carmen Domínguez. ¿Y tú?
Jesús:	Soy Jesús Sánchez. 2. ¿——————— eres, Carmen?
Carmen:	Soy de Bilbao, España.
Jesús:	3. ¿——————— estudias (*do you study*) en la universidad?
Carmen:	Estudio (*I study*) matemáticas y física.
Jesús:	4. ¿——————— estudias matemáticas?
Carmen:	¡Porque la clase es muy interesante!
Jesús:	5. ¿——————— es tu profesor?
Carmen:	Es el profesor Sánchez Mejías.
Jesús:	6. ¿——————— es?
Carmen:	Es joven y muy inteligente.
Jesús:	7. ¿——————— es la clase?
Carmen:	¡Ay, Dios mío! ¡Es ahora mismo!

EXPANSIÓN   More on structure and usage

¿Qué...? versus ¿Cuál(es)...?

The interrogatives **qué** and **cuál** may cause some confusion for English speakers learning Spanish because each may be translated as *what* or *which* in different contexts. Generally, **¿qué?** is used to request a definition and/or explanation and is translated as *what?*

¿**Qué** tienes?	*What do you have?*
¿**Qué** es la vida?	*What is life?*

When followed by a noun, **¿qué?** means *which?*

¿**Qué** clase necesita?	*Which class does he/she need?*
¿**Qué** área de estudios prefieres?	*Which (What) field of study do you prefer?*

¿Cuál? also means *which?* but is generally not followed by a noun. In some cases, it can be translated as *what?*, but it always implies a choice indicating *which one(s)?*. Use the plural **cuáles** when that choice includes more than one person or thing.

¿**Cuál** de las clases necesita?	*Which (of the) classes does he/she need?*
¿**Cuál** prefieres?	*Which (one) do you prefer?*
¿**Cuáles** son tus amigos?	*Which (of those people) are your friends?*
¿**Cuál** es la fecha de hoy?	*What is today's date?*
¿**Cuáles** son las capitales de España y Cuba?	*What are the capitals of Spain and Cuba?*

2-22 ¿Qué? o ¿Cuál? Complete the questions with **qué** or **cuál(es)** depending on the context. Then answer the questions.

MODELO: ¿<u>Cuál</u> es la fecha de hoy? *Es el dos de octubre.*

1. ¿——————— hora es?
2. ¿——————— es tu clase favorita?
3. ¿——————— es tu cuaderno?
4. ¿——————— día es hoy?
5. ¿A ——————— hora es la clase de español?
6. ¿——————— es la fecha de tu cumpleaños?

❷ **2-23 ¿Quiénes son? ¿Cómo son?** Ask each other questions about the people depicted on the I.D. cards.

MODELO: E1: *¿Dónde estudia Luisa?*
E2: *Estudia en la Universidad Nacional.*

❷ **2-24 ¿Qué estudias?** Look at the flyer advertising educational opportunities. Answer the questions based on the information it contains and your own interests.

1. ¿Cómo se llama la academia?
2. ¿Qué tipos de clases hay?
3. ¿Tiene clases elementales?
4. ¿Son grandes las clases?
5. ¿Son caras las lecciones?
6. ¿Hay exámenes de música en la academia?

2 **2-25 Una entrevista.** Interview each other to complete the biographical information.

MODELO: Nombre
  E1: *¿Cómo te llamas?*
  E2: *Me llamo Ramón.*

Nombre: _____

Nacionalidad: _____

Domicilio: _____

Descripción física: _____

Clase favorita: _____

Nombres de amigos/as: _____

2-26 Profesor/a,... Ask your teacher any question and then react with **¿De verdad?, ¿Es cierto?,** or **¡No!**

MODELO: E: *Profesor/a, ¿de dónde es usted?*
  P: *Soy de Bolivia.*
  E: *¿De verdad?*

¿Cuánto sabes tú? *Can you...*

☐ describe yourself and others using the verb **ser** and descriptive adjectives, including nationality?

☐ find out information from others by asking questions using inversion and interrogative words?

☐ tell time and say what time events happen?

Nombres, apellidos y apodos (*nicknames*)

2-27 En tu experiencia. How does a name reflect a person's heritage? When do women in the United States and Canada keep their maiden name after marriage? Are there instances when married women use both their maiden and their married names? Do you have a nickname? Who uses it? Under what circumstances? Do you prefer to be called by your nickname? This reading explains the naming patterns used in the Spanish-speaking world. As you read it, think about what your complete name is.

People with Hispanic backgrounds generally use both their paternal surname (**el apellido paterno**) and maternal surname (**el apellido materno**). For example, María Fernández Ulloa takes her first surname, Fernández, from her father and her second, Ulloa, from her mother. Many Hispanic women keep their paternal surname when they marry. They may attach their husband's paternal surname using the preposition **de.** For example, if María Fernández Ulloa marries Carlos Alvarado Gómez, her married name could be María Fernández de Alvarado. Many would refer to her as **la señora de Alvarado,** and to the couple as **los Alvarado,** although María would be known as **María Fernández,** as well.

The use of a nickname (**apodo**) in place of a person's first name also is very common in Hispanic countries. A person's nickname is often a diminutive form of his/her given first name formed using the suffix **-ito** for men or **-ita** for women. For example, **Clara** becomes **Clarita.** As in English, there are also conventional nicknames like those listed to the right.

Male		Female	
Alejandro	Alex, Alejo	Ana	Anita
Antonio	Tony, Toño	Carmen	Menchu
Enrique	Quique, Quiqui[1]	Concepción	Concha
Francisco	Paco, Pancho[1]	Dolores	Lola
Guillermo	Memo, Guille	Graciela	Chela
José	Pepe, Chepe, Cheo	Guadalupe	Lupe
Ignacio	Nacho	María Isabel	Maribel, Mabel
Luis	Lucho	María Luisa	Marilú
Manuel	Manolo	Mercedes	Mencha, Meche, Merche
Ramón	Mongo	Rosario	Charo, Chayo
Roberto	Beto	Teresa	Tere

[1]Not all nicknames are used in every country. For example, **Quique** is used in Spain; **Quiqui** in Cuba. **Paco** is used in Spain; **Pancho** in Mexico. Some nicknames, like **Chema** combine the first and second names, **José María.**

Carmen Herrera Sáenz
INGENIERA DE SISTEMAS

TVA. ARQUITECTO – 72
C/José Cadalso
Teléfono 965-26 54 48
Salamanca 37008

Josefina Beatriz Reyes
ABOGADA

Plaza Mane y Flaquer, 14 bajos
08006 Barcelona, España

Ceferino García González
c/Vizcaya 14, 3ʳᵒ Iᶻᵈᵒ
28032 Madrid
España
Teléfono 91-859-95-94

Juan Carlos Etchart
Mirta M.C. Torres
de Etchart

Consultores

Avenida Joséé C. Paz 1665
48013 Bilbao, España

Nombre: Francisco
Apellidos: Betancourt Sánchez
Domicilio: c/ Lope de Vega n°1
Alicante, España
Universidad: Salamanca

G

2-28 En tu opinión. Take turns asking and answering the following questions.

1. ¿Cuál es el apellido paterno de Josefina? ¿de Ceferino?
2. ¿Cual es el apellido materno de Carmen?
3. ¿Cuál es la nacionalidad de Josefina? ¿de Francisco?
4. ¿Dónde estudia (*study*) Francisco Betancourt? ¿Cuál es su (*his*) apodo?
5. ¿Cuál es tu apellido materno? ¿tu apellido paterno?
6. ¿Cuál es tu apodo?

SEGUNDA PARTE

¡Así es la vida!

¿Qué haces? ¿Qué te gusta hacer?

Celia Cifuentes Bernal, 24 años, Toledo

Hablo español y francés. Estudio medicina en la Universidad Complutense de Madrid. Hoy tengo que estudiar mucho porque mañana hay examen de biología a las dos de la tarde. Los exámenes de mi profesora no son fáciles, pero leo mucho y comprendo bien la materia.

Alberto López Silvero, 22 años, Bilbao

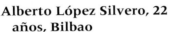

Hablo español y un poco de inglés. Estudio derecho en la Universidad de Navarra en Pamplona. Por la tarde trabajo en una librería y llego a casa muy tarde. Esta noche asisto a un concierto de jazz.

Adela María de la Torre Jiménez, 19 años, Málaga

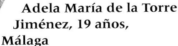

Estudio ingeniería en la Universidad de Granada. Trabajo y estudio mucho, pero los sábados por la noche mis amigos y yo bailamos en una discoteca. Escribo cartas a mi familia los domingos por la mañana.

Rogelio Miranda Suárez, 21 años, León

Estudio matemáticas en la Universidad de Valencia. Mis clases son difíciles pero interesantes. Estudio y tomo café con varios amigos los lunes, miércoles y viernes por la noche. Debo practicar tenis esta tarde porque mañana hay un partido importante.

¡Así lo decimos! Vocabulario

¿Qué estudias?

CATÁLOGO DE CURSOS, PRIMAVERA, 2005

Administración de empresas	*business administration*
Arte	
Biología	
Ciencias (físicas)	
Ciencias políticas	
Ciencias sociales	
Comunicaciones	
Derecho	*law*
Educación física	
Filosofía y letras	*humanities/liberal arts*
Geografía	
Historia	
Idiomas (extranjeros)	*(foreign) languages*
Informática	*computer science*
Ingeniería	*engineering*
Matemáticas	
Medicina	
Pedagogía	*education*

¿Qué haces?

asistir (a)	*to attend*
bailar	*to dance*
comprender	*to understand*
deber	*should; ought to*
escribir	*to write*
estudiar	*to study*
hablar	*to talk*
leer	*to read*
llegar	*to arrive*
practicar	*to practice; to play (a sport)*
tener	*to have*
tengo	*I have*
tener que (+ inf.)	*to have to* (+ inf.)
tomar	*to take; to drink*
trabajar	*to work*

¿Qué deportes practicas?

(el) baloncesto	*basketball*
(el) béisbol	*baseball*
(el) fútbol	*soccer*
(la) natación	*swimming*
(el) tenis	*tennis*

Adjetivos

difícil	*difficult*
fácil	*easy*

Sustantivos

el examen	*exam*
la librería	*bookstore*

Otras palabras y expresiones

¿Qué te gusta hacer?	*What do you like to do?*
Me gusta (+ inf.)	*I like* (+ inf.)

Los idiomas

(el) alemán	*German*
(el) chino	*Chinese*
(el) coreano	*Korean*
(el) francés	*French*
(el) inglés	*English*
(el) italiano	*Italian*
(el) japonés	*Japanese*
(el) portugués	*Portuguese*
(el) ruso	*Russian*

Aplicación

2-29 ¿Quién es? Refer to **¡Así es la vida!** on page 57 and identify the speaker of each statement below.

C: Celia   **A**: Alberto   **AM**: Adela María   **R**: Rogelio

1. _____ Me gusta practicar tenis.
2. _____ Bailo mucho con mis amigos.
3. _____ Me gusta la música.
4. _____ La biología es muy importante para mis estudios.
5. _____ Escribo cartas a mis padres.
6. _____ Estudio con mis amigos.
7. _____ Soy muy activo en los deportes.
8. _____ Leo mucho para mi clase.

2-30 En la universidad. What field of study would you pursue if you were interested in the following things?

MODELO: novelas y poemas
         filosofía y letras

comercio	ciencias políticas	historia
medicina	veterinaria	derecho
educación física	química	
pedagogía	psicología	

1. los niños (*children*)
2. los experimentos químicos
3. las ventas (*sales*) y los comerciales
4. estudios internacionales
5. deportes
6. las familias con problemas
7. la salud (*health*)
8. los animales

AUDIO **2-31 ¿Qué pasa?** Listen to your *¡Arriba!* audio program or your instructor to hear a description of what is happening. Match each drawing with the corresponding statement you hear.

_____ _____ _____ _____ _____ _____

2-32 Tu experiencia. Guess what fields of study or sport the following people take based on their comments.

MODELO: E1: *Trabajo mucho.*
         E2: *Estudias ciencias (idiomas).*

1. Hablo mucho en esta lengua.
2. Practico mucho en el gimnasio.
3. Me gusta la pintura.
4. Tengo muchas novelas.
5. Tengo muchos mapas.
6. La computadora es muy importante.
7. Tengo un microscopio.
8. Deseo administrar una industria grande.
9. Tengo una calculadora.
10. Me gustan los niños.

2 **2-33 ¿Qué te gusta?** Tell a classmate the names of three activities that you like and three that you don't like. Do you have any interests in common?

MODELO: *Me gusta practicar fútbol. No me gusta leer novelas.*

2 **2-34 Materias fáciles; materias difíciles.** Discuss your classes and indicate whether you find them easy or difficult.

MODELO: E1: *La clase de matemáticas es difícil.*
E2: *No es cierto. Es fácil.*

Materia	Difícil		Fácil	
	Para mí	Para mi compañero/a	Para mí	Para mi compañero/a
matemáticas	X			X

¡Así lo hacemos! Estructuras

4. The present tense of regular *-ar*, *-er*, and *-ir* verbs

Spanish verbs are classified into three groups according to their infinitive ending (**-ar, -er,** or **-ir**). Each of the three groups uses different endings to produce verb forms (conjugations) in the various tenses.

■ The present tense endings of **–ar** verbs are as follows.

	hablar (*to speak*)	
yo	habl + o	→ habl**o**
tú	habl + as	→ habl**as**
él, ella, Ud.	habl + a	→ habl**a**
nosotros/as	habl + amos	→ habl**amos**
vosotros/as	habl + áis	→ habl**áis**
ellos/as, Uds.	habl + an	→ habl**an**

■ The present tense endings of **-er** and **-ir** verbs are identical except for the **nosotros** and **vosotros** forms.

	comer (*to eat*)	vivir (*to live*)
yo	com**o**	viv**o**
tú	com**es**	viv**es**
él, ella, Ud.	com**e**	viv**e**
nosotros/as	com**emos**	viv**imos**
vosotros/as	com**éis**	viv**ís**
ellos/as, Uds.	com**en**	viv**en**

■ Other common regular verbs

-ar		**-er**		**-ir**	
ayudar	*to help*	**aprender a**	*to learn to*	**abrir**	*to open*
bailar	*to dance*	**beber**	*to drink*	**asistir a**	*to attend*
caminar	*to walk*	**comer**	*to eat*	**decidir**	*to decide*
estudiar	*to study*	**comprender**	*to understand*	**escribir**	*to write*
enseñar	*to teach*	**creer**	*to believe*	**recibir**	*to receive*
llegar	*to arrive*	**deber**	*ought to; should*		
mirar	*to look at*	**vender**	*to sell*		
nadar	*to swim*				
regresar	*to return*				
tomar	*to take; to drink*				
trabajar	*to work*				

■ **Ver** (*to see, to look*) is an **-er** verb with an irregular **yo** form. Also note that the **vosotros/as** form has no accent because it is only one syllable.

ver (*to see*)			
yo	**veo**	nosotros/as	**vemos**
tú	**ves**	vosotros/as	**veis**
él, ella, Ud.	**ve**	ellos/as, Uds.	**ven**

The Spanish present indicative tense has several equivalents in English. In addition to the simple present, it can express on-going actions and even the future tense. Note the following examples.

Estudio ingeniería.   { *I study engineering.* / *I am studying engineering.*

Comemos con Ana mañana.   *We will eat with Marta tomorrow.*

⊚ STUDY TIPS

Learning regular verb conjugations

1. The first step in learning regular verb conjugations is being able to recognize the infinitive stem: the part of the verb before the ending.

INFINITIVE			STEM
hablar	hablar	→	habl
comer	comer	→	com
escribir	escribir	→	escrib

2. Practice conjugating several verbs in writing first. Identify the stem, then write the various verb forms by adding the present tense endings listed on the previous page. Once you have done this, say the forms you have written out loud several times.

3. Next you will need to practice verb conjugations orally. Create two sets of index cards. On one, write down the subject pronouns listed on the previous page (one per card). On the other set, write some of the regular verbs you have learned. Select one card from each set and conjugate the verb with the selected pronoun.

4. Think about how each verb action relates to your own experience by putting verbs into a meaningful context. For example, think about what you and each of your friends study: **Estudio matemáticas. Veo la televisión todos los días,** etc.

Aplicación

2-35 Me gusta, no me gusta. Choose from the activities below to say what you like and do not like to do.

MODELO: *Me gusta jugar al fútbol.*
No me gusta nadar.

Me gusta... bailar con mis amigos
leer el periódico
comer en un restaurante mexicano
caminar por el parque
comprar chocolate
ganar dinero
ver la televisión

preparar comida mexicana
practicar golf
escribir cartas
aprender idiomas
tomar café
trabajar por la noche

❷ 2-36 Preguntas y respuestas. With a classmate, take turns matching the following questions with logical responses.

1. _____ ¿Qué compras en la librería?
2. _____ ¿Quién enseña literatura española?
3. _____ ¿Qué necesitas para la clase de matemáticas?
4. _____ ¿Dónde vives?
5. _____ ¿Qué instrumento musical practicas?
6. _____ ¿Quién prepara la comida en tu casa?
7. _____ ¿Ganas (*Do you earn*) mucho dinero en tu trabajo?
8. _____ ¿Cuándo y dónde escuchas música?

a. En una residencia.
b. Una calculadora.
c. Mi padre.
d. La profesora Rodríguez.
e. Libros y lápices.
f. Por la noche en mi dormitorio.
g. No. Muy poco.
h. El trombón.

2-37 ¿Qué hacen? Match each drawing with an activity listed below, then create a sentence based on the information you have.

MODELO: practicar tenis
Eugenia practica tenis.

1. _____ bailar en una fiesta
2. _____ ver la televisión
3. _____ leer en la biblioteca
4. _____ preparar una pizza
5. _____ hablar por teléfono
6. _____ caminar por la tarde
7. _____ comer el almuerzo
8. _____ nadar mucho
9. _____ escuchar música
10. _____ trabajar en el laboratorio

a.

b.

c.

d.

e.

f.

g.

h.

i.

j.

2-38 Una semana típica. Complete the following paragraph about a typical week at the university for Sarita by filling in the blanks. Use the correct form of a logical verb from the list.

asistir (a) escuchar practicar ver
bailar   estudiar tomar
comer   mirar   trabajar

(1. Yo) _____ ingeniería en la Universidad Complutense de Madrid. (2. Yo) _____ a mis clases por la mañana donde (3) _____ a mis amigos. Mi novio Antonio y yo (4) _____ en la cafetería de la universidad. Yo (5) _____ los lunes y miércoles. Antonio (6) _____ los miércoles y jueves. Los sábados Antonio y su amigo Luis (7) _____ tenis por la mañana. (8. Yo) _____ un poco de televisión o (9) _____ música. Por la noche, Antonio y yo (10) _____ en la discoteca Kapital con amigos.

2-39 Las actividades de los estudiantes. Combine a word or phrase from each column to form at least six complete, logical sentences in Spanish. Be sure to conjugate the verbs.

MODELO: *Mi amigo trabaja en la librería.*

Yo	asistir (a)	clase
Los amigos	escuchar	con la tarea
Tú	bailar	fútbol (natación, tenis)
El profesor	**trabajar (en)**	la pizarra
La profesora	comer	por teléfono
Mi amigo	practicar	español (francés,...)
Mi amiga	hablar	**la librería**
Mis compañeros y yo	aprender	mucho (poco)
Los profesores de la universidad	tomar	el piano
Mis padres	preparar	café
Carlos	enseñar	la radio
El estudiante	ver	la lección
¿...?	escribir	la televisión

2-40 Maribel y la doctora Recio. Use the following information to write short news articles.

Maribel:
estudiante, inteligente
simpática, ciencias políticas
Universidad Complutense de Madrid
España
francés y japonés
fútbol y natación

La doctora Recio:
profesora, informática
elegante, alta, Universidad del País Vasco
Bilbao, inglés y alemán, bailar, música clásica

2 **2-41 ¿Qué hacen?** Take turns using the verbs listed below to describe the scene in the photograph: what is there, who the people are, what they are like, what they are doing.

MODELO: *Hay siete estudiantes.*

abrir	escribir	hay	ser
asistir (a)	escuchar	leer	ver
comprender	estudiar	mirar	vivir
deber	hablar		

2 **2-42 Pablo Picasso.** Read the description of Pablo Picasso to a classmate and ask him/her three questions that you can respond to with either **sí** or **no**.

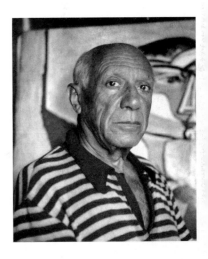

Pablo Picasso es uno de los artistas más importantes del siglo xx. Es de Málaga, España, pero vive gran parte de su vida en Francia. Su padre es profesor de arte. Su nombre original es Pablo Ruiz, pero usa el apellido de su madre, Picasso. Estudia en Barcelona y en Madrid. Después vive en París. Es famoso por sus períodos "azul", "rosa" y también por el estilo que se llama "cubismo". Una de sus obras más impresionantes se llama *Guernica*, un cuadro que representa los horrores de la Guerra Civil española y que pinta en 1937. El cuadro ahora está en el Museo Reina Sofía de Madrid.

AB **2-43A Entrevistas.** Ask each other questions to obtain information. Be prepared to report back to the class.

MODELO: E1: *¿Qué estudias en la universidad?*
E2: *Estudio español,...*

1. ¿Qué estudias en la universidad?
2. ¿Qué idiomas hablas bien?
3. ¿Lees el periódico?
4. ¿Dónde comes el almuerzo?
5. ¿Siempre asistes a clase?
6. ¿Qué deportes practicas?

2-44 ¿Y tú? Write a short paragraph in which you discuss your activities using verbs that end in **-ar, -er,** and **-ir.** Connect your thoughts by using the expressions **pero, y,** and **también.**

MODELO: *Estudio dos idiomas: inglés y español. También estudio ciencias y administración de empresas. Trabajo en la librería. Me gusta escribir poesía y asistir a conciertos de música rock.*

5. The present tense of *tener* (to have) and the expression *tener que* (to have to)

> Tengo que terminar esta pintura para las cinco de la tarde.

■ The Spanish verb **tener** is irregular. As in English, **tener** is used to show possession.

Tengo tres clases y un laboratorio.   *I have three classes and a laboratory.*
¿**Tienes** un bolígrafo?   *Do you have a pen?*

tener (*to have*)			
yo	**tengo**	nosotros/as	**tenemos**
tú	**tienes**	vosotros/as	**tenéis**
él, ella, Ud.	**tiene**	ellos/as, Uds.	**tienen**

■ **Tener** is used in many idiomatic expressions, including **tener que** + *infinitive* (to have to [do something]).

Mañana **tengo que** asistir a clase.   *Tomorrow I have to attend class.*
¿**Tienes que** leer una biografía de Picasso?   *Do you have to read a biography about Picasso?*

Aplicación

2-45 ¿Qué tiene la universidad? Decide if your university has the features listed below. Check off the appropriate boxes.

MODELO: muchas clases
  E1: *¿Tiene muchas clases la universidad?*
  E2: *Sí, tiene. (No, no tiene.)*

¿Tiene...?	Sí, tiene...	No, no tiene...
un/a rector/a (president)	☐	☐
buenos profesores	☐	☐
un bar	☐	☐
un estadio de fútbol	☐	☐
muchas residencias estudiantiles (dorms)	☐	☐
clases pequeñas	☐	☐
una librería buena	☐	☐
edificios (buildings) grandes	☐	☐
clases interesantes	☐	☐
una buena cafetería	☐	☐
muchos campos de estudio (fields of study)	☐	☐

2-46 Mi tarea. Check off the activities you need to do today.

Tengo que
☐ asistir a clase.
☐ estudiar la lección.
☐ comprar comida.
☐ escribir una composición.
☐ ir a la biblioteca.
☐ hablar con el/la profesor/a.
☐ bailar en la discoteca.
☐ escuchar música.
☐ ayudar a mi amiga.

2 **2-47 ¿Qué tienes que hacer?** Discuss what you do and do not have to do tomorrow.

MODELO: E1: *¿Qué tienes que hacer mañana?*
  E2: *Mañana tengo que practicar tenis y tengo que hablar con el profesor. No tengo que estudiar. ¿Y tú?*

2-48 ¿Qué tienen en común? Write eight sentences in Spanish, saying what various people have in common. Use verbs that end in **-ar,** as well as **ser** and **tener.**

MODELO: *Whitney Houston y Gloria Estefan son bonitas. Tienen muchos amigos.*
Cantan bien.

George W. Bush	Michael Jackson	Jennifer López
Christina Aguilera	El rey Juan Carlos de España	Julio Iglesias
Tom Hanks	Gloria Estefan	Jesse Jackson
Penélope Cruz	Enrique Iglesias	Whitney Houston
Yo	Pedro Almodóvar	Danny Glover
Bill Gates	Tú	Bart Simpson
Michael Jordan	Mel Gibson	Benjamin Bratt
Venus Williams		

 2-49A ¿Tienes? Take turns asking each other if you have the items on your list. If your partner has the item you want, you make a pair. The first person who has five pairs of items wins.

MODELO: E1: *¿Tienes un libro de historia?*
E2: *Sí, tengo. (No, no tengo.)*

—— un libro de geografía

—— una pintura de Picasso

—— un examen fácil

—— un cuaderno rojo

—— un lápiz azul

—— una mochila negra

—— una novela de Hemingway

—— un reloj grande

—— un buen amigo

—— una profesora inteligente

¿Cuánto sabes tú? *Can you...*

☐ describe your activities: what you do, what you like to do, when, where and with whom?

☐ say what you and others have?

☐ say what you and others have to do?

Observaciones

VIDEO **Toño Villamil y otras mentiras** Episodio 2

La pirámide cerca de Malinalco es un sitio arqueológico importante.

2-50 La pirámide. Here is more information about Malinalco. Read the description and respond to the questions briefly in Spanish.

Malinalco es un pueblo pequeño, pero importante en la historia de México. Su arquitectura colonial española es muy pintoresca. Las casas tienen colores brillantes. Por las calles hay autobuses, perros, caballos, burros, coches, bicicletas y motocicletas. Cerca del (*Close to the*) pueblo, hay un yacimiento arqueológico (*site*) azteca, pequeño, pero bien conservado. Es una pirámide religiosa porque tiene esculturas de jaguares, águilas (*eagles*) y serpientes, todos símbolos religiosos aztecas.

1. ¿Es grande o pequeño Malinalco?
2. ¿Qué tipo de arquitectura tiene?
3. ¿Qué colores tienen las casas?
4. ¿Qué medios de transporte hay?
5. ¿Cómo es el sitio arqueológico?
6. ¿Qué esculturas hay en la piramide?

2-51 Lucía y Toño. Watch the second episode of *Toño Villamil y otras mentiras*. Here you will see Lucía and Toño meet for the first time. Why do you think Lucía is in Malinalco?

Keep these questions in mind as you watch the video. Then answer the following.

1. Toño tiene...
   _____ un coche rojo
   _____ un accidente
   _____ que ayudar a Lucía

2. Lucía estudia...
   _____ medicina
   _____ antropología
   _____ historia

3. Toño es...
   _____ profesor
   _____ estudiante
   _____ actor

4. Lucía visita...
   _____ el sitio arqueológico
   _____ la catedral
   _____ el bar de la universidad

5. Lucía es española y Toño es...
   _____ estadounidense
   _____ mexicano
   _____ español

6. "Toño" es un...
   _____ apellido materno
   _____ apellido paterno
   _____ apodo

2-52 El próximo episodio. Write three questions that you would like more information about for the next episode.

MODELO: *¿Dónde bailan Lucía y Toño?*

Panoramas

España: Tierra de Don Quijote

2-53 ¿Ya sabes...? How many of the following can you name?

1. la capital de España
2. una famosa obra literaria (*literary work*) de España
3. un autor español famoso
4. el nombre del rey de España
5. un producto importante de España
6. el nombre de uno de los mares (*seas*) de España
7. el nombre del otro país que ocupa la Península Ibérica
8. dónde están las Islas Canarias

La industria automovilística española es importante en España por el número de automóviles que produce cada (*each*) año. Este coche es un SEAT, un auto pequeño y económico muy popular.

El clima de Andalucía en el sur de España es perfecto para el cultivo de las aceitunas (*olives*). De ellas se produce el aceite de oliva y muchas variedades de aceitunas deliciosas para comer.

En las largas y ricas costas de España, la pesca (*fishing*) es maravillosa. La gastronomía española es famosa por sus (*its*) excelentes platos.

El clima agradable del sur de España, particularmente en la Costa del Sol, atrae a millones de turistas de todo el mundo.

FRANCIA

San Sebastián

ÍS CO

Pamplona

ANDORRA

NAVARRA

ño

PIRINEOS

Río Ebro

OJA

CATALUÑA

Zaragoza

Barcelona

ARAGÓN

Menorca

Palma de Mallorca

VALENCIA

Valencia

Mallorca

ISLAS BALEARES

Ibiza

TILLA MANCHA

Alicante

Mar Mediterráneo

MURCIA

Santa Cruz de la Palma

Lanzarote

La Palma

Santa Cruz

Arrecife

Puerto del Rosario

Gomera

Fuerteventura

Tenerife

Las Palmas

Hierro

Gran Canaria

ISLAS CANARIAS (ESPAÑA)

ÁFRICA

OCÉANO ATLANTICO

Melilla (Esp.)

CA

Pedro Almodóvar es el director de cine español más prestigioso. Entre sus (*his*) notables películas se incluyen *Mujeres al borde de un ataque de nervios, Todo sobre mi madre* y *Hable con ella*. Almodóvar recibió un Oscar por las dos últimas.

El Museo Guggenheim situado en Bilbao fue diseñado por el arquitecto norteamericano, Frank Gehry.

2-54 ¿Dónde? Identify a place on the map where you might find the following.

1. playas
2. montañas
3. arquitectura interesante
4. el gobierno
5. buena gastronomía
6. un museo de arte diseñado por un arquitecto norteamericano
7. la producción de aceite de oliva
8. la fabricación de automóviles

2-55 Conexiones. Connect with the *¡Arriba!* Web site **www.prenhall.com/ arriba** to find out the following information about Spain.

1. el nombre de tres pintores españoles famosos
2. el nombre del rey (*king*) de España
3. el año de los Juegos Olímpicos de Barcelona
4. el idioma del País Vasco
5. el nombre de un/a tenista profesional famoso/a
6. una comida (*meal*) popular de España

2-56 Guía turística. Complete this description of Spain with the correct form of the appropriate adjectives from the list below. Refer to the reading and photos in **Nuestro mundo.**

MODELO: *España tiene playas <u>bonitas</u>.*

España tiene una gastronomía _____, un director de cine _____, arquitectura _____, fábricas _____, aceitunas _____, automóviles _____ y una costa _____.

bonito	delicioso	económico	excelente
famoso	grande	hermoso	importante
largo	moderno	prestigioso	popular

 # Ritmos

"Cuéntame alegrías" (Tachú, España)

The guitar rhythms and singing style of "Cuéntame alegrías" are reminiscent of Spanish flamenco music, which originated in southern Spain and was greatly influenced by the gypsies in the middle of the nineteenth century.

Antes de escuchar

2-57 La letra. Skim the lyrics of the following stanza with a partner and list any words that are cognates or that you recognize.

Cuéntame alegrías
Cuéntame alegrías mi vida
Y dáme tu amor
Dáme una caricia, sonrisa
Dáme el corazón
Tienes en mi alma, caramba,
Hay para ti un rincón
Siempre presente en mi mente
Te mantengo yo

2-58 ¿Qué letra falta? As you listen to the song, supply the missing letters for the following key words that appear in the lyrics and then, where possible, give the definition of each word.

1. v i _ a
2. a _ o r
3. c _ r i c i a
4. s o n r _ s a
5. c o r a z _ n
6. a l _ a
7. f l o _ e s
8. c i e _ o
9. c a _ i ñ o

Based on the meanings of these words, what do you think is the song's theme?

2-59 Comprensión. Answer the following questions with a complete sentence in Spanish.

1. ¿Cuál es el título de la canción?
2. ¿Cómo se llama el grupo musical?
3. ¿De dónde es el grupo?
4. ¿Quién canta, una mujer o un hombre?
5. ¿Cómo es la canción en tu opinión? (alegre, triste, cómica, seria, melancólica, etcétera)
6. ¿Te gusta este tipo de música? ¿Por qué?

 # Páginas

¿Cuál es el perfume más caro del mundo?

2-60 Pistas extratextuales. Look at the following illustration and guess what the reading is about.

2-61 Busca los cognados. Underline the cognates in the text. Do they coincide with your guess about what the text is about?

2-62 **El perfume más caro.** Now read the text to learn about this expensive perfume.

¿Cuál es el perfume más caro del mundo?

El perfume Clive Christian Número 1, que se vende en el Corte Inglés* por 56 euros por mililitro, es el más caro del mundo. Ahora ofrece su exquisita esencia en un frasco (*flask*) de cristal y diamantes, hecho especialmente para quien ofrezca 46.300 euros. Para la reina Isabel II de Inglaterra, Clive Christian diseñó su esencia aromática en un frasco montado en una corona. El que pidió Elton John tiene forma de un piano.

Número 1

*A major Spanish department store.

Después de leer

2-63 **Haz las preguntas.** Complete the questions with the most appropriate interrogative word. Use the answers in Spanish to help you form the questions.

1. ¿——————— es el perfume más caro del mundo? (Clive Christian Número 1)
2. ¿——————— cuesta por mililitro? (56 euros)
3. ¿——————— es el frasco? (de cristal y diamantes)
4. ¿——————— tiene el frasco en forma de corona? (la reina Isabel II)
5. ¿——————— forma tiene el frasco de Elton John? (un piano)
6. ¿——————— es el perfume? (caro y exquisito)

2-64 **¿Qué opinas tú?** Respond to the following statements to express your opinions.

1. Me gusta el perfume.
   a. Sí, mucho. b. Un poco. c. No me gusta nada (*at all*).
2. Compro perfume caro.
   a. Siempre. b. De vez en cuando. c. Nunca.

3. Me gustan los diamantes.
   a. Sí, mucho. b. Un poco. c. No me gustan nada.

4. Me gusta Elton John.
   a. Sí, mucho. b. Un poco. c. No me gusta nada.

5. Tengo 46.300 euros para comprar el perfume Clive Christian Numero 1.
   a. Sí. b. Es posible. c. Es imposible.

6. Compro un frasco en forma de...
   a. elefante grande. b. coche rojo. c. reloj bonito.

Taller

2-65 Una entrevista y un sumario.

Antes de escribir

- Write questions you'd like to ask a famous Spaniard if you could interview him/her (for example, Pedro Almodóvar, Antonio Banderas, Penélope Cruz, Felipe de Borbón, Picasso, Salvador Dalí, Miguel Induráin; you may log onto **www.prenhall.com/arriba** to see some famous people in the Spanish-speaking world). Use the following interrogatives:

  ¿Cómo...?   ¿Dónde...?   ¿Qué...?   ¿Cuándo...?
  ¿Por qué...? ¿Cuál(es)...? ¿Quién(es)...? ¿De dónde...?

- Write at least one question using the verb **tener**.
- **Entrevista.** Interview a classmate who will role-play as a famous Spaniard, then write up the responses.

A escribir

- Summarize the information for an article in *Hola*, a Spanish magazine that depicts the lives of the rich and the famous. Use connecting words such as **y, pero** (*but*), and **por eso** (*therefore*).
- Write at least six sentences about your famous person.

Después de escribir

- **Revisar.** Review your summary to assure the following:
  - ☐ agreement of nouns, articles, and adjectives
  - ☐ agreement of subjects and verbs
  - ☐ correct spelling, including accents

- **Intercambiar**

  Exchange your summary with a classmate's; make suggestions and corrections.

- **Entregar**

  Rewrite your summary, incorporating your classmate's suggestions. Then turn in the summary to your instructor.

3 ¿Qué estudias?

Frida Kahlo fue la esposa del gran muralista mexicano, Diego Rivera. Empezó su carrera artística como terapia después de sufrir un horrible accidente. Aunque recibió poca atención durante su vida, hoy en día se le considera una de las mejores (best) pintoras del mundo hispano.

¡México lindo!

Frida (Frieda) Kahlo, *Frieda and Diego Rivera*, 1931, oil on canvas, 39 3/8 in. x 31 in. Ben Blackwell/San Francisco Museum of Art. © 2003 Banco de Mexico Diego Rivera & Frida Kahlo Museums Trust. Estate of Frida Kahlo. Albert M. Bender Collection, Gift of Albert M. Bender. Av. Cinco de Mayo No. 2, Col. Centro, Del. Cuauhtemoc 06059, Mexico, D.F. Reproduction authorized by the Instituto National de Bellas Artes y Literatura.

«La educación no es para enseñar qué pensar, sino a pensar.»

Carlos Santana, el gran artista de música de rock, nació en Autlán de Navarro, México. En el año 2000, ganó cuatro Grammys.

¡Así es la vida!

¿Qué materias vas a tomar?

Eduardo: ¡Oye, Pedro! Ya tienes tu horario de clase, ¿verdad?

Pedro: Sí, ¿y tú? ¿Qué materias tomas?

Eduardo: Mi horario es bastante complicado. Tengo cinco materias: álgebra, química, historia, inglés y computación.

Pedro: ¡Estás loco! Yo solamente tengo que tomar cuatro materias este semestre... ¡Y eso ya es mucho!

Luisa: Carmen, ¿tienes veinte pesos? Tengo mucha hambre y quiero comer algo.

Carmen: Sí, sí, tengo. Aquí tienes para comprar un refresco, también.

Luisa: Tienes que asistir a tu clase de biología ahora, ¿no?

Carmen: ¿Qué hora es?

Luisa: Ya son las nueve. La clase es en cinco minutos.

Carmen: ¡Tienes razón! ¡Vamos!

Ana: ¡Hola, Roberto! ¿Qué tal?

Roberto: ¡Muy bien, Ana! ¿Y tú?

Ana: Bien. ¿Qué haces aquí?

Roberto: Tengo que hablar con mi profesor de francés.

Ana: Tú estudias muchos idiomas, ¿no?

Roberto: Pues, sí. Estudio francés, alemán y portugués.

Catálogo de cursos
Otoño, 2005

Álgebra
Antropología
Cálculo
Geología
Literatura
Música
Psicología
Química
Sociología

Lugares en la universidad

la biblioteca	*library*
la cafetería	*cafeteria*
el centro estudiantil	*student center*
el gimnasio	*gymnasium*

La vida estudiantil (*student life*)

la calculadora	*calculator*
la computadora	*computer*
el horario de clases	*class schedule*
la materia	*(academic) subject*
el semestre	*semester*
el trimestre	*trimester; quarter*

Verbos

hacer	*to do; to make*
vamos	*we're going; let's go*
tener hambre	*to be hungry (lit. to have hunger)*

Adjetivos

complicado/a	*complicated*
exigente	*challenging, demanding*

Adverbios

solamente	*only*
después de	*after*

Otras palabras y expresiones

el/la chico/a	*kid, boy/girl; man/woman (coll.)*
pues (conj.)	*well*

EXPANSIÓN More on structure and usage

Todo is used in many expressions in Spanish, with the equivalent *every* and *all* in English.

todo (pron)	*everything, all*
todo/a (adj.)	*all (of)*
todo el día	*all day*
todos/as; todo el mundo	*everyone, everybody*
todas las noches	*every night*
todos los días	*every day*
Todos asisten a **todas** sus clases **todos** los días.	*Everyone attends all of their classes every day.*

Aplicación

3-1 ¿Quién es? Identify the person described from **¡Así es la vida!**

A: Ana	**C:** Carmen	**E:** Eduardo
L: Luisa	**P:** Pedro	**R:** Roberto

1. _____ Estudia idiomas.
2. _____ Solamente necesita tomar cuatro materias.
3. _____ Compra comida y un refresco.
4. _____ Tiene que estudiar mucho porque tiene cinco materias.
5. _____ Tiene reloj.
6. _____ Tiene que hablar con su profesor.
7. _____ Necesita dinero.

3-2 Y tú, ¿qué estudias? Check off the subjects you have this term. Compare your list with another student.

MODELO: *Estudio cálculo, biología, español y química.*

☐ administración de empresas	☐ coreano	☐ inglés
☐ alemán	☐ chino	☐ japonés
☐ álgebra	☐ derecho	☐ literatura
☐ antropología	☐ educación física	☐ matemáticas
☐ árabe	☐ español	☐ medicina
☐ arte	☐ filosofía y letras	☐ música
☐ biología	☐ francés	☐ pedagogía
☐ cálculo	☐ geografía	☐ portugués
☐ ciencias (físicas)	☐ geología	☐ psicología
☐ ciencias políticas	☐ historia	☐ química
☐ ciencias sociales	☐ informática	☐ ruso
☐ comunicaciones	☐ ingeniería	☐ sociología

3-3 Tengo. Say what you have and what you study, based on the item.

MODELO: un libro de Milton Friedman
Tengo un libro de Milton Friedman. Estudio economía.

TENGO:	**ESTUDIO:**
1. _____ el drama *Romeo y Julieta*	a. español
2. _____ un mapa	b. biología
3. _____ un libro de los aztecas	c. geografía
4. _____ un piano	d. historia
5. _____ un microscopio	e. informática
6. _____ una computadora	f. literatura
7. _____ un diccionario bilingüe	g. matemáticas
8. _____ una calculadora	h. música

3-4 Campus Querétaro. El Instituto Tecnológico de Estudios Superiores de Monterrey (Tecnológico de Monterrey), popularly known as El Tec, has campuses all over Mexico, each with a particular academic strength. Here you have a brief description of the Campus Querétaro. Read the selection and then answer briefly the questions that follow.

El Tec de Monterrey, Campus Querétaro, empezó a construirse el 14 de agosto de 1974.

Las clases comenzaron en agosto de 1975 con 344 alumnos: 174 en preparatoria y 170 en profesional. Hoy en día, cuenta con unos 3.000 estudiantes.

Las carreras profesionales que se ofrecieron en un principio fueron:

- Ingeniería en Agronomía
- Ingeniería de Sistemas Computacionales
- Licenciatura en Administración de Empresas

Actualmente (*Currently*) el Campus Querétaro tiene 17 carreras completas además de la preparatoria. Algunas de las carreras que se ofrecen son:

- Arquitectura
- Veterinaria
- Ingeniería Industrial y de Sistemas
- Ingeniería en Mecánica y Administración
- Ingeniería en Agronomía
- Licenciatura en Administración de Empresas
- Licenciatura en Ciencias de Comunicación
- Licenciatura en Contaduría y Finanzas
- Licenciatura en Diseño Industrial

1. ¿Cuántos años tiene el Campus Querétaro?
2. ¿Cuántos estudiantes había (*were there*) en el primer año?
3. ¿Cuántos estudiantes tiene hoy en día?
4. Si te gusta el arte y el diseño (*design*), ¿qué carrera(s) estudias?
5. Si te gusta el comercio, ¿qué estudias?
6. Si te gustan los animales, ¿qué estudias?
7. En tu opinión, ¿cuál es la especialidad académica del Tec?

❷ **3-5 Materias.** Here is a schedule of classes for students in international business at El Tec. Ask each other what you are going to study and when each class meets.

MODELO: ¿Qué vas a estudiar?
Administración de empresas
¿Cuándo?
los lunes y los miércoles a las 8:30

Curso	Días	Hora
Administración de empresas	lunes y miércoles	8:30–10:00
Análisis de información	lunes y miércoles	10:30–12:00
Contabilidad financiera I	viernes	16:00–19:00
Derecho privado	lunes y miércoles	8:30–10:00
Japonés II	martes y jueves	15:00–17:00
Derecho público	viernes	16:00–19:00
Matemáticas II	lunes y miércoles	10:30–12:00
Psicología avanzada	lunes y miércoles	8:30–10:00
Estadística administrativa	martes y jueves	15:00–17:00
Principios de microeconomía	martes y jueves	15:00–17:00
Recursos humanos	lunes y miércoles	8:30–10:00
Negocios internacionales	martes y jueves	15:00–17:00
Principios de macroeconomía	lunes y miércoles	8:30–10:00

AUDIO **3-6 El horario de Alberto y Carmen.** Listen to Alberto and Carmen talk about their schedules on your *¡Arriba!* audio program or as read by your instructor. Then indicate the statements that apply to each of them.

1. Estudia matemáticas.	Alberto	Carmen
2. Estudia química.	Alberto	Carmen
3. Tiene examen hoy.	Alberto	Carmen
4. Tiene que hablar con el profesor.	Alberto	Carmen
5. Trabaja esta noche.	Alberto	Carmen
6. Va a una fiesta esta noche.	Alberto	Carmen
7. Tiene una clase difícil.	Alberto	Carmen
8. Tiene un profesor exigente.	Alberto	Carmen

Ⓖ **3-7 ¿Cuántas?** In a group of 5-6 students ask each other what you are studying this semester and what times the classes meet. Which class is the most common among you? What time is the most popular? Which class is the most difficult? Use these questions to guide you and complete the chart below.

1. ¿Qué estudias este semestre (trimestre)?
2. ¿A qué hora es la clase?
3. ¿Es difícil o fácil?

Nombre	Materia	Hora	Fácil	Difícil

¡Así lo hacemos! Estructuras

1. The numbers 101–3,000,000

Quinientos, seiscientos, setecientos, ochocientos, novecientos, ¡mill

101	ciento uno/a	800	ochocientos/as
200	doscientos/as	900	novecientos/as
300	trescientos/as	1.000	mil
400	cuatrocientos/as	4.000	cuatro mil
500	quinientos/as	100.000	cien mil
600	seiscientos/as	1.000.000	un millón (de)
700	setecientos/as	3.000.000	tres millones

■ **Ciento** is used in compound numbers between 100 and 200.

ciento diez, ciento treinta y cuatro, etcétera

■ When 200–900 modify a noun, they agree in gender with it.

cuatrocient**os** libros   quinient**as** sillas   doscient**as** universidades

■ **Mil** is never used with **un** and is never used in the plural for counting.

mil, dos mil, tres mil, etcétera

■ The plural of **millón** is **millones**, and when followed by a noun, both take the preposition **de.**

dos millones de dólares

■ In Spain and in most of Latin America, thousands are marked by a period and decimals by a comma.

UNITED STATES/CANADA	SPAIN/LATIN AMERICA
$1,000	$1.000
$2.50	$2,50
$10,450.35	$10.450,35
2,341,500	2.341.500

Aplicación

3-8 ¿En qué año? Match the dates with historical events. Then give another important event and its date.

MODELO: 1776
          mil setecientos setenta y seis; la independencia de los Estados Unidos

1. _____ 1492   a. los Juegos Olímpicos en Atlanta
2. _____ 1939   b. la Guerra Civil española
3. _____ 1957   c. el nuevo milenio
4. _____ 1996   d. la Gran Depresión
5. _____ 2000   e. la conquista de México por Cortés
6. _____ 1929   f. la Guerra Civil norteamericana
7. _____ 1861   g. la llegada (*arrival*) de Cristóbal Colón a Santo Domingo
8. _____ 1936   h. el Sputnick
9. _____ 1521   i. la Segunda Guerra Mundial
10. _____ ¿...?   j. ¿...?

3-9 ¿Qué número es? Write the numerals that are represented below.

MODELO: doscientos cuarenta y nueve
249

1. quinientos noventa y dos _____
2. diez mil setecientos once _____
3. un millón seiscientos treinta y tres mil doscientos nueve _____
4. novecientos mil ciento veintiuno _____
5. dos millones ochocientos mil ochocientos ochenta y ocho _____
6. ciento cuarenta y cinco _____

3-10 ¡No tengo calculadora! Read each math problem aloud in Spanish and give the solution.

más (+) menos (−) por (×) entre (÷) son/es (=)

MODELO: 333 − 132 =
trescientos treinta y tres menos ciento treinta y dos son doscientos uno

1. 596 + 401 = _____
2. 2.000.000 − 1.000.000 = _____
3. 720 − 301 = _____
4. 5.555 ÷ 11 = _____
5. 840 ÷ 4 = _____
6. 2.000 + 2 = _____

AB **3-11A Inventario.** Take turns dictating to each other your inventory numbers in Spanish. Which items do you have in common? **¡Ojo!** Watch for agreement.

MODELO: 747 mesas
setecientas cuarenta y siete mesas

1. 202 diccionarios
2. 5.002 escritorios
3. 816 pizarras
4. 52 mapas

5. 1.326 libros
6. 2.700.000 calculadoras
7. 110.000 sillas

AB **3-12A ¿Cuánto cuesta. . .?** Imagine that you are a clerk at a car rental agency in Mexico City. A client will ask you the price of cars you have. After asking general questions, the client will choose the car.

MODELO: E1: *¿Cuánto cuesta un coche de lujo de cuatro puertas por semana?*
E2: *Dos mil setecientos cincuenta pesos.*
E1: *¡Uf! ¡Es mucho!*

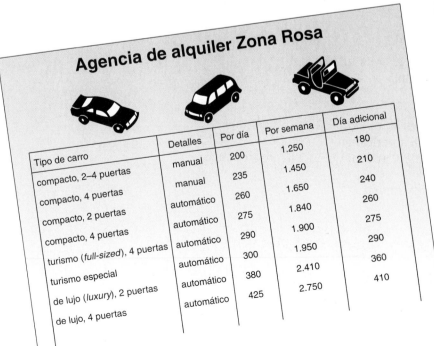

Agencia de alquiler Zona Rosa

Tipo de carro	Detalles	Por día	Por semana	Día adicional
compacto, 2–4 puertas	manual	200	1.250	180
compacto, 4 puertas	manual	235	1.450	210
compacto, 2 puertas	automático	260	1.650	240
compacto, 4 puertas	automático	275	1.840	260
turismo (*full-sized*), 4 puertas	automático	290	1.900	275
turismo especial	automático	300	1.950	290
de lujo (*luxury*), 2 puertas	automático	380	2.410	360
de lujo, 4 puertas	automático	425	2.750	410

3-13 Una empresa nueva. Together you have a budget of 1.000.000 pesos to equip an office. Decide which items you must have, but do not go over budget.

Modelo: E1: *Necesitamos comprar dos escritorios ejecutivos por $20.000.*
E2: *No, necesitamos comprar un ejecutivo y un pequeño por $11.000.*

PRESUPUESTO (*BUDGET*) $1.000.000 (PESOS)

escritorio ejecutivo	$10.000	escritorio pequeño	$1.000
carro económico	$120.000	carro lujoso	$320.000
silla de plástico	$250	sillón	$3.000
computadora	$15.000	refrigerador	$2.500
microondas	$1.500	papel, bolígrafos	$1.000
fotocopiadora	$10.000	estante (*bookshelf*)	$1.200
mesa pequeña	$800	mesa grande	$2.500
fax	$1.500	miscelánea	¿...?

2. Possessive adjectives

Subject pronoun	Singular	Plural	
yo	**mi**	**mis**	*my*
tú	**tu**	**tus**	*your* (inf.)
él, ella, Ud.	**su**	**sus**	*your* (form.), *his, her*
nosotros/as	**nuestro/a**	**nuestros/as**	*our*
vosotros/as	**vuestro/a**	**vuestras/as**	*your* (inf.)
ellos/as, Uds.	**su**	**sus**	*your* (form.), *their*

▪ Possessive adjectives agree in number with the nouns they modify. Note that **nuestro/a** and **vuestro/a** are the only possessive adjectives that show both gender and number agreement.

▪ In Spanish, possessive adjectives are always placed before the noun they modify.

Mis clases son grandes.   *My classes are big.*
Nuestros amigos llegan a las ocho.   *Our friends arrive at eight o'clock.*

■ In Spanish, the construction **de** + *noun* can also be used to indicate possession. It is equivalent to the English apostrophe *s*.

El libro **de Raúl** es interesante.	*Raul's book is interesting.*
La hermana **de Laura** estudia derecho.	*Laura's sister studies law.*

■ When the preposition **de**[1] is followed by the definite article **el**, it contracts to **del: de + el = del.**

Los libros **del** profesor son difíciles.	*The professor's books are difficult.*
No es mi cuaderno, es **de él.**	*It's not my workbook, it's his.*

EXPANSIÓN | More on structure and usage

Su and *sus*

The possessive adjectives **su** and **sus** can have different meanings (*your, his, her, their*). The context in which they are used indicates who the possessor is.

María lee **su** libro.	*María reads her book.*
Ramón y José hablan con **sus** amigos.	*Ramón and José speak with their friends.*

When the identity of the possessor is not clear, the construction **de** + *noun* or **de** + *prepositional pronoun* can be used for clarification.

¿**De quién** es el libro?	*Whose book is it?*
Es **su** libro. Es el libro **de Paco**.	*It's his book. It's Paco's book.*
¿Son **sus** amigas?	*Are they her friends?*
Sí, son las amigas **de ella**.	*Yes, they're her friends.*

With the exception of first and second person singular (**yo** and **tú**), prepositional and subject pronouns are the same: **de él, de usted, de nosotros/as, de ellos/as.** The prepositional pronouns for **yo** and **tú** are **mí** and **ti.** The preposition **con** has special forms with **yo** and **tú: conmigo** and **contigo.**

Aplicación

3-14 José Antonio. Read about a Mexican student named José Antonio. Underline all of the possessive adjectives.

Soy José Antonio O'Farrill, estudiante del Tec de Monterrey. Mi carrera es la ingeniería eléctrica. Tengo clases durante la mañana y trabajo por la tarde. Vivo en un apartamento cerca de la universidad, pero voy a mi casa los fines de semana. Mi familia vive en Guanajuato. Mis clases más difíciles son informática y estadística. El profesor de estadística tiene su doctorado de una universidad norteamericana. Este año voy a ser estudiante de intercambio en Canadá donde voy a estudiar francés, también. Mi novia es de Quebec.

3-15 Habla José Antonio. Now complete the questions for José Antonio with logical possessive adjectives. Then respond to the questions as if you were José Antonio.

MODELO: *¿Cuál es tu nombre? Mi nombre es José Antonio.*

1. ¿Cuál es _____ carrera en la universidad?
2. ¿Cuáles son _____ cursos más difíciles?
3. ¿Dónde vive _____ familia?
4. ¿De dónde tiene _____ doctorado _____ profesor de estadística?
5. ¿De dónde es _____ novia?

---

[1]The preposition **de** does not contract with the subject pronoun **él.**

3-16 ¿De quién es? Indicate to whom or to what the following items belong. Use your imagination.

MODELO: calculadora
La calculadora es del profesor de matemáticas.
cuadernos
Los cuadernos son de la profesora de español.

sillas	la biblioteca
ventanas	el/la doctor/a...
cafetería	el/la señor/a...
examen	el centro estudiantil
diccionario	el/la profesor/a de...
mapas	la universidad
horario de clases	la clase de...
libros	el/la rector/a (*the president*)
¿...?	¿...?

3-17 ¿Cómo es? Take turns telling each other what the following things and people are like.

MODELO: clase
E1: *¿Cómo es tu clase de inglés?*
E2: *Mi clase es buena. ¿Cómo es tu clase de matemáticas?*

1. amigos
2. apartamento
3. libros
4. universidad
5. profesora de...
6. familia
7. trabajo
8. clases

3-18A En el aeropuerto. Complete the following immigration document. Ask each other questions to get the missing information. **¡Ojo!** To indicate possession, use **de** in the questions. Use a possessive adjective in your answers.

MODELO: E1: *¿Cuál es el lugar de nacimiento de Pedro?*
E2: *Su lugar de nacimiento es España.*

Profesión	Nombre	Apellido paterno	Edad	Lugar de nacimiento
presidente	Pedro		63	
profesora	Isabel			México
doctor		Amado		
	Carlos			Portugal
		Cortés	26	

3-19 ¿Dónde? Take turns asking where each other's class takes place and what the professor is like. Use the following questions as a guide.

1. ¿Dónde es tu clase de...?
2. ¿Cómo es tu profesor/a de...?

3. Other expressions with *tener*

¡Maribel tiene miedo!

You have used **tener** to show possession and to say you *have to* (*do something*).

Tengo muchos amigos.	*I have many friends.*
Tienes que asistir a clase.	*You have to attend class.*

■ There are other common expressions that use **tener** where English uses the verb *to be*. Note that many of these refer to things we might feel (hunger, thirst, cold, etc.)

¿Tienes hambre?	*Are you hungry?*
No, pero tengo frío.	*No, but I'm cold.*
Tenemos prisa.	*We're in a hurry.*

■ Use the verb **tener** also to express age.

tener... años	*to be . . . years old*
¿Cuántos años **tienes**?	*How old are you?*

tener calor   tener hambre   tener miedo   tener cuidado   tener razón

tener frío   tener sed   tener sueño   tener prisa   no tener razón

Aplicación

3-20 En el camerino (*dressing room*) de Carlos Santana. Read the conversation between Carlos Santana and his agent, and underline all of the expressions with **tener.**

Agente:	El concierto es en media hora. ¿Necesita algo?
Santana:	Sí, tengo mucha sed. Pero si tomo mucha agua, tengo frío.
Agente:	¿Por qué no toma café?
Santana:	¡Pero luego tengo calor! Y si tomo café descafeinado, tengo sueño durante el concierto.
Agente:	Tengo una idea. Ud. debe tomar un poco de té ahora y comer algo para tener energía durante el concierto.
Santana:	Tomo un poquito de té ahora, pero no como porque tengo prisa. Tengo que vestirme (*get dressed*).
Agente:	Tiene razón. Vamos a comer después del concierto. ¡A las once de la noche vamos a tener mucha hambre!

3-21 ¿Qué tiene Santana? Answer the questions using an expression with *tener.*

1. ¿Qué toma cuando tiene sed?
2. ¿Qué no toma? ¿Por qué?
3. ¿Por qué tiene prisa?
4. ¿Quién tiene razón?
5. ¿Cuándo van a tener hambre?

3-22 ¿Y tú...? Match these statements to say when you feel the following. If none of the choices fit, supply a new one.

1. Tengo frío...
2. Tengo calor...
3. Tengo hambre...
4. Tengo sed...
5. Tengo razón...
6. Tengo cuidado...
7. Tengo sueño...
8. Tengo miedo...
9. Tengo prisa...

a. en el gimnasio.
b. en clase.
c. en un examen.
d. a las dos de la mañana.
e. en el invierno.
f. en una película de horror.
g. en un buen restaurante.
h. cuando tengo que llegar a tiempo (*on time*).
i. en el verano.

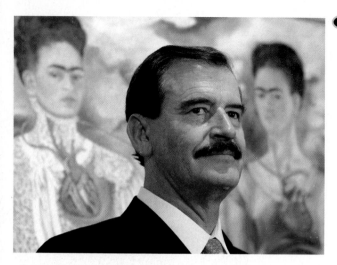

¿Cuántos años tiene Vicente Fox?

3-23 ¿Cuántos años tienen? You may be familiar with these famous Mexicans. Take turns saying how old they are.

MODELO: Vicente Fox, presidente de México (1942)
Tiene... años.

1. Frida Kahlo, pintora (1910)
2. Diego Rivera, muralista, esposo de Frida (1886)
3. Alfonso Cuarón, director de cine, *Y tu mamá también* (1961)
4. Carlos Santana, músico (1947)
5. Salma Hayek, actriz (1966)
6. Carlos Contreras, deportista de NASCAR (1970)
7. Laura Esquivel, novelista, *Como agua para chocolate* (1951)
8. Alejandro González Inarritu, director de cine, *Amores perros* (1963)

3-24A ¿Tienes...? Following the model, create questions with **tener** to ask each other. Try to find out additional information as well.

MODELO: sed en clase
E1: *¿Tienes sed en clase?*
E2: *Sí, tengo sed en clase.*
E1: *¿Por qué?*
E2: *Porque tengo que hablar mucho.*

1. sed en clase
2. sueño en la biblioteca
3. calor ahora
4. razón
5. prisa
6. treinta y dos años

¿Cuánto sabes tú? *Can you...*

☐ talk about your classes; say what you are studying; ask other students about their classes?

☐ talk about to whom things belong using possessive adjectives? (**¿De quién es el libro? No es mi libro, es de Antonio.**)

☐ talk about how you feel using expressions with **tener**? (**Tengo hambre cuando...**)

Comparaciones

Las universidades hispánicas

3-25 En tu experiencia. ¿Cuántos estudiantes hay en una clase típica en tu universidad? ¿en una clase de idiomas? ¿Cuántas clases hay por semana? ¿Es muy importante el examen final? ¿Participan mucho los estudiantes en tus clases?

Read this article to find out more about the system in many Hispanic universities.

Generalmente, las clases en las universidades hispánicas ocurren en un ambiente más formal que las clases en las universidades de los EE.UU. y del Canadá. En muchas universidades hispánicas

- las clases son mucho más grandes. Hay entre 50 y 200 estudiantes en cada clase.
- muchas de las clases son conferencias (*lectures*) dictadas por profesores y hay poco tiempo para intercambio entre profesores y estudiantes.
- muchos profesores no tienen horas de oficina.
- las clases son uno o dos días a la semana.
- la nota (*grade*) final es el resultado de un examen final.
- sin embargo (*nevertheless*), universidades, como El Tec de Monterrey, tienen facilidades muy modernas para los estudiantes.

3-26 En tu opinión. Read the following statements and take turns expressing your opinion about them.

1. ¡Ni modo! No estoy de acuerdo. (*No way! I disagree.*)
2. No es probable.
3. No sé. (*I don't know.*)
4. Es posible.
5. Estoy completamente de acuerdo.

a. Las clases grandes son más aburridas.
   1   2   3   4   5
b. Los buenos profesores son informales.
   1   2   3   4   5
c. Me gusta tener varios exámenes en un semestre.
   1   2   3   4   5
d. Me gusta hablar en clase.
   1   2   3   4   5
e. Me gusta más el sistema norteamericano.
   1   2   3   4   5

Segunda parte

¡Así es la vida!

¿Dónde está la librería?

Son las once y media de la mañana. Ana Rosa y su amigo Luis están hablando después de clase.

Luis: Ana Rosa, ¿qué vas a hacer después del almuerzo?

Ana Rosa: Pues, debo ir a la librería para comprar un diccionario de inglés-español. Tengo que escribir una composición para mañana.

Luis: ¿Dónde está la librería? Tengo que ir mañana.

Ana Rosa: Está detrás de la Facultad de Ingeniería. ¿Por qué no vamos juntos ahora?

Luis: No, gracias, Ana Rosa. Necesito terminar una biografía sobre Frida Kahlo. Estoy nervioso, porque su vida es muy complicada y tiene muchas pinturas.

Ana Rosa: Debes llamar a Marisa. Ella lee mucho y su especialidad es el arte mexicano.

Luis: ¿Dónde vive Marisa?

Ana Rosa: Marisa vive cerca de aquí, con sus padres en Coyoacán, pero sólo asiste a clase los martes y jueves.

"David Alfaro Siqueiros's mural" *The People for the University, the University for the People* (1952–6) is a relief mosaic at Mexico City's main university. © Estate of David Alfaro Siqueiros/SOMAAP, Mexico/VAGA, NY. Reproduction authorized by the Instituto Nacional de Bellas Artes y Literatura.

Edificios universitarios

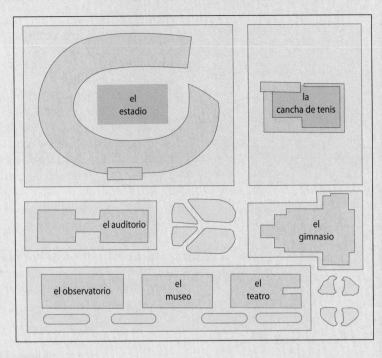

Para comer y beber

el agua mineral	*mineral water*
el almuerzo	*lunch*
el bocadillo/	*sandwich*
sándwich	
la comida	*meal; dinner; lunch* (España)
la ensalada	*salad*
la hamburguesa	*hamburger*
el refresco	*soft drink, soda*

Adverbios

siempre	*always*
sólo	*only*

¿Dónde está?

a la derecha	*to (on) the right*
a la izquierda	*to (on) the left*
al lado (de)	*next to*
cerca (de)	*nearby (close to)*
delante (de)	*in front of*
detrás (de)	*behind*
enfrente (de)	*facing, across from*
entre	*between*
junto a	*next to*
lejos (de)	*far (from)*

Aplicación

3-27 ¿Dónde está...? Give the location of the buildings on the map.

MODELO: Está cerca del estadio.
la cancha de tenis

LUGARES

a. _____ el estadio
b. _____ la cancha de tenis

c. _____ la Facultad de Medicina
d. _____ la Facultad de Arte
e. _____ la Facultad de Ciencias
f. _____ la Facultad de Ingeniería
g. _____ el museo
h. _____ la biblioteca

DIRECCIONES

1. Está al lado de la Facultad de Ciencias.
2. Está entre la Facultad de Filosofía y Letras y la Facultad de Arte.
3. Está entre el Observatorio y el Teatro.
4. Está a la derecha de la Rectoría.
5. Está a la izquierda de la cancha de tenis.
6. Está al lado de la Facultad de Derecho.
7. Está a la derecha del estadio.
8. Está a la derecha del laboratorio de Lenguas.

AUDIO **3-28 En la cola (*Standing in line*).** Listen to your *¡Arriba!* audio program or your instructor to hear a description of where the people are standing in line. Place the numeral in front of the name of each person.

_____ Marcela _____ Pepe _____ Paula
_____ Mercedes _____ Adrián

3-29 ¿Dónde están? Where are the people in the following drawings? Remember to use the definite article to indicate location.

MODELO: El profesor Romero está en un laboratorio de...
la Facultad de Ciencias.

Profesor Romero

1. Lisa está en una clase de...

2. Arcadio está en...

3. Ana y Germán están en...

4. Catalina y Jacobo están en...

5. Gabriela Estrada es profesora de...

3-30 La Universidad Nacional Autónoma de México. Read about the most important university in Mexico. Indicate whether the statements are **cierto** or **falso** based on the following text.

1. _____ La UNAM es una universidad importante de México.
2. _____ Muchos estudiantes mexicanos asisten a la UNAM.
3. _____ Si tienes hambre, no es posible comer en la universidad.
4. _____ Hay muchos eventos culturales: conciertos, obras de teatro, etc.
5. _____ Es difícil practicar deportes en la UNAM.
6. _____ La tecnología es bastante anticuada.
7. _____ Es difícil hacer investigación porque hay pocos libros en las bibliotecas.
8. _____ La UNAM es más grande que mi universidad.

La comunidad de la UNAM se compone de estudiantes, profesores, otro personal de apoyo (*support*) y egresados (*alumni*). En total, la población activa es más de 300.000 personas; 137.000 de ellas son estudiantes subgraduados. El recinto de la Universidad es enorme. Tiene aproximadamente 1.700.000 metros cuadrados con 997 edificios, y casi todos son edificios académicos.

La infraestructura de la Universidad también es importante. Hay 143 bibliotecas con más de 4.000.000 de libros; 19 librerías; 28 clínicas, dos jardines botánicos, dos observatorios, una super-computadora, además de más de 15.000 computadoras personales. Tiene también gran riqueza cultural con muchos edificios históricos importantes, grandes murales, esculturas y pinturas. Además, tiene salones para concierto, teatros, acuarios y museos. Para los que practican deportes, hay dos estadios, siete piscinas y otras áreas para hacer 39 deportes diferentes. Finalmente, la UNAM tiene 24 comedores, 35 cafeterías y tres supermercados.

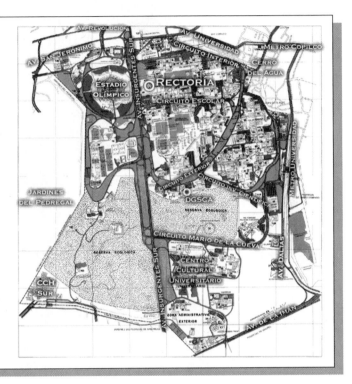

3-31 Tu universidad. Draw and label in Spanish a map of your university. Include at least five important buildings. Then tell a classmate where the buildings are located in relation to each other.

MODELO: *La biblioteca está cerca del estadio.*

3-32A Las materias, la hora, el lugar. Take turns asking and answering questions in order to complete the missing information on your class schedules.

MODELOS: E1: *¿A qué hora es la clase de...?*
E2: *¿Qué clase es a...?*
E1: *¿Dónde es la clase de...?*
E2: *¿Quién es el/la profesor/a de...?*

Hora	Clase	Lugar	Profesor/a
	cálculo		*María Gómez García*
	diseño		*Ramón Sánchez Guillón*
10:00	*biología*		*Julia Gómez Salazar*
12:00			*Juan Ramón Jiménez*
	física		*Carlos Santos Pérez*

¡Así lo hacemos! Estructuras

4. The present indicative tense of *ir* (to go) and *hacer* (to do; to make)

	Singular			Plural	
	ir	hacer		ir	hacer
yo	**voy**	**hago**	nosotros/as	**vamos**	**hacemos**
tú	**vas**	**haces**	vosotros/as	**vais**	**hacéis**
él, ella, Ud.	**va**	**hace**	ellos/as, Uds.	**van**	**hacen**

- The Spanish verbs **ir** and **hacer** are irregular. **Hacer** is only irregular in the first-person singular: **hago.**

  Hago la tarea por las noches.   *I do homework at night.*

- **Ir** is always followed by the preposition **a.** When the definite article **el** follows the preposition **a,** they contract to **al: a + el = al.**

  Luis y Ernesto **van al** centro estudiantil.   *Luis and Ernesto are going to the student center.*

- The construction **ir a** + *infinitive* is used in Spanish to express future action. It is equivalent to the English construction *to be going to + infinitive.*

  ¿Qué **vas a hacer** esta noche?   *What are you going to do tonight?*
  Voy a estudiar en la biblioteca.   *I'm going to study in the library.*

- When you are asked a question using **hacer,** you usually respond with another verb.

  Ricardo, ¿qué **haces** aquí?   *Ricardo, what are you doing here?*
  Busco un libro para mi clase.   *I'm looking for a book for my class.*

Aplicación

3-33 La familia de Santana. Read the following newspaper article about what Santana and his family are going to do. Underline all forms of the verb **ir.**

LAS NOTICIAS

Después de ganar los cuatro Grammys, Carlos Santana anuncia que va a dedicar su tiempo a su familia y a sus obras de caridad (*charity*). Su esposa Deborah (desde 1974) y sus tres hijos, Salvador, Stella y Angélica, van a vivir en su casa en Santa Ana, California. Santana y su esposa van a pasar mucho tiempo trabajando en su Fundación Milagro que ayuda a mejorar la educación, la salud y la vivienda (*housing*) de los niños pobres del mundo. Toda la familia va a trabajar también con Buster Brown, la empresa que fabrica zapatos (*shoes*) que llevan el nombre del artista. Buster Brown va a vender los zapatos "Carlos" en Macy's y otros almacenes importantes. Santana va a donar sus ganancias a la Fundación Milagro. Deborah también tiene mucho talento. Este año ella va a hacer su autobiografía.

NOTICIAS

3-34 Preguntas para Santana. Now write questions based on the previous article. You can begin the questions as indicated.

MODELO: *¿Quién va a escribir su autobiografía?*

1. ¿Dónde...?
2. ¿Cuándo...?
3. ¿Qué...?

4. ¿Quiénes...?
5. ¿Por qué...?
6. ¿Cómo...?

3-35 ¿Qué planes tienen? Say what the following people are going to do this weekend. Some possible activities are in the right-hand column.

MODELO: Salma Hayek es de México.
Va a visitar a su familia en la ciudad de México.

1. Vicente Fox es el presidente de México.
2. Enrique Iglesias es cantante.
3. Loretta y Linda Sánchez son congresistas de California.
4. Ray Suárez es reportero en la radio pública.
5. Óscar de la Hoya es boxeador.
6. Yo soy...
7. Mis amigos y yo somos...

bailar
comer en un restaurante mexicano
dar un concierto
hacer ejercicio
hacer una película
ir a Washington
preparar la tarea
preparar un informe
trabajar por la tarde
visitar al presidente

3-36 ¿Qué hacen? Guess what the following people are doing according to where they are and what they have.

(la) comida   (el) ejercicio   (la) lección   (la) tarea   (el) trabajo

1. En la biblioteca, yo _____.
2. En casa, mi padre _____.
3. En clase, nosotros _____.
4. En el gimnasio, tú _____.
5. En la oficina, los secretarios _____.
6. En el restaurante, la señora _____.

AB 3-37A El fin de semana. Explain your schedules to each other. What activities will you do together?

MODELO: E1: *A las ocho de la mañana, voy a clase de informática. ¿Qué vas a hacer tú?*
E2: *Voy a la clase de biología.*

LA HORA	YO	MI COMPAÑERO/A
8:00	clase de informática	_____
9:30	laboratorio	_____
11:00	cafetería	_____
11:30	biblioteca	_____
1:15	clase de inglés	_____
3:00	oficina del/de la profesor/a de...	_____
5:00	...	_____

2 3-38 En la tele. Read the TV sports schedule and tell each other what you are going to watch and at what time. Be prepared to share the information with the class.

MODELO: *El lunes voy a ver volibol a las once y media de la noche (23:30).*

TELEVISA PRESENTA
Deportes

lunes	martes	miércoles	jueves	viernes
19:00 Lucha lunes	19:00 Boxeo	19:00 Béisbol del invierno	19:00 Béisbol del invierno	19:00
19:30 Béisbol del invierno	19:30	19:30	19:30	19:30 Patinaje
20:00 Béisbol del invierno	20:00	20:00	20:00	20:00
20:30 Fútbol Mundial	20:30 Fútbol Mexicano: Necaxa vs. Toluca	20:30 En el gimnasio	20:30 En el gimnasio	20:30 Fútbol mundial
21:00 La Jugada	21:00 Boxeo	21:00	21:00	21:00
21:30	21:30	21:30	21:30	21:30
22:00 ECO Deportes	22:00 ECO Deportes	22:00 ECO Deportes	22:00 ECO Deportes	22:00 Fútbol a Fondo
22:30 Béisbol del invierno	22:30 Béisbol del invierno	22:30 Béisbol del invierno	22:30	22:30
23:00	23:00 Básquetbol	23:00 Básquetbol	23:00 Básquetbol	23:00
23:30 La Playa: Volibol	23:30	23:30	23:30	23:30 La Playa: Volibol
24:00 Fútbol a Fondo	24:00	24:00	24:00	24:00

G 3-39 Los planes. Make plans to take a trip. Use the following questions to guide you.

MODELO: ¿Adónde van?
Vamos a Puerto Vallarta con nuestros amigos de la clase de español.

1. ¿Con quiénes van?
2. ¿Adónde van?
3. ¿Por cuánto tiempo van?
4. ¿A qué hora van?
5. ¿Qué van a hacer?
6. ¿Qué no van a hacer?
7. ¿Qué van a comprar?
8. ¿Cuándo van a regresar?

5. The present indicative of *estar* (to be) and the present progressive

Estar

The English verb *to be* has two equivalents in Spanish, **ser** and **estar.** You have already learned the verb **ser** in *Capítulo 1,* and you have used some forms of **estar** to say how you feel, to ask how someone else feels, and to say where things and places are. The chart shows the present tense forms of **estar.**

estar (*to be*)			
yo	**estoy**	nosotros/as	**estamos**
tú	**estás**	vosotros/as	**estáis**
él, ella, Ud.	**está**	ellos/as, Uds.	**están**

■ **Estar** is used to indicate the location of specific objects, people, and places.

Ana Rosa y Carmen **están** en la cafetería.
Ana Rosa and Carmen are in the cafeteria.

La cafetería **está** en el centro estudiantil.
The cafeteria is in the student center.

■ **Estar** is also used to express a condition or state, such as how someone is feeling.

¡Hola, Luis! ¿Cómo **estás**?
Hi, Luis! How are you?

¡Hola, Carmen! **Estoy** apurado.
Hi, Carmen! I'm in a hurry.

Elena **está** enferma.
Elena is sick.

■ Adjectives that describe physical, mental, and emotional conditions are used with **estar.**

aburrido/a	*bored*	**enfadado/a**	*angry* (España)
apurado/a	*in a hurry*	**enfermo/a**	*sick*
cansado/a	*tired*	**enojado/a**	*angry*
casado/a con	*married*	**ocupado/a**	*busy*
contento/a	*happy*	**perdido/a**	*lost*
divorciado/a	*divorced*	**preocupado/a**	*worried*
enamorado/a de	*in love with*	**triste**	*sad*

Carlos y Deborah Santana **están casados.**	*Carlos and Deborah Santana are married.*
El profesor Martínez **está divorciado.**	*Professor Martínez is divorced.*
Alicia **está enamorada** del novio de Ursula.	*Alicia is in love with Ursula's boyfriend.*

El presente progresivo

■ The present progressive tense describes an action that is in progress at the time the statement is made. It is formed using the present indicative of **estar** as an auxiliary verb and the present participle (the **-ando** form) of the main verb. The present participle is invariable regardless of the subject. It never changes its ending. Only **estar** is conjugated when using the present progressive forms.

Present progressive of *hablar*

yo	**estoy hablando**	nosotros/as	**estamos hablando**
tú	**estás hablando**	vosotros/as	**estáis hablando**
él, ella, Ud.	**está hablando**	ellos/as, Uds.	**están hablando**

■ To form the present participle of regular **-ar** verbs, add **-ando** to the verb stem: hablar + -ando ➔ **hablando.**

Los niños **están bailando** en el patio.   *The children are dancing on the patio.*

■ To form the present participle of **-er** and **-ir** verbs, add **-iendo** to the verb stem:

comer + -iendo ➔ **comiendo**   escribir + -iendo ➔ **escribiendo**

El profesor **está comiendo** en la cafetería.	*The professor is eating in the cafeteria.*
Estoy escribiendo la composición.	*I'm writing the composition.*

■ **Leer** has an irregular present participle. The **i** from **–iendo** changes to **y.**

leer + iendo ➔ **leyendo**

EXPANSIÓN   More on structure and usage

Para expresar el futuro

Unlike English, the Spanish present progressive is not used to express future. Spanish uses the present indicative or, as you have already seen, **ir** + **a** + *infinitive.*

Vamos al cine el próximo domingo.	*We are going to the movies next Sunday.*
Regreso a la universidad el lunes.	*I am returning to the university on Monday.*
Voy a comprar un libro mañana.	*I'm going to buy a book tomorrow.*

Aplicación

3-40 Frida y Diego. Read the description of Frida Kahlo and Diego Rivera in 1950 and underline the uses of **estar**.

Frida y Diego están casados y viven en la Ciudad de México. Su casa está en la colonia (*neighborhood*) de Coyoacán, un barrio bonito que está cerca de la UNAM. La casa está pintada de azul, un color favorito de Frida. En este momento, Frida está pintando uno de sus cuadros famosos, con colores muy vivos, frutas y animales. Diego no está, porque está viajando por California. Frida está triste. Está enferma y extraña (*she misses*) a Diego.

La casa de Frida Kahlo

3-41 ¿Cómo está Frida? Answer the questions based on what you read in Activity 3-40.

1. ¿Dónde está la casa de Frida y Diego?
2. ¿De qué color está pintada la casa?
3. ¿Qué está haciendo Frida ahora?
4. ¿Por qué no está con Diego?
5. ¿Cómo está Frida? ¿Por qué?

3-42 Una conversación telefónica. Complete the telephone conversation between Mar and Pepe with the correct forms of the verb **estar**.

Pepe: ¿Bueno?

Mar: Pepe, habla Mar. ¿Cómo (1) _____ tú?

Pepe: Muy bien, ¿y tú?

Mar: Yo (2) _____ bastante bien, gracias. ¡Oye!, ¿dónde (3) _____ tú ahora?

Pepe: (4) _____ en la cafetería.

Mar: ¿(5) _____ Raúl y Roberto allí?

Pepe: No, ellos (6) _____ en la residencia estudiantil.

Mar: ¿(7) _____ enfermos?

Pepe: No, (8) _____ cansados. Y, ¿dónde (9) _____ María Aurora?

Mar: (10) _____ en la biblioteca porque (11) _____ muy ocupada.

Pepe: Nosotros también (12) _____ muy ocupados. Tenemos que terminar el proyecto para la clase de química.

Mar: Bueno, tienes que trabajar. Hablamos después. Hasta luego.

Pepe: Adiós.

3-43 ¿Dónde están? Say where the following people are based on the information given. Choose from the following places.

el banco	la clase
la biblioteca	el laboratorio de lenguas
la cafetería	el museo
la casa	el parque

MODELO: Nosotras compramos libros y cuadernos para la clase.
Estamos en la librería.

1. Javier busca un libro, y Alicia y Rebeca estudian en una mesa.
2. Comes el almuerzo y hablas con amigos.
3. Veo la televisión y bebo un refresco.
4. Ignacio camina con el perro (*dog*), y Estela corre cinco millas (*miles*).
5. Yolanda escribe un cheque por cuatro mil pesos.
6. Los estudiantes escuchan a la profesora.
7. Vemos esculturas de un artista famoso.
8. Escucho diálogos en español del manual de actividades.

3-44 ¿Qué están haciendo? ¿Dónde están? Say what the following people are doing and where they are.

MODELO: Mis amigos ———— para un examen de biología.
Mis amigos están estudiando para una examen de biología. Están en el laboratorio de biología.

1. Yo ——————— un refresco.
2. Mi padre ——————— en el sofá.
3. Nosotros ——————— la televisión.
4. Ramón ——————— en Guadalajara.
5. Tú ——————— un bocadillo.
6. Samuel ——————— fútbol.
7. El joven ——————— una novela.
8. Mis amigos ——————— tango.

Juanito
Luis
Esteban
Rubén
Gloria
Manuela
Pedro

❷ **3-45 En la cafetería.** Say how these people feel and why. Work together to write a conversation between two people and write a description of another person in the drawing. Use **estar** with adjectives and expressions with **tener.**

apurado/a	enfermo/a
cansado/a	nervioso/a
contento/a	ocupado/a
enamorado/a	preocupado/a

MODELO: *Pedro está enfermo. Tiene mucho frío. Necesita regresar a casa.*

3-46 ¡Imagínate! Imagine what these people are doing right now.

MODELO: el presidente de México
El presidente de México está visitando Monterrey.

asistir a una fiesta	1. Chef Emeril
cantar	2. Carlos Santana
dormir	3. Salma Hayek
escribir una novela	4. Penélope Cruz y Tom Cruise
hablar con...	5. Pedro Almodóvar
hacer una película	6. Carlos Fuentes (autor)
jugar al béisbol	7. Ricky Martin y Shakira
preparar una comida	8. el vicepresidente

2 **3-47 ¿Cómo estás?** Imagine that you are in the following situations. Say how you feel using the verb **estar** and the appropriate adjectives.

MODELO: en una fiesta
Estoy contento/a.

aburrido/a	contento/a	enojado/a	perdido/a
apurado/a	enamorado/a de	ocupado/a	triste
cansado/a	enfermo/a	preocupado/a	

1. a la medianoche
2. en clase
3. después de un examen
4. cuando hay mucho trabajo
5. en el hospital
6. en la playa
7. con una persona especial
8. con una persona importante
9. en una ciudad grande
10. en el gimnasio
11. lejos de mi familia

2 **3-48 Lo siento, no está aquí.** Take turns inventing excuses for why a friend can't come to the telephone.

MODELO: E1: *Hola, está Carlos?*
E2: *Lo siento, Carlos está ocupado ahora. Está haciendo su tarea.*

AB **3-49A ¿Qué estoy haciendo?** Take turns acting out your situations while your partner tries to guess what you are doing.

MODELO: ver la televisión
E1: (act out watching TV) *¿Qué estoy haciendo?*
E2: *Estás viendo la televisión.*

1. bailar con una persona especial
2. dormir en clase
3. ver un partido (*game*) muy bueno
4. caminar sólo/a por la noche
5. ¿...?

6. Summary of uses of *ser* and *estar*

Ser is used

■ with the preposition **de** to indicate origin, possession, and to tell what material something is made of.

Frida y Carlos **son** de México.	*Frida and Carlos are from Mexico.*
Las pinturas **son** de Diego.	*The paintings are Diego's.*
La mesa **es** de plástico.	*The table is (made of) plastic.*

Bob es de California.

■ with adjectives to express characteristics of the subject, such as size, color, shape, religion, and nationality.

Nuestra clase **es** grande.	*Our class is large.*
El carro de Raúl **es** azul.	*Raúl's car is blue.*
Tomás **es** alto y delgado.	*Tomás is tall and thin.*
Los jóvenes **son** católicos.	*The young men are Catholic.*
Somos mexicanos.	*We are Mexican.*

■ with the subject of a sentence when followed by a noun or noun phrase that restates the subject.

Mi hermana **es** abogada.	*My sister is a lawyer.*
Juan Ramón y Lucía **son** mis padres.	*Juan Ramón and Lucía are my parents.*

■ to express dates, days of the week, months, and seasons of the year.

Es primavera.	*It's spring.*
Es el 10 de octubre.	*It's October 10.*

■ to express time.

Son las cinco de la tarde.	*It's five o'clock in the afternoon.*
Es la una de la mañana.	*It's one in the morning.*

■ with the preposition **para** to tell for whom or for what something is intended or to express a deadline.

¿Para quién **es** esa hamburguesa?	*For whom is that hamburger?*
La hamburguesa **es para** mi novio.	*The hamburger is for my boyfriend.*
La composición **es para** el viernes.	*The composition is for (is due) Friday.*

■ with impersonal expressions.

Es importante ir al laboratorio.	*It's important to go to the laboratory.*
Es fascinante estudiar la cultura hispana.	*It's fascinating to study Hispanic culture.*

■ to indicate where and when events take place.

La fiesta **es** en mi casa.	*The party is at my house.*
El concierto **es** a las ocho.	*The concert is at eight.*

Estar is used

La oficina de correos está allí a la derecha.

■ to indicate the location of persons and objects.

La librería **está** cerca.	*The bookstore is nearby.*
Guadalajara **está** en México.	*Guadalajara is in Mexico.*

■ with adjectives to describe the state or condition of the subject.

Las chicas **están** contentas.	*The girls are happy.*
Pedro **está** enfermo.	*Pedro is sick.*

■ with descriptive adjectives (or adjectives normally used with **ser**) to indicate that something is exceptional or unusual. This structure is often used this way when complimenting someone and in English is sometimes expressed with *look.*

Carlitos, tienes ocho años; ¡**estás** muy grande!	*Carlitos, you're eight years old; you are (look) so big!*
Señora Rubiales, usted **está** muy elegante esta noche.	*Mrs. Rubiales, you are (look) especially elegant tonight.*

Aplicación

3-50 La familia de la Mora. Read the description of the de la Mora family and underline all the uses of **ser** and **estar**.

La familia de la Mora es una familia mexicana que vive en Guadalajara. Guadalajara está cerca de la costa Pacífica de México. Guillermo, el papá, es muy trabajador. Olga Marta, la mamá, es de la Ciudad de México y es muy simpática. Ellos tienen tres hijos: Billy, Martita y Erica. Billy es muy responsable. Ahora está en Alemania donde estudia ingeniería. Martita es muy inteligente. Ahora está en la capital donde visita a sus abuelos. Erica es muy alta y delgada. Además, es muy trabajadora como su papá. Ella está en la biblioteca donde está haciendo su tarea. Esta noche la familia está muy contenta porque están planeando una fiesta para el aniversario de Guillermo y Olga Marta. La fiesta es el sábado a las nueve de la noche. Es importante invitar a toda la familia y a todos los amigos.

EXPANSIÓN More on structure and usage

Changes in meaning with *ser* and *estar*

Some adjectives have different meanings depending on whether they are used with **ser** or **estar**.

ADJECTIVE	WITH *SER*	WITH *ESTAR*
aburrido/a	*to be boring*	*to be bored*
bonito/a	*to be pretty*	*to look pretty*
feo/a	*to be ugly*	*to look ugly*
guapo/a	*to be handsome*	*to look handsome*
listo/a	*to be clever*	*to be ready*
malo/a	*to be bad, evil*	*to be ill*
verde	*to be green (color)*	*to be green (not ripe)*
vivo/a	*to be smart, cunning*	*to be alive*

Recuerda: To locate an entity or event modified by an indefinite article, or a quantifier (such as **mucho, poco,** or a number), use **hay.**

Esta noche **hay** una fiesta en mi casa. *There's a party tonight at my house.*
Hay más de 35.000.000 de hispanos en los EE. UU. *There are more than 35,000,000 Hispanics in the U.S.*
Hay muchos jóvenes en la discoteca. *There are many young people at the disco.*

3-51 Preguntas para la familia de la Mora. Write questions that you could ask the de la Mora family.

MODELO: *¿Dónde está Guadalajara?*

1. ¿Cómo...?
2. ¿Por qué...?
3. ¿Cuándo...?
4. ¿Quién...?
5. ¿Por qué...?

3-52 En mi casa esta noche. Complete Ana's description of her family and what is happening tonight using the correct forms of **ser** or **estar,** or the verb **hay.**

Mi familia (1) _____ grande, (2) _____ quince personas. Mi casa (3) _____ pequeña. (4) _____ en la calle (*street*) Florida que (5) _____ en el centro de la ciudad. Esta noche (6) _____ una fiesta en mi casa. La fiesta (7) _____ a las ocho de la noche. Mis tíos llegan temprano y ahora (8) _____ en la sala con mi mamá. Mi tío Alfredo (9) _____ alto y guapo. (10) _____ dentista. Mi tía Julia (11) _____ baja y simpática. Ella (12) _____ psicóloga. Mis hermanas (13) _____ en el patio con mi papá, pero mi hermano, Rafa, no, porque (14) _____ enfermo. Rafa (15) _____ en cama (*bed*). (16) _____ las ocho y quince de la noche y (17) _____ muchas personas en mi casa y veinte carros enfrente de la casa. Carlos (18) _____ el chico alto y guapo; Saúl (19) _____ el joven bajo y fuerte (*strong*). (20) _____ argentinos, de Buenos Aires, la capital. ¡Bienvenidos, amigos! ¡(21) _____ música, refrescos y comida. ¡Todo (22)_____ para nosotros!

3-53 Te toca a ti. Now write a short paragraph about someone you know. Include the following information.

¿Quién es?

¿De dónde es?

¿Cómo es?

¿Dónde está ahora?

¿Qué está haciendo en este momento?

¿Por qué?

2 **3-54 Entrevístense.** Write out six questions you can ask a classmate using **ser, estar,** or **hay.** Then take turns asking each other your questions.

MODELOS: E1: *¿Cómo eres?*
             E2: *Soy alto y guapo.*
             E1: *¿De dónde eres?*
             E2: *Soy de Ohio.*

AB **3-55A Dibujos (*Drawings*).** Take turns describing a person using the following information while the other tries to draw the person described. Then compare your drawings with the descriptions.

MODELO: chica: 18 años, alta, bonita, triste, oficina
           E1: *Es una chica. Tiene dieciocho años. Es alta y bonita. Está triste y está en la oficina.*
           E2:

1. hombre, viejo, bajo, enojado, librería
2. chico, siete años, pequeño, feo, miedo, clase
3. chica, veinticuatro años, gorda, tímida, nerviosa, rectoría

¿Cuánto sabes tú? *Can you...*

☐ talk about yourself using the verb **ser** to say where you are from, your profession, what you are like, and the verb **estar** to say how you feel and what you are doing now?

☐ ask others about themselves?

☐ ask and answer questions about what you are doing (**¿Qué haces?**)?

☐ ask and answer questions about where you are going (**¿Adónde vas?**) and make plans (**¿Vamos a...?**)?

VIDEO Toño Villamil y otras mentiras Episodio 3

3-56 Lucía. Here is more information about Lucía. Read her self-description and answer the questions briefly in Spanish.

Soy Lucía Álvarez.

Hola, me llamo Lucía Álvarez. Soy española, de Madrid. Ahora estoy en México porque estoy haciendo una investigación para mi tesis doctoral. Mi especialidad en la universidad es la arqueología y estoy aquí para aprender más sobre la vida de los antiguos habitantes de Malinalco. Creo que este lugar (*place*) es muy importante en la historia precolombina de México.

En España, mi familia tiene un piso pequeño en el centro de la ciudad. Mis padres son profesores y trabajan en la Universidad Complutense. Yo voy a clases allí también.

1. ¿De dónde es Lucía?
2. ¿Por qué está en México ahora?
3. ¿Qué va a aprender en México?
4. ¿Dónde viven sus padres?
5. ¿Dónde trabajan ellos?
6. ¿Qué estudia Lucía en la universidad?

3-57 Isabel y Toño. Watch the third episode of *Toño Villamil y otras mentiras* where you will see the first encounter between Isabel and Toño. Keep the following questions in mind as you watch the video.

1. Isabel es de...
   _____ Madrid
   _____ Guadalajara
   _____ Tegucigalpa

2. Isabel estudia...
   _____ arqueología
   _____ arte
   _____ arquitectura

3. Toño dice (*says*) que es...
   _____ arquitecto
   _____ estudiante
   _____ actor

4. Isabel busca...
   _____ un hotel
   _____ un café
   _____ la catedral

5. Isabel está...
   _____ cansada
   _____ triste
   _____ frustrada

6. El autobús regresa...
   _____ hoy a las cinco
   _____ el viernes
   _____ mañana

3-58 Más preguntas. Write three other questions you would ask Toño.

MODELO: *Toño, ¿dónde vives?*

Panoramas

¡México lindo!

3-59 ¿Ya sabes...? How many of the following can you name?

1. la capital de México
2. una playa bonita
3. un producto de México
4. el presidente de México
5. el Tratado de Libre Comercio en inglés
6. una antigua civilización
7. una península
8. los colores de la bandera

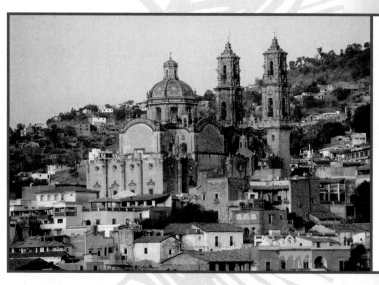

México es famoso por su artesanía. Si visitas la antigua ciudad colonial de Taxco, vas a ver su rica tradición de platería (*silver*).

ESTADOS

Tijuana

Ciudad Juárez

Hermosillo

Chihuahua

Río Bravo del Norte

Baja California

Golfo de California

SIERRA MADRE OCCIDENTAL

MÉXICO

Torreón

Monterrey

Culiacán

La Paz

Durango

SIERRA MAD

San Luis Potosí

Guadalajara

OCÉANO PACÍFICO

Acapulc

Para muchas personas, los mariachis con sus guitarras, bajos y trompetas representan la música folklórica mexicana. Aunque los mariachis tienen origen en el siglo XVII, todavía son populares en las fiestas y las bodas. Si vives en Guadalajara, parte de la celebración de tu cumpleaños probablemente va a ser una serenata con "Las mañanitas": una canción popular mexicana.

Muchas universidades mexicanas como El Tec de Monterrey tienen programas de intercambio con los Estados Unidos, Canadá, Europa y Asia. Los principiantes (*beginners*) toman clases de lengua y civilización. Los más avanzados toman clases de ingeniería, comercio y economía.

Las figuras de madera son hechas a mano por artesanos de Oaxaca. Representan animales y seres fantásticos.

UNIDOS

Golfo de México

CUBA

• Tampico

• Mérida   • Cancún

Bahía de Campeche

• Campeche

México, D.F.

• Veracruz

• Puebla

Oaxaca   Tuxtla
•   Gutiérrez

SIERRA MADRE DEL SUR

BELICE

GUATEMALA   HONDURAS

EL SALVADOR   NICARAGUA

Las maquiladoras situadas cerca de la frontera de los EE.UU. ensamblan los componentes de automóviles y aparatos electrónicos. Son tan importantes para la economía mexicana como para la norteamericana, aunque los trabajadores mexicanos reciben sueldos (*salaries*) muy inferiores a los sueldos de los norteamericanos.

La vida marina y el agua verde azul cristalina atraen a muchos turistas a la Isla de Cozumel.

3-60 ¿Dónde? Identify a place on the map on page 108-109 where you might find the following.

1. playas
2. ruinas arqueológicas
3. música folklórica
4. la casa de Frida Kahlo y Diego Rivera
5. coral y peces (*fishes*) bonitos
6. figuras de madera

3-61 ¿Cómo es México? Complete each statement logically.

1. México es nuestro vecino del...
   a. norte   b. sur   c. este

2. La isla de Cozumel es popular entre...
   a. los artistas   b. los turistas   c. los diplomáticos

3. Los mariachis se originaron en...
   a. la ciudad de Guadalajara
   b. la frontera con los Estados Unidos
   c. la costa del Caribe

4. Los mariachis cantan...
   a. jazz y rock   b. música folklórica   c. música espiritual

5. Los trabajadores de las maquiladoras son...
   a. aztecas   b. estadounidenses   c. mexicanos

6. Frida Kahlo...
   a. vive en la capital   b. es famosa por sus pinturas   c. es actriz

7. En cada región de México hay...
   a. artesanía   b. maquiladoras   c. pirámides

8. En muchas universidades mexicanas hay...
   a. programas de ensamblar automóviles
   b. programas de música folklórica
   c. estudiantes de intercambio

WWW **3-62 Investigar.** Connect with the *¡Arriba!* Web site **www.prenhall.com/arriba** to see more images by Frida Kahlo and Diego Rivera. Choose one picture or mural that you like and write a brief description. Use these questions as a guide.

1. ¿Cómo se llama la pintura? ¿Quién es el artista?
2. ¿Hay personas? ¿Cuántas? ¿Cómo son?
3. ¿Hay objetos? ¿Qué son?
4. ¿Hay animales? ¿Cómo son?
5. ¿Qué colores predominan?
6. ¿Te gusta la pintura?

Ritmos

"El Chapo" (Los Originales de San Juan, México)

This song is a Mexican **corrido,** a form of folk ballad that typically expresses aspects of Mexican life, in lyric, epic, or narrative form. Common themes can be an event, a folk hero, or an economic or political situation. This **corrido** tells the story of **El Chapo,** a local character from Michoacán.

Antes de escuchar

3-63 Lugares mexicanos. If you look at a map of Mexico you will find that many of the place names are of Mayan and Aztec (indigenous) origin, not Spanish. Skim the lyrics of "El Chapo" (on page 111) and list the Mexican place names that are mentioned.

A escuchar

3-64 Un personaje mexicano. As you listen to "El Chapo", choose *a*, *b*, or *c*, to complete the sentences. Refer to the partial lyrics below as you do this exercise.

1. El Chapo creció en...
   a. el mar.   b. la capital.   c. los montes.

2. "El Chapo" es un...
   a. apellido.   b. apodo.   c. insecto.

3. Él es de gente...
   a. tímida.   b. brava.   c. antipática.

4. Su hermano sabe usar...
   a. una pistola.   b. el dinero.   c. los billetes.

5. El Chapo nació en...
   a. Michoacán.   b. Antúnez.   c. Jalisco.

El chapo

1. Nació y creció entre los montes
   Nunca lo podrá olvidar
   Él es de merito Antúnez
   Muy cerca de Apatzingán
   Por su apodo conocido
   El Chapo de Michoacán
   ...

3. El Chapo sí que merece
   Que le cante su corrido
   El Chapo nació en Jalisco
   Pero se crió en Michoacán
   ...

2. Desciende de gente brava
   De los famosos Arriola
   Su hermano, el manchado es gallo
   Que sabe usar la pistola
   ...

Después de escuchar

3-65 Comprensión. After you listen to "El Chapo" complete the following sentences with the correct form of **ser** or **estar** based on what you hear and read in the lyrics.

1. El Chapo _____ de Jalisco originalmente.
2. Jalisco y Michoacán _____ en México.
3. La gente de El Chapo _____ brava.
4. Su gente _____ en Antúnez.

3-66 Entrevista con El Chapo. Now imagine that you are going to interview El Chapo or a well-known person from Mexico that you have learned about in this chapter. Using these verbs listed below, write five questions that you would ask this person to find out more about his or her daily life and culture in Mexico. With a classmate take turns asking and answering each other's questions.

ser   estar   ir   hacer   tener

Páginas

Cultura azteca en Londres

Antes de leer

3-67 Una hipótesis. Use the text format, title, and other visual clues or background knowledge to get an idea of what the text is about. As you read, test your hypothesis to see if your initial guesses were correct. Sometimes, you will have to revise your hypothesis as you read.

3-68 Formular una hipótesis. Answer these questions before reading to formulate a hypothesis about its content.

1. ¿Dónde?   2. ¿Quiénes?   3. ¿Cuándo?

A leer

3-69 Cultura azteca. Read the following text to discover more about the Aztec culture.

Cultura azteca en Londres

La Real Academia de Arte de Londres abre su exhibición titulada *Aztec*, que representa una de las colecciones más impresionantes de arte y arqueología azteca jamás vista fuera (*never seen outside*) de México. Desde esculturas de tamaño humano, máscaras y hermosas (*beautiful*) obras de arte, hasta joyas (*jewels*) de oro y turquesas, los visitantes disfrutan con estas reliquias de la cultura de una de las civilizaciones más complejas e importantes en la historia de la humanidad.

La Ciudad de México fue construida encima de (*on top of*) la ciudad azteca, Tenochtitlán.

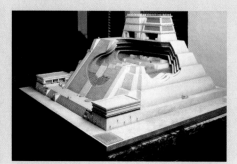

Con más de 300 piezas y la más alta tecnología en realidad virtual, la exhibición sin precedentes transporta a los visitantes a la era precolombina con la recreación de la capital azteca y el magnífico templo de Tenochtitlán, considerados el centro físico y simbólico de esta legendaria civilización.

Después de leer

3-70 ¿Comprendiste? Complete each statement logically.

1. La exhibición es en...
   a. México.   b. Inglaterra.   c. los Estados Unidos.
2. La colección incluye...
   a. figuras grandes.   b. pinturas de los años 1950.   c. animales exóticos.
3. En total, hay más de... piezas.
   a. tres mil   b. trescientas   c. trece mil
4. La capital azteca se llama...
   a. Londres.   b. Tenochtitlán.   c. México, D.F.
5. Hoy en día la Ciudad de México es...
   a. una ruina.
   b. una ciudad encima de (*on top of*) un sitio arqueológico.
   c. una civilización legendaria.

WWW **3-71 El Museo de Antropología.** Connect with the *¡Arriba!* Web site **www.prenhall.com/arriba** to visit this renowned museum in Mexico City. Look for the following information.

1. el costo de admisión (NP: pesos mexicanos)
2. las horas cuando está abierto
3. los días cuando está cerrado
4. quiénes entran gratis
5. una pieza interesante

3-72 En mi opinión. Compare your opinions with a classmate's by responding to the following statements.

Sí, seguramente... Sí, probablemente... No...

1. Voy a visitar México algún día.
2. Voy a visitar el Museo de Antropología.
3. Voy a visitar Londres.
4. Me gusta la arqueología.
5. Me gusta el arte.

Taller

3-73 Una carta personal.

Antes de escribir

- Respond to these questions before writing a letter to a friend or family member about your student experience.

  ¿Dónde estás?
  ¿A qué hora son tus clases?
  ¿Recibes buenas notas (*grades*)?
  ¿Dónde comes?
  ¿Te gusta la universidad?
  ¿Qué vas a hacer mañana?
  ¿Cuál es la fecha de hoy?

  ¿Qué estudias este semestre (trimestre/año)?
  ¿Cómo son los profesores?
  ¿Con quién asistes a tus clases?
  ¿Adónde vas por la noche?
  ¿...?

A escribir

- Use the letter format that follows, beginning with the place, date, and a greeting.
- Incorporate your answers to the previous questions in the letter. Connect your ideas with words such as **y, pero,** and **porque.**
- Ask your addressee for a reply to your letter.
- Close the letter with a farewell: **Un abrazo de...**

Después de escribir

- **Revisar.** Review the following elements of your letter:
  ☐ use of **ir, hacer,** and other **-er** and **-ir** verbs
  ☐ use of **ser** and **estar**
  ☐ agreement of subjects and verbs
  ☐ agreement of nouns and adjectives
  ☐ correct spelling, including accents

- **Intercambiar**
  Exchange your letter with a classmate's; make grammatical corrections and content suggestions. Then, respond to the letter.

- **Entregar**
  Rewrite your original letter, incorporating your classmate's suggestions. Then, turn in your revised letter and the response from your classmate to your instructor.

> Monterrey, 14 de octubre de 2005
>
> Querida Raquel:
>
> Hoy es el 14 de octubre y estoy aquí en la biblioteca del Tec...
>
> Un abrazo de...

4 ¿Cómo es tu familia?

Rigoberta Menchú recibió el Premio Nóbel por su lucha por los derechos humanos de los indígenas de Guatemala.

La América Central I: Guatemala, El Salvador, Honduras

« **Al hombre mayor, dale honor.** »

ESTADOS UNIDOS

OCÉANO ATLÁNTICO

Golfo de México

MÉXICO

REPÚBLICA DOMINICANA

CUBA

PUERTO RICO

Bahía de Campeche

HONDURAS

Mar Caribe

GUATEMALA

NICARAGUA

EL SALVADOR

PANAMÁ

COSTA RICA

OCÉANO PACÍFICO

AMÉRICA DEL SUR

La civilización maya era (*was*) una de las más avanzadas de las Américas.

¡Así es la vida!

Un correo electrónico

Juan Antonio recibe un correo electrónico de su buena amiga Ana María Pérez, una joven guatemalteca que estudia en la universidad con él. Juan Antonio es costarricense y vive en San José. Ana María pasa las vacaciones de verano con su familia.

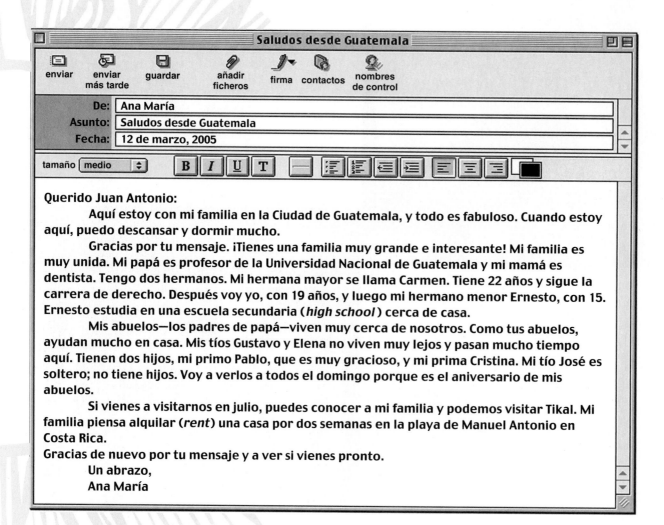

Saludos desde Guatemala

enviar   enviar más tarde   guardar   añadir ficheros   firma   contactos   nombres de control

De: Ana María
Asunto: Saludos desde Guatemala
Fecha: 12 de marzo, 2005

tamaño medio   **B** *I* U T

Querido Juan Antonio:

Aquí estoy con mi familia en la Ciudad de Guatemala, y todo es fabuloso. Cuando estoy aquí, puedo descansar y dormir mucho.

Gracias por tu mensaje. ¡Tienes una familia muy grande e interesante! Mi familia es muy unida. Mi papá es profesor de la Universidad Nacional de Guatemala y mi mamá es dentista. Tengo dos hermanos. Mi hermana mayor se llama Carmen. Tiene 22 años y sigue la carrera de derecho. Después voy yo, con 19 años, y luego mi hermano menor Ernesto, con 15. Ernesto estudia en una escuela secundaria (*high school*) cerca de casa.

Mis abuelos—los padres de papá—viven muy cerca de nosotros. Como tus abuelos, ayudan mucho en casa. Mis tíos Gustavo y Elena no viven muy lejos y pasan mucho tiempo aquí. Tienen dos hijos, mi primo Pablo, que es muy gracioso, y mi prima Cristina. Mi tío José es soltero; no tiene hijos. Voy a verlos a todos el domingo porque es el aniversario de mis abuelos.

Si vienes a visitarnos en julio, puedes conocer a mi familia y podemos visitar Tikal. Mi familia piensa alquilar (*rent*) una casa por dos semanas en la playa de Manuel Antonio en Costa Rica.

Gracias de nuevo por tu mensaje y a ver si vienes pronto.

Un abrazo,
Ana María

Miembros de la familia

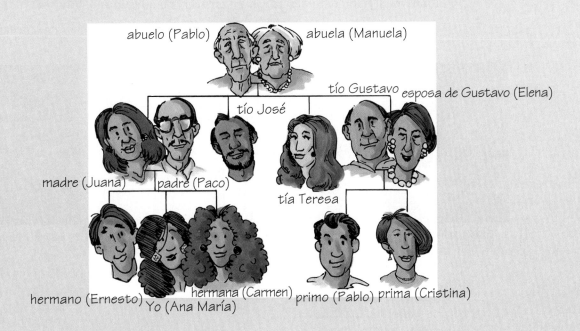

abuelo (Pablo) abuela (Manuela)

tío Gustavo esposa de Gustavo (Elena)

tío José

madre (Juana) padre (Paco)

tía Teresa

hermano (Ernesto) hermana (Carmen) primo (Pablo) prima (Cristina)
Yo (Ana María)

Otros miembros de la familia

el/la hermanastro/a	*stepbrother / stepsister*
el/la hijo/a	*son / daughter*
la madrastra	*stepmother*
el/la nieto/a	*grandson / granddaughter*
el/la novio/a	*boyfriend / girlfriend; groom / bride*
el padrastro	*stepfather*
el/la sobrino/a	*nephew / niece*

La familia política (*in-laws*)

el/la suegro/a	*father-in-law / mother-in-law*
el yerno	*son-in-law*
la nuera	*daughter-in-law*
el/la cuñado/a	*brother-in-law / sister-in-law*

Verbos

dormir (ue)	*to sleep*
pasar	*to spend (time)*
pensar (ie)	*to think; intend (to do something)*
poder (ue)	*to be able, may, or can*
seguir (i)	*to follow; to continue*
venir (ie)	*to come*

Adjetivos

gracioso/a	*funny, witty*
mayor	*older*
menor	*younger*
soltero/a	*single, unmarried*
unido/a	*close, close-knit*

Aplicación

4-1 ¿Quién es mayor? Match the photos of four famous people with their nationality and date of birth, then answer the questions below.

MODELO: *Edward James Olmos es méxicoamericano. La fecha de su nacimiento es 1947.*

| 1. Edward James Olmos | 2. Shakira | 3. Raquel Welch | 4. Enrique Iglesias |

colombiano/a _____ 1977
boliviano/a _____ 1940
español/a _____ 1975
méxicoamericano/a _____ 1947

¿Quién es el/la mayor?
¿Quién es el/la menor?
¿Cuál es tu favorito/a?

4-2 ¿Quiénes son? Identify people or families that meet the following descriptions.

MODELO: una persona mayor que tú
　　　　　Mi hermano es mayor que yo.

1. una familia unida
2. un chico gracioso
3. un hombre soltero
4. una persona rica
5. una persona menor que tú

4-3 La boda de Hilda y Eduardo. Answer the questions based on the following wedding invitation.

1. ¿Quiénes son los novios?
2. ¿Cómo se llama el padre del novio?
3. ¿Cómo se llama la madre?
4. ¿Quiénes son los padres de la novia?
5. ¿Cuál es el nombre completo de Hilda antes de casarse (*getting married*)?[1]
6. ¿Cuál es el nombre completo de Hilda después de casarse?[1]
7. ¿Dónde es la ceremonia?
8. ¿En qué fecha y a qué hora es la ceremonia?
9. ¿En qué estación del año es la boda?

Joaquín Beléndez Buenahora
Hilda Ferrero Bravo
y
José Luis Sosa Loret de Mola
María Elena Fernández de Sosa
tienen el honor de invitarle
al matrimonio de sus hijos
Hilda Teresa y
Eduardo Antonio
el viernes veintiséis de mayo
de dos mil cuatro
a las siete de la tarde
Misa Nupcial en
Iglesia San Jorge
Guatemala, Guatemala

---

[1] See **Comparaciones: Nombres, apellidos y apodos** in *Capítulo 2* for information on Hispanic last names.

4-4 La familia de Hilda y Eduardo. Look at the photo and take turns pointing out the following people in Hilda's family.

1. su padre   4. su hermana
2. sus sobrinos   5. sus primos
3. su hermano   6. su abuela

AUDIO **4-5 Entre familia.** Listen to Roberto Guillén describe his family to his friend Tomás. As he talks, complete Roberto's family tree, writing in the names of the three generations of family members.

Roberto

4-6 ¿Quién es quién? Look again at the family tree of Ana María (on p. 117) and give the relationships for each of these people.

MODELO: *Juana es la esposa de Paco y la madre de Ernesto, Ana María y Carmen.*

1. Carmen
2. Pablo
3. Elena
4. Gustavo
5. Cristina
6. Manuela
7. Ernesto
8. Paco

4-7 Tu árbol genealógico. Draw your family tree, or an imaginary one. Then tell each other about the family based on the tree.

AB **4-8A ¿Cómo es tu familia?** With a classmate, take turns asking and answering questions about your families.

MODELO: E1: *¿Viven tus abuelos con tu familia?*
E2: *Sí, viven con nosotros. ¿Y tus abuelos?*
E1: *No, mis abuelos no viven con nosotros.*

1. Tu familia ¿es grande o pequeña?
2. ¿Tienes hermanastros?
3. ¿Cómo son tus padres?

4. ¿De dónde son tus padres?
5. ¿Cuántos tíos tienes?
6. ¿...?

2 **4-9 El censo.** Imagine that you work for the Census Bureau. Ask a classmate for the information you need to complete the census form. Use the following questions as a guide.

1. ¿Cuántas personas hay en su familia?
2. ¿Cómo se llaman?
3. ¿Cuántos años tienen?

4. ¿Cuál es su profesión?
5. ¿Cuál es su relación con usted?

número de personas:	_____			
nombre:	_____	_____	_____	_____
edad:	_____	_____	_____	_____
profesión:	_____	_____	_____	_____
relación:	_____	_____	_____	_____

¡Así lo hacemos! Estructuras

1. The present tense of stem-changing verbs: *e → ie, e → i, o → ue*

You have already learned how to form regular **-ar**, **-er**, and **-ir** verbs and a few irregular verbs. This group of verbs, including **querer**, requires a change in the stem vowel[1] of the present indicative forms, except **nosotros/as** and **vosotros/as**.

querer (*to want, to love*)			
yo	quiero	nosotros/as	queremos
tú	quieres	vosotros/as	queréis
él, ella, Ud.	quiere	ellos/as, Uds.	quieren

El cambio e → ie

empezar	*to begin*
entender	*to understand*
pensar *(+ inf.)*	*to think; to plan (to do something)*
perder	*to lose*
preferir	*to prefer*

Te **quiero**, mi amor.	*I love you, my love.*
Pensamos mucho en nuestro abuelo.	*We think about our grandfather a lot.*
Pienso ver una película esta noche.	*I plan to see a movie tonight.*
¿A qué hora **empieza** la función?	*At what time does the show start?*

---

[1]In these forms the stem contains the stressed syllable.

- Some common **e → ie** verbs, like **tener** (which you learned in *Capítulo 2*) and **venir** (*to come*), have an additional irregularity in the first person singular.

	tener	**venir**
yo	**tengo**	**vengo**
tú	**tienes**	**vienes**
él, ella, Ud.	**tiene**	**viene**
nosotros/as	**tenemos**	**venimos**
vosotros/as	**tenéis**	**venís**
ellos/as, Uds.	**tienen**	**vienen**

Tengo que pasar por mi novia a las ocho.	*I have to stop by for my girlfriend at eight.*
Si Ester y Juancho **vienen** el viernes, **vengo** también.	*If Ester and Juancho come Friday, I'll come too.*

El cambio e → i

Another stem-changing pattern changes the stressed **e** of the stem to **i** in all forms except the first- and second-person informal plural.

pedir (*to ask for, to request*)			
yo	pido	nosotros/as	pedimos
tú	pides	vosotros/as	pedís
él, ella, Ud.	pide	ellos/as, Uds.	piden

- All **e → i** stem-changing verbs have the **-ir** ending. The following are some other common **e → i** verbs.

repetir	*to repeat; to have a second helping*
seguir	*to follow*
servir	*to serve*

- Note that **seguir** drops the **u** in the first person: **sigo**.

Yo **sigo** el programa exactamente.	*I follow the program exactly.*
La instructora **repite** las oraciones sólo una vez.	*The instructor only repeats the sentences one time.*
¿**Servimos** la sopa primero?	*Do we serve the soup first?*

Ella siempre sueña que está en la playa.

El cambio o → ue

volver (*to return, to come back*)			
yo	**vuelvo**	nosotros/as	**volvemos**
tú	**vuelves**	vosotros/as	**volvéis**
él, ella, Ud.	**vuelve**	ellos/as, Uds.	**vuelven**

■ Another category of stem-changing verbs is one in which the stressed **o** changes to **ue**. As with **e → ie** and **e → i**, there is no stem change in the **nosotros/as** and **vosotros/as** forms.

■ Other commonly used **o → ue** stem-changing verbs are:

almorzar	*to have lunch*
costar[1]	*to cost*
dormir	*to sleep*
encontrar	*to find*
jugar[2] **a**	*to play*
poder	*to be able, can*
recordar	*to remember*
soñar (con)	*to dream (about)*

Mañana **juego** al tenis con mi tía.

Tomorrow I'm playing tennis with my aunt.

Almorzamos en el club todos los sábados.

We have lunch at the club every Saturday.

¿**Sueñas con** ser rico algún día?

Do you dream about being rich one day?

No **recuerdo** a mi abuela muy bien.

I don't remember my grandmother very well.

Aplicación

4-10 ¿Quién dice qué? At family functions people often seem to all be talking at once. Match the questions and statements on the left with logical rejoinders on the right.

1. Oye, Pancho, ¿cuándo vuelves a casa esta noche?
2. Sarita, ¿quieres agua o un refresco?
3. Tomás, ¿a qué hora vienes mañana?
4. Abuelita, ¿puedes jugar con los niños?
5. Papá, ¿vas a dormir todo el día?
6. Toño, son las 8:30. ¿Cuándo empieza la fiesta?
7. Pedro, ¿quiénes juegan en la serie mundial?
8. Tía, ¿quién sirve los refrescos?

a. _____ Prefiero café, por favor.
b. _____ Es que no duermo bien por la noche.
c. _____ Vuelvo antes de la medianoche.
d. _____ Empieza a las 9:30.
e. _____ Seguramente los Yankis.
f. _____ Yo sirvo el café; tu tío sirve la limonada.
g. _____ Vengo a las 5:30.
h. _____ Ahora, no. Juego con ellos más tarde.

---

[1]**Costar** is conjugated only in the third person of singular and plural.

[2]**Jugar** follows the same pattern as **o → ue** verbs, but the change is **u → ue**.

4-11 Una entrevista con Rigoberta Menchú. Rigoberta Menchú received the Nobel Peace Prize in 1992 for her work with the indigenous peoples of Guatemala. Read the interview with her, and underline all of the stem-changing verbs.

Reportera: Señora, usted es famosa por su trabajo con los indígenas de Guatemala. ¿Qué piensa hacer ahora?

Rigoberta: Pienso seguir trabajando por los derechos humanos para todos los guatemaltecos.

Reportera: ¿Viene a Washington este año?

Rigoberta: No, pero sirvo en un comité de las Naciones Unidas. Por eso, pienso ir a Nueva York.

Reportera: ¿Recuerda bien la ceremonia de los Premios Nóbel?

Rigoberta: Sí, recuerdo muy bien la ceremonia, pero no puedo recordar los nombres de toda la gente. Algún día voy a volver a Estocolmo para visitar también los museos.

Reportera: ¿Con qué sueña usted, señora?

Rigoberta: Sueño con la paz en el mundo.

4-12 ¿Comprendes? Answer the following questions based on the interview.

1. ¿Por qué es famosa Rigoberta Menchú?
2. ¿Qué piensa hacer este año?
3. ¿Por qué va a Nueva York?
4. ¿Qué no recuerda bien de su tiempo en Estocolmo?
5. ¿Por qué quiere volver?
6. ¿Con qué sueña ella ahora?

4-13 María Rosa y David. María Rosa and her boyfriend, David, are trying to make plans for this Friday in San Salvador. Complete her explanation with a logical verb from the list. (In some cases you have a choice of more than one verb.)

cuestan	juego	piensa	pierde	queremos
entiende	pensamos	prefiero	puede	quiere

Mi novio y yo (1) _____ hacer planes para el viernes. Nosotros (2) _____ ir al cine. David (3) _____ ver una película (*movie*) de acción pero para mí no son interesantes. Yo (4) _____ las películas francesas pero David no (5) _____ francés. Mi madre (6) _____ que debemos jugar al tenis. David (7) _____ jugar tenis, pero yo no (8) _____ muy bien. A David no le gusta jugar conmigo porque siempre (9) _____. También hay un concierto el viernes, pero los boletos (*tickets*) (10) _____ mucho. ¡Es mejor pasar el viernes mirando de la televisión!

2 **4-14 ¿Y tu familia?** Use the following information to form at least six sentences in Spanish that describe your activities and those of your friends and family. Add other words as necessary.

MODELO: *Almuerzo con mis amigos en la cafetería.*

yo	**almorzar**	temprano (tarde)
tú	pedir	**cafetería**
mis padres	pensar	fútbol (tenis, béisbol...)
mi abuelo/a	dormir	casa (restaurante...)
tú y yo	soñar (con)	la carrera de...
mi hermano/a	jugar (al)	cantar (bailar...)
mi mejor amigo/a	recordar	dinero (su novio/a)
mis primos	seguir	planes para...
mis tíos	volver (a)	todos los días (mañana...)
¿...?		mucho (poco)
		México (casa, la biblioteca...)
		estudiar mucho

4-15 La fiesta de cumpleaños. You are organizing a surprise birthday party for a relative. Pair up to discuss your plans and take turns responding to these questions.

MODELO: ¿Quién tiene un cumpleaños?
Mi abuelo tiene un cumpleaños.

1. ¿Cuántos años tiene?
2. ¿Qué día piensas hacer la fiesta?
3. ¿Qué parientes van a estar?
4. ¿Cuántos amigos quieres invitar?
5. ¿A qué hora comienza la fiesta?
6. ¿Cuánto cuestan las bebidas y comidas que piensas servir?
7. ¿Qué música prefieres para la fiesta?
8. ¿Qué juegos (*games*) podemos tener para los niños?

(AB) 4-16A El/La curioso/a. Take turns asking each other about your family. Use the following questions to get started.

1. ¿Cuándo almuerzan ustedes con la familia?
2. ¿Prefieren comer en casa o en un restaurante?
3. ¿Qué sirven en una cena especial?
4. Después de una cena especial, ¿duermen o ven la televisión?
5. ¿Dónde prefieres vivir, en casa con tu familia o en un apartamento? ¿Por qué?

(G) 4-17 ¡Sean creativos! Write a story, poem, dialog, or rap verse using the following verbs from the list. Be prepared to present it orally to the class.

almorzar	empezar	pedir	poder	servir
costar	encontrar	pensar	preferir	soñar
dormir	jugar	perder	recordar	volver

En el cine

Amores perros ★★★★
Ciudad de México, un fatal accidente automovilístico. Tres vidas chocan entre sí y nos revelan lo perro (*feo*) de la naturaleza humana. Jamás una película refleja con tanto realismo y crudeza, el caos de la ciudad más grande y poblada del mundo.

Piñero ★★★
Esta película narra la vida trágica y tempestuosa de Miguel Piñero, un poeta, dramaturgo y actor nuyorican cuyo trabajo se considera precursor de la música "rap". Piñero murió a los 42 años de SIDA.

Hable con ella ★★★★
Una película de Almodóvar con diálogos increíbles: Benigno, un enfermero, lleva años cuidando a Alicia, una bailarina comatosa. Marco, novio de una mujer torera (*bullfighter*), ahora enfrenta el mismo problema. La tragedia une a esos dos hombres…

El mismo amor, la misma lluvia (*rain*) ★★★
A los 28 años, Jorge vive de los cuentos que escribe para una revista (*magazine*). Una noche Jorge conoce a Laura, una camarera que espera el regreso de su novio, un artista de quien no tiene noticias hace meses. Película argentina que se narra con amor, ironía y humor.

Y tu mamá tambien ★★★
Las vidas de Julio y Tenoch, dos íntimos amigos mexicanos de 17 años que sufren las tribulaciones de los jóvenes de esa edad, están bellamente pintadas por el director Alfonso Cuarón. En una boda en la Ciudad de México, conocen a Luisa, una joven mayor que ellos casada con un pariente. La invitan a una playa remota con el nombre de Boca del Cielo (*Heaven's Mouth*). El trío sale en un auto…

(G)

4-18 Las películas. A popular Hispanic magazine published reviews of the following movies. Read the reviews, then decide which of the movies is more popular among your group and why. Here are some of the types of movies.

películas {
de acción
sentimentales
románticas
de misterio
trágicas
humorísticas
del director español Almodóvar
realistas
mexicanas/argentinas/españolas
}

MODELO: *Quiero ver* Hable con ella *porque prefiero las películas sentimentales.*

2. Direct objects, the personal *a*, and direct object pronouns

Los complementos directos

■ A direct object is the noun that generally follows, and receives the action of, the verb. The direct object is identified by asking *whom* or *what* about the verb. Note that the direct object can either be an inanimate object (**un carro**) or a person (**Luis**).

Pablo va a comprar **un carro**.	*Pablo is going to buy a car.*
Anita está llamando **a su amigo Luis**.	*Anita is calling her friend Luis.*

La *a* personal

■ When the direct object is a definite person or persons, an **a** precedes the noun in Spanish. This is known as the personal **a**. However, the personal **a** is omitted after the verb **tener** when it means *to have* or *possess*.

Veo **a** Pablo todos los días.	*I see Paul every day.*
Quiero mucho **a** mi papá.	*I love my father a lot.*
Julia y Ricardo tienen un hijo.	*Julia and Ricardo have a son.*

■ The personal **a** is not used with a direct object that is an unspecified or indefinite person.

Ana quiere un novio inteligente.	*Ana wants an intelligent boyfriend.*

■ The preposition **a** followed by the definite article **el** contracts to form **al.**

Llaman **al** médico.	*They are calling the doctor.*
Alicia visita **al** abuelo.	*Alice visits her grandfather.*

■ When the interrogative **quién(es)** requests information about the direct object, the personal **a** precedes it.

¿**A** quién llama Elisa?	*Whom is Elisa calling?*

■ The personal **a** is required before every specific human direct object in a series.

Visito **a** Emilio y **a** Lola.	*I'm visiting Emilio and Lola.*

Los pronombres de complemento directo

A direct object noun is often replaced by a direct object pronoun. The chart below shows the forms of the direct object pronouns.

Singular		**Plural**	
me	*me*	**nos**	*us*
te	*you* (inf.)	**os**	*you* (inf.)
lo	*him, you, it* (masc.)	**los**	*you, them* (masc.)
la	*her, you, it* (fem.)	**las**	*you, them* (fem.)

■ Direct object pronouns are generally placed directly before the conjugated verb. If the sentence is negative, the direct object pronoun goes between **no** and the verb.

Te quiero, cariño.	*I love you, dear.*
¿**Me** esperas?	*Will you wait for me?*
No, no **te** espero.	*No, I won't wait for you.*

- Third-person direct object pronouns agree in gender and number with the noun they replace.

> Quiero **el dinero.** → **Lo** quiero.
> Necesitamos **los cuadernos.** → **Los** necesitamos.
> Llamo **a Mirta.** → **La** llamo.
> Buscamos **a las chicas.** → **Las** buscamos.

- Direct object pronouns are commonly used in conversation when the object is established or known. When the conversation involves first and second persons (*me, we, you*), remember to make the proper transitions.

> ¿Dónde ves **a Jorge** y **a Adela**?   *Where do you see Jorge and Adela?*
> **Los** veo en clase.   *I see them in class.*
> ¿Visitas **a tu abuela** con frecuencia?   *Do you visit your grandmother often?*
> Sí, **la** visito mucho.   *Yes, I visit her a lot.*
> ¿**Me** llamas esta noche?   *Will you call me tonight?*
> Sí, **te** llamo a las nueve.   *Yes, I'll call you at nine.*

In constructions that use the infinitive or the present progressive forms, direct object pronouns may either precede the conjugated verb or be attached to the infinitive or the present participle (**-ndo**). Note that when you attach the direct object pronoun to the **-ndo** form, a written accent is used on the vowel before **-ando.**

> Adolfo va a llamar **a Ana.**   *Adolfo is going to call Ana.*
> Adolfo va a llamar**la.**   ⎫
> Adolfo **la** va a llamar.   ⎬ *Adolfo is going to call her.*
> Julia está buscando **las instrucciones.**   *Julia is looking for the instructions.*
> Julia **las** está buscando.   ⎫
> Julia está buscándo**las.**   ⎬ *Julia is looking for them.*

- In negative sentences, the direct object pronoun is placed between **no** and the conjugated verb. The object pronoun may also be attached to the infinitive or to the present participle in negative sentences.

> Adolfo no **la** va a llamar.   ⎫
> Adolfo no va a llamar**la.**   ⎬ *Adolfo is not going to call her.*

Aplicación

4-19 Planes para hacer un viaje a Centroamérica. Match each question with the corresponding response.

——— 1. ¿Dónde compramos los boletos (*tickets*)?

——— 2. ¿Tienes mi pasaporte?

——— 3. ¿A qué hora te busco en el areopuerto?

——— 4. ¿Vamos a visitar el Museo Popol Vuh?

——— 5. ¿Es necesario cambiar dinero?

——— 6. ¿Quieres invitar a tu hermana también?

a. Sí, ¿quieres llamarla para ver si puede ir?

b. A las 7:00 de la mañana.

c. Sí, lo podemos cambiar en el aeropuerto.

d. Los podemos comprar en una agencia de viajes.

e. No, no lo tengo.

f. Sí, vamos a visitarlo el primer día.

4-20 Una visita al Museo Popol Vuh. This museum houses an impressive collection of art and artifacts. Read about the museum and underline all direct objects.

El Museo Popol Vuh reúne una de las mejores colecciones de arte prehispánico y colonial de Guatemala. La colección incluye obras maestras del arte maya elaboradas en cerámica, piedra (*stone*) y otros materiales. Además, posee un notable conjunto (*group*) de obras de platería e imaginería (*statuary*) colonial.

El museo está en el Campus Central de la Universidad Francisco Marroquín, ciudad de Guatemala. Este museo ofrece una oportunidad sin igual para apreciar la historia y cultura de Guatemala.

- ■ *Dirección:* Avenida La Reforma, 8-60, Zona 9, 6to Piso
- ■ *Horario:* lunes a sábado de 9:00 a 16:30 hrs.

4-21 ¿Cómo es el museo? Now answer questions based on what you have read about the museum.

1. ¿Dónde está el museo?
2. ¿Qué colecciones tiene?
3. ¿Por qué es importante?
4. ¿Cuándo está abierto?
5. ¿Lo quieres visitar algún (*some*) día?

4-22 En la universidad Francisco Marroquín. Read the conversation between Ana and Carlos, and write the personal **a** (or **al**) wherever necessary.

Ana: Oye, Carlos. ¿(1) _____ quién ves todos los días?

Carlos: Yo siempre veo (2)_____ Tomás en la universidad. Tomamos (3) _____ café todas las tardes.

Ana: ¿Ven (4) _____ muchos amigos allí?

Carlos: Sí, claro. Siempre vemos (5)_____ Elisabet y (6)_____ Gustavo. A veces (*Sometimes*) sus compañeros de cuarto toman (7) _____ un refresco con nosotros también.

Ana: ¿Son interesantes sus compañeros de cuarto?

Carlos: Tomás y Gustavo tienen (8)_____ un compañero de cuarto muy simpático y la compañera de cuarto de Elisabet es muy sociable. Esta noche todos menos Gustavo vamos a ver (9)_____ una película muy buena. Gustavo no puede ir porque él tiene que visitar (10)_____ la familia de su novia.

Ana: ¿Invitas (11) _____ mi amigo Héctor también?

Carlos: ¡Claro que sí!

4-23 Carlos en Tegucigalpa. Complete the exchanges between Carlos and his tour guide in Honduras. Use a direct object pronoun in each answer.

MODELO: GUÍA: ¿Tiene usted su pasaporte?
CARLOS: *Sí, lo tengo.*

Guía: ¿Estudia usted arquitectura colonial? Es muy bonita.

Carlos: _____

Guía: ¿Quiere usted ver el baile folklórico?

Carlos: _____

Guía: ¿Tiene usted sus binoculares?

Carlos: _____

Guía: ¿Ve usted el daño (*damage*) del huracán Mitch?

Carlos: _____

Guía: ¿Desea visitar las ruinas arqueológicas?

Carlos: _____

Guía: ¿Cuándo quieres visitar las montañas?

Carlos: _____

Guía: ¿Me llama usted esta noche?

Carlos: _____

La Iglesia de Nuestra Señora de Los Dolores, Tegucigalpa, Honduras

AB 4-24A Una entrevista para *Prensa Libre*. *Prensa Libre* is an independent newspaper from Guatemala. Role play a reporter to ask your partner—a member of a famous family—questions about the following activities. Your partner will also ask you questions.

MODELO: E1: *¿Practica usted fútbol?*
E2: *No, no lo practico. Y usted, ¿escribe artículos en inglés también?*
E1: *Sí, los escribo. (No, no los escribo.)*

ACTIVIDADES

leer el periódico todos los días
llamar a su esposo/a todas las noches
preferir la comida guatemalteca
querer mucho a sus hijos

recibir dinero del gobierno
tener muchos parientes en otros países
visitar al presidente de Guatemala
¿...?

RICKY LOZA vuelve con el Festival de Jazz

El buen jazz vuelve este 16 y 17 de junio con la presentación del músico salvadoreño y un grupo de excelentes profesionales en este campo

Ricky Loza está en El Salvador para presentar nuevamente sus especiales de jazz, junto con músicos invitados. El objetivo de este festival es presentar, a los jóvenes interesados en el jazz, la esencia de este estilo musical. Tanto los fanáticos del buen jazz como aquéllos que quieren conocer este género musical podrán disfrutar del blues, la música brasileña y el latin jazz, entre otros.

**La Luna
Casa y Arte
16 y 17 de junio
8:30 P.M.**

Entrada: 100 colones (un día) y 150 colones (las dos noches)

4-25 El fin de semana. Read the concert poster and answer the questions that follow.

1. ¿Quién es el artista?
2. ¿De dónde es?
3. ¿Qué tipo de música toca?
4. ¿Cuándo es el concierto?
5. ¿Dónde es?
6. ¿Cuánto cuestan los boletos?
7. ¿Quieres verlo también? ¿Por qué?

G

4-26 El concierto de Ricky Loza. Imagine that you are a family making plans to attend the Ricky Loza jazz concert this weekend. Ask each other questions to determine who is to be responsible for each task.

MODELO: E1: *¿Quién prepara el coche?*
E2: *Miguel lo prepara.*

ALGUNAS RESPONSABILIDADES

buscar la cámara
buscar la ruta en el mapa
comprar el programa
comprar entradas
comprar la gasolina
invitar al/a la profesor/a

llevar los binoculares
llevar los refrescos
poner la comida en al coche
tener el mapa
preparar los sándwiches

3. The present tense of *poner, salir,* and *traer*

You have already learned some Spanish verbs that are irregular only in the first-person singular form of the present indicative tense **(hacer ➔ hago; ver ➔ veo)**. With these verbs, all other forms follow the regular conjugation patterns.

¿Traes la comida ahora?

Sí, la pongo en la mesa en un momento.

	poner	salir	traer
yo	**pongo**	**salgo**	**traigo**
tú	pones	sales	traes
él, ella, Ud.	pone	sale	trae
nosotros/as	ponemos	salimos	traemos
vosotros/as	ponéis	salís	traéis
ellos/as, Uds.	ponen	salen	traen

Si **traes** tu libro, te ayudo con la tarea.

If you bring your book, I'll help you with your homework.

Siempre **salgo** a las ocho y veo a mis amigos allí.

I always go out at eight and see my friends there.

EXPANSIÓN   More on structure and usage

Salir

Each of the following expressions with **salir** has its own meaning.

salir de: *to leave a place, to leave on a trip*

Salgo de casa a las siete.

I leave home at seven.

Salimos de viaje esta noche.

We leave on a trip tonight.

salir para: *to leave for (a place), to depart*

Mañana **salen para** Tegucigalpa.

Tomorrow they leave for Tegucigalpa.

¿**Sales para** las montañas ahora?

Are you leaving for the mountains now?

salir con: *to go out with, to date*

Silvia **sale con** Jorge.

Silvia goes out with Jorge.

Lucía **sale con** sus amigas esta tarde.

Lucía is going out with her friends this afternoon.

salir a (+ infinitive): *to go out (to do something)*

Salen a cenar los sábados.

They go out to have dinner on Saturdays.

¿**Sales a** caminar por la mañana?

Do you go out walking in the morning?

Aplicación

4-27 Un viaje a San Salvador. Complete the following paragraph using the correct form of a logical verb from the list below.

pone	salgo	salir	traigo
pongo	salimos	trae	veo

Esta tarde mi esposo y yo (1) _____ para la capital de El Salvador. Antes de (2) _____, (yo) (3) _____ la guía turística en mi maleta (*suitcase*). Después, (4) _____ las noticias en la televisión para ver el pronóstico meteorológico para la capital. En mi oficina, mi secretaria me (5) _____ el itinerario para el viaje. Ella (6) _____ todos mis papeles en el maletín (*briefcase*). Ahora todo está en orden para el viaje. Mi esposo y yo vamos al aeropuerto dos horas antes del vuelo. Desafortunadamente, cuando quiero pagar al taxista, veo que no (7) _____ dinero. Afortunadamente, mi esposo tiene dinero, y yo después (8) _____ a buscar un cajero automático.

4-28 En una fiesta familiar. Combine subjects and complements to say what people will do to get ready for the family gathering tonight.

MODELO: *Nosotros ponemos el estéreo en el patio.*

yo	salir a comprar refrescos
nosotros/as	poner la mesa
mis tíos	traer comida
tú	salir a invitar a todos
nuestros padres	poner la casa en orden
mi abuela	hacer los sándwiches
mi primo	traer música
mi amigo	salir a buscar más sillas
¿...?	ver que todo está listo para la fiesta

Tegucigalpa

18 de agosto de 2005

Querida Graciela:

El sábado tu padre y yo salimos con los señores Ramírez para visitar a tus abuelos en Copán. Tu tía Carlota va a preparar un pícnic y yo compro los platos y los refrescos. Tu papá va a ponerlo todo en el coche. Salimos de casa a las ocho de la mañana y vamos a volver a las seis de la tarde. Como siempre, veo que tenemos muchos refrescos, pero poca comida. Por eso, por la noche todos vamos a salir a un restaurante. Va a ser un día muy agradable.

Un beso y un abrazo,

—Mamá

4-29 Una carta de mamá. Read the letter that Graciela received from her mother and respond to the questions that follow.

En tu opinión...

1. ¿Dónde viven los padres de Graciela?
2. ¿Dónde viven sus abuelos?
3. ¿Adónde van esa noche?
4. ¿Cómo va a ser el día?

2 **4-30 ¿Con quién sale...?** Take turns asking each other who the following people are dating; you can also add some names. Take note of the responses. Then ask for additional information, such as where they are going, what time they are leaving, and why they are going.

MODELO: Tom Cruise
>E1: *¿Con quién sale Tom?*
>E2: *Sale con Penélope Cruz.*
>E1: *¿Adónde van?*
>E2: *Van a España.*
>E1: *¿A qué hora salen? ¿Por qué van?*
>E2: *Salen a la medianoche. Van porque quieren hablar con sus padres.*

tú	Sammy Sosa	el presidente de Guatemala
Vicente Fox	Christina Aguilera	Enrique Iglesias
Gloria Estefan	ustedes	su esposo/a
nosotros	Rigoberta Menchú	el ministro de cultura de El Salvador
Batman	Robin	la esposa del presidente de Honduras
...		

2 **4-31 Planes.** Take turns finding out about each other's plans.

MODELO: ¿A qué hora salir/tú para...?
>E1: *¿A qué hora sales para la casa de tu familia?*
>E2: *Salgo para la casa a las diez de la mañana.*

1. ¿A qué hora salir/tú para...?
2. ¿Con quiénes ir/tú a...?
3. ¿Quién hacer...?
4. ¿Dónde poner/tú...?
5. ¿Quién traer...?
6. ¿Qué ver/tú...?
7. ¿A qué hora salir/ustedes de...?

¿Cuánto sabes tú? *Can you...*

□ talk about your family?

□ ask others about their families?

□ say what you want to do and make plans?

□ talk about activities that you and others do using a variety of verbs?

□ ask and respond to questions using direct objects and direct object pronouns?

La familia hispana

4-32 En tu experiencia. ¿A quiénes consideras tu núcleo familiar? ¿Cuántos miembros de tu familia viven en tu casa? ¿Dónde viven los otros miembros de tu familia? ¿Y tú, ¿vives en una residencia estudiantil, en tu casa o en un apartamento? ¿Por qué? En las familias que conoces (*you know*), ¿quién cuida a los niños cuando los padres no están en casa? ¿Quién ayuda a los padres con los quehaceres (*chores*) de la casa? Lee el siguiente (*following*) artículo con esta pregunta en mente: ¿En qué consiste el concepto de familia para muchas personas del mundo hispano?

En los Estados Unidos, el núcleo familiar generalmente incluye sólo a los padres y a los hijos. Pero, el concepto hispano de familia puede incluir también a los abuelos, a los tíos y a los primos. Los miembros de una familia hispana suelen (*tend to*) vivir juntos más tiempo que los miembros de una familia estadounidense o canadiense. Los hijos solteros (*single*) generalmente viven en casa, aun (*even*) cuando trabajan o asisten a la universidad. En muchas casas hispanas, los padres, los hijos y un abuelo, tío o primo viven juntos. Las familias son muy unidas y forman un sistema de apoyo (*support*). Por ejemplo, un abuelo o abuela puede cuidar a los niños de la casa mientras los padres trabajan. Un tío soltero o una tía viuda (*widowed*) ayuda en la casa y forma parte de la familia y el hogar (*home*). Aunque (*Although*) la situación está cambiando poco a poco, los miembros de la familia que viven fuera de casa (*outside the home*) en muchos casos viven cerca —en la misma ciudad y a menudo (*often*) en el mismo barrio.

4-33 En tu opinión. Take turns reacting to each of the following statements.

MODELO: Me gusta vivir en casa de mis padres.
Estoy de acuerdo (I agree). / *No estoy de acuerdo.* / *No sé* (I don't know).

1. Para mí, el núcleo familiar consiste en los padres, los hijos y los abuelos y toda la familia política.
2. Me gusta vivir cerca de mi familia.
3. Es bueno tener muchos hijos.
4. Tengo una buena relación con mis primos.
5. Los suegros deben vivir lejos de los recién casados (*newlyweds*).
6. Me gusta ir de fiesta con mis padres.
7. Me gusta la idea de vivir con abuelos, tíos y primos.
8. Me gusta vivir en casa de mis padres.

SEGUNDA PARTE

¡Así es la vida!

Una invitación

Laura: Aló.

Raúl: Sí, con Laura, por favor.

Laura: Habla Laura.

Raúl: Laura, es Raúl. ¿Cómo estás?... Pues, te llamo para ver si quieres ir al cine esta noche.

Laura: ¿Sabes qué película ponen?

Raúl: Sí, en el Cine Rialto pasan una película española, *Abre los ojos*.[1]

Laura: ¡Qué bueno! ¡Quiero verla! ¿A qué hora es?

Raúl: Empieza a las siete. A las seis y media paso por ti. Te invito.

Laura: ¡Gracias, Raúl! Te veo esta noche.

En una fiesta

---

[1] película con Penélope Cruz que inspira su versión inglesa, *Vanilla Sky*

¡Así lo decimos! Vocabulario

Lugares de ocio[1]

Palabras relacionadas

el concierto	concert
la entrada	admission ticket
la función	show
la orquesta	orchestra
el parque	park
el partido	game
la película	movie

Actividades

conocer	to know (someone); to be familiar with (something)
conozco	I know
pasar una película	to show a movie
pasear	to take a walk
saber	to know (how to do) something
sé	I know

Hacer una invitación

¿Quieres ir a...?	*Do you want to go to...?*
¿Vamos a...?	*Should we go...?*
¿Te gustaría (+ inf.)...?	*Would you like (+ inf.)...?*

Aceptar una invitación

Sí, claro.	*Yes, of course.*
Me encantaría.	*I would love to.*
De acuerdo.	*Fine with me.; Okay.*
Paso por ti.	*I'll come by for you.*
¡Vamos!	*Let's go!*

Rechazar una invitación

Gracias, pero no puedo...	*Thanks, but I can't...*
Lo siento, tengo que...	*I'm sorry, I have to...*
Estoy muy ocupado/a.	*I'm very busy.*

---

[1]places for leisure time

EXPANSIÓN More on structure and usage

En el teléfono

Aló
Bueno (Mexico) } *Hello* (answering the telephone)
Diga (Spain)

Aplicación

4-34 ¡Así es la vida!
Una invitación. Say whether each statement is **cierto** o **falso,** based on the conversation between Laura and Raúl in **¡Así es la vida!** Correct any false statements.

1. Raúl invita a Laura al cine.
2. Laura prefiere ver *Hable con ella.*
3. La película es a las seis y media.
4. Laura pasa por la casa de Raúl.
5. Raúl paga las entradas.

En una fiesta. Describe as many activities in the drawing as you can.

MODELO: *Un hombre y una mujer están bailando.*

4-35 Otras actividades. Say what each person does by completing the sentences with logical words or expressions from **¡Así lo decimos!**

1. Voy al _____ para ver una película.
2. Yo camino todos los días por _____.
3. Ana y Pedro toman refrescos en un café al _____.
4. Si quieres ir al cine, necesitas _____.
5. La música que toca la _____ es maravillosa.
6. _____ ir al teatro, mi amor. Me gusta ver a los actores en directo.

AUDIO **4-36 Una invitación.** Listen as Marilú and José talk on the telephone. Then complete each statement based on their conversation.

1. Marilú invita a José a ____.
   a. bailar   b. comer   c. pasear por el parque
2. José acepta la invitación para ____.
   a. esta noche   b. mañana   c. las tres de la tarde
3. Los chicos también van a ver ____.
   a. un partido   b. una película   c. un programa de televisión
4. Es evidente que los chicos son ____.
   a. hermanos   b. novios   c. amigos
5. Marilú y José no tienen que estudiar porque ____.
   a. mañana no hay clases   b. su clase es fácil   c. no hay tarea para mañana

2 **4-37 Ahora tú.** Take turns inviting each other to do something together. Ask what day, where, what time, etc. Follow the model and complete the following phrases in your conversation.

MODELO: —Oye, _____. ¿Quieres ir _____?
—No sé. ¿A qué hora?
—A las...
—...
—Paso por ti a las...
—...

Una Cordial Invitación

Te invito a …

AB **4-38A ¡Estoy aburrido/a!** Tell a classmate that you are bored so that he/she will invite you to do something. Accept the invitation, or reject it, making excuses.

MODELO: E1: *Estoy aburrido/a.*
   E2: *¿Quieres ir a bailar?*
   E1: *Me encantaría. ¡Vamos! / Gracias, pero no puedo. No tengo dinero.*

ALGUNAS EXCUSAS

estar cansado/a	no tener carro	no tener dinero
tener novio/a	no tener tiempo	tener mucho trabajo

G **4-39 El fin de semana.** Make plans for this weekend. Use the questions as a guide to your conversation. Prepare a summary for the class.

MODELO: *Vamos a un partido de fútbol el sábado a la una de la tarde. Después vamos a pasear por el centro y ver a nuestros amigos. Los invitamos a tomar un refresco en el Café Luna. Luego, volvemos a casa en autobús. Llegamos a casa a las siete y media.*

¿Adónde quieren ir?	¿Qué necesitan?	¿Con quiénes van?
¿Qué quieren hacer?	¿Qué día?	¿Quién paga?
¿Cómo es?	¿A qué hora empieza?	¿A qué hora vuelven a casa?

2 **4-40 Una película.** Read the following review that appeared with the release of a movie in 2003. Take turns answering the questions based on the review.

La casa de los babys

Dirección y guión: John Sayles
Intérpretes:

Marcia Gay Harden	Maggie Gyllenhaal
Rita Moreno	Vanessa Martínez
Daryl Hannah	Lili Taylor
Susan Lynch	Mary Steenburgen

Rita Moreno (1931)
actriz puertorriqueña

Nacionalidad: EE.UU. 2003
Idioma: Español e inglés

La película

Seis mujeres norteamericanas viajan a un país latinoamericano, cada una esperando adoptar a un bebé. Por razones legales, las seis están obligadas a ser residentes del lugar y a vivir entre la gente mientras esperan a la burocracia local. El drama narra las historias de las seis y también su interacción con la muy original dueña del hotel, la señora Muñoz (Rita Moreno).

El director

John Sayles es uno de los más apreciados directores americanos de cine independiente. Entre sus obras más destacadas incluyen *Passion Fish* (1992) y *Lone Star* (1996) por las que recibe nominaciones al Óscar por mejor guión (*script*) original y *Hombres armados* (1997), que tiene lugar en un país centroamericano.

1. ¿Cómo se llama la película?
2. ¿En qué parte del mundo se produce?
3. ¿De dónde son las seis mujeres?
4. ¿Por qué están en el hotel?
5. ¿Por qué tienen que esperar?
6. ¿Cómo caracterizas la película? ¿sentimental? ¿trágica? ¿de acción? ¿de detectives?
7. ¿Puedes recordar otras películas de este director? ¿Cuáles?
8. ¿Quieres ver la película? ¿Por qué?

¡Así lo hacemos! Estructuras

4. Demonstrative adjectives and pronouns

	Singular	Plural			Related adverbs
masculine	**este**	**estos**	}	*this/these (close to me)*	aquí (*here*)
feminine	**esta**	**estas**			
masculine	**ese**	**esos**	}	*that/those (close to you)*	allí (*there*)
feminine	**esa**	**esas**			
masculine	**aquel**	**aquellos**	}	*that /those (over there;*	allá (*over there*)
feminine	**aquella**	**aquellas**		*away from both of us)*	

Adjetivos demostrativos

■ Demonstrative adjectives point out people and objects and the relative position and distance between the speaker and the object or person modified.

■ Demonstrative adjectives are usually placed before the modified noun and agree with it in number and gender.

> ¿De quién son **esos** refrescos?   *To whom do those soft drinks belong?*
> **Esos** refrescos son de Dulce.   *Those soft drinks belong to Dulce.*

■ Note that the **ese**/**esos** and **aquel**/**aquellos** forms, as well as their feminine counterparts, are equivalent to the English *that/those*. In normal, day-to-day usage, these forms are interchangeable, but the **aquel** forms are preferred to point out objects and people that are relatively farther away than others.

> Yo voy a comprar **esa** guitarra   *I am going to buy that guitar and that*
> y **aquel** trombón.   *trombone (over there).*

■ Demonstrative adjectives are usually repeated before each noun in a series.

> **Esta** película y **estos** actores   *This movie and these actors are my*
> son mis favoritos.   *favorites.*

Pronombres demostrativos

■ Note that when you omit the noun, the adjective becomes a pronoun and carries a written accent.

¿Ves a ese hombre alto y misterioso?	*Do you see that tall, mysterious man?*
¿Cuál? ¿**Ése** o **aquél**?	*Which one? That one (closer) or that one (farther away)?*

■ The neuter forms **esto, eso,** and **aquello** do not take a written accent nor do they have plural forms. They are used to point out ideas, actions, or concepts, or to refer to unspecified objects or things.

Aquello no me gusta.	*I don't like that.*
No dije **eso**.	*I didn't say that.*
Esto está mal.	*This is wrong.*

■ These forms are also used to ask for a definition of something.

¿Qué es **eso**?	*What's that?*
Es un volcán.	*It's a volcano.*
¿Qué es **esto**?	*What's this?*
Es una pirámide.	*It's a pyramid.*

Aplicación

4-41 De compras en la librería. Read the conversation between Gabriela and Tomás and underline the demonstrative adjectives and pronouns.

Gabriela: ¿Qué es esto? ¿Un teléfono?

Tomás: Sí, señorita. Éste es un nuevo modelo de teléfono celular. ¿Lo quiere ver?

Gabriela: No, prefiero ver aquél, cerca de la ventana.

Tomás: ¿Aquél? Es muy caro.

Gabriela: Ah, pues entonces voy a comprar estos cuadernos de aquí, en esta mesa. ¿Cuánto cuestan?

Tomás: ¿Ésos? Son baratos, pero no son muy bonitos. Quizás (*Perhaps*) usted quiere comprar uno más atractivo con el logo de la universidad, ¿no?

Gabriela: Bueno, tengo que comprar una calculadora. Quiero ésa que tiene usted.

Tomás: Lo siento, no puede comprar ésta, porque es mía.

4-42 ¿Dónde están? Now draw the objects mentioned in Activity 4-41 where you would expect to find them in the illustration.

4-43 En un mercado en Tegucigalpa. Use demonstrative adjectives and pronouns to complete the conversation between Carlos, the vendor and Amanda. Note that the currency used in Honduras is the *lempira*.($1.00 ~ 18 HNL)

Carlos: Buenas tardes, señorita. ¿Qué desea?

Amanda: Hmmm... No sé. Quiero un suéter... ¿Es de buena calidad (1) _____ suéter azul? ¿O es mejor (2) _____ de color rojo?

Carlos: ¡Todos (3) _____ suéteres son buenos! ¿Quiere usted probarse (*try on*) (4) _____ de aquí?

Amanda: No, no es para mí. Es para mi amiga. ¿Cuánto cuesta?

Carlos: Para usted, 180 lempiras.

Amanda: ¡Es mucho! A ver... Las camisas (*shirts*) de colores allá. Quiero ver una de (5) _____ medianas.

Carlos: Sí, las camisas son de primera calidad.

Amanda: Y, ¿cuánto cuesta (6) _____ que tengo aquí?

Carlos: (7) _____ que tiene usted allí... 170 lempiras.

Amanda: ¡Uf! Es mucho también. ¿Qué tal si le doy 300 lempiras por todo (8) _____ que tengo aquí?

Carlos: ¡Ay, señorita! Pero, ¡la calidad, los colores...! Pero bueno, como usted es tan amable, le puedo dejar todo (9) _____ que tiene allí en 320 lempiras.

Amanda: Perfecto. ¡Muchas gracias!

4-44 ¿Qué vas a comprar? Imagine that one of you is a vendor and the other a buyer in the same market in Tegucigalpa. Use the drawing in Activity 4-44 to ask and respond to questions about the merchandise.

MODELO: E1: *¿Vas a comprar esa camisa mediana?*
E2: *No, voy a comprar aquel suéter grande.*

4-45 ¿Qué es esto? Take turns asking each other to identify classroom objects.

MODELO: E1: (point to table) *¿Qué es esto?*
E2: *Es una mesa. ¿Y esto?*
E1: *Es...*

4-46 Tu familia. Bring in a photo of your family or make a drawing of an imaginary family. Take turns asking about each of the family members.

MODELO: E1: *¿Quién es esa mujer?*
E2: *Ésta es mi madre. Es alta y delgada. Tiene... años.*

5. *Saber* and *conocer*

Although the verbs **saber** and **conocer** can both mean *to know*, they are not interchangeable.

	saber (*to know*)	conocer (*to know*)
yo	**sé**	**conozco**
tú	**sabes**	**conoces**
él, ella, Ud.	**sabe**	**conoce**
nosotros/as	**sabemos**	**conocemos**
vosotros/as	**sabéis**	**conocéis**
ellos/as, Uds.	**saben**	**conocen**

- The verb **saber** means *to know a fact* or to have knowledge or information about someone or something.

  | **¿Sabes dónde está el cine?** | *Do you know where the movie theater is?* |
  | No **sé**. | *I don't know.* |

- With an infinitive, the verb **saber** means *to know how to do something.*

  | **Sabemos** bailar el tango. | *We know how to dance the tango.* |
  | La tía Berta **sabe** escribir bien. | *Aunt Berta knows how to write well.* |

- **Conocer** means *to be acquainted* or *to be familiar* with a person, thing, or place.

  | Tina **conoce** a mis abuelos. | *Tina knows my grandparents.* |
  | **Conozco** San Salvador. | *I know (am acquainted with) San Salvador.* |

- Use the personal **a** with **conocer** to express that *you know a specific person.*

  | La profesora **conoce a** mis tíos. | *The professor knows my uncles.* |

Aplicación

4-47 Una chica extraordinaria. Read the article about Julia and answer the questions that follow.

1. ¿Dónde vive Julia?
2. ¿Cómo es?
3. ¿Qué sabe hacer?
4. ¿Cuántas canciones sabe?
5. ¿La puedes escuchar en tu ciudad?
6. ¿Quieres conocerla algún día? ¿Por qué?

Julia Catalina Flores: La charanguista más joven de Progreso

Julia Catalina Flores Ramírez sabe tocar la guitarra y desde la edad de 6 años toca en la banda de su papá. (Photo por Suyapa Carias)

¿Conoces a Julia? Pues si la ves en el grupo de su padre, vas a saber que es una chica extraordinaria. Aunque es pequeña y tímida, es una experta tocando el *charango,* un instrumento similar a la guitarra. Es de una madera hondureña muy rara y especial. Ella dice que conoce su charango como a un miembro de su familia.

Julia vive en el pueblo de El Progreso en el norte de Honduras. Cuando las personas la escuchan tocar, están maravilladas por su talento. Ella quiere tocar con su familia y hacer feliz a la gente. Ya sabe tocar más de 200 canciones. Si la quieres escuchar, el grupo cobra unas 25 lempiras por canción. Pero tienes que viajar a Honduras, porque ella es muy joven para salir de viaje como música profesional.

4-48 Una amiga. Complete the following conversation between Marcela and Carmiña with the correct form of **saber** or **conocer**.

MODELO: *Yo **conozco** a Lucía Gómez.*

Marcela: ¿(1. tú) _____ a Lucía también?

Carmiña: No, yo no la (2) _____ personalmente pero (3) _____ que ella es salvadoreña.

Marcela: Luis (4) _____ que ella está en su clase de química, pero no habla con ella.

Carmiña: Ramona (5) _____ que Lucía vive en San Salvador.

Marcela: Sí, es verdad. Su familia es muy famosa. Julio y Ramona (6) _____ a sus padres, pero no (7) _____ dónde viven.

Carmiña: Roberto quiere invitarla a una fiesta, pero (8) _____ que Lucía tiene novio. ¿(9. tú) _____ a su novio?

Marcela: Sí, (10) _____ al novio, pero no (11) _____ su apellido.

Carmiña: ¿(12. tú) _____ cuántos años tiene?

Marcela: No (13) _____. Pero (14) _____ que es poeta y escribe mucho.

AB **4-49A Entrevista.** Read the following profile, and answer your partner's questions using that information. Then ask your partner the questions below. Write down his/her answers.

MODELO: E1: *¿Conoces a alguna (any) persona famosa?*
E2: *Sí, conozco a Ricky Martin. Soy amigo/a de él.*

> Soy intérprete personal del presidente de Honduras.
>
> Juego muy bien al tenis.
>
> Viajo mucho a El Salvador y a Honduras y muy poco a los EE.UU.
>
> Soy amigo del actor francés Gérard Depardieu.
>
> Hablo inglés y francés también.
>
> Estudio la política y el gobierno de Francia.

1. ¿Sabes hablar otros idiomas?
2. ¿Conoces las ruinas de Tikal?
3. ¿Qué instrumento sabes tocar?
4. ¿Sabes jugar bien al béisbol?
5. ¿Conoces a una persona famosa de Guatemala?
6. ¿Qué ciudades centroamericanas conoces?

G **4-50 ¿Quién?** Ask as many classmates as possible questions about the following. Write the name of each person on the chart, noting his/her answer (**sí** or **no**).

MODELO: la fecha
E1: *¿Sabes la fecha de hoy?*
E2: *Sí, la sé. Es el 15 de noviembre.*

la fecha de hoy	una persona hispana	un restaurante español	cantar en español
jugar al béisbol	preparar café	bailar bien	el número de teléfono del/de la profesor/a
un restaurante salvadoreño	una persona de Centroamérica	cuándo hay examen	dónde vive el presidente de Guatemala
la capital de Honduras	una ciudad interesante	un autor	mi nombre

¿Cuánto sabes tú?

Can you...

☐ invite a friend to do something with you?

☐ point out objects that are near, farther away, and very far away using demonstrative adjectives and pronouns?

☐ talk about people and places you know, information you know, and things you know how to do using **saber** and **conocer**?

4-51 Lo que sé. Individually, make a list of five things you know or know how to do and then another list of five people and places you know. Later, compare your list to find out what you have in common.

MODELO: *Sé nadar.*   *Conozco al presidente de IBM.*

VIDEO **Toño Villamil y otras mentiras** Episodio 4

4-52 Toño Villamil. Toño has supplied us with more information. Read his self-description and answer the questions briefly in Spanish.

Soy Toño Villamil.

Hola, me llamo Toño Villamil. Soy mexicano, originalmente de Guadalajara donde mi padre tiene un negocio. Sin embargo (*Nevertheless*), pasamos los fines de semana en nuestro rancho cerca de Malinalco. En el rancho tenemos una casa grande con muchas habitaciones. La necesitamos porque somos muchos en mi familia: mis padres, mis dos hermanas mayores, mi abuela (la mamá de mi mamá), un perro (que se llama Chavo) y yo. Cuando estoy en Guadalajara, estudio en la universidad. En mi tiempo libre, me gusta pasear en moto por las calles de Malinalco. A veces, conozco a gente que visita el sitio arqueológico. Vienen de todas partes del mundo para admirar y estudiar las ruinas de la antigua civilización. Personalmente, prefiero ir al teatro. Después, voy a un café y tomo un refresco con mis amigos. Mañana, espero ver a Lucía, una chica española que está aquí para conocer la pirámide. Es muy bonita y quiero impresionarla. Vamos a ver...

1. ¿Cómo es la familia de Toño?
2. ¿Quién es Chavo?
3. ¿Dónde pasan los fines de semana?
4. ¿Qué hace en su tiempo libre?
5. ¿Qué prefiere hacer en Malinalco?
6. ¿A quién quiere impresionar?
7. En tu opinion, ¿cómo va a tratar de impresionarla?

4-53 Lucía, Isabel y Toño. Watch the fourth episode of *Toño Villamil y otras mentiras* in which you will see Isabel and Lucía meet at the hotel. Keep the following questions in mind as you watch the video.

1. Isabel necesita...
    _____ un taxi
    _____ una habitación
    _____ dinero

2. Lucía la invita a...
    _____ compartir su habitación
    _____ cenar
    _____ explorar la pirámide

3. El día siguiente, Lucía visita la pirámide mientras Isabel...
    _____ duerme
    _____ busca el autobús
    _____ conoce a Toño

4. Algún día, Lucía quiere tener...
    _____ un perro y un gato
    _____ una familia grande
    _____ una casa pequeña en Malinalco

5. Toño dice que...
    _____ vive en la casa grande con su familia
    _____ trabaja en el rancho en el valle
    _____ quiere presentarle a Lucía a su familia

6. El hotel de Malinalco tiene...
    _____ un gimnasio para los visitantes
    _____ habitaciones muy pequeñas
    _____ todas las habitaciones ocupadas

WWW

4-54 Los hoteles de Malinalco. Connect with the *¡Arriba!* Web site (**www.prenhall.com/arriba**) to see images of places to stay in Malinalco. Which one do you prefer, and why?

4-55 Más preguntas. Lucía says she would like to have many children. Write a paragraph describing her family ten years from now. Use these questions to guide you.

■ ¿Quién es su esposo? ¿Cuál es su profesión?
■ ¿Dónde viven?
■ ¿Cuántos hijos tienen?
■ ¿Quién más vive con ellos?
■ ¿Tiene animales? ¿Cuántos? ¿Cómo se llaman?

Panoramas

La América Central I: Guatemala, El Salvador, Honduras

4-56 ¿Ya sabes...? How many of the following can you name or answer?

1. las capitales de estos tres países
2. el país que tiene frontera con México
3. ¿Por qué es famosa Rigoberta Menchú?
4. un producto agrícola
5. el país más pequeño de los tres
6. una civilización antigua

Estos niños indígenas llevan ropa que refleja las antiguas tradiciones artesanales de los tejidos (*woven goods*) guatemaltecos. Los tejidos son también muy populares entre los turistas.

La economía de estos países depende mucho de la agricultura. El café, un producto importante en toda la región, es especialmente susceptible a los cambios climáticos, como (*like*) los huracanes.

México
Paxbán
Tikal
Lago Petén Itzá
Golfo de Tehuantepec
Cobán
Lago de Izabal
GUATEMALA
Chichicastenango
Guatemala
Quetzaltenango
Antigua
Acajutla
SAL
OCÉANO PACÍFICO

Después de muchos años de graves problemas militares, políticos y económicos, los gobiernos centroamericanos entran en un período de paz y unificación política con el establecimiento de la democracia. Este mural conmemora el alto el fuego (*ceasefire*) de 1992 en El Salvador.

En el interior de El Salvador, donde el clima es más fresco que en la costa, el ecoturismo es una buena manera de conocer el país. En Cerro Verde, por ejemplo, puedes observar una gran variedad de flora y fauna, además del volcán El Izalco, cuyo (*whose*) cráter se distingue fácilmente. El volcán está activo desde 1722, y en la época de la colonización, los indígenas lo denominaron "el infierno de los españoles".

Mar Caribe

ELICE

Islas de la Bahía

Puerto Barrios
La Ceiba
Puerto Lempira
San Pedro Sula
Río Patuca
Juticalpa
HONDURAS
Gracias
Tegucigalpa
San Miguel
alvador
Choluteca
DOR
Golfo de Fonseca
NICARAGUA
Lago de Nicaragua
COSTA RICA

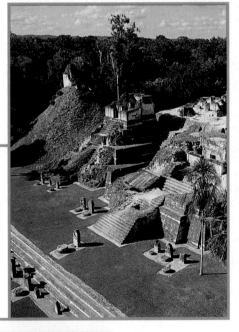

La ciudad de Tikal es la más grande y antigua de las ruinas mayas excavadas hasta ahora. Además de algunas de las más impresionantes edificaciones de la arquitectura maya, el turista puede admirar el maravilloso sistema de canales para usar el agua de lluvia (*rain*) que consumían los 40.000 indios mayas que vivían allí.

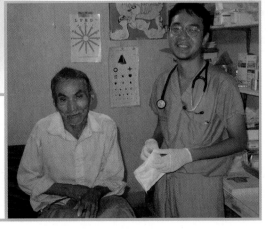

El terreno selvático y montañoso de gran parte de Centroamérica dificulta la implementación de programas y servicios de salud (*health*). Sin embargo, los gobiernos centroamericanos y organizaciones internacionales como *Hombro a hombro (Shoulder to Shoulder)* están haciendo grandes esfuerzos para hacer llegar al pueblo los avances de la medicina.

4-57 ¿Cómo son? Complete these statements based on the previous information.

1. Los tres países tienen...
   a. industria
   b. desiertos
   c. costas
2. La artesanía incluye...
   a. platería
   b. tejidos multicolores
   c. suéteres
3. Tikal es...
   a. una ruina arqueológica
   b. una maquiladora
   c. un centro comercial
4. El sistema del gobierno de los tres países es...
   a. una dictadura
   b. comunista
   c. democrático
5. Una de las industrias más importantes es...
   a. la minería
   b. los automóviles
   c. la agricultura
6. Uno de los desafíos (*challenges*) más grandes para los gobiernos es...
   a. llevar los servicios de salud a la gente
   b. establecer una democracia
   c. excavar los sitios arqueológicos
7. Muchas ruinas de la antigua civilización de los mayas se encuentran en...
   a. El Salvador
   b. Honduras
   c. Guatemala
8. De los tres países, El Salvador es el más...
   a. pequeño
   b. rico
   c. montañoso

 4-58 El mapa. Look at the map of Central America and indicate where the following are located.

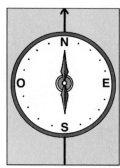

MODELO: Copán
        Copán está en Honduras, cerca de la frontera de Guatemala.

al este de...   al norte de...   al oeste de...   al sur de...
en el centro   en la costa del golfo de México
en la costa del Caribe   en la costa del Pacífico   en las montañas

1. Belice   4. Tikal
2. San Salvador   5. La Ciudad de Guatemala
3. Tegucigalpa   6. Quezaltenango

 4-59 Investigar. Connect with the *¡Arriba!* Web site (**www.prenhall.com/arriba**) to see more images of one of these countries. Choose one and respond to the following questions.

1. ¿Qué es?
2. ¿Dónde está?
3. ¿Cómo es?
4. ¿Lo/La quieres visitar o ver algún día? ¿Por qué?

Ritmos

"Marimba con punta" (Los profesionales, Honduras)

"Marimba con punta" combines the marimba, a xylophone-like instrument derived from West Africa, with *punta rock*, a regional dance music that is popular in Central America. Originally, *punta* music was played at wakes by the Garifunas, descendants of West African people.

Antes de escuchar

4-60 Bailar punta. Complete the following sentences that refer to the song by conjugating the stem-changing verbs in parentheses. Then rewrite the sentences using the appropriate direct object pronouns.

MODELO: Todo el mundo _____ (poder) bailar punta.
          Todo el mundo puede bailar punta.
          Todo el mundo la puede bailar.

1. También yo _____ (querer) bailar punta.
2. Los cantantes (*singers*) _____ (repetir) el coro muchas veces.
3. Uds. _____ (preferir) esta música alegre.
4. _____ (tú entender) las palabras de la canción.

A escuchar

4-61 Los amantes de punta rock. What types of people do you think like *punta rock* music? Supply the missing adjectives for the following stanza with the correct word from the list as you listen to the song.

Note: In *Capítulo 2* you learned about diminutives with names (**-ito/-ita**). Diminutives can also be used with adjectives like those listed below: **bajitos** and **gorditos**.

bajitos / altos / gorditos / ricos / pobres

Marimba con punta
Marimba con punta
Éste es un ritmo sabroso
Que el mundo lo baila ya.
Éste es un ritmo sabroso
Que el mundo entero lo baila ya.
Lo bailan los cocineros,
_____ y _____, ¡qué rico está!
Bailamos flacos, _____,
_____, _____, ¡oye mamá!

Después de escuchar

4-62 Mis amiguitos. What diminutives would you use to describe your family members? Your friends? Using the adjectives in Activity 4-61, and others that you know, write five complete sentences describing them.

Páginas

"Querida Dolores"

Antes de leer

4-63 Pistas extratextuales (*Extra-textual clues*). The publication in which you find an article often gives away its content. Think of what you expect from the financial or sports pages of the newspaper, a handwritten letter on perfumed paper, or a traffic citation left on your windshield. The following selection comes from a bilingual magazine called *Latina*. Think about these clues before you read the selection.

1. ¿Quiénes crees que leen *Latina*?
2. En tu opinión, ¿cuáles de estas secciones **no** aparecen en *Latina*?

moda (*fashion*)   deportes   cocina (*cuisine*)   horóscopo

A leer

4-64 Los consejos (*advice*) sentimentales. Read the following letters from *Latina*.

Querida Dolores:

Soy un hombre de 27 años y hace unos siete años que tengo una relación con una mujer. Tenemos dos hijos pero no estamos casados. No he deseado (*I haven't wanted*) dar ese paso porque mis sentimientos han cambiado en los últimos dos años y no estoy seguro de que la amo suficientemente para casarme con ella. Discutimos todo el tiempo y raramente cocina o limpia. Nos llevamos bien (*we get along*) mientras no le mencione ninguna de esas cosas. No quiero dejarla porque no quiero herirla (*hurt her*) o a mis hijos. ¿Qué crees que debo hacer?

—Frustrado.

Querido frustrado:

Mi hijo, si quieres una sirvienta, pon un anuncio en la sección de clasificados de tu periódico local. Si quieres una esposa, comparte los quehaceres (*chores*) de la casa y no asumas que cocinar (*to cook*) y limpiar (*to clean*) es el deber de las mujeres. Eso pasó de moda con el hula hoop.

—Y no discutan más, D.

Después de leer

4-65 ¿Comprendiste? Complete the following statements logically according to what you have read.

1. El hombre que escribe la carta está...
   a. contento.
   b. desilusionado.
   c. casado.
2. Él y su novia están...
   a. separados.
   b. divorciados.
   c. viviendo juntos.
3. Él cree que los quehaceres de la casa son para...
   a. las mujeres.
   b. los hombres.
   c. los niños mayores.
4. Ella...
   a. es de la misma opinión.
   b. no está de acuerdo.
   c. lo deja (*leaves*) por otro.
5. Dolores responde que en una relación...
   a. la mujer debe tener sirvienta para ayudarla.
   b. el hombre es el rey de la casa.
   c. tanto los hombres como las mujeres participan.

4-66 En su opinión. Work together to express your opinion about these family issues. Use the following in your discussion.

Estoy de acuerdo.	No tengo opinión.	No estoy de acuerdo.

1. El hombre y la mujer deben compartir (*share*) los quehaceres de la casa.
2. Si la mujer trabaja fuera de la casa, necesita tener ayuda doméstica.
3. La mujer que no trabaja fuera de la casa no necesita ayuda de su pareja (*partner*).
4. Los hijos y las hijas deben ayudar con los quehaceres de la casa.
5. En una familia, la mujer generalmente trabaja más.
6. En mi casa, yo soy la persona que trabaja más.

Taller

4-67 Una invitación. In this activity, you will write a short letter to invite a friend to spend the weekend with you. Follow the steps below and see also the *Ampliación* for useful expressions in your letter.

Ampliación

Saludos	*Greetings*
Mi(s) querido/a(s) amigo/a(s)	*My dear friend(s)*
Queridísima familia	*Dearest family*
Querido/a(s)...	*Dear...*
Despedidas	*Closings*
Responde pronto.	*Respond soon.*
Un abrazo (de)	*A hug (from)*
Un beso (de)	*A kiss (from)*
Cariñosamente	*Love, Affectionately*
Con todo (el) cariño	*With all my love*

Antes de escribir

■ Make a list based on the following information.

lugar, fecha	algunas actividades	¿Por qué?
saludo	¿Con quienes?	despedida
presentación	¿Cuándo?	
invitación a hacer algo	¿Por cuánto tiempo?	

A escribir

■ **Saludo.** Use the format of the sample letter on page 151, beginning with the place, date, and greeting.
■ **Carta.** Incorporate the information from your list above. Use words such as **y, pero**, and **porque** to link your ideas.
■ **Respuesta.** Ask for a reply to your letter.
■ **Despedida.** Close the letter with a farewell (e.g., **un abrazo de...** or **con todo cariño...**)

- **Revisar.** Review the following elements in your letter:
  - ☐ use of stem-changing verbs, **poner, salir,** and **traer**
  - ☐ use of **saber** and **conocer** and the personal **a**
  - ☐ use of direct objects and direct object pronouns
  - ☐ use of demonstratives (**este, ese, aquel,** etc.)
  - ☐ correct spelling, including accents

- **Intercambiar**
  Exchange your letter with a classmate's; make grammatical corrections and content suggestions. Then respond to the letter.

- **Entregar**
  Rewrite your original letter, incorporating your classmate's suggestions. Then turn in your original letter and the response from your classmate to your instructor.

> San José, 30 de marzo de 2005
>
> Querida Pilar:
>
> Hola, ¿cómo estás? Estoy aquí en San José para pasar las vacaciones con mi familia. Conoces a mi amigo, Pancho, ¿verdad? Pues, el 27 de junio es su cumpleaños y quiero invitarte a cenar a mi casa...

5 ¿Cómo pasas el día?

El mono aullador (*howler*) se conoce por sus gritos. La especie vive en los árboles altos de los bosques de la América Central.

La América Central II: Costa Rica, Nicaragua, Panamá

«Un lugar para cada cosa y cada cosa en su lugar.»

Uno de los cantantes más famosos de salsa es Rubén Blades. No sólo se le conoce por su música y por ser un buen actor, sino también por su activismo social y político.

153

¡Así es la vida!

Los quehaceres domésticos

Antonio
sacudir el polvo de los muebles
pasar la aspiradora
Cristina
lavar la ropa
doblar y guardar la ropa
limpiar los baños
barrer la terraza
Rosa
poner la mesa
hacer las compras
comprar el pastel
hacer las camas

La familia Pérez Zamora vive en Ciudad Panamá. Esta noche tienen una fiesta y la señora Pérez les pide ayuda a sus hijos Antonio, Cristina y Rosa.

Sra. Pérez: Antonio, tú vas a sacudir los muebles de la sala y pasar la aspiradora por toda la casa.

Antonio: Pero, mamita, ¡no me gusta limpiar!

Sra. Pérez: ¡Qué perezoso eres! Todo el mundo tiene que trabajar. Cristina, tú tienes que lavar y secar la ropa sucia.

Cristina: Pero mamá, ¡hay mucha!

Sra. Pérez: También necesitas limpiar los baños y barrer el patio.

Rosa: Mamá, ¿y yo? ¿Salgo a comprar el pastel de cumpleaños ahora?

Sra. Pérez: No, Rosa. Primero tienes que poner la mesa y revisar el refrigerador para ver si tenemos suficiente comida para la fiesta. Vamos a hacer una lista y te doy dinero para ir al mercado y hacer todas las compras.

Antonio: ¿Y eso es todo lo que va a hacer Rosa? ¿No le vas a dar más quehaceres?

Sra. Pérez: Rosa, también necesitas hacer las camas y ordenar los dormitorios.

Rosa: Pues, Antonio, si te gusta o no, tienes que ayudarnos.

Sra. Pérez: ¡Caramba, muchachos! Aquí falta cooperación. ¿No les parece que si trabajamos todos, vamos a terminar más rápido?

Los quehaceres domésticos (*household chores*)

	Accesorios y muebles	Quehaceres		Accesorios y muebles	Quehaceres
	la escoba	barrer el piso		el basurero	sacar la basura
	la lavadora	lavar la ropa		los muebles	sacudir el polvo de los muebles
	la mesa	poner la mesa/ quitar la mesa		el lavaplatos	lavar los platos
	la plancha	planchar		la aspiradora	pasar la aspiradora
	la cama	hacer la cama		la casa	limpiar/ordenar la casa
	la secadora	secar la ropa			

Más muebles y accesorios

la cómoda	*dresser*
el cuadro	*painting*
la lámpara	*lamp*
el librero/ la estantería	*bookcase*
la mesa de noche	*nightstand*
el sillón	*armchair, overstuffed chair*
el sofá	*sofa*

Verbos

poner[1]	*to put*

Preposiciones de lugar

arriba de	*above*
contra	*against*
debajo de	*under*
dentro de	*within; inside of*
sobre	*on*

Las partes de una casa

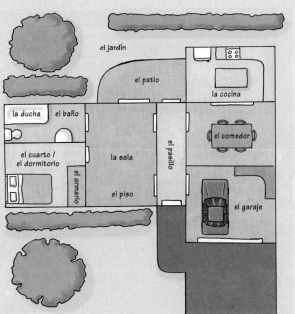

[1]pongo, pones, pone...

Aplicación

5-1 En casa de la familia Pérez Zamora. Responde si es **cierto** o **falso**, según la información de **¡Así es la vida!** Corrige las frases falsas.

MODELO: La familia Pérez Zamora vive en San José.
Falso. Vive en Ciudad Panamá.

1. Hay tres hijos en la familia.
2. Esta noche tienen una fiesta de aniversario de bodas.
3. La Sra. Pérez hace todo el trabajo sola.
4. Antonio no tiene que ayudar porque es su cumpleaños.
5. No es necesario ir al mercado porque el refrigerador está lleno (*full*) de comida.
6. Van a servir mucha comida y también pastel.

5-2 ¡Emparejar! ¿Dónde lo encuentras?

MODELO: el coche
El coche está en el garaje.

——— 1. la lámpara   a. el comedor
——— 2. el sofá   b. la mesa
——— 3. la ropa   c. el jardín
——— 4. la cama   d. la sala
——— 5. las flores   e. la cómoda
——— 6. la ducha   f. el garaje
——— 7. la mesa y las sillas   g. el dormitorio
——— 8. la bicicleta   h. el baño

5-3 ¿Qué asocias con...? Túrnense para decir qué asocian con las siguientes cosas.

MODELO: la ropa
lavar, la lavadora, secar, la secadora, planchar, la plancha, la cómoda, etcétera

1. la comida
2. el dormitorio
3. el estéreo
4. la terraza

5-4 ¿Quién lo hace en tu casa? Di quién hace estos quehaceres en tu casa.

MODELO: lavar los platos
Mi hermano los lava.

1. pasar la aspiradora
2. hacer las compras
3. sacudir el polvo de los muebles
4. barrer la cocina
5. sacar la basura
6. hacer las camas
7. lavar la ropa
8. preparar la cena

◎ STUDY TIPS

Vez

The noun **vez** is used in several adverbial expressions.

a veces	*sometimes; at times*
de vez en cuando	*from time to time*
dos (tres, cuatro...) veces (a la semana)	*two (three, four...) times (per week)*
otra vez	*again*
una vez	*one time; once*

AUDIO **5-5 ¡Todo lo que necesita para la casa!** Escucha el siguiente anuncio de radio sobre los productos para la casa. Escribe el nombre y el precio de cada producto debajo del dibujo correspondiente.

MODELO: <u>Una escoba: $11.50</u>

1.

_____ : _____

5.

_____ : _____

2.

_____ : _____

6.

_____ : _____

3.

_____ : _____

7.

_____ : _____

4.

_____ : _____

8.

_____ : _____

❷ **5-6 En tu casa.** Ustedes tienen un presupuesto (*budget*) de 600 balboas panameños ($1.00 = 1,00 PAB). Decidan cuáles de los productos de la Actividad 5-5 van a comprar y expliquen por qué.

APARTAMENTOS

ESTRUCTURA:	Madera y ladrillo
VENTANAS:	Doble, tipo Climalit
CALEFACCIÓN:	Centralizada, producción de aqua caliente centralizada
PISOS:	Mármol y parquet
COCINA:	Totalmente amueblada
VARIOS:	Ascensor, antena TV, FM, piscina, parque de tecreo para los niños

2 **5-7 En casa.** Usen las preposiciones de lugar lógicas para organizar este apartamento.

MODELO: E1: Y esta alfombra, ¿dónde la ponemos?
E2: *Vamos a ponerla en el comedor, debajo de la mesa.*

el librero	en...
la bicicleta (*bicycle*)	contra...
la cómoda	encima de...
el reloj	debajo de...
la mesa de noche	cerca de...
el cuadro de Picasso	entre...
el sillón	sobre...
las sillas	cerca de...
la mesa	lejos de...
el sofá	arriba de...

AB **5-8A ¡Ésta es su casa!** Imagínate que eres un/a agente inmobiliario/a (*realtor*) con las casas descritas en el anuncio a continuación. Trata de venderle una de las casas a tu compañero/a.

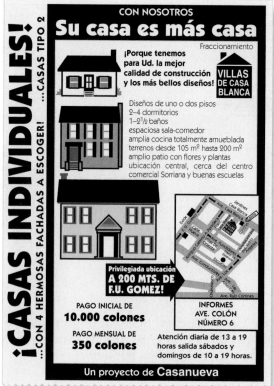

WWW **5-9 Se vende casa.** Conéctate con la página electrónica de *¡Arriba!* (**www.prenhall.com/arriba**) y busca una casa o un apartamento que se venda en Costa Rica, Panamá o Nicaragua. Escribe esta información.

Su ubicación (*location*): _____

El número de habitaciones: _____

Los metros cuadrados (o pies cuadrados): _____

El número de baños: _____

¿Tiene algo especial? _____

El precio: _____

② **5-10 División de trabajo.** Imagínense que son compañeros/as de casa y necesitan ponerse de acuerdo (*to agree*) sobre los quehaceres domésticos de la casa. Hablen de cómo van a dividir la labor.

MODELO: poner la mesa
E1: *¿Quieres poner la mesa?*
E2: *Está bien. Pongo la mesa si tú preparas la cena.*
E1: *De acuerdo. Yo preparo la cena si tú...*

barrer el piso	lavar la ropa	planchar la ropa
cocinar la carne	lavar los platos	sacar la basura
comprar la comida	ordenar el cuarto	sacudir el polvo de los muebles
hacer la cama	pasar la aspiradora	secar la ropa

¡Así lo hacemos! Estructuras

1. The verbs *decir* and *dar*, indirect objects, and indirect object pronouns

Decir y dar

■ **Decir** is an **e → i** stem-changing verb with an irregular first-person singular form (like **tener** and **venir**).

decir (*to say*)			
yo	di**g**o	nosotros/as	decimos
tú	dices	vosotros/as	decís
él, ella, Ud.	dice	ellos/as, Uds.	dicen

■ **Dar** has an irregular first-person singular form like **ser** and **estar**.

	dar (to give)		
yo	d**oy**	nosotros/as	damos
tú	das	vosotros/as	dais
él, ella, Ud.	da	ellos/as, Uds.	dan

The verbs **decir** and **dar** often require indirect object pronouns.

¿Me puede mostrar los modelos más económicos?

Los complementos indirectos

An indirect object indicates to or for whom an action is carried out. In Spanish the indirect object pronoun is also used to indicate from whom something is bought, borrowed, or taken away.

Indirect object pronouns			
Singular		**Plural**	
me	*(to) me*	**nos**	*(to) us*
te	*(to) you*	**os**	*(to) you* (fam. Sp.)
le	*(to) him, her, you*	**les**	*(to) them, to you*

■ The forms of the indirect object pronouns are identical to the direct object pronouns, except the third-person singular and plural forms.

■ Indirect object pronouns agree only in number with the noun to which they refer. There is no gender agreement.

Le barro el piso.	*I sweep the floor for him/her/you.*
¿Me planchas esta ropa?	*Can you iron these clothes for me?*

■ Indirect object pronouns usually precede the conjugated verb.

Le enseño el baño limpio.	*I show her the clean bathroom.*
Te vendemos nuestra casa.	*We'll sell you our house.*

■ In negative sentences the indirect object pronoun is placed between **no** and the conjugated verb.

No **te** doy mi aspiradora.	*I won't give you my vacuum cleaner.*

■ In constructions with an infinitive or the present participle, the indirect object pronouns may either precede the conjugated verb or be attached to the infinitive or the present participle. Note that when you attach an indirect object pronoun to the present participle, you must also use a written accent mark over the vowel in the stressed syllable.

Mamá **nos** quiere enseñar a ordenar la casa. Mamá quiere enseñar**nos** a ordenar la casa.	*Mom wants to teach us to pick up the house.*
Le estoy diciendo (a usted) la verdad. Estoy diciéndo**le** la verdad.	*I am telling you the truth.*

■ The familiar plural form, **os** (**vosotros**), is used in Spain.

EXPANSIÓN   More on structure and usage

Redundant indirect objects

When the indirect object refers to a specific person or group of people and is included in the sentence, the corresponding indirect object pronoun is also included. These are called redundant or repetitive object pronouns. They have no English equivalent.

Le damos la aspiradora **a Julia**.	*We give the vacuum to Julia.*
Les lavo los platos **a mis amigos**.	*I wash the dishes for my friends.*

Use of prepositional pronouns for emphasis

To emphasize or clarify an indirect object, you can also use the corresponding prepositional pronouns. These are normally used with the personal **a** in this structure.

me... a mí	nos... a nosotros/as
te... a ti	os... a vosotros/as
le... a él, ella, Ud.	les... a ellos/as, Uds.

La niña **le** dice su nombre **a él**.	*The girl tells him her name.*
La profesora **me** da los platos **a mí**.	*The professor gives the plates to me.*

Aplicación

5-11 Rubén. Rubén Blades tiene muchos intereses profesionales: es abogado, activista social, actor, cantante de salsa y en 1994, candidato para la presidencia de Panamá. Lee el párrafo sobre Rubén y subraya (*underline*) todos los complementos indirectos.

En 1974, Rubén va a vivir en Nueva York donde trabaja como actor, cantante de salsa y activista social. Pero antes de partir para la gran ciudad, tiene que hacer arreglos (*arrangements*) para su casa, sus animales, etcétera. Les da sus platos y utensilios a sus padres. Decide venderle su lavaplatos a su compañero de casa. Le regala (*gives*) su colección de jazz a su hermana. Me enseña a cuidar a su perro. Le dice dónde está el estéreo a su amigo Rafa. Nos pide el número de teléfono de la embajada panameña en Nueva York. Espera venderle su coche a un amigo. Promete escribirte una postal. Nos dice "hasta luego" a todos.

5-12 Rubén Blades en Nueva York. Contesta las preguntas basadas en la Actividad 5-11.

1. ¿Cuál es la nacionalidad de Rubén Blades?
2. ¿Cuáles son algunas de sus profesiones?
3. ¿En qué año va a venir Nueva York?
4. ¿Por qué tiene que regalarles todas sus cosas a otras personas?
5. ¿Conoces su música? ¿Quieres conocerla? ¿Por qué?

5-13 Más cosas que regalar. Ahora, imagínate a quiénes Rubén Blades les da y dice lo siguiente.

1. _____ da su cómoda a _____
2. _____ dice a _____ que hay comida en su refrigerador.
3. _____ escribe a _____ una lista de quehaceres.
4. Decide dar su sofá a _____ pero no lo quiere.

5-14 Ahora tú. Imagínate que te vas para el extranjero por un año. Contesta las siguientes preguntas sobre tus arreglos antes de salir.

1. ¿Quién te cuida la casa?
2. ¿Quiénes te escriben correos electrónicos?
3. ¿A quién le vendes tu coche?
4. ¿Quiénes te desean un buen viaje?

(AB) 5-15A Tus responsabilidades domésticas. Túrnense para hacer y contestar las siguientes preguntas sobre los quehaceres de la casa.

MODELO: E1: *¿Les sacas la basura a tus padres/abuelos?*
E2: *Sí, les saco la basura. (No, no les saco la basura porque no vivo con ellos.)*

1. ¿Les limpias la casa a tus padres / hijos?
2. ¿Le preparas la comida a tu familia?
3. ¿Les planchas la ropa a tus hermanos / hijos?
4. ¿Le quitas la mesa a tu familia?

(2) 5-16 Algo especial. Hablen de lo que dan o dicen en las siguientes situaciones.

MODELO: a tu hermano en su cumpleaños
Le digo "Feliz cumpleaños" y le doy un beso.

1. a tu madre el Día de las madres
2. a tu padre el Día de los padres
3. a tu esposo/a o novio/a el día de su aniversario
4. a tu profesor/a al final del curso
5. a los niños en el parque
6. a un/a turista en la calle

(2) 5-17 ¿Qué te hace la familia? Hablen de lo que sus familias les hacen y comparen las cosas que tienen en común.

MODELO: *Mis padres me preparan la comida, pero no me lavan los platos.*

2. *Gustar* and similar verbs

Sí, me gusta mucho.

¿Te gusta mi coche?

The verb **gustar** is used to express preferences, likes, and dislikes. **Gustar** literally means *to be pleasing,* and the verb is used with an indirect object pronoun.

No me gusta limpiar el baño.

I don't like to clean the bathroom. (Cleaning the bathroom is not pleasing to me.)

No **le gustan** los cuadros caros.

He doesn't like expensive paintings. (Expensive paintings are not pleasing to him.)

- The subject of the verb **gustar** is whatever is pleasing to someone. Because we generally use **gustar** to indicate that something (singular) or some things (plural) are pleasing, **gustar** is most often conjugated in the third-person singular or third-person plural forms, **gusta** and **gustan**. The indirect object pronoun indicates who is being pleased.

Nos gusta ese sofá amarillo.	*We like that yellow sofa.*
No me gustan las lámparas.	*I don't like the lamps.*

- To express the idea that one likes to do something, **gustar** is followed by an infinitive. In such cases the third-person singular of **gustar** is used, even when you use more than one infinitive.

Me gusta preparar la cena y lavar los platos.	*I like to prepare dinner and wash the dishes.*

- Some other verbs like **gustar** are listed below. Note that the equivalent expressions in English are not direct translations.

encantar	*to delight, to be extremely pleasing*	**molestar**	*to be a bother, annoying*
faltar	*to be lacking, needed*	**parecer**	*to seem*
fascinar	*to be fascinating*	**quedar**	*to be left, remaining*
interesar	*to be interesting*		

Me molestan las cocinas sucias.	*I am annoyed by dirty kitchens.*
A Elena **le fascina** la mesa de noche.	*Elena is fascinated by the nightstand.*
Nos parece caro este escritorio.	*This desk seems expensive to us.*

- Remember to use the prepositional phrase beginning with **a** to emphasize or clarify the indirect object pronoun.

A mí me fascina la terraza, pero **a ti** te parece pequeña.	*I am fascinated by the terrace but it seems small to you.*

Aplicación

5-18 A los monos aulladores... Lee el párrafo sobre los monos aulladores de Centroamérica y subraya verbos como **gustar** (V), su sujeto (S) y su complemento indirecto (I).

Modelo: *A mí <u>me</u> <u>interesan</u> <u>los animales de la selva</u>* (forest).
           I   V   S

A muchas personas les fascinan los monos aulladores que viven en los altos árboles (*trees*) de Centroamérica. Son casi como pequeños seres humanos en la manera en que cuidan a sus bebés, comen y juegan. También, les gusta visitar a los turistas en sus hoteles y pedirles comida. Les encantan las frutas, especialmente las bananas y los mangos. A mí, me parecen animales preciosos, pero no me interesa tener uno como mascota (*pet*). Prefiero verlos libres.

5-19 ¿Qué les gusta? Ahora, contesta las preguntas basadas en la Actividad 5-18.

1. ¿Dónde viven los monos aulladores?
2. ¿Qué les gusta hacer?
3. ¿Qué les encanta comer?
4. ¿Por qué nos fascinan?
5. ¿A ti te interesa tener uno como mascota?

5-20 Me interesa(n). Me gusta(n). Me molesta(n). Completa el cuadro con cosas y actividades que te interesan, te gustan y te molestan.

	interesar	gustar	molestar
MODELO:	Me interesan las matemáticas.	Me gusta bailar.	Me molestan los insectos.

❷ 5-21 ¿Y a ti? Túrnese para preguntarse sobre sus intereses y gustos de la Actividad 5-20.

MODELO: E1: ¿Qué te interesa?
E2: Me interesan las matemáticas.

5-22 Una carta de Panamá. Usa los pronombres de complemento indirecto y los verbos correspondientes de la lista para completar la carta.

encantar   fascinar   gustar   interesar   molestar   parecer   quedar

Querida Isabel:

Te escribo para contarte sobre mi viaje a las islas San Blas. Son unas islas preciosas que están cerca de la costa de Panamá y territorio de los indios Kuna. Nuestro guía, Antonio es muy simpático y nos explica sobre la región. (1. a nosotros) ____ que él conoce bien la flora y la fauna de las islas. (2. A mí) ____ las plantas y los animales, y a Carlos y Ana (3.) ____ especialmente las tortugas marinas, que llegan todos los años para poner sus huevos en la arena. Son protegidas por toda la costa del Caribe, y a muchas personas (4.) ____ observarlas durante este tiempo. (5. A mí) No ____ mucho la playa porque el sol es muy fuerte, pero (6.) ____ observar la vida marina. Todos los días (7.)____ salir temprano para ver los pelícanos y otros pájaros que viven por la costa.

Bueno, Isabel, si (8. a ti) ____ la naturaleza, (9. a ti) ____ van a ____ las islas San Blas.

Un abrazo,

Eduardo

AB **5-23A Su opinión.** Conversen sobre sus opiniones sobre las casas.

MODELO: las casas grandes
E1: *¿Te gustan las casas grandes?*
E2: *¡Sí, me encantan! Pero no me gusta limpiarlas.*

1. las mansiones
2. las cocinas pequeñas
3. los muebles modernos
4. los baños lujosos

G **5-24 ¿A quién?** Entrevístense para saber las opiniones de sus compañeros/as.

MODELO: E1: *¿Te gusta poner la mesa?*
E2: *Sí, me gusta. / No, no me gusta.*

quitar la mesa	secar la ropa	planchar las camisas
ordenar la casa	cocinar	limpiar el baño
barrer el patio	hacer las camas	sacudir el polvo de los muebles

G **5-25 Los gustos y las quejas.** En un grupo de tres a cuatro personas, hablen de
sus gustos y quejas sobre donde viven.

MODELO: E1: *Pues, a mí me gustan las residencias de la universidad porque...*
E2: *A mí, me molestan porque...*

las casas pequeñas

los apartamentos cerca de la universidad

las casas con piscina

los apartmentos amueblados

las casas con terraza

las residencias de la universidad

¿Cuánto sabes tú? *¿Can you...*

☐ talk about what you do around the house using verbs like **limpiar, ordenar,**
and **sacudir?**

☐ describe your house, its rooms, and some of its furniture?

☐ say and give things to people using the verbs **decir** and **dar** with indirect
object pronouns?

☐ express your likes and dislikes with verbs such as **gustar, interesar,**
molestar, and **parecer?**

Comparaciones

El ecoturismo en Costa Rica

5-26   En tu experiencia.   ¿Hay organizaciones en tu país que se dedican a preservar el medio ambiente (*environmnent*)? ¿En qué lugares es popular hacer ecoturismo? ¿Qué diferencias hay entre el turismo y el ecoturismo para ti? ¿Te interesa la naturaleza? ¿Por qué?

5-27   En su opinión.   Lean las siguientes oraciones y túrnense para expresar y anotar sus opiniones.

1.	¡Ni modo! No estoy de acuerdo.
2.	No es probable.
3.	No tengo opinión.
4.	Es posible.
5.	Estoy completamente de acuerdo.

a. Cuando voy de vacaciones, me
   gusta levantarme temprano.   1   2   3   4   5
b. Me gusta el ecoturismo.   1   2   3   4   5
c. Prefiero ir donde hay mucha gente.   1   2   3   4   5
d. No es importante ducharme
   todos los días cuando estoy
   de vacaciones.   1   2   3   4   5
e. Me gusta ir de camping.   1   2   3   4   5

Costa Rica es el país centroamericano que más se preocupa de su ecología. El Ministerio de Recursos Naturales respalda (*backs up*) desde 1988 el programa de CAPE (*Children's Alliance for the Protection of the Environment*) en el que todos los veranos niños voluntarios limpian de basura las playas de las costas atlántica y pacífica de la nación. Además una comisión nacional de limpieza también incluye las ciudades y parques de muchas comunidades de la costa.

Las flora y la fauna de Costa Rica han convertido (*have turned*) a este país en uno de los favoritos de los ecoturistas del mundo. Todos los años decenas de miles de turistas visitan sus parques nacionales. Algunos de estos parques aceptan voluntarios por períodos de dos meses, y cientos de turistas trabajan construyendo senderos (*trails*) o haciendo investigación sobre la riqueza de la flora y la fauna de este país. En Costa Rica los ecoturistas tienen la oportunidad de ver parte de las 850 variedades de pájaros (*birds*), 35.000 variedades de insectos, entre ellas 3.000 clases de mariposas (*butterflies*), 150 variedades de reptiles y ranas (*frogs*) y 10.000 especies de plantas, entre las cuales hay 1.200 variedades de orquídeas.

SEGUNDA PARTE

¡Así es la vida!

El arreglo personal

Antonio, Beatriz y Enrique Castillo son tres hermanos que viven en San José, Costa Rica, con su mamá. Éstas son sus rutinas de todas las mañanas.

Antonio es tan madrugador (*early riser*) como su mamá. Siempre se despierta a las seis de la mañana. Después de levantarse, se cepilla los dientes, se afeita y se ducha. Luego, le prepara el desayuno a su mamá.

Beatriz duerme menos que su hermano Antonio, pero esta mañana se despierta tarde porque su despertador a veces no funciona. Ahora tiene que levantarse, lavarse la cara, vestirse rápidamente y salir de casa sin maquillarse. Como ella es muy puntual, se pone muy nerviosa cuando llega tarde a la universidad.

Enrique nunca se despierta cuando suena el despertador. Se levanta más tarde que todos porque se acuesta generalmente a las dos de la mañana. Muchas veces llega tarde al trabajo y su jefe se pone furioso. En el trabajo, Enrique se duerme a menudo. ¡El pobre Enrique es un desastre!

¡Así lo decimos! Vocabulario

Las actividades diarias

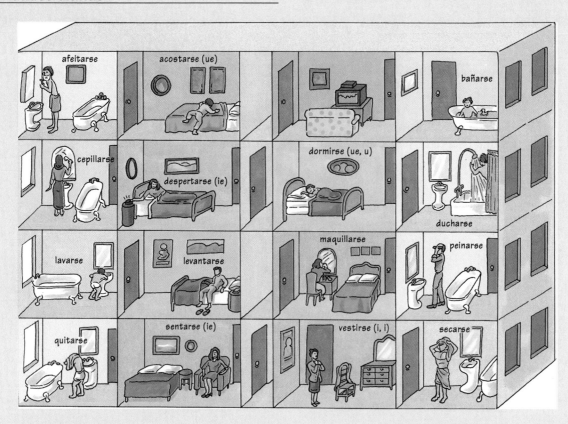

afeitarse

acostarse (ue)

bañarse

cepillarse

despertarse (ie)

dormirse (ue, u)

ducharse

lavarse

levantarse

maquillarse

peinarse

quitarse

sentarse (ie)

vestirse (i, i)

secarse

Algunas emociones

ponerse contento/a	*to become happy*
furioso/a	*angry*
impaciente	*impatient*
nervioso/a	*nervous*
triste	*sad*
reírse (e-i)[1]	*to laugh*
sentirse (e-ie)	*to feel*

Artículos de uso personal

el cepillo (de dientes)	*(tooth)brush*
la crema (de afeitar)	*(shaving) cream*
la cuchilla (navaja) de afeitar	*razor blade*
el desodorante	*deodorant*
el espejo	*mirror*
el jabón	*soap*
el lápiz labial/el pintalabios	*lipstick*
la loción (de afeitar)	*(shaving) lotion*
el maquillaje	*makeup*
la máquina de afeitar	*electric razor*
el peine	*comb*
el/la secador/a	*hair dryer*

Algunas partes del cuerpo

el ojo
el pelo
la nariz
la cara
los dientes
la mano

Otras palabras y expresiones

el desayuno	*breakfast*
el despertador	*alarm clock*
sin	*without*

[1]me río, te ríes, se ríe, nos reímos, os reís, se ríen

168

Aplicación

5-28 ¿Quién es quién? Identifica la persona de **¡Así es la vida!** que probablemente dice lo siguiente.

Antonio (**A**)   Beatriz (**B**)   Enrique (**E**)

1. _____ No me gusta levantarme.
2. _____ Hoy es un mal día. Normalmente soy muy puntual.
3. _____ Todos los días me afeito.
4. _____ Le prepara el desayuno a su mamá.
5. _____ Normalmente me acuesto muy tarde.
6. _____ Necesito un despertador nuevo.
7. _____ Me pongo nerviosa cuando llego tarde.
8. _____ Mi jefe está enojado conmigo.

5-29 ¿Qué asocias con...? Haz asociaciones con las siguientes actividades.

MODELO: afeitarse
            la cara, la loción, la crema de afeitar, la máquina de afeitar, la cuchilla, etcétera

1. bañarse
2. mirarse
3. secarse
4. peinarse
5. despertarse

6. cepillarse
7. sentarse
8. levantarse
9. ponerse impaciente
10. ponerse nervioso/a

WWW **5-30 El arreglo personal.** Conéctate con la página electrónica de *¡Arriba!* (**www.prenhall.com/arriba**) y busca uno de los productos siguientes. Descríbelo e incluye su precio. ¿Es para hombres o mujeres? ¿Te parece un producto bueno? ¿Quieres comprarlo? ¿Por qué?

MODELO: *La crema Toja Sensible es una crema de afeitar para hombres. La compro porque no es cara.*

cepillo de dientes eléctrico
crema de afeitar
cuchilla
jabón

loción
maquillaje
máquina de afeitar
secadora

AUDIO **5-31 Los señores Rodríguez.** Escucha la descripción de la rutina diaria de la familia Rodríguez, los parientes nicaragüenses de la familia Castillo. Luego, indica a quién(es) se refiere cada oración a continuación: al señor Rodríguez, a la señora Rodríguez o a los dos.

LA ACTIVIDAD	EL SEÑOR	LA SEÑORA
1. Se levanta temprano todos los días.	_____	_____
2. Trabaja en una oficina.	_____	_____
3. Se viste.	_____	_____
4. Se maquilla.	_____	_____
5. Se afeita.	_____	_____
6. Toma café con el desayuno.	_____	_____
7. Almuerza con otras personas.	_____	_____
8. Hace ejercicio después de comer.	_____	_____
9. Prepara la cena.	_____	_____
10. Come la cena en casa.	_____	_____

5-32 ¿En qué orden lo haces? Pon estas actividades en orden lógico según tu rutina diaria.

_____ me duermo   _____ me peino

_____ me lavo   _____ me cepillo los dientes

_____ me afeito   _____ me despierto

_____ me acuesto   _____ me lavo la cara

2 **5-33 Una persona misteriosa.** Túrnense para describir a una persona misteriosa mientras el/la compañero/a la dibuja. Incluyan características físicas. Luego comparen sus descripciones con sus dibujos.

- ojos (pequeños, grandes, tristes, alegres...)
- cara (redonda, delgada, feliz, enojada...)
- dientes (grandes, pequeños, no tiene...)
- pelo (rubio, moreno, largo, corto...)
- labios (bonitos, finos, rojos...)

¡Así lo hacemos! Estructuras

3. Reflexive constructions: Pronouns and verbs

A reflexive construction is one in which the subject is both the performer and the receiver of the action expressed by the verb.

Isabel se peina.
Isabel combs her hair.

Isabel peina a su hermana.
Isabel combs her sister's hair.

- The drawing on the left depicts a reflexive action (Isabel is combing her own hair); the drawing on the right depicts a nonreflexive action (Isabel is combing her sister's hair).

Los pronombres reflexivos

- Reflexive constructions require the reflexive pronouns.

Subject pronouns	Reflexive pronouns	Verb
yo	**me** (*myself*)	**lavo**
tú	**te** (*yourself*)	**lavas**
él, ella, Ud.	**se** (*himself, herself, yourself*)	**lava**
nosotros/as	**nos** (*ourselves*)	**lavamos**
vosotros/as	**os** (*yourselves*)	**laváis**
ellos/as, Uds.	**se** (*themselves, yourselves*)	**lavan**

■ Reflexive pronouns have the same forms as direct and indirect object pronouns, except for the third-person singular and plural. The reflexive pronoun of the third-person singular and plural is **se**.

Paco **se** baña.	*Paco bathes.*
Los Rodríguez **se** levantan temprano.	*The Rodríguezes get up early.*

■ As with object pronouns, reflexive pronouns are placed immediately before the conjugated verb. In Spanish the definite article, not the possessive adjective, is used to refer to parts of the body and articles of clothing.

Me lavo las manos.	*I wash my hands.*
Pedro **se** pone los pantalones.	*Peter puts on his pants.*

■ In progressive constructions and with infinitives, reflexive pronouns are either attached to the present participle (**-ndo**) or the infinitive or placed in front of the conjugated verb. A written accent is required with the present participle if the pronoun is attached.

El niño **está peinándose.**	
El niño **se está peinando.**	*The boy is combing his hair.*
Sofía **va a maquillarse** ahora.	*Sofía is going to put her makeup*
Sofía **se va a maquillar** ahora.	*on now.*

■ In English, reflexive pronouns are frequently omitted, but in Spanish reflexive pronouns are required in all reflexive constructions.

Pepe **se afeita** antes de acostarse.	*Pepe shaves before going to bed.*
Marina siempre **se baña** a las ocho.	*Marina always takes a bath at eight.*

Los verbos reflexivos

■ Verbs that describe personal care and daily habits carry a reflexive pronoun if the same person performs and receives the action.

Me voy a acostar temprano.	*I'm going to bed early.*
¿Te afeitas ahora?	*Are you shaving now?*
Mis hermanos se levantan tarde todas las mañanas.	*My brothers get up late every morning.*

■ Such verbs can also be used nonreflexively when someone other than the subject receives the action.

Elena **acuesta** a su hija menor.	*Elena puts her youngest daughter to bed.*
La enfermera **afeita** al paciente.	*The nurse shaves the patient.*
¿Despiertas a tu abuela?	*Do you wake up your grandmother?*

■ In Spanish, verbs that express feelings, moods, and conditions are often used with reflexive pronouns. A reflexive pronoun is usually not required in English. Instead, verbs such as *to get, to become,* or nonreflexive verbs are used.

acordarse (de) (ue)	*to remember*
alegrarse (de)	*to become happy*
divertirse (e-ie)	*to have fun*
enamorarse (de)	*to fall in love (with)*
enfermarse	*to become sick*
enojarse (con)	*to get angry*
olvidarse (de)	*to forget*

Me alegro de ganar.	*I am happy to win.*
Jorge **se enoja** si pierde.	*Jorge gets angry if he loses.*
Luis **va a enamorarse de** Ana.	*Luis is going to fall in love with Ana.*
Siempre **nos divertimos** en la fiesta.	*We always have fun at the party.*
No **me acuerdo de** tu nombre.	*I don't remember your name.*
Me olvido de todo cuando la veo.	*I forget everything when I see her.*

■ Some verbs have different meanings when used with a reflexive pronoun.

NONREFLEXIVE		REFLEXIVE	
acostar	*to put to bed*	**acostarse**	*to go to bed*
dormir	*to sleep*	**dormirse**	*to fall asleep*
enfermar	*to make sick*	**enfermarse**	*to become sick*
ir	*to go*	**irse**	*to go away, to leave*
levantar	*to lift*	**levantarse**	*to get up*
llamar	*to call*	**llamarse**	*to be called*
poner	*to put, to place*	**ponerse**	*to put on*
quitar	*to remove*	**quitarse**	*to take off*
vestir	*to dress*	**vestirse**	*to get dressed*

Las construcciones recíprocas

■ The plural reflexive pronouns **nos, os,** and **se,** may be used with verbs that take direct objects to express reciprocal actions. The verbs can be reflexive or nonreflexive verbs, and these actions are conveyed in English by *each other* or *one another.*

Nos queremos mucho.	*We love each other a lot.*
Los novios se ven todos los días.	*The sweethearts see one another every day.*
Marta y José **se escriben** todas las semanas.	*Marta and José write to each other every week.*

Aplicación

5-34 Rubén Blades en Nueva York. Subraya las acciones reflexivas e indica quién es el sujeto.

Rubén Blades lleva muchos años viviendo en Nueva York donde tiene un apartamento en Manhattan. Su vida es muy activa. Tiene que levantarse temprano porque pasa el día escribiendo y editando sus canciones. Se sienta por horas en su estudio escuchando grabaciones (*recordings*). Por la tarde, se divierte hablando con sus amigos en un café. Se pone contento cuando tocan música latina. Por la noche, después de hacer ejercicio, se baña y se acuesta temprano porque el día siguiente tiene que despertarse temprano y trabajar en un nuevo proyecto.

5-35 ¿Cómo es su día? Contesta las preguntas sobre la rutina de Rubén Blades.

1. ¿Dónde vive?
2. ¿Se levanta tarde o temprano? ¿Por qué?
3. ¿Qué hace en su estudio?
4. ¿Cómo se siente cuando está con sus amigos?
5. ¿Qué hace antes de acostarse?
6. ¿Por qué se acuesta temprano?
7. ¿Te parece interesante su día? ¿Por qué?

5-36 ¿Es probable o improbable? Explica si cada oración a continuación es probable o improbable. Corrige las oraciones improbables.

MODELO: La señora Rodríguez se mira en el despertador.
Improbable. Se mira en el espejo.

1. La señora Rodríguez se maquilla después de lavarse la cara.
2. El señor Rodríguez va a cepillarse los dientes con el lápiz labial.
3. La señora Rodríguez necesita jabón para bañarse.
4. El señor Rodríguez compra una secadora porque tiene que afeitarse.
5. El señor Rodríguez se pone loción después de afeitarse la cara.
6. Ella quiere lavarse los dientes con el peine.

❷ **5-37 En tu familia.** Haz una lista de acciones que deben hacer los miembros de tu familia en casa.

MODELO: E1: *Es necesario levantarnos antes de las 10.*
E2: *Es bueno...*

❷ **5-38 ¿Qué tienen en común?** Háganse las siguientes preguntas para comparar sus horarios. Luego, hagan un resumen de lo que tienen en común.

MODELO: despertarse
E1: *¿A qué hora te despiertas?*
E2: *Me despierto a las seis. ¿Y tú?*

1. dormirse
2. levantarse
3. bañarse
4. vestirse

5. acostarse
6. peinarse
7. ducharse
8. maquillarse

(AB) 5-39A ¿Qué estoy haciendo? Túrnense para representar cada actividad de la lista mientras el/la compañero/a adivina qué hace.

MODELO: E1: *(combing hair)*
E2: *Estás peinándote.*

washing hair   standing up   shaving   going to sleep   going away

(2) 5-40 Las emociones y las reacciones. Túrnense para preguntarse cómo se sienten en las situaciones a continuación.

MODELO: llegas tarde a clase
E1: *¿Qué pasa cuando llegas tarde a clase?*
E2: *Me pongo nervioso/a.*

LAS CIRCUNSTANCIAS
1. llegas tarde a clase   *Me pongo nervioso/a.*
2. sacas una "A" en un examen   _____
3. conoces a una persona importante   _____
4. pierdes tu libro de texto   _____
5. el/la profesor/a llega tarde para un examen   _____
6. no suena tu despertador   _____

5-41 Parejas famosas. Explica qué tienen en común las siguientes personas.

MODELO: Romeo y Julieta
Romeo y Julieta se quieren mucho.

ALGUNAS PAREJAS		ALGUNAS RELACIONES
Charlie Brown y Snoopy		quererse
Antonio y Cleopatra		llamarse
Antonio Banderas y Melanie Griffith		escribirse
los republicanos y los demócratas		verse
el gobierno norteamericano y el cubano	(no)	besarse
Tú y yo		odiarse
Ben Affleck y Jennifer López		encontrarse
¿...?		tolerarse

(2) 5-42 Una relación especial. Túrnense para hacerse preguntas sobre relaciones especiales que tienen con algunas personas. Puede ser con un/a novio/a, un/a amigo/a o un pariente.

MODELO: E1: *¿Se conocen bien?*
E2: *Sí, nos conocemos bastante bien.*

1. ¿Con qué frecuencia se ven?
2. ¿Dónde se encuentran generalmente?
3. ¿Cuántas veces al día se llaman por teléfono?
4. ¿Qué se dicen cuando se ven?
5. ¿Se quieren mucho?
6. ¿Cuándo se dan regalos?
7. ¿Se entienden bien?
8. ¿Se respetan mucho?

❷ **5-43 Tú y tu mejor amigo/a.** Explíquense qué hacen con sus mejores amigos/as. Hablen de actividades de la lista y de otras si las quieren incluir.

MODELO: hacerse favores
Nos hacemos favores siempre.

contarse problemas

ayudarse con la tarea por las noches

verse en el gimnasio después de las clases

llamarse por teléfono todo el tiempo

contarse los secretos más íntimos

reunirse en la cafetería para almorzar

encontrarse en el metro por las mañanas

invitarse a cenar (*to eat dinner*) en ocasiones especiales

4. Comparisons of equality and inequality

Comparaciones de igualdad

▪ In Spanish, you may make comparisons of equality with adjectives (e.g., *as good as*) and adverbs (e.g., *as quickly as*) by using the following construction.

tan + *adjective/adverb* + **como**

Pedro es **tan** amable **como** Juan.
María habla **tan** despacio **como** su hermana.

Pedro is as nice as Juan.
María speaks as slowly as her sister.

¡Tengo tantos globos como tú!

▪ Make comparisons of equality with nouns (*e.g., as much money as; as many friends as*) by using the following construction. Notice that **tanto** is an adjective and agrees in gender and number with the noun or pronoun it modifies.

tanto/a(s) + *noun* + **como**

Marta tiene **tantos** amigos **como** ustedes.
Tú tienes **tanta** paciencia **como** Eugenio.

Marta has as many friends as you.

You have as much patience as Eugenio.

▪ Make comparisons of equality with verbs (e.g., *works as much as*) by using the following construction.

verb + **tanto como**

Marilú habla **tanto como** su papá.
Mis hermanos se enamoran **tanto como** tú.

Marilú talks as much as her father.

My brothers fall in love as much as you.

Comparaciones de desigualdad

▪ A comparison of inequality expresses *more than* or *less than*. Use this construction with adjectives, adverbs, or nouns.

más/menos + *adjective/adverb/noun* + **que**

adjective Mercedes es **menos** responsable **que** Claudio.
adverb Yo me visto **más** rápidamente **que** tú.
noun Esta casa tiene **menos** habitaciones **que** la otra.

Mercedes is less responsible than Claudio.
I get dressed faster than you.
This house has fewer rooms than the other.

Tengo más dinero que tú.

■ Make comparisons of inequality with verbs using the following construction.

verb + **más/menos** + **que**

Estudio **más que** tú. *I study more than you (do).*

■ With numerical expressions, use **de** instead of **que**.

Tengo **más de** cinco buenos amigos. *I have more than five good friends.*

Summary of comparisons of equality and inequality

Equal comparisons

nouns:	**tanto/a(s)** + *noun* + **como** + *noun or pronoun*
adjectives/adverbs:	**tan** + *adj./adv.* + **como** + *noun or pronoun*
verbs:	*verb* + **tanto como** + *noun or pronoun*

Unequal comparisons

adj./adv./noun:	**más/menos** + *adj./adv./noun* + **que** + *noun or pronoun*
verbs:	*verb* + **más/menos** + **que**
with numbers:	**más/menos** + **de** + *number*

EXPANSIÓN   More on structure and usage

Los adjetivos comparativos irregulares

Some Spanish adjectives have both regular and irregular comparative forms:

ADJECTIVE	REGULAR FORM	IRREGULAR FORM	
bueno/a	más bueno/a	mejor	*better*
malo/a	más malo/a	peor	*worse*
viejo/a	más viejo/a	mayor	*older*
joven	más joven	menor	*younger*

■ The irregular forms **mejor** and **peor** are more commonly used than the regular forms.

Esta casa es **mejor** que ésa. *This house is better than that one.*
Pedro es **peor** que Luis. *Pedro is worse than Luis.*

■ **Mayor, menor**, and **más joven** are commonly used with people; **más viejo** may be used with inanimate objects.

Manuel es **menor** que Beba y yo soy **mayor** que Manuel. *Manuel is younger than Beba and I am older than Manuel.*
San José, Costa Rica, es más **vieja** que Alajuela. *San José, Costa Rica, is older than Alajuela.*

Aplicación

5-44 Dos chismosos. Subraya las comparaciones de igualdad y de desigualdad en el diálogo entre dos personas chismosas (*gossipy*) en una fiesta.

Carlota: Creo que el champú que usa Ramona no es tan bueno como el que uso yo.

Ángel: Pero su pelo es más bonito que el de Marilú.

Carlota: No me gustan sus sandalias tanto como sus zapatos.

Ángel: Es verdad. Sus zapatos son más elegantes que sus sandalias, pero son menos cómodos que los que llevas tú.

Carlota: ¿Crees que ella es tan rica como dice?

Ángel: No, pero creo que es más rica que nosotros. Sin embargo, es menos rica que su esposo.

Carlota: Pero él no tiene tantos coches como don Jorge.

Ángel: Es verdad, pero los coches de don Jorge son menos lujosos que los de don Pablo.

Carlota: ¿Y quién crees que es mayor de edad? ¿Tú o Ramona?

Ángel: ¡Qué barbaridad! Yo soy mucho menor que ella. Ella tiene más de cincuenta años. Yo sólo tengo cuarenta.

Carlota: Bueno, estoy aburrida. Vamos a casa. No me gusta la comida aquí. En casa mi comida es mejor que la que hacen aquí.

Ángel: Tienes razón. ¡Esta comida es peor que la nuestra! ¡Vamos!

Carlota: Buenas noches, Ramona. Esta fiesta ha sido muy divertida. ¡La comida está perfecta!

5-45 Ahora tú. Haz comparaciones entre estas personas en la fiesta.

MODELO: Ángel y Carlota
Ángel es tan chismoso como Carlota.

1. Carlota y Ramona
2. las sandalias de Marilú y sus zapatos
3. Ángel y Marilú
4. Jorge y el esposo de Marilú
5. Ramona y Ángel
6. Tú y Carlota

❷ **5-46 En el hipermercado.** Pueden comprar de todo en un hipermercado: muebles, comida, maquillaje, artículos para el arreglo personal, etcétera. Hagan comparaciones entre lo que ven. Usen la imaginación.

MODELO: escoba y aspiradora
E1: *Esta escoba es muy buena.*
E2: *Sí, pero esta aspiradora es mejor que la escoba.*

Algunos adjetivos y expresiones

a buen precio	caro/a	económico/a	horrible	perfecto/a
barato/a	cómodo/a	exquisito/a	maravilloso/a	
bonito/a	divino/a	feo/a	moderno/a	

1. lavadora y lavaplatos
2. cepillo y peine
3. secadora y máquina de afeitar
4. sofá y sillón
5. estéreo y radio
6. armario y cama

❷ 5-47 Los Óscars. Imagínense que son reporteros/as durante la ceremonia de los Óscars en Hollywood y ven llegar a las estrellas. Comparen a las estrellas cuando salen de sus carros.

MODELO: E1: *Daisy Fuentes es más alta que Salma Hayek.*
E2: *Sí, pero Salma es más guapa que Daisy.*

1. Elizabeth Taylor y Rita Moreno
2. Ricky Martin y John Travolta
3. Jennifer López y Gloria Estefan
4. Enrique Iglesias y Julio Iglesias (su padre)
5. Benjamin Bratt y Jimmy Smits
6. ¿... y...?

AB 5-48A En la agencia de bienes raíces. Eres un agente de bienes raíces (*real estate*) y tienes que vender, dos casas: una, grande y lujosa, y la otra, pequeña y en malas condiciones. Compárale a tu compañero/a las dos casas usando estos criterios.

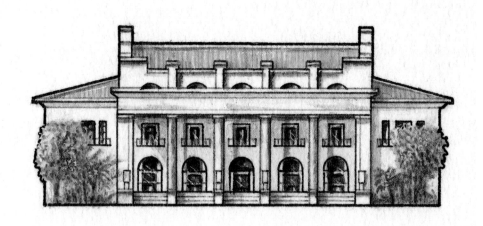

grande	en un barrio bueno
bonito/a	número de habitaciones
buenas condiciones	...

¿Cuánto sabes tú? *Can you...*

☐ describe your daily routines and habits using reflexive verbs like **me levanto, me visto,** and **me duermo**?

☐ talk about your personal care habits, including articles that you use or do not use?

☐ express emotional changes using verbs like **ponerse**?

☐ describe objects and people using comparisons saying one is **más** or **menos... que** or **tan... como**?

Observaciones

Toño Villamil y otras mentiras Episodio 5

5-49 Una casa mexicana. Aquí tienes una descripción de una casa mexicana. Lee la descripción y luego compárala con la casa de tu familia.

Una casa mexicana de la época colonial

WWW

Mi casa se encuentra en Querétaro, una ciudad colonial mexicana. La casa es típica de la época colonial porque refleja el estilo español del siglo xvi. Está construida alrededor de un hermoso jardín lleno de plantas tropicales y hermosas flores. El clima de esta región es muy agradable. Por eso, las ventanas siempre están abiertas por la mañana y por la noche para dejar pasar el aire fresco. La cocina es grande y mucho más moderna ahora que la original. Hay cinco habitaciones; todas dan al jardín. No usamos mucho la sala, porque es más agradable sentarnos en el patio donde muchas veces comemos el desayuno o tomamos un té por la tarde. La casa tiene tres baños: uno para mis padres, otro para mis hermanos y para mí y el tercero para las visitas. La casa no tiene garaje, pero tiene un pequeño establo donde estacionamos el coche porque ya no tenemos caballos (*horses*).

Ahora compara esta casa con la de tu familia. Usa comparaciones de igualdad y desigualdad.

MODELO: *Esta casa es más pequeña que mi casa.*

5-50 La casa de Toño. Mira el quinto episodio de *Toño Villamil y otras mentiras*, y completa las oraciones basadas en este episodio.

1. Lucía quiere entrar a la casa porque...
   _____ quiere ver una cocina mexicana.
   _____ tiene que usar el baño.
   _____ quiere conocer a la familia de Toño.

2. Toño no abre la puerta porque...
   _____ no sabe desarmar la alarma.
   _____ sus padres no están en casa.
   _____ no tiene las llaves.

3. Lucía dice que la casa...
   _____ tiene mucho polvo en los muebles.
   _____ está bien ordenada.
   _____ es tan grande como la de su familia.

4. Parece que Toño no sabe dónde está...
   _____ el baño.
   _____ la cocina.
   _____ el jardín.

5. Lucía quiere usar el baño para...
   _____ bañarse.
   _____ ducharse.
   _____ lavarse las manos y la cara.

6. Toño se pone muy nervioso cuando...
   _____ no encuentra comida en la cocina.
   _____ ve a una mujer en el jardín.
   _____ suena el teléfono.

WWW **5-51 Las casas coloniales de México.** Conéctate con la página electrónica de *¡Arriba!* (**www.prenhall.com/arriba**) para ver fotos de casas coloniales de México. Elige una y descríbela.

5-52 La cocina. Lucía dice que las cocinas mexicanas son grandes y bonitas. En tu opinión, ¿cómo es la cocina perfecta?

- ¿grande o pequeña?
- ¿con ventanas o muchas luces?
- ¿con una mesa grande o una mesita para comer?
- ¿con piso de madera o de losa (*tile*)?
- ¿pintada de blanco, de amarillo o de...?

NUESTRO MUNDO

Panoramas

La América Central II: Costa Rica, Nicaragua, Panamá

5-53 ¿Ya sabes...? Trata de identificar o explicar lo siguiente.

1. las capitales de Costa Rica, Nicaragua y Panamá
2. algunos productos agrícolas centroamericanos importantes
3. los dueños (*owners*) del Canal de Panamá
4. el país que no tiene ejército (*army*)
5. un animal en peligro de extinción

Los indios Kuna, que habitan las islas de San Blas cerca de la costa de Panamá, se conocen por sus bellas molas, textiles que representan la flora y la fauna de la región. Las mujeres usan faldas y blusas de vívidos colores, decoradas en el pecho (*chest*) y la espalda (*back*). La sociedad de los Kuna es un matriarcado; la mujer hereda los bienes de su familia y cuando se casa, su esposo va a vivir en la casa de ella.

Los desastres naturales son parte de la vida de Centroamérica. Hay volcanes activos, terremotos (*earthquakes*) y huracanes. En el huracán Mitch de 1998, uno de los desastres naturales más destructivos del siglo xx, más de 10.000 personas murieron (*died*) en Centroamérica. Gran parte de la infraestructura, la agricultura y la economía también se perdió (*was lost*) en el huracán.

Violeta Chamorro, presidenta de Nicaragua, 1990–96, trabajó para restaurar la estabilidad política y económica del país. Ahora encabeza la Fundación Violeta Chamorro cuya misión es promover la paz, la democracia, la libertad de expresión y la disminuición de la pobreza.

Hay una gran variedad de ranas en las selvas costarricenses. Algunas segregan (*secrete*) líquidos venenosos, otras alucinógenos.

La fundación Pro-Iguana Verde de Costa Rica se dedica a la protección de los animales en peligro de extinción, como la iguana verde y el guacamayo escarlata.

La rana, entre otros animales exóticos, sirve de modelo para los diseños de oro de los indígenas precolombinos de Centroamérica.

Mar Caribe

Canal de
Panamá
Colón
Panamá
Balboa
ᴾANAMÁ
*Archipiélago
de las Perlas*
Santiago
*Golfo de
Panamá*
La Palma

**AMÉRICA
DEL SUR**

COLOMBIA

El Canal de Panamá, construido entre 1903 y 1910, fue mantenido por los EE.UU. hasta 1999. Ahora Panamá controla el canal por donde navegan más de 14.000 barcos cada año.

5-54 ¿Cierto o falso? Corrige las oraciones falsas.

1. Panamá tiene muchas ruinas aztecas.
2. La Fundación Pro-Iguana Verde es activa en la conservación del medio ambiente (*environment*) en Costa Rica.
3. El huracán Mitch causó daños (*damages*) en gran parte de Centroamérica.
4. La mola es un ejemplo de artesanía nicaragüense.
5. Violeta Chamorro fue esposa del presidente de Nicaragua.
6. El guacamayo escarlata es un animal en peligro de extinción.
7. Muchos artefactos de oro en Centroamérica reflejan la conquista por los españoles.
8. Algunas de las ranas centroamericanas son venenosas.
9. El Canal de Panamá es territorio estadounidense.
10. La sociedad Kuna es un patriarcado.

5-55 ¿Dónde? Identifica en el mapa de Centroamérica de este libro dónde hay las siguientes cosas.

1. playas
2. artesanía
3. comercio marítimo
4. volcanes
5. música salsa
6. cultivo de café
7. tejidos multicolores
8. mucha lluvia
9. terremotos

 5-56 El mapa. Revisen el mapa de Centroamérica e identifiquen en qué país se encuentran estos sitios, ciudades y países.

norte
oeste — este
sur

MODELO: Copán
Copán está en Honduras, cerca de la frontera de Panamá.

al este de...
al norte de...
al oeste de...
al sur de ...
en la costa del Caribe

en la costa del Golfo de México
en la costa del Pacífico
en el centro
en la península de...
en las montañas

1. el Lago de Nicaragua
2. el Canal de Panamá
3. Colombia
4. San José
5. San Blas
6. el Golfo de Panamá

www **5-57 Investigar.** Conéctate con la página electrónica de *¡Arriba!* (**www.prenhall .com/arriba**) y contesta una de estas preguntas.

1. ¿Qué promueve Violeta Chamorro en su fundación?
2. ¿Cuáles son algunos de los animales que vas a ver en una visita a Costa Rica?
3. ¿Cómo es la vida de los Kuna?
4. ¿Cuáles son algunas de las canciones exitosas (*hits*) de Rubén Blades?
5. ¿Qué hace la Fundación Pro-Iguana Verde para proteger los animales en peligro de extinción?

Ritmos

"Ligia Elena" (Rubén Blades, Panamá)

Esta canción trata del tema del amor prohibido entre dos jóvenes de distintas clases sociales y raciales.

Antes de escuchar

5-58 Los personajes. Lee las siguientes estrofas de "Ligia Elena", y luego identifica y describe a los siguientes personajes con **ser** o **estar** y la forma correcta de los adjetivos de la lista.

Ligia Elena		contento/a
el trompetista	ser/estar	cándido/a
la mamá de Ligia Elena		angustiado/a
el papá de Ligia Elena		feliz

Ligia Elena

Ligia Elena la cándida niña de la sociedad
Se ha fugado con un trompetista de la vecindad
El padre la busca afanosamente
Lo está comentando toda la gente
Y la madre angustiada pregunta ¿en dónde estará?

[...]

Se ha mudado a un cuarto chiquito con muy pocos muebles
Y allí viven contentos y llenos de felicidad
Mientras tristes los padres preguntan ¿en dónde fallamos?
Ligia Elena con su trompetista amándose está
Dulcemente se escurren los días en aquel cuartito mientras que
En las mansiones lujosas de la sociedad
Otras niñas que saben del cuento, al dormir se preguntan
"Ay señor, y mi trompetista, ¿cuándo llegará?"

[...]

Ligia Elena está contenta y su familia está asfixiá*
Ligia Elena está contenta y su familia está asfixiá

5-59 ¿Cómo se sienten? Usa la construcción reflexiva para formar oraciones que describen cómo Ligia Elena, sus padres u otros pueden sentirse sobre un amor prohibido. Usa los sujetos y verbos siguientes.

Ligia Elena	ponerse (+ adjetivo)	cuando...
los padres	alegrarse	si...
el novio	enamorarse	
yo	enojarse	
mis amigos	divertirse	
la familia		

---

*asfixiada

A escuchar

5-60 La letra. Escucha ahora "Ligia Elena" y mientras la escuchas señala con una cruz (X) cuáles de los temas de la lista siguiente aparecen en esta canción.

_____ el amor   _____ la independencia

_____ el horror   _____ la tristeza

_____ el racismo   _____ la música

_____ las relaciones familiares   _____ el chisme (*gossip*)

_____ los estudios   _____ los niños

Después de escuchar

5-61 Activismo social. Como ya saben, Rubén Blades es conocido no sólo por su música sino por su activismo social y político. Miren la lista siguiente de los temas que aparecen en muchas de sus canciones y usen el pronombre de objeto indirecto y los verbos de la lista para expresar su opinión.

Temas: el racismo / el amor / las clases sociales / la política / la pobreza

Verbos: gustar / encantar / faltar / fascinar / interesar / molestar / parecer / quedar

Pronombres: me / te / le / nos / os / les

MODELO: *A Rubén Blades le interesa cantar sobre la gente pobre.*

Páginas

Playa Cacao

Antes de leer

5-62 Lo que ya sabes. What you already know about something plays an important role in understanding what you read. For example, if you live in Toronto or in Buffalo, the kind of house you see advertised is very different from a house for sale in Albuquerque or Vancouver. The building materials, layout, number of windows, yard, etc., all reflect unchangeable factors (climate, natural resources), as well as personal factors (income level, values). Before you read this Web page layout, examine your own preferences in housing by checking the characteristics of a house that attracts you.

Para mí, la casa debe...

_____ tener muchas habitaciones

_____ respetar el medioambiente (*environment*)

_____ estar cerca de buenas escuelas

_____ estar en un barrio seguro

_____ tener una cocina bien equipada

_____ costar menos de $150.000

_____ (otro)

5-63 Esta casa. As you read this Web page layout, compare how this house would or would not meet your expectations. What does it have that you would like? What would discourage you from buying it?

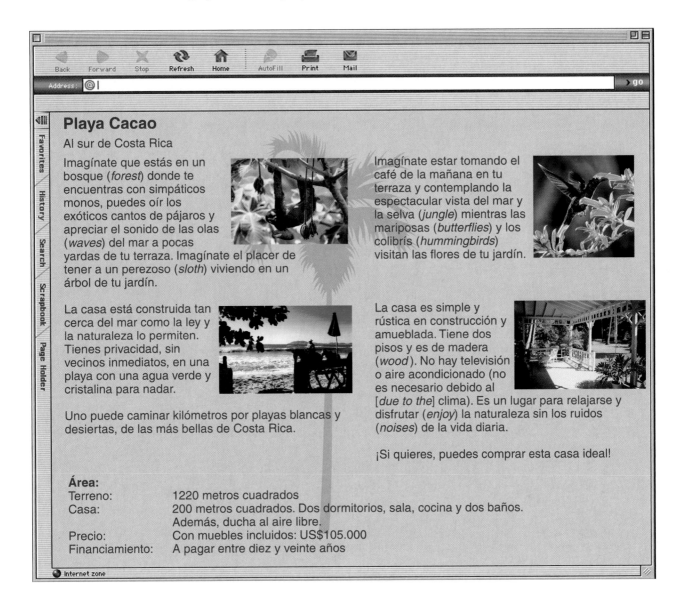

Playa Cacao

Al sur de Costa Rica

Imagínate que estás en un bosque (*forest*) donde te encuentras con simpáticos monos, puedes oír los exóticos cantos de pájaros y apreciar el sonido de las olas (*waves*) del mar a pocas yardas de tu terraza. Imagínate el placer de tener a un perezoso (*sloth*) viviendo en un árbol de tu jardín.

La casa está construida tan cerca del mar como la ley y la naturaleza lo permiten. Tienes privacidad, sin vecinos inmediatos, en una playa con una agua verde y cristalina para nadar.

Uno puede caminar kilómetros por playas blancas y desiertas, de las más bellas de Costa Rica.

Imagínate estar tomando el café de la mañana en tu terraza y contemplando la espectacular vista del mar y la selva (*jungle*) mientras las mariposas (*butterflies*) y los colibrís (*hummingbirds*) visitan las flores de tu jardín.

La casa es simple y rústica en construcción y amueblada. Tiene dos pisos y es de madera (*wood*). No hay televisión o aire acondicionado (no es necesario debido al [*due to the*] clima). Es un lugar para relajarse y disfrutar (*enjoy*) la naturaleza sin los ruidos (*noises*) de la vida diaria.

¡Si quieres, puedes comprar esta casa ideal!

Área:
Terreno: 1220 metros cuadrados
Casa: 200 metros cuadrados. Dos dormitorios, sala, cocina y dos baños. Además, ducha al aire libre.
Precio: Con muebles incluidos: US$105.000
Financiamiento: A pagar entre diez y veinte años

Después de leer

5-64 ¿Comprendiste? Resume las características de la casa que aparece en la página de Arriba.

Ubicación (*Location*) —————

Número de habitaciones —————

Accesorios incluidos —————

Número de pisos —————

Número de baños —————

Precio —————

Jardín —————

Vista —————

❷ **5-65 ¿Compras esta casa?** Hablen sobre si piensan comprar o no esta casa y por qué.

    MODELO: E1: *Compro esta casa porque...*
               E2: *Pues, yo no la compro porque...*

Taller

5-66 Vendo casa. En esta actividad vas a crear un anuncio o página de Arriba para vender una casa o condominio como aparece en **Páginas.**

Antes de escribir

- Comienza haciendo una lista para dar más información sobre tu casa o condominio.

  - su ubicación (ciudad, país, cerca de...)
  - los metros cuadrados
  - las habitaciones y su descripción
  - los accesorios incluidos
  - los extras: patio, piscina, vista, cancha de tenis, etcétera
  - las actividades que uno puede hacer en la casa o en la comunidad
  - el precio
  - las fotos o dibujos para ilustrar la casa o condominio

A escribir

- **Descripción.** Ahora escribe dos párrafos describiendo la casa. Recuerda, deseas venderla.

■ **Revisar.** Revisa la descripción para verificar los siguientes puntos:
   ☐ el uso correcto de los pronombres del complemento indirecto y de verbos
      como **gustar**
   ☐ el uso correcto de los verbos reflexivos
   ☐ la ortografía, incluyendo los acentos

■ **Intercambiar**
Intercambia tu anuncio con el de un/a compañero/a y comente sobre el diseño
de cada anuncio y si es efectivo.

■ **Entregar**
Revisa tu anuncio, incorporando las sugerencias de tu compañero/a. Después,
dale el anuncio y los respuestas de tu compañero/a a tu profesor/a.

6 ¡Buen provecho!

Ajos y Col 1984, es una naturaleza muerta (*still life*) por el pintor chileno Claudio Bravo. Oil on canvas, 52.1 X 65.2 cm. © Claudio Bravo, courtesy, Marlborough Gallery, New York.

Chile: Un país de contrastes

« **Disfruta, come y bebe: Que la vida es breve.** »

Isabel Allende es una de las escritoras latinoamericanas contemporáneas más importantes.

189

¡Así es la vida!

¡Buen provecho!

Escena 1

Arturo: Camarero, ¿nos puede traer el menú, por favor?

Camarero: Enseguida. Mientras tanto, ¿desean algo de beber?

Marta: Sí. Para mí, una copa de vino tinto, por favor.

Arturo: Me encantan las limonadas que hacen aquí. ¿Me puede traer una, por favor?

Marta: Tengo mucha hambre. ¿Cuál es la especialidad de la casa?

Camarero: Son los camarones a la parrilla.

Arturo: ¿A la parrilla?

Camarero: Sí, señor. Son realmente exquisitos. ¿Los quieren probar?

Marta: ¡Yo no! Soy alérgica a los camarones. Prefiero un bistec con arroz y una ensalada.

Arturo: Yo sí voy a pedir los camarones. ¿Me los puede traer con la ensalada, por favor?

Escena 2

Marta: ¿Así que te gustan los camarones a la parrilla?

Arturo: ¡Mmm! ¡Sí, están deliciosos! ¿Qué tal está la comida?

Marta: ¡Fenomenal! El bistec está rico y el arroz tiene un sabor divino. Este restaurante es excelente.

Arturo: Tienes razón. Se lo voy a recomendar a nuestros amigos.

Las comidas

la cena (cenar)	*dinner (to eat dinner)*
la merienda (merendar [ie])	*snack (to snack)*
el desayuno (desayunar)	*breakfast (to eat breakfast)*

Otras comidas y condimentos

los huevos (fritos/revueltos)	*(fried/scrambled) eggs*
el queso	*cheese*
la salsa de tomate	*tomato sauce*
la sopa	*soup*
el yogur	*yogurt*

En el restaurante

la cuenta	*the bill*
el/la camarero/a	*waiter/waitress*
el/la cliente/a	*client*
la especialidad de la casa	*the specialty of the house*
la propina	*tip*

Para expresarse en el restaurante

¡Buen provecho!	*Enjoy your meal*
¿Desean algo de...?	*Do you want something from...?*
Enseguida.	*Right away.*

Para describir la comida

caliente	*hot*
crudo/a	*rare; raw*
fresco/a	*fresh*
frío/a	*cold*
picante	*hot (spicy)*
rico/a	*delicious[1]*

El chileno

Avda. de la Constitución 17
Santiago de Chile

Menú del día

carnes	**bebidas**
bistec	café con leche
chuleta (de cerdo)°	café solo
jamón	cerveza
pollo (asado/a la parrilla)	leche
	limonada
pescados y mariscos	té
atún	vino (tinto/blanco)
camarones	
filete de pescado	**verduras**
langosta°	judías°
	lechuga
Otros	maíz
arroz°	papas (patatas [*Sp.*])
ensalada	papas fritas
frijoles	tomate
tostada, pan tostado	zanahorias
postres	**frutas**
flan	banana (plátano)
galletas°	manzana°
helado°	naranja°
tarta de limón	toronja°
torta de chocolate	uvas°

cerdo°	*pig*
langosta°	*lobster*
arroz°	*rice*
galletas°	*cookies*
helado°	*ice cream*
judías°	*beans*
manzana°	*apple*
naranja°	*orange*
toronja°	*grapefruit*
uvas°	*grapes*

---

[1]Used with **estar**, **rico/a** means *delicious*. Used with **ser**, it means *rich*.

Aplicación

6-1 Arturo, Marta y el camarero. Indica a quién se refiere cada una de las descripciones a continuación.

A: Arturo   **M:** Marta   **C:** el camarero

1. _____ Tiene mucha hambre.
2. _____ Tiene alergias.
3. _____ Toma vino con la comida.
4. _____ Recomienda los camarones.
5. _____ Come carne.
6. _____ Sirve la comida.

6-2 ¿Qué es? Empareja la comida con su descripción.

MODELO: Es verde. Forma parte de una ensalada.
     la lechuga

1. _____ Es una fruta amarilla.
2. _____ Se comen con el arroz.
3. _____ Es una carne rosada.
4. _____ Es un postre con muchas calorías.
5. _____ Es una bebida con cafeína.
6. _____ Es rojo y se usa mucho en la salsa italiana.
7. _____ Es un postre frío hecho de crema, huevos y azúcar.
8. _____ Se comen y también se usan para hacer vino.

a. el jamón
b. el tomate
c. la banana o el plátano
d. las uvas
e. el té
f. los frijoles
g. el helado
h. la torta de chocolate

6-3 ¿Qué están comiendo? Indica lo que están comiendo o bebiendo estas personas.

MODELO: *Antonio está comiendo una hamburguesa. También está bebiendo agua.*

1. MARÍA

2. PEDRO

3. CARMEN

4. RAMÓN

5. TERESA

6. MARCOS

6-4 Ahora comenta. Expresa tu opinión sobre lo que están comiendo en la actividad anterior.

MODELO: *Antonio no debe comer hamburguesas porque tienen mucha grasa.*

AUDIO **6-5 ¡Buen provecho!** Indica en la cuenta la comida y bebida que piden Marta y Arturo en el Café El Náufrago con **A** (Arturo) o **M** (Marta).

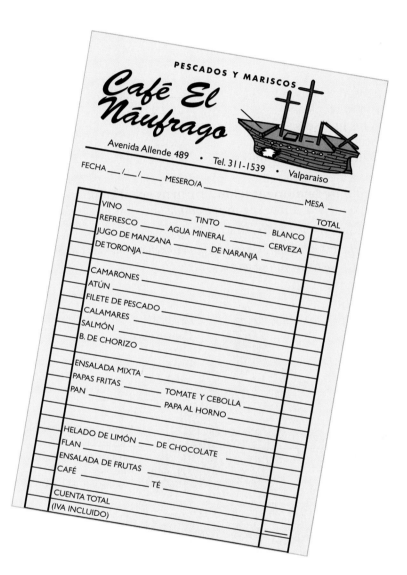

6-6 Ahora tú. Túrnense para preguntarse qué piden para cada comida.

MODELO: la cena
E1: *¿Qué pides para la cena?*
E2: *Pido una ensalada.*
E1: *¿Es todo?...*

1. la cena
2. el desayuno
3. la merienda
4. el almuerzo

G **6-7 La comida, ¿qué prefieres?** En un grupo de tres personas, pregunten qué prefieren comer. Indiquen cuántos de ustedes prefieren lo siguiente.

MODELO: **desayunar** todos los días
E1: *¿Desayunas todos los días? Yo, sí.*
E2: *Sí, desayuno todos los días. / No, sólo cuando tengo tiempo.*
E3: *Sí, siempre desayuno.*

ACTIVIDAD	NÚMERO DE PERSONAS EN SU GRUPO QUE DICEN SÍ
desayunar todos los días	3
cenar a las diez de la noche	____
ser vegetariano/a	____
gustar la langosta	____
tomar café con la comida	____
ser alérgico/a los mariscos	____
gustar el chocolate	____
preferir la leche en vez de los refrescos	____

2 **6-8 La pirámide de la alimentación.** Túrnense para comparar lo que ustedes comen con lo que deben comer según (*according to*) la pirámide de alimentación.

MODELO: E1: *Según la pirámide debemos comer de dos a cuatro porciones del grupo de leche todos los días. Como yogur, pero debo tomar más leche.*
E2: *Pues, yo como mucho queso...*

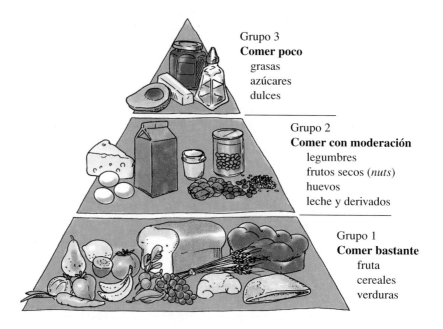

Grupo 3
Comer poco
grasas
azúcares
dulces

Grupo 2
Comer con moderación
legumbres
frutos secos (*nuts*)
huevos
leche y derivados

Grupo 1
Comer bastante
fruta
cereales
verduras

2 **6-9 ¿Qué compramos para la cena?** Refiéranse a la pirámide de la alimentación en la Actividad 6-9 y decidan qué van a comprar para la cena. Tengan en cuenta (*Keep in mind*) las siguientes consideraciones.

1. Uno/a de ustedes es vegetariano/a.
2. Uno/a de ustedes está a dieta.
3. Uno/a de ustedes es deportista.
4. Uno/a de ustedes está muy ocupado/a.

2 **6-10 ¿Qué dices?** Utilicen expresiones de **¡Así lo decimos!** para actuar (*act out*) estas situaciones.

1. El camarero te recomienda la especialidad de la casa, pero prefieres algo diferente.
2. La sopa está fría. El/la camarero/a preguntasi todo está bien.
3. Necesitas una mesa para cuatro personas. El restaurante está lleno de gente.
4. Quieres saber más sobre la especialidad de la casa.
5. Tienes mucha prisa, pero el/la camarero/a es muy lento/a.

AB **6-11A Cocina Concha.** Esta "cocina" (restaurante informal) es una de las muchas que se encuentran por la costa chilena donde las especialidades son pescados y mariscos. Imagínate que un/a compañero/a y tú son clientes; otro/a compañero/a hace el papel (*takes the part*) de camarero/a. Ustedes tienen 27.000 pesos (US$30) para la cena. Decidan qué van a pedir.

COCINA CONCHA

Pescados y mariscos
Calidad garantizada
(56) (65) (266795)
Angelmó - Puerto Montt - Chile

almejas (*clams*)	2500 pesos
almeja a la parmesana	3000 pesos
camarones	2500 pesos
cangrejo (*crab*)	6000 pesos
corvina (*sea bass*)	4000 pesos
ostras (*oysters*)	5000 pesos
salmón frío	5000 pesos
salmón ahumado (*smoked*)	6000 pesos
salmón a la mantequilla	5500 pesos
salmón a la plancha (*grilled*)	5500 pesos
sopa marinera	3000 pesos
langosta	6000 pesos
vino tinto chileno (botella)	4000 pesos
vino blanco chileno (botella)	3500 pesos
cerveza	1000 pesos
agua mineral	1000 pesos
té	500 pesos
café	750 pesos

¿Cómo se llega?
De la estación de autobuses en Puerto Montt, tome un taxi o un colectivo a Angelmó. Allí va a ver un edificio de dos plantas. Suba al segundo piso y busque la Cocina Concha.

Puerto Montt: Un paraíso visual y culinario

¡Así lo hacemos! Estructuras

1. Superlatives

■ A superlative statement expresses the highest or lowest degree of a quality; for example, the most, the greatest, the least, or the worst. To express the superlative in Spanish, the definite article is used with **más** or **menos.** Note that the preposition **de** is the equivalent of *in* or *of* after a superlative.

definite article + **más** or **menos** + *adjective* + **de**

Este restaurante es **el más elegante de** la ciudad.
Estas tortas son **las menos caras de** todas.

This restaurant is the most elegant in the city.
These cakes are the least expensive of all.

■ When a noun is used with the superlative, the article precedes the noun in Spanish.

> La langosta es **el** marisco más caro que venden aquí.
>
> *Lobster is the most expensive shellfish they sell here.*
>
> La Cocina Concha es el café más popular del barrio.
>
> *Cocina Concha is the most popular cafe in the neighborhood.*

■ Adjectives and adverbs that have irregular forms in the comparative use the same irregular forms in the superlative.

> Pepe es el **mejor de** los camareros.
>
> *Pepe is the best of the waiters.*
>
> La tía Isabel es **la mayor de** mis tías.
>
> *Aunt Isabel is the oldest of my aunts.*

Aplicación

6-12 Chile, tierra de contrastes. Lee el párrafo sobre Chile y subraya los superlativos.

Patagonia es la región más al sur de Chile.

Chile es un país de contrastes geográficos. El país es largo y estrecho. Por eso, si empiezas al extremo norte del país y viajas al extremo sur, vas a ver una enorme variedad de flora, fauna y características geográficas. El norte es seco (*dry*); dicen que el desierto Atacama es el más seco del mundo. Allí se encuentran los depósitos de nitrato de sodio más importantes del hemisferio. Por toda la costa, la industria pesquera (*fishing*) es una de las mejores de Suramérica. Las montañas al este son las más altas de las Américas. En el Valle Central encuentras la región más fértil del país. Allí cultivan uvas que producen vinos excelentes que están entre los más económicos del mundo. Si continúas hacia el sur, llegas a la Patagonia, la tierra de los pingüinos. Allí vas a encontrar algunas de las vistas más bellas de Chile. Hacia (*Toward*) el este, puedes visitar los Andes donde tienen los centros de esquí más bellos de Latinoamérica. En fin, si visitas Chile, vas a conocer el país más variado del mundo.

6-13 ¿Cómo es Chile? Contesta las preguntas basadas en la Actividad 6-12.

1. ¿Cómo se llama el desierto más seco del mundo?
2. ¿Por qué es importante este desierto para la economía de Chile?
3. Si quieres ver una región importante para la agricultura, ¿adónde vas?
4. ¿Dónde se encuentran los pingüinos?
5. ¿Cuál es otra industria importante de Chile?
6. ¿Dónde encuentras los centros de esquí?
7. Para ti, ¿cuál es la región más interesante?

6-14 Otras cosas superlativas. Da ejemplos de lo siguiente.

MODELO: la fruta más deliciosa (*appetizing*) del mercado
La manzana es la fruta más apetitosa del mercado.

1. el restaurante más caro de la ciudad
2. el restaurante más económico de la ciudad
3. el mejor plato de tu restaurante favorito
4. el restaurante más popular entre los estudiantes
5. la peor comida de la cafetería
6. la bebida menos saludable de todas

AB **6-15A ¿Cómo eres?** Túrnense para preguntarse sobre su familia y sus amigos.

MODELO: más trabajador/a
  E1: *¿Quién es el más trabajador de tu familia?*
  E2: *Mi hermano es el más trabajador de mi familia.*

1. más alegre
2. más alto/a
3. menos responsable
4. menor
5. más liberal
6. más simpático/a

2 **6-16 En mi opinión...** Túrnense para identificar personas con estas características.

MODELO: un/a cantante bueno/a
  Ricky Martin es el mejor cantante del mundo.

1. una buena actriz
2. un actor serio
3. una persona rica
4. un cantante malo
5. una persona desagradable
6. un animal gracioso
7. un hombre viejo
8. una mujer hermosa / un hombre guapo

2 **6-17 Entre todos.** Aquí tienen series de tres cosas o lugares. Túrnense para compararlas, siempre diciendo cuál es el superlativo, en su opinión.

MODELO: San Francisco – Nueva York – Miami
  San Francisco es la ciudad más bella de todas. Nueva York es....

1. París – Roma – Santiago
2. el pescado – el jamón – el pollo
3. la banana – la naranja – la uva
4. el maíz – las papas – las judías
5. el té – la cerveza – la leche
6. el desayuno – la merienda – la cena

2. Double object pronouns

INDIRECT OBJECT PRONOUNS	DIRECT OBJECT PRONOUNS
me	me
te	te
le ➜ se	lo/la
nos	nos
os	os
les ➜ se	los/las

¿Me pasas la sal?

Te la paso enseguida.

■ When both a direct and an indirect object pronoun are used together in a sentence, they are usually placed before the verb, and the indirect object pronoun precedes the direct object pronoun.

  Julián, ¿**me** traes **el pescado**?
  Te lo traigo en un momento.

  Julián, will you bring me the fish?
  I'll bring it to you in a moment.

■ The indirect object pronouns **le** (*to you, to her, to him*) and **les** (*to you, to them*) change to **se** when they appear with the direct object pronouns **lo, los, la, las.** Rely on the context of the previous statement to clarify the meaning of **se.**

  La camarera **le/les** trae **el menú**.

  The waitress is bringing you/him/her/ them the menu.

  La camarera **se lo** trae.

  The waitress is bringing it to you/him/ her/them.

■ As with single object pronouns, the double object pronouns may be attached to the infinitive or the present participle. In both cases, the order of the pronouns is maintained and an accent mark is added to the stressed vowel of the verb.

Señorita, ¿puede **traerme un vaso de agua**? *Miss, can you bring me a glass of water?*

En un segundo voy a **traérselo**. *I'll bring it to you in a second.*

¿**Nos** está **preparando** la paella el cocinero? *Is the cook preparing the paella for us?*

Sí, está **preparándonosla**. *Yes, he's preparing it for us.*

◎ STUDY TIPS

Para aprender los pronombres de los complementos indirectos y directos juntos

Double object pronouns may appear confusing at first because of the number of combinations and positions that are possible in Spanish sentences. Here are a few strategies to help you with this structure.

1. Review the use of pronouns and do the practice activities to reinforce your knowledge of this structure.

2. Also review the use of indirect objects and indirect object pronouns.

3. Learning to use double object pronouns is principally a matter of combining the two pronouns in the right order.

4. Getting used to the way these pronouns sound together will help you make them become second nature to you. Practice repeating out loud phrases such as the ones below. Increase your pronunciation speed as you become more comfortable with verbalizing the double object pronouns.

me lo da	te lo doy	se los da
me las traes	te los traigo	se las traemos
se lo llevo	se las llevamos	se la llevas

Aplicación

6-18 En la Cocina Concha. Lee el diálogo entre Concha y el camarero, y subraya los pronombres de complementos directos (D) e indirectos (I). Indica cuál es cuál.

MODELO: *Me faltan las servilletas. ¿A quién se las pido?*
                                                     I D

Concha: Sebastián, me trae las servilletas, por favor.

Camarero: Enseguida se las traigo, señora. ¿Dónde se las pongo?

Concha: Es necesario ponerlas en la mesa, Sebastián. Después, ¿me busca los menús del día?

Camarero: ¿Dónde los encuentro, señora?

Concha: Creo que están en la cocina. Seguramente la cocinera los tiene. Debe pedírselos a ella. ¿Tiene usted los platos?

Camarero: Estamos lavándolos ahora. ¿Se los traigo?

Concha: Debe ponérmelos en la mesa de enfrente. ¿No quiere tomar su descanso ahora, Sebastián?

Camarero: Gracias, señora. Lo tomo en cinco minutos.

Concha: Está bien. Y después, ¿me prepara un cafecito?

Camarero: No se preocupe, señora. Se lo preparo ahora mismo.

6-19 ¿Quién lo hace? Ahora, contesta las preguntas basadas en el diálogo. Usa pronombres de complemento directo e indirecto en tus respuestas.

1. ¿Quién tiene las servilletas?
2. ¿A quién se las da?
3. ¿Quién está lavando los platos?
4. ¿Dónde los debe poner?
5. ¿Quién le prepara el café a Concha?
6. ¿Por qué no quiere el camarero tomar un descanso?

6-20 De viaje en la Patagonia. Haz el papel de turista en la Patagonia, la región al extremo sur de Chile y la Argentina, y responde a las preguntas del guía (*guide*), usando los pronombres de complemento indirecto y directo.

MODELO: ¿Quiere ver el tren que tomamos mañana?
           Sí, ¿*me lo* enseña ahora?

1. ¿Quiere ver el restaurante donde vamos a cenar?
   —Sí, ¿_____ enseña ahora?
2. ¿Quiere leer el periódico de ayer?
   —Sí, ¿_____ trae ahora?
3. ¿Le traigo la información turística?
   —No, no es necesario traér_____.
4. ¿Quiere ver los pingüinos?
   —¡Sí! ¿_____ muestra ahora?
5. ¿Le traigo un refresco?
   —No, no tengo sed. No tiene que traér_____.
6. ¿Le enseño nuestra ruta para mañana?
   —¡Claro! ¿_____ enseña ahora?
7. ¿Le doy una propina al camarero?
   —Buena idea. Debe dár_____ ahora.
8. Les preparo un cóctel a ustedes.
   —No, gracias. No es necesario preparár_____.

6-21 Una receta chilena. Haz el comentario para la televisión mientras Concha prepara un plato especial.

MODELO: En este momento Concha le está añadiendo (*adding*) sal a la
           sopa.
           Se la está añadiendo. / Está añadiéndosela.

1. Concha está describiéndoles el plato a los televidentes.
2. Concha está explicándoles la receta a los televidentes.
3. Concha le está añadiendo limón al plato.
4. Los camareros están pasándoles la sopa a los miembros de la
   audiencia.
5. El camarógrafo (*cameraman*) está pidiéndole la receta a la cocinera.
6. El público le dice a Concha que la sopa está magnífica.

(AB) **6-22A ¿Tienes?** Imagínate que estás muy enfermo/a y tu compañero/a va a traerte unas cosas que necesitas. Pregúntale si tiene las siguientes cosas. Si las tiene, pregúntale si puede traértelas. Si no las tiene, pregúntale si puede comprártelas. Luego, consúltense para hacer una lista de las cosas que tu compañero/a necesita comprar.

MODELO: E1: *¿Tienes naranjas?*
   E2: *Sí, tengo naranjas. / No, no tengo naranjas.*
   E1: *¿Me las traes? / ¿Me compras unas naranjas?*
   E2: *Sí, te las traigo. / Sí, te las compro.*

1. sopa de pollo
2. jugo de tomate
3. té
4. manzanas
5. pan
6. galletas
7. jugo de naranja
8. sopa de tomate

(G) **6-23 En el restaurante.** Hagan los papeles de clientes y camarero/a en un restaurante y pídanle varias cosas al/a la camarero/a. El/La camarero/a debe contestar usando dos pronombres de complemento directo e indirecto. Pueden usar las sugerencias a continuación.

MODELO: E1: *Camarero, nos trae el menú, por favor.*
   E2: *Sí, se lo traigo enseguida...*

un plato de arroz	el menú	dar
una ensalada	un vaso de agua / té	pedir
una taza de café / té	una sopa	servir
más pan	la cuenta	traer

¿Cuánto sabes tú? *Can you...*

☐ talk about what you like to eat (**Me gusta...**) and order a meal (**¿Me puede traer...?**)?

☐ identify eating utensils, such as **el tenedor, la cuchara, el vaso,** and say which you need?

☐ describe the people, places, and things that are the best and worst, the oldest and youngest, etc., using superlatives such as **el mejor restaurante de la ciudad**?

☐ recognize the referents for direct and indirect object pronouns and respond to a question such as **¿Me traes el periódico?** using two object pronouns (**Sí, te lo traigo.**)?

La compra de la comida y la cocina chilena

6-24 En tu experiencia. ¿Cuántas veces vas al supermercado por semana? ¿Compras comidas fáciles de preparar? ¿Compras en tiendas especializadas o en un supermercado grande? ¿Conoces un mercado donde todo está muy fresco? ¿Tu familia prepara una comida especial en los días festivos?

Aquí tienes una descripción de la rica y variada comida del mundo hispano, y en especial, de Chile. Compárala con la comida que comes en tu casa.

La comida tiene un papel muy importante en el mundo hispano. Se puede decir que para los hispanos la comida desempeña (*serves*) una función social muy importante. Se dice que en los países hispanos se vive para comer, no se come para vivir.

Aunque los supermercados ya son muy populares, todavía es común ir al mercado dos o tres veces por semana para asegurarse (*to be sure*) que los productos son frescos. El mercado típico es un edificio enorme y abierto, con tiendas (*shops*) pequeñas donde se vende todo tipo de comestibles (*food*). En el mercado hay tiendas especiales como carnicerías, pescaderías y fruterías. En cada barrio también hay una panadería, una pastelería y una heladería.

Los mercados y las comidas típicas de cada región varían y dependen mucho de los productos disponibles en esa región. La cocina de Chile refleja la variedad topográfica del país. Debido a su enorme costa, en Chile se come mucho marisco y pescado; también carnes diferentes, frutas frescas y verduras. Hay dos especialidades populares: **la parrillada**, que consiste en distintos tipos de carne, morcilla (*blood sausage*) e intestinos asados a la parrilla; y **el curanto**, que es un estofado (*stew*) de pescado, marisco, pollo, cerdo, carnero (*lamb*), carne y papas. Además, el vino chileno es un gran vino.

La abundancia de pescado y mariscos en Chile los hace una parte importante de su cocina.

6-25 En tu opinión. Conversen sobre sus gustos culinarios.

	Mi opinión	La opinión de mi compañero/a
1. La especialidad de nuestra región...	_____	_____
2. El restaurante más popular...	_____	_____
3. Cenamos en un restaurante tres veces a la semana.	_____	_____
4. Nuestro restaurante favorito...	_____	_____
5. Nuestro plato favorito...	_____	_____
6. Un plato que odiamos...	_____	_____

¡Así es la vida!

En la cocina

Buenas noches, querida televidente. Ayer te enseñé a hacer una paella. ¿Preparaste anoche este delicioso plato? Hoy en el programa de "La tía Julia cocina" vamos a explicarte cómo hacer otro plato exquisito: el arroz con pollo. A continuación te voy a dar una de las mejores recetas. Esto es lo que hay que hacer.

Primero, cortamos el pollo en pedazos pequeños y luego ponemos los pedazos en un recipiente. Añadimos a los pedazos jugo de limón y un poco de ajo picado.

A continuación, calentamos un poco de aceite de oliva en una cazuela, añadi-

mos los pedazos de pollo y ponemos a freír el pollo a fuego mediano. Añadimos una cebolla y un ají verde bien picados. Dejamos cocinar todo unos cinco minutos.

Después, añadimos una taza de salsa de tomate, una cucharada de sal, una pizca de pimienta y azafrán, media taza de vino blanco y dos tazas de caldo de pollo. Dejamos cocinar todo unos cinco minutos más.

Por último, añadimos dos tazas de arroz blanco a la cazuela. Mezclamos

todo bien y cuando vuelva a hervir (*when it comes to a boil*), tapamos la cazuela y dejamos cocinar todo a fuego lento unos veinticinco minutos.

Y... ¡Ya está listo! Servimos el arroz con pollo caliente y... ¡Buen provecho!

Aparatos (Appliances) y utensilios de la cocina

el refrigerador
la cafetera
el microondas
la estufa
la tostadora
la cazuela
el recipiente
la sartén
el horno
el congelador

Actividades de la cocina

añadir	*to add*
calentar (e-ie)	*to heat*
cortar	*to cut*
echar	*to add; to throw in*
freír (e-i)[1]	*to fry*
hervir (e-ie)	*to boil*
hornear	*to bake*
mezclar	*to mix*
tapar	*to cover*
tostar (o-ue)	*to toast*

Ingredientes y condimentos especiales

el ají verde, el pimiento	*green pepper*
el ajo	*garlic*
el azafrán	*saffron*
la cebolla	*onion*
la salsa picante	*hot sauce*

Otras palabras y expresiones

a fuego alto / mediano / bajo	*on high / medium / low heat*
picado/a	*chopped*
la receta	*recipe*
la tortilla	*omelet, tortilla*

Expresiones adverbiales para hablar del pasado

anoche	*last night*
anteayer	*day before yesterday*
ayer	*yesterday*
el año (lunes, martes, etcétera) pasado	*last year (Monday, Tuesday, etc.)*
la semana pasada	*last week*

Ampliación
Las medidas (Measurements)

la cucharada	*tablespoon*
la cucharadita	*teaspoon*
el kilo	*kilogram (equivalent to 2.2 pounds)*
el litro	*liter*
el pedazo	*piece*
la pizca	*pinch (of salt, pepper, etc.)*

---

[1]frío, fríes, fríe, freímos, freís, fríen

Aplicación

6-26 ¿Qué necesitas para...? Indica un utensilio o aparato que necesitas para hacer lo siguiente.

Modelo: congelar el helado
el congelador

1. _____ freír el pescado
2. _____ calentar la sopa
3. _____ enfriar el jugo
4. _____ tostar el pan
5. _____ mezclar los huevos
6. _____ preparar el café
7. _____ hornear el pastel

a. la cazuela
b. la cafetera
c. la sartén
d. el recipiente
e. el horno
f. la tostadora
g. el refrigerador

6-27 ¿Qué hacen? Describe lo que hacen las personas en cada dibujo con expresiones de **¡Así lo decimos!**

Modelo:

Mario

Mario pone el pollo en el horno.

1.

Lola

2.

El señor Barroso

3.

Dolores

4.

Diego

5.

Estela

6.

Pilar

2 **6-28 ¿Qué necesitas?** Túrnense para hacer una lista de todo lo que necesitan para preparar estas comidas y bebidas.

Modelo: café
Necesitamos una cafetera, leche, azúcar, una taza, agua y café.

1. té
2. huevos fritos
3. pollo frito
4. papas al horno

5. torta de chocolate
6. papas fritas
7. pan tostado
8. hamburguesas

AUDIO **6-29 En la cocina con tía Julia.** Escucha la preparación del flan, un postre muy popular en todo el mundo hispano. Indica con una cruz (x) los ingredientes, los utensilios y las acciones que la tía Julia utiliza para preparar esta receta.

INGREDIENTES	UTENSILIOS	ACCIONES
_____ agua	_____ cucharada	_____ añadir
_____ arroz	_____ cucharadita	_____ cortar
_____ azúcar	_____ licuadora	_____ echar
_____ huevos	_____ molde	_____ hornear
_____ jugo de limón	_____ recipiente	_____ mezclar
_____ leche condensada	_____ sartén	_____ calentar
_____ leche evaporada	_____ taza	_____ servir
_____ sal		
_____ vainilla		

6-30 Una receta tuya. Túrnense para hacer una lista de los ingredientes, utensilios y acciones para una receta popular. El/La otro/a trata de adivinar para qué plato es la receta.

MODELO: E1: *Necesitas tres limones, un litro de agua, media taza de azúcar, hielo, etcétera.*
E2: *Es una receta para limonada.*

6-31 Nuestra cocina. Ustedes tienen un presupuesto de 45.000.000 pesos chilenos para amueblar su cocina. Trabajen juntos para decidir los aparatos y utensilios más importantes que pueden comprar. Indiquen el orden de importancia (1 = más importante). (Calcula 750 pesos chilenos por dólar.)

LOS APARATOS Y UTENSILIOS	EL COSTO
_____ un refrigerador	362.500 pesos
_____ una estufa	135.000 pesos
_____ una tostadora	18.125 pesos
_____ una cafetera	21.750 pesos
_____ un microondas	108.750 pesos
_____ una sartén	188.750 pesos
_____ cazuelas	14.500 pesos

6-32 ¿Qué dicen? Túrnense para explicar o responder a estas situaciones.

MODELO: E1: *La sopa no tiene sabor.*
E2: *La sopa necesita más condimentos. Voy a echarle cebolla, ajo y una pizca de sal.*

1. La carne no tiene sabor.
2. El café tiene un sabor muy malo.
3. Quieres una hamburguesa especial.
4. Siempre preparas un desayuno muy original.
5. La leche está cortada (*sour*).
6. La mesa está llena de platos y utensilios sucios.

AB **6-33A El arroz con leche.** El arroz con leche es un postre muy conocido por todo el mundo hispano. Imagínate que tienes la receta y tu compañero/a tiene algunos de los ingredientes. Decidan qué ingredientes necesitan comprar.

MODELO: E1: *Necesitamos una taza de arroz.*
E2: *No tenemos arroz. Tenemos que comprarlo.*

Ingredientes:	Preparación
1 taza de arroz 2 litros de leche 9 cucharadas de azúcar corteza (*peel*) de 1 limón 1 palito (*stick*) de canela (*cinnamon*) canela molida (*ground*) pizca de sal	• Poner* el arroz en una cazuela antiadherente (*nonstick*) y añadir agua fría hasta que lo cubra, junto con una pizquita de sal. Poner al fuego y, cuando empiece a hervir, darle diez minutos, o hasta que se consuma el agua. • Echar en la cazuela leche hasta que cubra el arroz y bajar el fuego al mínimo. Añadir el limón y el palito de canela, y mover todo constantemente mientras el arroz se va poniendo cremoso. • Si no se pone cremoso, seguir cocinando a fuego muy lento, añadiendo de vez en cuando un poco de leche, según se vaya consumiendo. Hay que mover todo a menudo. La operación dura unas dos horas. Cuando ya esté incorporada toda la leche, añadir el azúcar, dar unas vueltas más para que se mezcle bien y retirar del fuego la cazuela. Servir el arroz con leche frío, en recipientes individuales, espolvoreados (*sprinkled*) con canela.

*A common use of the infinitive in Spanish is to convey a command.

¡Así lo hacemos! Estructuras

¿Comieron suficiente?

3. The preterit of regular verbs

So far you have learned to use verbs in the present indicative tense and the present progressive form. In this chapter you will learn about the preterit, one of two simple past tenses in Spanish. In *Capítulo 8* you will be introduced to the imperfect, which is also used to refer to events in the past.

Las terminaciones del pretérito

	-ar **tomar**	-er **comer**	-ir **vivir**
yo	tom**é**	com**í**	viv**í**
tú	tom**aste**	com**iste**	viv**iste**
él, ella, Ud.	tom**ó**	com**ió**	viv**ió**
nosotros/as	tom**amos**	com**imos**	viv**imos**
vosotros/as	tom**asteis**	com**isteis**	viv**isteis**
ellos/as, Uds.	tom**aron**	com**ieron**	viv**ieron**

- The preterit tense is used to report actions completed at a given point in the past and to narrate past events.

Gasté mucho dinero en comida.	*I spent a lot of money on food.*
Ayer **comimos** en la cafetería de la universidad.	*Yesterday we ate at the cafeteria of the university.*
La semana pasada no **bebí** un solo refresco.	*Last week I didn't drink a single soda.*

- The preterit forms for **nosotros** of **-ar** and **-ir** verbs are identical to the corresponding present tense forms. The situation or context of the sentence will clarify the meaning.

Siempre **hablamos** de recetas de cocina.	*We always talk about cooking recipes.*
La semana pasada **hablamos** de tu receta de pollo.	*Last week we talked about your chicken recipe.*
Vivimos aquí ahora.	*We live here now.*
Vivimos allí el año pasado.	*We lived there last year.*

- Always use an accent mark in the final vowel for the first- and third-person singular forms of regular verbs, unless the verb is only one syllable.

Compré aceite de oliva.	*I bought olive oil.*
Ana Luisa añadió una pizca de sal.	*Ana Luisa added a pinch of salt.*
Vi una receta interesante en ese libro.	*I saw an interesting recipe in that book.*

EXPANSIÓN   More on structure and usage

Los verbos que terminan en *-car*, *-gar* y *-zar*

Verbs that end in **-car**, **-gar**, and **-zar** have the following spelling changes in the first-person singular of the preterit. All other forms of these verbs are conjugated regularly.

c → qu	buscar	yo **busqué**
g → gu	llegar	yo **llegué**
z → c	almorzar	yo **almorcé**

Bus**qu**é el programa en la tele.	*I looked for the program on the TV.*
Lle**gu**é muy contento ayer.	*I arrived very happy yesterday.*
Almor**c**é poco hoy.	*I had little for lunch today.*

The following verbs follow this pattern as well.

abrazar	*to embrace*	**pagar**	*to pay*
empezar	*to begin*	**practicar**	*to practice*
explicar	*to explain*	**tocar**	*to touch; to play a musical instrument*
jugar (a)	*to play*		

Aplicación

6-34 Una tortilla española. Lee el párrafo en el que Concha explica la preparación de la tortilla española y subraya los verbos en el pretérito.

Me levanté temprano y salí para el mercado donde compré seis huevos, dos cebollas y dos papas. Otra vez en casa, lavé y pelé las papas. Luego, corté las papas y las cebollas en pedazos muy pequeños. Eché un poco de aceite de oliva en una sartén. Lo calenté y cociné las papas y las cebollas. Batí seis huevos en un recipiente. Añadí un poco de sal y eché los huevos a la sartén. Revolví todos los ingredientes con la espátula. Volteé la tortilla a los cinco minutos y la cociné tres minutos más. Preparé un plato con un poco de perejil (*parsley*), serví la tortilla en el plato y les ofrecí la tortilla a mis invitados.

6-35 ¿Qué hizo Julia? Ahora, contesta las preguntas basadas en la Actividad 6-34.

1. ¿Cuáles son los ingredientes de la tortilla española?
2. ¿A qué hora salió Concha para el mercado?
3. ¿Qué cocinó primero?
4. ¿Cuántos huevos usó?
5. ¿Por cuánto tiempo cocinó la tortilla?
6. ¿Quiénes la comieron?

6-36 Ahora tú. Usa los verbos a continuación para contar la última receta que preparaste.

Primero compré...   Cociné...

En casa lavé...   Revolví...

Eché...   Serví...

6-37 Un restaurante inolvidable. Usa el pretérito de los verbos correspondientes de la lista para completar el párrafo.

buscar   encontrar   lavar   llegar   seleccionar

comer   gustar   llamar   salir   tomar

El sábado pasado encontré un restaurante que me (1) _____ mucho. (2) Nosotros _____ el nombre del restaurante en la guía telefónica. Yo (3) _____ para hacer una reservación. Nosotros salimos a las 7:00 de la noche y (4) _____ al restaurante a las 7:30. La comida estuvo (*was*) muy buena. Yo comí un filete y mis amigos (5) _____ arroz con pollo. Todos nosotros (6) _____ agua mineral y, después, café. Para el postre, yo (7) _____ una tarta de frutas. Cuando era (*was*) hora de salir, abrí mi bolsa (*bag*) y (8) _____ mi tarjeta de crédito pero no la encontré. Por eso, yo (9) _____ los platos por tres horas y (10) _____ del restaurante a las 2 de la mañana.

2 **6-38 Me gustó. / No me gustó.** Túrnense para decir si les gustó o no lo siguiente en el restaurante.

Modelo: los camarones
    E1: *¿Te gustaron los camarones a la parilla?*
    E2: *Sí, me gustaron. (¡No, no me gustaron nada!)*

1. el vino chileno   5. las papas fritas   9. la música
2. las verduras   6. la fruta   10. el pan
3. las ensaladas   7. el café con leche   11. el pescado
4. las tortas   8. los jugos   12. el pollo asado

6-39 Este fin de semana. Describe en un párrafo lo que hiciste (*you did*) durante el fin de semana. Usa verbos de la lista y expresiones como **y, pero, cuando** y **aunque** para unir tus ideas.

cocinar   comprar   estudiar   llamar   preparar   trabajar

comer   escribir   leer   mirar   salir   ver

Modelo: estudiar
    Estudié el sábado todo el día, pero salí con mis amigos el sábado por la noche.

AB **6-40A Charadas.** Túrnense para representar éstas y otras acciones en el pasado para ver si tu compañero/a puede adivinar la acción.

MODELO: E1: (Act out! *Corté el pan.*)
E2: *Cortaste el pan.*

Comí langosta.

Cocinamos papas fritas.

Mezclaste huevos y sal para la tortilla.

Preparé sopa.

Encontré una mosca (*fly*) en la sopa.

¿...?

2 **6-41 Te creo; no te creo.** Escribe tres oraciones ciertas y tres oraciones falsas. Luego reta (*challenge*) a un/a compañero/a para decidir si lo que dices es cierto o falso.

| besar (a) | comprar | llevar | trabajar (en) | visitar |
| comer | conocer (a) | salir con | ver | vivir |

MODELO: E1: *Una vez conocí a Isabel Allende.*
E2: *¿Cuándo?*
E1: *En 2003.*
E2: *Te creo. / No te creo.*

6-42 Una entrevista con Isabel Allende. Lee la entrevista con esta famosa escritora chilena y contesta las preguntas a continuación.

Entrevistador: Señorita Allende, ¿cuándo empezó a escribir?

Isabel: A la edad de trece años. Escribí un cuento para mi tío, Salvador.[1]

Entrevistador: ¿Y a su tío le gustó el cuento?

Isabel: Sí, mucho. Escribí sobre mi familia. Tengo algunos familiares más interesantes que la ficción. Después, empecé a escribir cuentos cortos, como mi colección, *Eva Luna*. Son cuentos fantásticos, pero siempre basados en Chile.

Entrevistador: Usted publicó varios libros en español y luego recibió una sorpresa. ¿Qué pasó?

Isabel: Bueno, me llamó Billy August, el director de cine norteamericano, y me invitó a hacer una película basada en mi novela, *La casa de los espíritus*.[2] Contrató a varios de mis actores favoritos: Meryl Streep, Jeremy Irons y Antonio Banderas, entre otros. Esto fue (*was*) en 1993. Ahora, muchas personas conocen mis novelas y cuentos.

Entrevistador: ¿Cuál es su obra favorita?

Isabel: La verdad, es *Paula*. La escribí después de la muerte de mi querida hija, Paula. Fue una experiencia muy difícil para mí, pero también la más satisfactoria porque volví a recordar los momentos más importantes de su vida.

1. ¿Cuándo empezó a escribir cuentos?
2. ¿Quién leyó su primer cuento?
3. ¿De qué escribió?
4. ¿Quién la llamó para hacer una película?
5. ¿Conoces esa película?
6. ¿Cuál es el tema de *Paula*? ¿Crees que es una historia alegre o triste?

[1]Salvador Allende, presidente de Chile hasta que fue asesinado en 1973
[2]*The House of Spirits*

4. Verbs with irregular forms in the preterit (I)

> ¿Qué plato pidió?

> Prefirió el arroz con pollo.

El pretérito de los verbos con cambio radical, e → i, o → u

	pedir (*to ask for*)	dormir (*to sleep*)
yo	pedí	dormí
tú	pediste	dormiste
él, ella, Ud.	pidió	durmió
nosotros/as	pedimos	dormimos
vosotros/as	pedisteis	dormisteis
ellos/as, Uds.	pidieron	durmieron

■ Stem-changing **-ir** verbs in the present also have stem changes in the preterit. The changes are **e → i** and **o → u** and occur only in the third-person singular and plural.

pedir (i, i)	*to ask for*	**seguir (i, i)**	*to follow; to continue*
preferir (ie, i)	*to prefer*	**sentir (ie, i)**	*to feel; to be sorry for*
repetir (i, i)	*to repeat*	**servir (i, i)**	*to serve*

La camarera **repitió** las
especialidades del día

El cocinero **prefirió** no
ponerle mucha sal a la sopa.

Manuel y Victoria **durmieron**
diez horas anoche.

*The waitress repeated the specialities of
the day.*

*The cook preferred not to put too much salt
in the soup.*

*Manuel and Victoria slept ten hours last
night.*

Verbos que cambian la "i" en "y" en la tercera persona del singular y del plural

creer	oír
creí	oí
creíste	oíste
creyó	**oyó**
creímos	oímos
creísteis	oísteis
creyeron	**oyeron**

■ Verbs that end in **-er** and **-ir** preceded by a vowel (for example, **creer, leer,** and **oír**) change the **i → y** in the third-person singular and plural. All forms of these verbs are accented in all persons except the third-person plural.

Mamá **creyó** que no desayunaste
esta mañana.

Leyeron la receta con cuidado.

¿**Oíste** que hay un restaurante
chileno en Chicago?

*Mother believed that you didn't have
breakfast this morning.*

They read the recipe carefully.

*Did you hear that there is a Chilean
restaurant in Chicago?*

Aplicación

6-43 Jumbo. Ahora, muchas personas compran en un supermercado o un hipermercado en vez de ir siempre a las tiendas pequeñas. *Jumbo* es un ejemplo de un hipermercado enorme en Santiago de Chile. Lee sobre los señores García cuando hicieron sus compras esta semana. Luego completa las oraciones a continuación.

La semana pasada mi esposo y yo decidimos hacer las compras en el super *Jumbo* que abrió recientemente en el Unicentro de Santiago. Cuando llegamos al super, encontramos una sección grande de frutas y verduras; otras de carnes y pescado, y finalmente toda clase de bebidas. Pero, no sólo compramos comida, sino también artículos para la casa. ¡Qué tentación! Cuando encontré el departamento de muebles, compré una mesita de noche para la alcoba. Mi esposo compró una lámpara para la sala. También tomamos una merienda en el restaurante que tienen en el super. Mi esposo pidió pastel de limón y yo pedí pastel de manzana. La camarera nos sirvió café con el pastel. Mi esposo compró el periódico y lo leímos en el restaurante. Cuando regresamos a casa, me acosté en la cama y me dormí enseguida.

1. En Jumbo, los señores García _____ muchas cosas.
2. La señora de García _____ comida.
3. El señor García _____ una lámpara.
4. Los dos _____ pastel y _____ café.
5. Los señores García _____ el periódico.
6. La señora de García se _____ en la cama y se _____.

6-44 ¿Y tú? Contesta las preguntas sobre tu última visita a un hipermercado.

1. ¿A qué hora saliste para el hipermercado?
2. ¿Qué viste?
3. ¿Qué compraste?
4. ¿Qué encontraste?
5. ¿A qué hora volviste a casa?

6-45 ¿Qué pasó en Jumbo? Combina elementos de cada columna y forma oraciones para explicar lo que pasó en el Jumbo ayer.

MODELO: *El señor García pidió leche para su café.*

1. nosotros	oír...
2. los niños	preferir...
3. nuestros amigos	pedir...
4. yo	leer...
5. una mujer	repetir...
6. tú	sentir...

2 6-46 Verdad o mentira. Túrnense para contar anécdotas personales que pueden ser verdaderas o falsas.

MODELO: E1: *Una vez pedí camarones con helado.*
E2: *No te creo.*

UNA VEZ...
1. (servir)...
2. (oír)...
3. (pedir)...
4. (preferir)...
5. (leer)...

AB 6-47A ¿Qué pasó? Pregúntale a tu compañero/a qué pasó en las siguientes situaciones.

MODELO: en la fiesta familiar
E1: *¿Qué pasó en la fiesta familiar?*
E2: *Mi mamá sirvió nuestra comida favorita.*

1. en el restaurante estudiantil
2. en una película que viste
3. en clase ayer
4. en el restaurante el sábado
5. en la cena con...
6. en el mercado

¿Cuánto sabes tú? *Can you...*

☐ use infinitives to give instructions on how to prepare a simple recipe (**Es necesario cortar las papas y las cebollas...**)?

☐ use a variety of verbs to say what happened and what you did yesterday or once in the past (**Ayer comí en un restaurante chileno; una vez oí música mexicana.**)?

Observaciones

Toño Villamil y otras mentiras Episodio 6

6-48 Manolo. En este episodio conocemos a Manolo, un amigo de Toño. Lee su autodescripción y contesta brevemente las preguntas en español.

La tortilla mexicana es muy diferente de la española.

Hola, soy Manolo Reyes. Soy mexicano; nací en Malinalco. Mis padres vinieron aquí de Italia en 1960 y construyeron una casa pequeña en el pueblo. Mi padre abrió un restaurante italiano, pero luego decidió especializarse en comida mexicana. Después de muchos años, mis padres construyeron una casa mucho más grande y elegante en el campo. Es allí donde vivo yo con mi esposa, Elena, y mis dos hijos, Samuel y Carmelita. Mi trabajo en el restaurante es duro; las horas son largas, pero somos felices aquí. Cuando cocino, me gusta cantar, especialmente ópera. Mi especialidad es la cocina mexicana: arroz, frijoles, carne... pero a veces cocino algo diferente, como la tortilla española. No uso receta porque la tortilla no es muy complicada: huevos, aceite, cebollas, papas y un poco de sal. Mi amigo Toño cena aquí mucho, porque la comida es buena, barata, y a Toño no le gusta cocinar. Ayer le cociné arroz con pollo y se lo serví con una ensalada. A ver qué pide hoy...

1. ¿Dónde nació Manolo? ¿Dónde nacieron sus padres?
2. ¿Qué tipo de restaurante abrió su padre?
3. ¿Dónde vivieron ellos primero? ¿Dónde vivieron después?
4. ¿Cuál es la especialidad de Manolo?
5. ¿Qué otro plato sabe preparar?
6. ¿Qué pidió Toño la última vez?
7. En tu opinion, ¿qué va a pedir esta vez?

6-49 Toño se pone nervioso. Mira el sexto episodio de *Toño Villamil y otras mentiras* donde vas a ver a Toño ponerse muy nervioso. Ten en mente estas preguntas mientras ves el video.

1. En la casa, Toño tiene...
   a. sed.
   b. prisa.
   c. que usar el baño.
2. Cuando salen de la casa, Lucía tiene que...
   a. limpiar la cocina.
   b. ordenar la sala.
   c. cerrar la puerta.
3. En el restaurante, Toño...
   a. le pide ayuda a Manolo.
   b. ayuda a Manolo en la cocina.
   c. le presenta Lucía a Manolo.
4. Lucía le dice a Isabel que cree que Toño es...
   a. el hombre de sus sueños.
   b. bastante aburrido.
   c. buen cocinero.
5. Manolo le prepara a Lucía...
   a. un postre que tiene huevos, azúcar y leche.
   b. la especialidad de la casa.
   c. un plato español.
6. Mañana, Lucía va a visitar...
   a. las iglesias de Malinalco.
   b. un sitio arqueológico.
   c. a la familia de Toño.

WWW **6-50 Un restaurante mexicano.** Conéctate con la página electrónica de *¡Arriba!* (**www.prenhall.com/arriba**) para conocer un restaurante en México. Contesta las preguntas a continuación.

1. ¿Cómo se llama?
2. ¿Dónde está?
3. ¿Cuáles son algunas de sus especialidades?
4. ¿Cuándo está abierto los fines de semana?
5. ¿Te parece un restaurante elegante o familiar?
6. ¿Qué plato pides tú en este restaurante? ¿Por qué?

6-51 En tu opinión. Imagínate que Lucía y Toño se casan. ¿Qué hay en el menú para su banquete?

Panoramas

Chile: Un país de contrastes

6-52 ¿Ya sabes...? Trata de identificar, describir y/o explicar lo siguiente.

1. la capital de Chile
2. una cordillera de montañas importantes
3. ciudades en Chile y en Indiana, EE.UU., cuyo nombre significa *Valley of Paradise*
4. un producto agrícola chileno
5. los países en su frontera
6. una industria importante

Por sus 10.000 kms. de costas, la industria pesquera es sumamente importante en Chile. No sólo en los restaurantes se puede disfrutar de una variedad de pescado y mariscos, sino también se exportan por todo el mundo.

PERÚ

Arica•

Iquique•

Calama•

Antofagasta•

CHILE

OCÉANO PACÍFICO

Copaipó•

Coquimbo•

Valparaíso•

Santiago ✪

Islas de Juan Fernández (Ch.)

Concepción•

Temuco•

Puerto Montt

Puerto Aisén•

Se dice que el desierto de Atacama, en el norte de Chile, es el más seco del mundo. Aunque carece de (*it lacks*) vida, la región es rica en minerales, y es aquí donde se mina el nitrato de sodio para la producción de fertilizantes y explosivos. La minería de otros minerales, especialmente el cobre (*copper*), es también importante.

Punta Arenas•

En el extremo sur del continente americano, en medio de la legendaria Patagonia y junto al Estrecho de Magallanes, se encuentra Punta Arenas, la ciudad más próxima al polo sur.

BOLIVIA

BRASIL

PARAGUAY

ARGENTINA

URUGUAY

OCÉANO ATLÁNTICO

Islas Malvinas

Tierra del Fuego

El clima templado del valle central es ideal para el cultivo de frutas y verduras, muchas de las cuales se exportan a los EE.UU. y al Canadá durante el invierno norteamericano. El vino chileno es uno de los mejores del mundo.

Desde junio hasta octubre se puede disfrutar de los deportes de invierno en los Andes chilenos. El Parque Nacional Vicente Pérez Rosales, dominado por el volcán Osorno, es un lugar popular para hacer excursiones y esquiar.

6-53 ¿Cierto o falso? Indica si las siguientes oraciones son ciertas o falsas. Si son falsas, explica por qué.

1. En el extremo norte de Chile hace mucho frío.
2. Chile es un país bastante próspero.
3. Punta Arenas se encuentra en el extremo sur del país.
4. En el Parque Nacional Vicente Pérez Rosales, puedes nadar en el lago y esquiar en la nieve.
5. Una industria importante es la minería.
6. Isabel Allende es pintora.

6-54 ¿Dónde? Identifica un lugar o unos lugares en el mapa donde puedes encontrar las siguientes cosas.

1. industria pesquera
2. desierto
3. producción de vino
4. deportes invernales
5. temperatura alta
6. parques nacionales
7. volcanes
8. temperatura baja

2 **6-55 El mapa.** Consulten el mapa de Chile y túrnense para indicar dónde se encuentran estas ciudades y lugares.

al este de   al oeste de   en el centro   en las montañas
al norte de   al sur de   en la costa del Pacífico

MODELO: Santiago
Santiago es la capital de Chile. Está en el medio del país, entre la costa y las montañas.

1. Punta Arenas
2. Puerto Montt
3. el Estrecho de Magallanes
4. Valparaíso
5. Arica
6. Atacama
7. Osorno
8. Tierra del Fuego

G **6-56 Recomendaciones.** Háganles recomendaciones a personas que piensan viajar a Chile. Recomiéndenles lugares para visitar según sus intereses.

MODELO: Quiero estudiar mineralogía.
¿Por qué no vas al desierto Atacama? Allí hay minas de cobre y otros minerales.

1. Quiero estudiar ecología.
2. Me gusta escalar montañas.
3. Quiero observar los pingüinos.
4. Estudio agricultura.
5. Me gustan los mariscos.

WWW **6-57 Investigar.** Conéctate con la página electrónica de *¡Arriba!* (**www.prenhall .com/arriba**) y busca información sobre un hotel o un restaurante chileno. Descríbelo incorporando los puntos a continuación.

- ¿Dónde está?
- ¿Cómo es?
- ¿Quiénes lo visitan?
- ¿Cuánto cuesta una comida o una habitación?

Ritmos

"Tren al sur" (Los prisioneros, Chile)

Esta canción del grupo chileno Los prisioneros, que cuenta de un viaje al sur, también puede ser una metáfora de los cambios que se producen en la vida.

Antes de escuchar

6-58 Los símbolos. En **Páginas,** vas a leer un poema de Pablo Neruda y vas a aprender sobre los símbolos y la personificación en la poesía. "Tren al sur" es un ejemplo de cómo la letra de una canción se puede considerar poesía. Antes de escuchar la canción, completa el cuadro siguiente.

¿CÓMO ES?   ¿QUÉ SIMBOLIZA?

1. un tren
2. tu corazón (*heart*)
3. un olor (*smell*)

En tu opinión, ¿se puede personificar un tren, el corazón o un olor? ¿Cómo?

A escuchar

6-59 Tren al sur. Ahora escucha la canción y, mientras la escuchas, completa las palabras que faltan en algunas de las estrofas (*stanzas*) siguientes.

olor   corazón   ferrocarril (*train*)

Tren al sur
Siete y media en la mañana
el asiento toca la ventana
estación central segundo carro
del (1) _____ que me llevará al sur

Ya estos fierros (hierros) van andando
Y mi (2) _____ está saltando
porque me llevan a las tierras
donde al fin podré de nuevo
respirar adentro y hondo alegrías del corazón

y no me digas pobre por ir viajando así
no ves que estoy contento
no ves que estoy feliz

Doce y media en la mañana el (3) _____ se mete en la ventana
Son flores y animales
Que me dicen bienvenido al sur
[...]

6-60 Símbolos. Vuelve a escuchar la canción y contesta las preguntas siguientes. Después compara tus respuestas con las de tus compañeros/as.

- ¿Cómo son el tren, el corazón del narrador y el olor de la canción?
- ¿Qué simbolizan?
- ¿Están personificados? ¿Cómo?

Después de escuchar

6-61 Viaje en tren. Imagínate que vas a hacer un viaje en tren al sur de Chile y que necesitas ayuda de un/a amigo/a. Contesta las siguientes preguntas sobre este viaje imaginario usando los pronombres de complemento directo e indirecto.

MODELO: Tú: ¿Me compras el boleto para el viaje de tren?
        Tu amigo: *Sí, **te lo** compro.*

1. ¿Me preparas la comida para el viaje?
2. ¿Me enseñas la estación de tren?
3. ¿Me dices las horas de salida y llegada?
4. ¿Me buscas el asiento en el tren?

 # Páginas

"Oda a la manzana" (Pablo Neruda, Chile)

El poeta chileno Pablo Neruda (1904–1973), uno de los poetas más importantes del siglo XX, recibió el Premio Nóbel de Literatura. Escribió no sólo poemas de amor, sino también odas sencillas. En la película italiana, *Il Postino* (*The Postman*) vemos cómo la poesía cambia la vida de un humilde habitante de la región de Italia donde Neruda vivió por un tiempo. Aunque la historia de la película es pura ficción, nos ayuda a apreciar el poder de la poesía.

Pablo Neruda, el famoso poeta chileno, recibió el Premio Nóbel de Literatura en 1971.

Antes de leer

6-62 Los símbolos. Vivimos con símbolos por todas partes. ¿Qué simboliza para ti los iconos a continuación?

La poesía incluye con frecuencia símbolos y personificación. Este poema es sobre una manzana. Para ti, ¿qué simboliza esta fruta? ¿Cómo la describes? ¿Qué tipo de persona sería (*would it be*)? Haz una lista de todas las ideas que tienes al pensar en una manzana, sus representaciones físicas, simbólicas y personificadas. (Puedes escribir tu lista en español o en inglés.)

6-63 Compara. Mientras lees el poema de Neruda, compara tu descripción de la manzana con la de él.

- ¿Cómo es físicamente?
- ¿Qué simboliza?
- ¿Qué personifica?

"Oda a la manzana"

A ti, manzana,
quiero
celebrarte
llenándome
con tu nombre
la boca
comiéndote.

Siempre
eres nueva como nada
o nadie,
siempre
recién caída (*fallen*)
del Paraíso:
¡plena
y pura
mejilla arrebolada (*blushing cheek*)
de la aurora (*dawn*)!

Qué difíciles
son
comparados
contigo
los frutos de la tierra
las celulares uvas
los mangos
tenebrosos (*gloomy*),
las huesudas (*boney*)
ciruelas, (*plums*) los higos (*figs*)
submarinos:
tú eres pomada (*cream*) pura,
pan fragante
queso
de la vegetación.

Cuando mordemos (*we bite*)
tu redonda inocencia
volvemos
por un instante
a ser
también creadas criaturas:
aún tenemos algo de manzana.

Yo quiero una abundancia
total, la multiplicación
de tu familia,
quiero
una ciudad,
una república
un río Mississippi
de manzanas,
y en sus orillas (*banks*)
quiero ver
a toda la población
del mundo
unida, reunida,
en el acto más simple de la tierra (*earth*)
mordiendo una manzana.

Después de leer

6-64 Lo físico, lo simbólico, lo personificado. Completa la descripción que hace el poeta para cada uno de estos componentes. ¿Cuáles de éstos te sorprenden?

1. lo físico: _____
2. lo simbólico: _____
3. lo personificado: _____

6-65 La música de la poesía. Lee la oda en voz alta, línea por línea, pausando para saborear (*savour*) la delicia de la manzana.

② **6-66 Otras odas sencillas.** Trabajen juntos para identificar otra comida que merezca (*deserves*) una oda. Después completen el cuadro a continuación.

MODELO:

La comida	pan	
Una descripción física	blanco, sabroso	
Lo que simboliza	la vida	
El tipo de persona que es	una persona fiel (faithful)	

Taller

6-67 Una reseña (*review*) de un restaurante. Puedes encontrar reseñas de restaurantes en el periódico, en una revista culinaria o en la red. La reseña te ayuda a decidir si te interesa visitar el restaurante. Lee la reseña a continuación para ver la información que se incluye.

⫿⫿⫿ EL SANTIAGO

Restaurante de cocina chilena, se encuentra en el centro de la ciudad, cerca de los teatros y la ópera. Entre sus especialidades se incluyen ceviche (pescado crudo "cocido" en jugo de limón); tapas (tortilla española, queso, calamares), corvina fresca preparada a gusto y los mejores vinos chilenos. Cada noche a partir de las 9:00, Los Chavales (grupo musical del norte de Chile) toca música andina. El lugar es hermoso con varios patios y pequeñas mesas alrededor de una fuente[1] en medio. Las pequeñas luces que decoran los árboles y las plantas contribuyen al ambiente[2] romántico. El servicio es bueno, aunque no excepcional (esperamos media hora para recibir nuestras tapas), pero el ambiente y la música compensaron la demora.[3] Cuando por fin nos llegó la comida, valió la pena[4] esperar. La cuenta para dos personas, que incluyó tapas, comida, una botella de vino tinto, postre y propina, no llegó a $75. Les recomendamos este lindo restaurante para una ocasión especial, o para una cena después del teatro. Se aceptan reservaciones llamando al 555-4876.

[1]*fountain*   [2]*atmosphere*   [3]*delay*   [4]*it was worth the trouble*

Antes de escribir

- Piensa en el nombre de un restaurante, dónde se encuentra y por qué lo recomiendas.
- Contesta las siguientes preguntas para organizar tus ideas

  ¿Cuántos tenedores tiene (1: muy económico a 5: muy caro y elegante)?

  ¿Dónde está?

  ¿Tiene alguna cocina en especial?

  ¿Cuáles son sus especialidades?

  ¿Cómo es su ambiente (formal, informal)?

  ¿Tiene música?

  ¿Cómo es el servicio?

  ¿Qué comiste cuando lo visitaste?

  ¿Qué te gustó o no te gustó?

  ¿Cuánto costó?

  ¿Aceptan reservaciones?

  ¿Cuál es tu recomendación?

A escribir

- Organiza tus respuestas en un párrafo siguiendo el modelo de arriba.

Después de escribir

- **Revisar.** Revisa tu reseña para verificar los siguientes puntos:
  - ☐ el uso del pretérito
  - ☐ la concordancia de adjetivos y sustantivos
  - ☐ alguna frase superlativa (es el restaurante más/menos... de...
  - ☐ la ortografía (*spelling*)
- **Intercambiar**
  Intercambia tu reseña con la de un/a compañero/a. Mientras leen las reseñas, hagan comentarios y sugerencias sobre el contenido, la estructura y la gramática.
- **Entregar**
  Pasa tu reseña a limpio, incorporando las sugerencias de tu compañero/a. Después, entrégasela a tu profesor/a.

7 ¡A divertirnos!

Merengue del artista dominicano Jamie González Colson detalla (*depicts*) los colores y el ritmo de este baile popular de las islas caribeñas.

Colson, Merenque, 1937. Courtesy of Museo Bellapart, Dominican Republic.

Las islas hispánicas del Caribe

«Dime con quién andas y te diré quién eres.»

Celia Cruz nació en Cuba, y desde su infancia la música de salsa corrió por sus venas. Durante su vida, recibió muchos honores, entre ellos uno del Museo Smithsonian, donde tiene en su colección un vestido (*dress*) y unos zapatos (*shoes*) suyos.

223

¡Así es la vida!

El fin de semana

Escena 1

Susana, Ricardo, Julia y Eduardo estudian en la Universidad de Puerto Rico. Es sábado por la mañana. No saben qué van a hacer y están hablando de posibilidades.

Ricardo: Oye, ¿por qué no vamos al partido de básquetbol?

Susana: No sé. Hoy hace buen tiempo y no quiero estar dentro de un gimnasio.

Ricardo: Tienes razón. ¿Qué tal si vamos a la feria internacional?

Julia: No, ya fui ayer y estuve varias horas.

Susana: Mira, hoy es un día perfecto para ir a la playa. Hace sol y mucho calor. ¿Por qué no vamos a Luquillo a nadar en el mar y después hacemos un pícnic?

Ricardo: ¡Magnífico! ¡Es una estupenda idea!

Escena 2

Todos llegaron a la playa y se sentaron en la arena.

Susana: ¡Qué bonito está el mar!

Eduardo: ¡Fabuloso! Está ideal para nadar.

Julia: Oye, Eduardo, ¿dónde está la bolsa con las toallas? No la vi en el carro. ¿Se la diste a alguien?

Eduardo: ¡Ay, no! No se la di a nadie. La dejé en la residencia de estudiantes.

Julia: ¡Ay, bendito! ¡Qué mala suerte! No vamos a poder secarnos después de nadar en el mar.

¿Qué tiempo hace? (*What's the weather like?*)

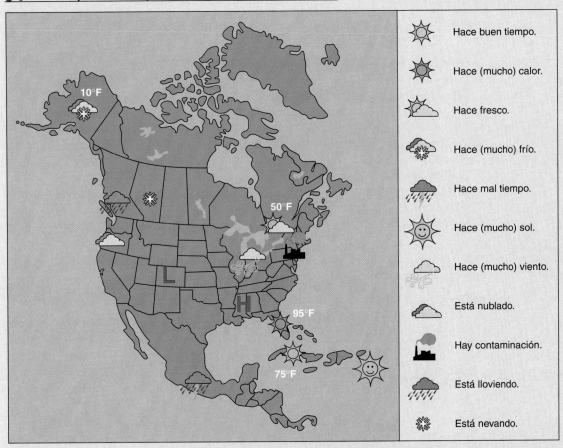

☀	Hace buen tiempo.
☀	Hace (mucho) calor.
⛅	Hace fresco.
☁	Hace (mucho) frío.
🌧	Hace mal tiempo.
☀	Hace (mucho) sol.
☁	Hace (mucho) viento.
☁	Está nublado.
🏭	Hay contaminación.
🌧	Está lloviendo.
❄	Está nevando.

Actividades para el fin de semana

dar un paseo	*to go out, to take a walk*
hacer un pícnic / una merienda	*to have a picnic*
ir a un partido / un concierto / una discoteca	*to go out to a game / concert / nightclub*
nadar en el mar	*to swim in the ocean*
ver (una película)	*to see (a movie)*

Opiniones y sugerencias

Es un día perfecto para...	*It's a perfect day for . . .*
¡Oye!	*Listen!*
¿Qué tal si...?	*What if . . . ?*

Reacciones

¡Ay, bendito!	*Oh, no!*
¡Estupendo!	*Terrific!*
¡Fabuloso!	*Great!*
¡Fantástico!	*Fantastic!*
¡Magnífico!	*Great! Wonderful!*
Me da igual.	*It's the same to me.*
No te preocupes.	*Don't worry.*
¡Qué mala suerte!	*What bad luck!*

Para la playa

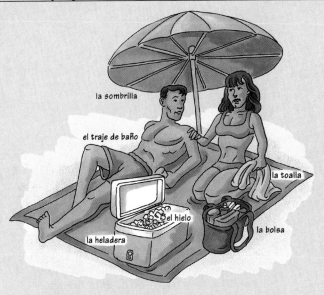

la sombrilla
el traje de baño
la toalla
el hielo
la bolsa
la heladera

Aplicación

7-1 ¿Qué hacer? Algunos amigos están haciendo planes para el fin de semana. Completa las oraciones con la expresión adecuada de la lista.

MODELO: No quiero quemarme (*get burned*) en el sol. ¿Hay *sombrillas* en la playa?

1. Queremos ir a escuchar música. Vamos a _____.
2. Hace buen tiempo. ¿Por qué no vamos al parque, llevamos sándwiches y hacemos _____?
3. Hoy hace sol. Vamos a dar _____ por el parque.
4. Los refrescos están en _____.
5. El sábado va a hacer mucho calor. ¿Por qué no vamos a nadar en _____?
6. El domingo hay _____ de básquetbol en el gimnasio.
7. ¡Qué feo! Hace muy mal tiempo: está nublado y hay mucha _____.
8. Si hace mal tiempo, es un día perfecto para _____.

a. un paseo
b. el mar
c. ver una película
d. un concierto
e. un partido
f. un pícnic
g. contaminación
h. la heladera

7-2 ¿Dónde...? Mira este mapa meteorológico y di dónde hace el tiempo descrito a continuación.

MODELO: Hay chubascos (*showers*).
en las islas Vírgenes

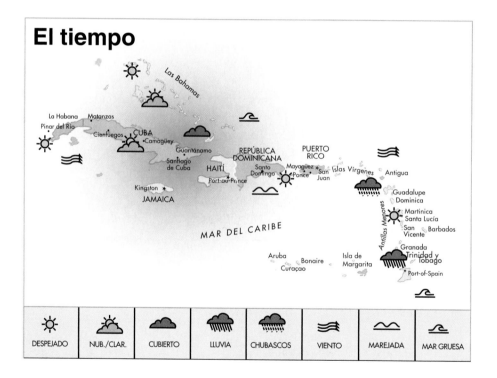

1. Está nublado.
2. Está lloviendo.
3. Hace viento.
4. Hace mucho sol.
5. Está nevando.

AUDIO **7-3 El pronóstico del tiempo.** Escucha el pronóstico del tiempo que se da en la radio para esta semana. Luego, completa la información a continuación. Puedes escuchar más de una vez, si quieres.

Ciudad: _____

Siglas (*call letters*) de la emisora de radio: _____

Fecha: _____

Estación del año: _____

Tiempo de ayer: _____

Pronóstico para hoy: _____

Pronóstico para mañana: _____

Una actividad que puedes hacer mañana: _____

7-4 ¿Y aquí? Di qué tiempo hace en tu ciudad hoy y qué tiempo va a hacer mañana.

MODELO: *Hoy hace mal tiempo: está nevando y hace frío, pero mañana va a hacer sol.*

G **7-5 Un clima ideal.** Escribe cinco oraciones completas describiendo un lugar que para ti tiene un clima ideal. Luego, descríbeselo al resto de la clase. Entre todos, escojan el lugar favorito.

2 **7-6 Una entrada.** Aquí tienes una entrada para una función en Puerto Rico. Túrnense para hacer y contestar preguntas sobre la función. Luego decidan si quieren asistir.

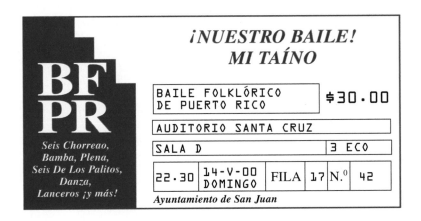

MODELO: E1: *¿Dónde es la función?*
        E2: *Es en el Auditorio Santa Cruz.*

2 **7-7 ¿Qué necesitan?** Hagan una lista de todas las cosas que necesitan para poder hacer las siguientes actividades.

MODELO: para ir a la playa
        Necesitamos los trajes de baño, buen tiempo,...

1. para ir a ver una película
2. para hacer un pícnic
3. para ir a un concierto
4. para dar un paseo
5. para ir a una discoteca
6. para ver la televisión
7. para hacer una fiesta
8. para ir a un partido

7-8 El clima. Explica los dibujos, diciendo quién es, dónde está, qué tiempo hace y qué tiene.

MODELO: Ésta es Marta. Vive en Saskatchewan donde hace mucho frío en invierno. Está nevando y Marta tiene mucho frío.

1.    2.    3.    4.

AB **7-9A Una invitación.** Invita a tu compañero/a para este fin de semana. Trata de extender la conversación lo más posible. Puedes usar expresiones de la lista.

Es un día perfecto para...   ¿Qué crees?   ¡Vamos a...!
¿Qué piensas hacer hoy?   ¿Qué piensas?
¿Qué te parece...?   ¿Qué tal si...?

MODELO: E1: *Oyé, ¿qué te parece si vamos al concierto de Ricky Martin?*
E2: ...

1. un concierto de...
2. una película
3. un partido de fútbol
4. ir a la playa

AB **7-10A ¿Qué te gusta hacer cuando...?** Túrnense para preguntarse qué les gusta hacer en diferentes climas. Anoten y resuman las respuestas.

MODELO: E1: *¿Qué te gusta hacer cuando está nevando?*
E2: *Me gusta esquiar.*

ALGUNAS ACTIVIDADES

dar un paseo / una fiesta   ir a un partido / al cine / a la playa

dormir una siesta   leer una novela / el periódico

esquiar en la nieve / en el agua   nadar en la piscina / en la playa

hacer un pícnic / una fiesta   tomar el sol / un refresco

invitar a los amigos   ver una película / un concierto / la televisión

¿QUÉ TE GUSTA HACER CUANDO...

1. hace calor?
2. está lloviendo?
3. hace frío en la playa?
4. hace fresco?
5. está nevando?
6. hace buen tiempo pero tienes que trabajar?

¡Así lo hacemos! Estructuras

1. Irregular verbs in the preterit (II)

Irregular preterit forms

	ser/ir	estar	tener	dar	ver
yo	fui	estuve	tuve	di	vi
tú	fuiste	estuviste	tuviste	diste	viste
él, ella, Ud.	fue	estuvo	tuvo	dio	vio
nosotros/as	fuimos	estuvimos	tuvimos	dimos	vimos
vosotros/as	fuisteis	estuvisteis	tuvisteis	disteis	visteis
ellos/as, Uds.	fueron	estuvieron	tuvieron	dieron	vieron

¿Dónde estuviste?

Fui a comprar unos refrescos.

■ The verbs **ser** and **ir** have the same forms in the preterit. The context of the sentence or the situation will clarify the meaning.

> ¿Sabes?, nuestros abuelos también **fueron** jóvenes.
> **Fuimos** a dar un paseo al centro.

You know, our grandparents were also young.
We went downtown for a walk.

■ Note that **estar** and **tener** have the same irregularities in the preterit. **Andar** has the same endings as **estar** and **tener.**

> **Estuve** en la feria internacional.
> Gloria **tuvo** que salir temprano del partido.
> Esta mañana **anduvimos** por la playa mucho tiempo.

I was at the international fair.
Gloria had to leave the game early.

This morning we walked on the beach for a long time.

■ **Dar** and **ver** use the same endings as regular **-er** and **-ir** verbs. However, the first and third persons have only one syllable and do not require an accent mark.

> Víctor me **dio** una película excelente.
> Los **vi** entrar al teatro.

Victor gave me an excellent movie.
I saw them enter the theater.

Aplicación

7-11 Una fiesta puertorriqueña. Empareja las preguntas con la respuesta más lógica.

1. _____ ¿Dónde fue la fiesta?
2. _____ ¿Quiénes estuvieron?
3. _____ ¿Tuviste que salir temprano?
4. _____ ¿Quién fue con Graciela?
5. _____ ¿Vieron alguna película?
6. _____ ¿Le diste algo al anfitrión (*host*)?

a. Todos nuestros amigos.
b. Sí, una botella de vino.
c. Sí, una de Almodóvar.
d. No, no salí hasta las dos.
e. Fue su novio, Carlos.
f. En casa de Ramón y Silvia.

7-12 Un concierto de Juan Luis Guerra. Completa el párrafo con la forma correcta del pretérito del verbo entre paréntesis.

Ayer yo (1. ir) _____ a un concierto de Juan Luis Guerra, el famoso cantante dominicano. Mis amigos y yo (2. llegar) _____ allí a las siete. Un agente nos (3. atender) _____ y nos (4. preguntar) _____: "¿Cuántas entradas desean?" Yo le (5. contestar) _____: "Queremos cuatro, por favor." Él nos (6. dar) _____ los boletos y (7. nosotros: subir) _____ al balcón. (8. Estar) _____ en la octava fila entresuelo (*mezzanine*). ¡Yo no (9. ver) _____ nada! Pero sí (10. oír) _____ bien la música y (11. sentir) _____ la emoción de un concierto en vivo. (12. Ser) _____ una experiencia estupenda y todos nosotros lo (13. pasar) _____ bien.

7-13 En la discoteca. Combina elementos de cada columna para formar oraciones completas en el pretérito.

MODELO: *Mis amigos y yo fuimos al club en bicicleta.*

yo	estar allí cinco horas
nuestros amigos	darle su tarjeta al mesero
los músicos	ir al baño
la orquesta	andar en bicicleta al club
mis amigos y yo	tener que pagar la cuenta
el mesero	estar bailando por horas
mis profesores	darnos las bebidas
tú	ser muy bueno/a

AB **7-14A Chismes (*Gossip*).** Hagan y contesten preguntas sobre la clase de ayer.

1. ¿Quiénes estuvieron en clase?
2. ¿Quiénes tuvieron que hacer presentaciones?
3. ¿Quién llegó tarde?
4. ¿Qué estudiante le dio una excusa al/a la profesor/a?

G **7-15 ¿Quién...?** Haz una pregunta diferente a cada persona sobre lo que hizo la semana pasada y escribe el nombre de la persona que contesta cada pregunta.

MODELO: jugar al béisbol
E1: *¿Jugaste al béisbol?*
E2: *Sí, jugué al béisbol el lunes. (No, no jugué al béisbol.)*

dar un paseo	empezar un trabajo importante	ir a un partido
ver una película	ir a una discoteca	estar en clase
darle un regalo a tu mamá	tener problemas con el coche	andar por el parque
tener que trabajar mucho	llegar tarde para la clase	estar enfermo/a

2. Indefinite and negative expressions

Afirmativo		Negativo	
algo	something, anything	**nada**	nothing, not anything
alguien	someone, anyone	**nadie**	nobody, no one
algún, alguno/a(s)	any, some	**ningún, ninguno/a(s)**	none, not any
siempre	always	**nunca, jamás**	never
también	also, too	**tampoco**	neither, not either
o... o	either . . . or	**ni... ni**	neither . . . nor

■ In Spanish, verbs are affirmative unless they are made negative through the use of **no** or a negative expression. There can be more than one negative expression (a double or triple negative) in a single sentence in Spanish. When **no** is used in a sentence, a second negative (e.g., **nada, nadie, ningún**) can either immediately follow the verb or be placed at the end of the sentence.

No fuimos **nunca** a la playa con Esteban.	*We never went to the beach with Esteban.*
No le dimos los sándwiches a **nadie**.	*We did not give the sandwiches to anyone.*

■ When the negative expression precedes the verb, **no** is omitted.

Nunca fuimos a la playa con Esteban.	*We never went to the beach with Esteban.*
A **nadie** le dimos los sándwiches.	*We didn't give the sandwiches to anyone.*

■ The expressions **nadie** and **alguien** refer only to persons and require the personal **a** when they appear as direct objects of the verb.

No vi *a* **nadie** en el agua.	*I didn't see anyone in the water.*
¿Viste *a* **alguien** especial anoche en la discoteca?	*Did you see someone special last night at the club?*

■ The adjectives **alguno** and **ninguno** drop the **-o** before a masculine singular noun in the same way the number **uno** shortens to **un.** Note the use of a written accent when the **-o** is dropped.

Ningún amigo vino al partido.   *No friend came to the game.*
¿Te gusta **algún** tipo de refresco?   *Do you like any type of refreshment?*

■ **Ninguno** is almost always used in the singular, not the plural form. The exception would be when used with inherent plural nouns.

¿Quedan **algunas** entradas?   *Are there any tickets left?*
No, no me queda **ninguna** entrada.   *No, there aren't any tickets left.*
¿Encontraste mis pantalones?   *Did you find my pants?*
No, no encontré **ningunos** pantalones.   *No, I didn't find any pants.*

■ Once a sentence is negative, all other indefinite words are also negative.

Lucía **no** conoce a **nadie** en la fiesta **tampoco.**   *Lucía doesn't know anybody at the party either.*
No conseguí **ningún** boleto para **ninguno** de los partidos.   *I didn't get any tickets for any of the games.*
No voy a traer **ni** refrescos **ni** sándwiches para **nadie.**   *I'm not bringing either refreshments or sandwiches for anyone.*

Aplicación

7-16 Una entrevista con Celia Cruz.[1] Subraya todas las expresiones indefinidas y negativas en esta entrevista con Celia.

Celia Cruz con el percusionista Tito Puente

Entrevistadora: Señora Cruz, es un placer conocerla y poder hablar con usted hoy. ¿Desea algo? ¿Una botella de agua? ¿Algún refresco?

Celia: No, gracias. No quiero nada por ahora.

Entrevistadora: Bueno. Usted siempre tiene tanta energía. ¿No se cansa (*get tired*) nunca?

Celia: Pues, sí. Algunas veces cuando viajo mucho. Pero mi esposo siempre me acompaña y eso ayuda.

---

[1]Celia Cruz murió el 16 de julio de 2003, después de esta entrevista.

Entrevistadora:	Usted es famosa como la "reina" de la música salsa. Baila, canta... ¿Toca algún instrumento musical también?
Celia:	No, no toco ninguno, pero soy amante de los tambores. Adoro la música de Tito Puente, el gran percusionista (*drummer*) y "rey del mambo" quien murió en 2000. Su muerte fue una gran tragedia para todos.
Entrevistadora:	Es verdad. Bueno, señora Cruz, no le voy a preguntar cuántos años tiene, pero ¿nos puede decir cuando empezó su carrera?
Celia:	Sí, empecé mis estudios formales de música en 1947.
Entrevistadora:	¿Y cuando piensa jubilarse (*retire*)?
Celia:	¡Nunca!

7-17 ¿Qué sabes de Celia? Contesta las preguntas basadas en la entrevista anterior.

1. ¿Qué bebida toma Celia en la entrevista?
2. ¿Cuándo se cansa?
3. ¿Cuándo está sola en sus viajes?
4. ¿Qué instrumento toca?
5. ¿Qué tragedia ocurrió en el año 2000?
6. ¿Sabemos cuántos años tiene Celia en el momento de esta entrevista? ¿Por qué?
7. ¿Cuándo dice que va a jubilarse?

7-18 Celia Cruz, Tito Puente y Juan Luis Guerra. Conéctate con la página electrónica de *¡Arriba!* (**www.prenhall.com/arriba**) y busca información sobre uno de estos artistas. Contesta estas preguntas.

1. ¿Dónde y en qué año nació?
2. ¿Por qué es famoso/a?
3. Escucha una selección de su música. ¿Cómo es?
4. ¿Quieres escuchar más? ¿Por qué?

7-19 Misterio en el Teatro Colón. Usa expresiones negativas para completar este párrafo.

Ayer fui al Teatro Colón para ver un concierto de Juan Luis Guerra, pero no vi a (1) _____ persona en el auditorio. Fui al bar, pero no vi a (2) _____ allí (3) _____. Busqué la luz, pero no vi (4) _____. No vi (5) _____ actores (6) _____ músicos. (7) _____ tuve miedo, pero sí estuve un poco nervioso. (8) _____ voy a volver (9) _____ a (10) _____ concierto un domingo a las tres de la mañana.

7-20 El lunes, a la una de la tarde. Vuelve a escribir el párrafo anterior empleando una hora y un día diferentes y usando expresiones indefinidas.

MODELO: *Ayer fui al Teatro... para ver un concierto de..., y vi a <u>algunas</u> personas...*

7-21 Sus intereses. Túrnense para hablar sobre sus gustos. Usen las expresiones **siempre, algunas veces, casi nunca** y **nunca**.

MODELO: ver muchas películas de ciencia ficción
E1: *¿Te gusta ver muchas películas de ciencia ficción?*
E2: *¡Siempre! Soy muy aficionado/a a las películas de ciencia ficción.*

ALGUNAS ACTIVIDADES

¿Te gusta...	Siempre	Algunas veces	Casi nunca	Nunca
dar paseos en el invierno?				
ir a un partido los sábados?				
ir a una discoteca con los amigos?				
salir con los amigos los viernes?				
ver películas extranjeras?				
hacer un pícnic en el verano?				
ir a conciertos de música de rock?				
¿...?				

7-22 En resumen. Resume la información de la entrevista de la Actividad 7-21. Incluye las opiniones de tu compañero/a y las tuyas, también. ¿Son muy diferentes?

AB **7-23A ¡Contéstame!** Conversen sobre sus planes. Túrnense para contestar estas preguntas. Háganse una pregunta original también.

MODELO: E1: *¿Siempre acompañas a tus padres cuando van al cine?*
E2: *Sí, siempre los acompaño. (No, no los acompaño nunca.)*

1. ¿Siempre vas a la playa en el verano?
2. ¿Conoces algún buen parque en esta ciudad?
3. ¿Hay algo que hacer el domingo?
4. ¿Siempre te gusta dar un paseo cuando hace buen tiempo?
5. ¿Te gusta salir con algún amigo especial?

 ¿Cuánto sabes tú? *Can you...*

☐ talk about activities you like to do?

☐ make plans to do something this weekend using expressions like **¿Qué tal si...?** and **¿Qué piensas hacer...?**

☐ talk about some activities you completed in the past using a variety of verbs, including **dar, estar,** and **ir**?

☐ ask and respond to questions using negative expressions like **nadie** and **nunca** and indefinite expressions like **alguien** and **siempre**?

Comparaciones

La vida social de los hispanos

7-24 En tu experiencia. ¿Con quién disfrutas (*enjoy*) haciendo actividades recreativas? ¿Con tus padres? ¿Con tus hermanos? ¿Con tus amigos? ¿qué haces para pasar el tiempo? A continuación vas a leer sobre los pasatiempos de muchos jóvenes hispanos. Compáralos con los tuyos.

A los hispanohablantes les gusta disfrutar de la vida y dedicar mucho tiempo a las actividades recreativas. Generalmente, estas actividades son de tipo social y ocurren por la noche: visitar a la familia y a los amigos íntimos; salir en grupo al cine, al teatro, a un concierto, a dar un paseo; ir a un partido de fútbol, béisbol o básquetbol; o simplemente quedarse (*to stay*) en casa para ver la televisión o para jugar juegos de mesa como canasta o ajedrez (*chess*) con la familia. Durante el fin de semana muchas familias de clase media pasan el día en el club social, donde los padres y los hijos se reúnen (*get together*) con sus respectivos amigos para participar en actividades deportivas o para jugar juegos de azar (*games of chance*).

¿Te gusta jugar canasta?

7-25 En tu opinión. Pon estas actividades en orden de interés (1 = me interesa más; 9 = me interesa menos) y compara tu lista con la de un/a compañero/a. Si hay diferencias de gustos, expliquen por qué.

_____ dar un paseo   _____ practicar deportes

_____ ir a una discoteca   _____ salir con la familia

_____ ir al cine   _____ salir con los amigos

_____ jugar juegos de azar   _____ ver la televisión

_____ leer una novela   _____ quedarse en casa

¡Así es la vida!

Los deportes

María Elena Salazar (dominicana)
Como se sabe, es muy bueno hacer ejercicio todos los días. Aquí en la República Dominicana es posible practicar deportes durante todo el año. Juego al fútbol y me gusta nadar. Ya hoy hice ejercicio y nadé por una hora.

Daniel Sánchez Ramírez (cubano)
Soy entrenador de un equipo de fútbol de Cuba. En los últimos años este deporte se juega mucho en mi país. Yo les enseño a mis jugadores a ser agresivos y disciplinados. Cuando ellos juegan bien, los aliento gritando: "¡Arriba!", "¡Buena jugada!", "¡Qué pase!" A veces, no me caen bien (*like*) los árbitros pero respeto sus decisiones. Puse mis esperanzas en las Olimpíadas de Atenas de 2004, y creo que vamos a tener mucho éxito en las de 2008 en Beijing.

Alejandra Jiménez Sandoval (puertorriqueña)
Practico atletismo y corro todos los días. También, hay deportes que me gusta mucho ver, y otros que no. El tenis me fascina porque es un deporte rápido. Pero no me gusta el boxeo. ¡Qué violento es ese deporte! Aunque no entiendo bien el fútbol americano, ayer vi un partido emocionante en la televisión.

Algunos deportes

la gimnasia

el baloncesto/básquetbol

el vólibol

la natación

el boxeo

el atletismo

el esquí (acuático)

el ciclismo

el hockey

el golf

Algunos términos deportivos

el/la aficionado/a	*fan*
el árbitro	*referee*
el/la entrenador/a	*coach, trainer*
el equipo	*team; equipment*
la temporada	*season*

Actividades deportivas

animar	*to encourage; to cheer*
batear	*to bat*
correr	*to run*
empatar	*to tie (the score)*
esquiar (esquío)	*to ski*
ganar	*to win*
gritar	*to shout*
hacer ejercicio	*to exercise*
patear	*to kick*
patinar	*to skate*

Aplicación

7-26 Los deportistas. Generalmente identificamos a la persona que participa en un deporte con el sufijo **-ista**. Otro sufijo posible es **-dor/a**. Una persona que practica deportes es **deportista** o **jugador/a**. Empareja a los siguientes deportistas con su deporte.

1.	____baloncestista/basquetbolista	a.	el ciclismo
2.	____nadador/a	b.	el patinaje
3.	____beisbolista	c.	el boxeo
4.	____esquiador/a	d.	el fútbol
5.	____ciclista	e.	el baloncesto
6.	____futbolista	f.	la natación
7.	____boxeador/a	g.	el tenis
8.	____gimnasta	h.	el béisbol
9.	____tenista	i.	el esquí
10.	____patinador/a	j.	la gimnasia

7-27 ¿Qué necesitas para practicar estos deportes? Muchos nombres de los objetos que se necesitan para practicar deportes tienen cognados del inglés. A ver si puedes adivinar qué equipo se usa en cada deporte.

1.	____el béisbol	a.	la raqueta y la cancha
2.	____el tenis	b.	los esquís
3.	____el fútbol	c.	la bicicleta
4.	____el ciclismo	d.	la piscina
5.	____la natación	e.	los patines
6.	____el esquí	f.	los guantes
7.	____el boxeo	g.	el bate y la pelota
8.	____el patinaje	h.	el balón

7-28 Tany y Eduardo Pérez (padre e hijo). Lee sobre estos dos jugadores y contesta las preguntas siguientes.

Se considera a Tany Pérez uno de los mejores jugadores latinos del mundo. Nació en Cuba y a la edad de 17 años firmó con los Reds de Cincinnati. Cuando salió de Cuba, le dieron su visa y $2,50 para hacer el viaje. Pasó su primer invierno en Geneva, Nueva York, en 1960 donde hacía tanto frío que quería volver a Cuba. Sin embargo, se quedó y aprendió a hablar inglés para comprender a los árbitros y a los otros jugadores, y para pedir comida en los restaurantes. Conoció a su querida esposa Pituka durante su entrenamiento en Puerto Rico. Se casaron y tuvieron dos hijos, Eduardo y Orlando. En 1975, Tany ayudó a los Reds a ganar la Serie Mundial. En 2000, lo ingresaron en el *National Baseball Hall of Fame*. Ahora Tany es entrenador para los Marlins y su hijo Eduardo juega para St. Louis. Padre e hijo son amantes del juego.

1. ¿Qué deporte juega Tany?
2. ¿Dónde nació?
3. ¿A qué edad salió de su país?
4. ¿Por qué aprendió a hablar inglés?
5. ¿Qué le pasó en 2000?
6. ¿Qué tienen en común Tany y su hijo, Eduardo?

AUDIO **7-29 Los deportes.** Escucha a Raquel y a Tomás, unos amigos de María Elena Salazar, mientras hablan de sus intereses en los deportes. Indica qué frases le corresponden a cada uno. Si una frase no le corresponde a ninguno, marca **ninguno**.

	RAQUEL	TOMÁS	NINGUNO
jugar al béisbol	——	——	——
ver los partidos de fútbol	——	——	——
jugar al tenis	——	——	——
practicar gimnasia	——	——	——
practicar atletismo	——	——	——
ver el boxeo	——	——	——
ser campeón/campeona	——	——	——
ser entrenador/a	——	——	——
esquiar en invierno	——	——	——
ver la natación en los Juegos Olímpicos	——	——	——

❷ **7-30 ¿Qué les interesa?** Completen estas frases y luego comparen sus intereses. ¿Qué tienen en común?

1. Soy aficionado/a al/a la...
2. Mi equipo favorito son los/las...
3. Me gusta practicar...
4. No me gusta practicar / jugar...

7-31 Excusas. Emilio detesta hacer ejercicio pero le gustan los deportes. Usa el vocabulario de **¡Así lo decimos!** para completar su conversación con Ana.

Ana: Emilio, ¿por qué no practicas deportes?

Emilio: Bueno..., el (1) —————— es emocionante, pero tienes que correr mucho. Me gusta el béisbol, pero no me gusta (2) —————— la pelota. El (3) —————— es violento y tienes que ser muy fuerte. Además, los (4) —————— son caros. El hockey me gusta, pero no sé (5) —————— bien. El fútbol es interesante, pero no sé (6) —————— el (7) ——————.

Ana: Si no te gustan los deportes violentos o de (8) ——————, ¿por qué no practicas algo como el tenis o el (9) ——————?

Emilio: No tengo (10) —————— y no me gusta la nieve.

Ana: ¿Y el (11) ——————?

Emilio: Pues, es estupendo, pero no nado bien y siempre tengo mucho miedo. No tengo (12) —————— para practicar ciclismo. Y la (13) ——————es difícil para mí porque no soy ágil.

Ana: ¿Y el golf?

Emilio: Es necesario practicarlo mucho y no me gusta (14) —————— todos los días.

Copa Mundial de Fútbol, 2006

H
O
y

ALEMANIA
VS.
COLOMBIA

Hora: 7:00 PM
Lugar: Estadio Olímpico de Berlín
Boletos: $125

❷ **7-32 Un partido.** Túrnense para contestar las preguntas sobre el anuncio. Luego, decidan si quieren asistir al partido.

1. ¿Qué pasa hoy?
2. ¿A qué hora es?
3. ¿De dónde son los equipos?
4. ¿Dónde van a jugar los equipos?
5. ¿Quieren ir?

AB **7-33A Consejos.** Explíquense cómo se sienten y pidan consejos sobre lo que deben hacer. Pueden aceptar o rechazar los consejos, pero es necesario dar excusas si no los aceptan.

MODELO: E1: *Estoy aburrido/a. ¿Qué hago?*
E2: *¿Por qué no das un paseo?*
E1: *No quiero. No me gusta salir de noche.*
E2: *Bueno, yo voy contigo. ¿Está bien?*

Sugerencias	Reacciones
ir a un partido	*¡Fabuloso!*
salir con tus amigos	*No me gusta(an)...*
dar un paseo	*¡Ideal!*
jugar al golf	*¡Qué buena idea!*
trabajar en el jardín	*Me da igual.*
hacer la tarea	*¡Qué mala idea!*
ir a la playa	*No quiero porque...*
¿...?	*Tienes razón.*
	No puedo porque...
	¡Vamos!

G **7-34 Un sondeo (*poll*).** En un grupo de cuatro o cinco estudiantes, completen la tabla con seis deportes. Luego, infórmense si son aficionados y si lo practican. Decidan cuál es el deporte más popular y el menos popular en su grupo.

MODELO:

El deporte	Número de aficionados	Número de deportistas	Escala de popularidad
el boxeo	|||			6

7-35 En mi tiempo libre. Escribe un párrafo de por lo menos cinco oraciones. Explica cómo te gusta pasar el tiempo libre. Usa algunas de las siguientes palabras para conectar tus ideas.

pero   porque   cuando   si   y   aunque

MODELO: *Me gusta pasar tiempo con mi amigo Roberto porque él es mi mejor amigo. A Roberto le fascina el tenis, pero él no lo practica mucho. Prefiere verlo en la televisión. Cuando estoy con él, nos gusta ver a Venus y a Serena Williams porque ellas son muy buenas. Mi pasión es el golf, pero no lo juego muy bien.*

¡Así lo hacemos! Estructuras

3. Irregular verbs in the preterit (III)

¿Dónde pusiste el balón?

Irregular preterit forms

	poder	poner	saber	venir	hacer	querer	decir	traer
yo	**pud**e	**pus**e	**sup**e	**vin**e	**hic**e	**quis**e	**dij**e	**traj**e
tú	**pud**iste	**pus**iste	**sup**iste	**vin**iste	**hic**iste	**quis**iste	**dij**iste	**traj**iste
él, ella, Ud.	**pud**o	**pus**o	**sup**o	**vin**o	**hiz**o	**quis**o	**dij**o	**traj**o
nosotros/as	**pud**imos	**pus**imos	**sup**imos	**vin**imos	**hic**imos	**quis**imos	**dij**imos	**traj**imos
vosotros/as	**pud**isteis	**pus**isteis	**sup**isteis	**vin**isteis	**hic**isteis	**quis**isteis	**dij**isteis	**traj**isteis
ellos/as, Uds.	**pud**ieron	**pus**ieron	**sup**ieron	**vin**ieron	**hic**ieron	**quis**ieron	**dij**eron	**traj**eron

■ The preterit forms of **poder, poner,** and **saber** have a **u** in the stem.

Pude ir a la piscina.   *I was able to go to the pool.*
¿Por qué **pusiste** la toalla allí?   *Why did you put the towel there?*
Supimos quién ganó enseguida.   *We found out (learned about) who won right away.*

■ The preterit of **venir, hacer,** and **querer** have an **i** in the stem.

¿**Vino** Julio al partido ayer?	*Did Julio come to the game yesterday?*
¿Dónde **hicieron** los uniformes?	*Where did they make the uniforms?*
Quise patear el balón, pero no fue posible.	*I wanted to kick the soccer ball, but it wasn't possible.*

■ The preterit form of **hay** (from the verb **haber**) is **hubo** for both singular and plural.

Ayer **hubo** un partido de fútbol en el estadio.	*Yesterday there was a football game in the stadium.*
Hubo más de 50.000 espectadores.	*There were more than 50,000 spectators.*

■ Since the stem of the preterit forms of **decir** and **traer** ends in **j,** the third-person plural form of these verbs ends in **-eron,** not **-ieron.**

Los peloteros di**jeron** cosas buenas del entrenador.	*The ballplayers said good things about the coach.*
Tra**jeron** los esquís al comienzo de la temporada.	*They brought their skis at the beginning of the season.*

EXPANSIÓN | More on structure and usage

Significados especiales en el pretérito

Certain Spanish verbs have different connotations when used in the preterit.

	PRESENT	PRETERIT
conocer	*to know*	*to meet someone (the beginning of knowing)*
poder	*to be able (have the ability)*	*to manage (to do something)*
no poder	*to not be able (without necessarily trying)*	*to fail (after trying) (to do something)*
(no) querer	*to (not) want*	*to try (to refuse)*
saber	*to know*	*to find out, to learn*

Mario **conoció** a una tenista muy buena.	*Mario met a very good tennis player.*
Supo que el boxeador está muy grave.	*He found out that the boxer is in very serious condition.*
Quisimos aprender gimnasia con uno de los mejores entrenadores.	*We tried to learn gymnastics with one of the best trainers.*

Aplicación

7-36 Dos superestrellas se casan. Aquí tienes un artículo publicado en Puerto Rico. Subraya todos los verbos en el pretérito y escribe su infinitivo.

La Prensa

Óscar de la Hoya y Millie Corretjer se casan en San Juan

18 de octubre de 2001—Según su agente, el boxeador méxicoamericano Óscar de la Hoya y la cantante de música pop puertorriqueña, Millie Corretjer, se casaron en secreto, ante sus familiares únicamente. La ceremonia se celebró en el restaurante el Invernino de San Juan el pasado sábado.

Según amigos de la pareja, Óscar y Millie se conocieron el año pasado en Puerto Rico donde vive Millie. Después de salir juntos por algunos meses, supieron que estaban (*they were*) enamorados y decidieron casarse. Óscar le dio a Millie un anillo que costó más de un millón de dólares y que pesa nueve quilates (*carats*). Los novios dijeron que no pudieron casarse en público, debido a la cantidad de personas y aficionados, esperándolos, y quisieron proteger su privacidad. Según amigos, la popular pareja trajo una sábana (*sheet*) al restaurante para esconderse de sus aficionados.

7-37 ¿Cómo fue la ceremonia? Contesta las preguntas según la información del artículo anterior.

1. ¿Quiénes se casaron?
2. ¿Quiénes estuvieron en la ceremonia?
3. ¿Por qué llevaron una sábana al restaurante?
4. ¿Qué le dio el novio a la novia?
5. ¿Cuál es la profesión de él? ¿Y la de ella?
6. ¿Los conoces?

7-38 Un concierto memorable. Completa la entrada en el diario de Encarnación usando el pretérito de los verbos entre paréntesis.

Querido diario:

      Anoche Manolo y yo (1. tener) _____ mucha suerte porque yo (2. poder) _____ comprar boletos para un concierto de Millie Corretjer. Como sabes, ella es puertorriqueña y una superestrella de música pop latina. El concierto (3. ser) _____ en el estadio de Mayagüez. Nosotros (4. salir) _____ de la casa a las 7:30 y (5. llegar) _____ al estadio a las 8:00 en punto. El concierto no (6. empezar) _____ hasta las 9:00, pero así Manolo y yo (7. poder) _____ encontrar unos buenos asientos para el espectáculo. Al entrar en el estadio, Manolo (8. ir) _____ a comprar un programa y yo le (9. dar) _____ dinero para comprarme uno también. Cuando Millie (10. salir) _____ al escenario, todo el mundo (11. aplaudir) _____ . Durante todo el concierto (12. hacer) _____ mucho calor en el estadio. Todos nosotros (13. bailar) _____ hasta la medianoche cuando Millie por fin (14. decidir) _____ dejar de cantar. Después, nosotros (15. andar) _____ a casa y (16. recordar) _____ la emoción de esa noche bajo las estrellas con Millie Corretjer.

      Bueno, esto es todo por hoy. La semana que viene vamos a un concierto de rock.

7-39 Pero ayer... Completa las oraciones indicando por qué ayer fue un día excepcional. Usa pronombres de objetos directo cuando sea apropiado.

MODELO: Siempre hago ejercicio antes de salir para la clase, pero ayer...
Siempre hago ejercicio antes de salir para la clase, pero ayer no lo hice.

1. Siempre puedo hablar con el entrenador, pero ayer...
2. Todas las mañanas andamos por el estadio, pero ayer...
3. Todos los días mis padres quieren asistir a los partidos, pero ayer...
4. Todas las tardes los deportistas hacen gimnasia, pero ayer...
5. Generalmente, los aficionados se ponen contentos, pero ayer...
6. Casi nunca sé quién gana el partido, pero ayer...

7-40 Un partido emocionante. Completa el artículo del periódico con el pretérito de los verbos siguientes.

batear   empezar   haber   poder   ser   venir

decir   estar   perder   saber   traer

Hoy (1)_____ el último partido de la Serie Caribeña entre la

República Dominicana y Puerto Rico. Los aficionados (2)_____ al

estadio con grandes expectativas. Los padres vinieron con sus hijos;

los novios (3)_____ a sus novias. (4)_____ miles de espectadores

en el estadio. Nadie (5)_____ creer la emoción del momento cuando,

con las bases llenas, David Ortiz de los dominicanos (6)_____ , un

doble, impulsando la carrera (*run*) ganadora. Un lado (*side*) del estadio—los

dominicanos—(7)_____ a gritar y a celebrar. El resto del estadio, una

tumba. ¿Los puertorriqueños (8)_____ el partido? ¡Imposible! Los

periodistas (9)_____ que fue uno de los partidos más emocionantes

de la serie.

AB **7-41A El año pasado.** Túrnense para contestar estas preguntas y hacer una pregunta original. Luego, comparen sus preguntas y respuestas, y resuman la información para el resto de la clase.

MODELO: E1: *¿Conociste a una persona interesante el año pasado?*
          E2: *Sí, conocí a...*

1. ¿Tuviste clases difíciles?
2. ¿Anduviste siempre a clase?
3. ¿Viniste a clase todos los días?
4. ¿Alguna vez hiciste la tarea en clase?
5. ¿Le dijiste "buenos días" al/a la profesor/a al llegar a clase?

4. Impersonal and passive *se*

El *se* impersonal

■ The pronoun **se** may be used with the third-person singular form of a verb to express an idea without attributing the idea to anyone in particular. These expressions are equivalent to English sentences that have impersonal subjects such as *people, one, we, you,* and *they.*

Se dice que ganar por primera vez te da mucho placer.	*People say that winning for the first time is very pleasing.*
¿Se puede jugar al tenis de mesa aquí?	*Can one (Can you) play table tennis here?*
Se anuncia el resultado de la competición de atletismo.	*They're announcing the results of the track and field competition.*

■ The third-person plural of the verb may be used alone to express these impersonal subjects.

Dicen que Juan González es un gran pelotero.	*They say that Juan González is a great baseball player.*

El *se* pasivo

Por fin se construyó la cancha de tenis.

The pronoun **se** may also be used with the third-person singular or plural form of the verb as a substitute for the passive voice in Spanish. In these expressions, the person who does the action is not identified, because in most cases the speaker is making a general reference. Use **se** + the *third-person singular* when the noun acted upon is singular, and **se** + the *third-person plural* when the noun is plural.

No se venden entradas el domingo.	*Tickets are not sold on Sundays.*
Se encontró el balón perdido esta mañana.	*The lost soccer ball was found this morning.*
Se compran pelotas de golf usadas aquí.	*Used golf balls are bought here.*

Aplicación

7-42 Un concierto al aire libre. Aquí tienes información sobre un concierto de música caribeña. Subraya el *se* impersonal y el *se* pasivo.

Si usted quiere asistir a un concierto de música caribeña este fin de semana, le damos la bienvenida a este gran concierto de música folklórica puertorriqueña. Se dice que este concierto es uno de los mejores del mundo. Para comprar sus boletos, la taquilla se abre a las nueve de la mañana y se cierra a las ocho de la noche. Además se ofrece una variedad de precios. Se recibe un descuento si se compra más de cinco boletos. En el concierto se oye la música más típica de Puerto Rico. Además, se venden programas con bellas fotos de los músicos. Después del concierto, se puede pasear por los jardines, tomar una copa de champán y conocer a algunos de los músicos.

7-43 ¿Cómo es el concierto? Contesta las preguntas según el anuncio de la Actividad 7-42.

1. ¿Qué se anuncia?
2. ¿Cuáles son las horas cuando se puede comprar boletos?
3. ¿Cómo son los precios que se ofrecen?
4. ¿Qué tipo de música se oye?
5. ¿Qué más se puede comprar durante el concierto?
6. ¿Qué se hace después del concierto?

2 **7-44 El cargabates (*batboy*).** Hagan el papel de entrenador/a y cargabates para un equipo de béisbol. Háganse las preguntas a continuación y contéstenlas usando el **se** impersonal o el **se** pasivo.

MODELO: E1 (cargabates):   *¿qué / necesitar / para batear?*
                            ¿Qué se necesita para batear?
            E1 (entrenador/a):   *Se necesita un bate.*
            E1 (cargabates):   *¿decir / que el otro equipo es muy bueno?*
                            ¿Se dice que el otro equipo es muy bueno?
            E2 (entrenador/a):   *Sí, pero se dice que vamos a ganar.*

1. ¿dónde / encontrar / las pelotas?
2. ¿dónde / guardar / los uniformes?
3. ¿permitir salida fumar (*to smoke*) en el estadio?
4. ¿dónde / poner / las toallas limpias?
5. ¿cancelar / el partido cuando llueve?
6. ¿regalar / entradas para los partidos?

AB **7-45A ¿Se permite...?** Hablen sobre las siguientes actividades y si se hacen o se permiten en su universidad, ciudad o país. Pídanse detalles.

MODELO: permitir fumar en esta universidad
¿Se permite fumar en esta universidad? ¿Dónde? ¿Por qué? ¿Cuándo?

- permitir fumar en tu apartamento
- comer bien en tu casa
- poder pasear por la noche en esta ciudad sin tener que preocuparse
- decir que es buena la zona cerca de la ciudad
- permitir animales domésticos en tu apartamento

2 **7-46 Se dice que...** Hablen de los deportes que les gusta practicar usando expresiones impersonales con **se.** Recuerden que sólo se usan las formas plurales antes de un sustantivo plural.

se cree	se encuentra(n)	se necesita(n)	se oye(n)	se usa(n)
se dice	se juega(n)	se opina	se practica(n)	se vende(n)

MODELO: *Me gusta nadar porque se dice que es el mejor ejercicio. Se necesita poco equipo, sólo un traje de baño, y se encuentran piscinas en todas partes.*

7-47 En una tienda de equipo deportivo. Prepara varios anuncios para el periódico anunciando una venta-liquidación en la tienda.

El Pie Volante

Almacén de zapatos de tenis
Se anuncian ventas especiales de toda clase de zapatos de tenis para hombres, mujeres y niños. Se ofrece todo en liquidación a precios excepcionales.
Se aceptan tarjetas de crédito.

¡No pierda esta oportunidad única de la temporada!

¿Cuánto sabes tú? *Can you...*

☐ talk about some activities you completed in the past using a variety of verbs, including **poder, poner, saber, venir, hacer, querer, decir**, and **traer**?

☐ use **saber** and **conocer** in the preterit to express *found out* and *met*?

☐ talk about what people do using the impersonal **se** (**se dice que..., se cree que...**)?

☐ talk about what is done using the passive **se** (**se venden libros en la librería, se necesita más dinero**)?

Observaciones

Toño Villamil y otras mentiras Episodio 7

7-48 Isabel. En este episodio volvemos a ver a Isabel. Aquí tienes más información sobre ella.

Hola. Soy Isabel Mejías. Soy estudiante de arqueología mexicana y me especializo en iglesias coloniales. Soy de Guadalajara, una linda ciudad cerca de la costa del océano Pacífico. (Es el lugar donde se originaron los mariachis.) Estudio en la Universidad de Guadalajara, que tiene un programa importante de estudios coloniales. Iba (*I was going*) a la Ciudad de México cuando perdí el autobús y tuve que parar en Malinalco por una semana. Aquí conocí a Toño, un estudiante de teatro que me ayudó a encontrar un hotel. En el hotel, conocí a Lucía, una muchacha española que me invitó a quedarme en su habitación. ¡Qué simpática! Hoy, salgo de excursión para ver un poco Malinalco. A ver si encuentro algo interesante en este lugar tan pequeño y aburrido.

1. ¿Dónde nació Isabel?
2. ¿Qué estudia?
3. ¿Por qué está en Malinalco?
4. ¿A quién conoció primero? ¿Y después?
5. ¿Qué piensa hacer hoy?
6. ¿Crees que va a encontrar algo interesante?

7-49 Isabel y Toño de excursión en Malinalco. Mira el séptimo episodio de *Toño Villamil y otras mentiras* donde vas a ver lo que hace hoy Isabel. Ten en mente estas declaraciones mientras ves el video.

1. Hoy es un día perfecto para...
   a. visitar las pirámides.
   b. conocer las iglesias de Malinalco.
   c. ver una corrida de toros.

2. Hoy en Malinalco se celebra...
   a. la fiesta de la Virgen de Guadalupe.
   b. la Semana Santa (*Holy Week*).
   c. el día de los muertos.

3. En las paredes de las iglesias de Malinalco se ven...
   a. pinturas de los santos.
   b. decoraciones para la fiesta.
   c. inscripciones (*grafitti*).

4. En su excursión, Isabel...
   a. consulta a su guía.
   b. saca fotos.
   c. toma videos.

5. Según Isabel, ella es bastante...
   a. activa en los deportes.
   b. aficionada al fútbol.
   c. experta en golf.

6. Cuando empieza a llover, Isabel y Toño...
   a. abren su sombrilla.
   b. buscan refugio en un bar.
   c. corren al hotel.

WWW **7-50 Malinalco colonial.** Conéctate con la página electrónica de *¡Arriba!* (**www.prenhall.com/arriba**) para conocer un poco mejor los atractivos de Malinalco. Dale consejos a Isabel sobre los lugares que puede visitar.

MODELO: *Isabel, ¿por qué no vas a...? Allí puedes ver... (etcétera)*

7-51 El pronóstico para mañana en Malinalco. Escribe un informe (*report*) sobre el tiempo que hace hoy y el pronóstico para mañana en Malinalco.

Panoramas

Las islas hispánicas del Caribe

7-52 **¿Ya sabes...?** Trata de identificar, describir y/o explicar lo siguiente.

1. las dos naciones de la isla de la Española (*Hispaniola*)
2. dos productos agrícolas de las islas del Caribe
3. el nombre del descubridor español de Cuba en 1492
4. la capital de Puerto Rico
5. el nombre del dictador de Cuba
6. un atractivo turístico de todas las islas del Caribe
7. la relación política entre Puerto Rico y los Estados Unidos

La isla de Cuba, la más grande de las Antillas, es un paraíso visual y cultural. Su rica historia se refleja en su gente, su arquitectura, su música y su arte.

La relación entre Puerto Rico y los EE.UU. no ha sido siempre tranquila. Después de muchos años de protesta por los habitantes de la Isla de Vieques, el gobierno estadounidense cerró su base naval. Por ahora, Puerto Rico es un estado libre asociado (*commonwealth*) de los Estados Unidos. Hay algunos que prefieren que sea estado de los EE.UU. y otros que quieren su independencia.

Las aguas cristalinas, el sol, el agua tibia y sus bellas playas atraen a miles de turistas a la República Dominicana todos los años.

Se siente el ritmo afrocaribeño en la música de la República Dominicana. ¿Sabes por qué este baile se llama "merengue" (*meringue*)?

OCÉANO
ATLÁNTICO

Si quieres ir de un lado al otro de La Habana, ¿por qué no vas en "coco-taxi"? Es una manera rápida y económica de viajar.

La fortaleza de El Morro rodeó la antigua ciudad de San Juan, Puerto Rico, para protegerla de las invasiones de los piratas de países extranjeros.

BAHAMAS

Guantánamo

REPÚBLICA
DOMINICANA

Puerto Plata

Santiago
San
Juan
HAITÍ

Sabana de La Mar

Santo
Domingo

Mayagüez
*Isla
Mona*

Bayamón

San Juan

Río Piedras
Ponce

PUERTO
RICO

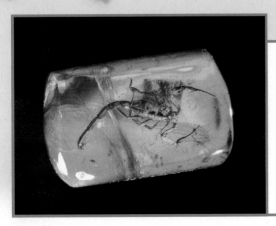

En la República Dominicana hay grandes depósitos de ámbar, una joya que es producto de la resina petrificada. Es común encontrar pequeños insectos atrapados en las piezas. Sin embargo, es muy raro encontrar un escorpión como en ésta. ¡Esta pieza tiene 25 millones de años!

7-53 ¿Cierto o falso? Indica si las siguientes oraciones son ciertas o falsas. Si son falsas, explica por qué.

1. Cuba es la isla más grande de las Antillas.
2. Cuba tiene una herencia africana y española.
3. El coco-taxi es un modo de transporte en Puerto Rico.
4. El merengue es un baile popular que tiene raíces (*roots*) francesas.
5. Muchos turistas son atraídos a las islas del Caribe por sus montañas.
6. El ámbar es una joya semipreciosa.
7. Puerto Rico fue víctima de invasiones de piratas.
8. Puerto Rico es un estado de los Estados Unidos.
9. La base militar de Vieques es importante para la economía de Puerto Rico.

❷ 7-54 Asociaciones. Conversen sobre lo que asocian con las islas hispanas del Caribe. Pueden incluir sus ideas y opiniones en las siguientes categorías.

MODELO: Puerto Rico, un estado libre asociado de los EE.UU. Cuba...
la política

1. la política
2. el clima
3. la música
4. la composición racial
5. la economía

7-55 El mapa. Explica dónde queda cada lugar en relación al otro lugar mencionado.

MODELO: Haití y la República Dominicana
Haití está al oeste de la República Dominicana. La República Dominicana está al este de Haití.

al este de...	al norte de...	al oeste de...	al sur de...
a...millas de	cerca de...	entre...	lejos de...

1. Cuba y la Florida
2. Puerto Rico y la Española
3. Guantánamo y la Habana
4. Las Islas Vírgenes y Puerto Rico
5. Nueva York y Puerto Rico
6. El Estrecho de la Florida y los EE.UU.

❷ 7-56 Recomendaciones. Túrnense para pedir y hacer recomendaciones, según sus intereses.

MODELO: E1: *Quiero escuchar música afrocaribeña.*
E2: *Debes visitar la República Dominicana. Allí puedes bailar con los nativos.*

1. Quiero comprar ámbar.
2. Quiero ir a la isla más bella de las Antillas.
3. Quiero conocer la isla donde no necesito llevar pasaporte.
4. Deseo practicar francés.

7-57 Un viaje a... En un grupo de tres o cuatro estudiantes, hagan planes para una excursión a una isla caribeña. Escriban una lista de todo lo que deben hacer antes de salir de viaje.

MODELO: *Primero, tenemos que sacar pasaporte.*

7-58 Más información. Conéctate con la página electrónica de *¡Arriba!* (**www.prenhall.com/arriba**) para ver más imágenes de las islas del Caribe. Elige una, y describe un punto de interés.

 # Ritmos

"El pregonero" (Tito Nieves, Puerto Rico)

En esta canción Tito Nieves canta sobre el trabajo del pregonero. En los países hispanos del Caribe, cada pueblo tenía un pregonero, un vendedor que iba de pueblo en pueblo vendiendo sus productos, especialmente frutas y vegetales.

Antes de escuchar

7-59 El pregonero. Lee algunas de las estrofas de *El pregonero* y con un/a compañero/a busca en un diccionario bilingüe las palabras de la lista siguiente. Todos son productos que vende el pregonero.

la piña   la naranja   la caña   el coco   el mangó   el bacalao

El pregonero

Yo soy el pregonero
Que pasa por las mañanas
Vendiendo la fruta fresca
Guindando de la vara

Ay casera
Llevo la piña fresca
La naranja madura
Llevo la caña dulce
Y el coco seco, cáscara dura

[...]

Casera, así que cómpreme un poco (se repite)
Ay casera, ven y cómpreme un poco
Aquí te traigo un mangó y el coco sabroso
Ay casera de mi vida aprovecha la ocasión
Le traigo fruta sabrosa de mi pueblo
Caserita de mi vida no me digas no

Casera, así que cómpreme un poco (se repite)
Llevo la piña fresca
También te traigo la naranja madura
Tengo la cola de bacalao pa' la fritura

[...]

A escuchar

Mientras escuchas la canción indica con una cruz (X) qué palabras y expresiones en tu opinión caracterizan la letra y el ritmo.

	RITMO	LETRA
triste	_____	_____
alegre	_____	_____
rápido	_____	_____
bueno para bailar	_____	_____
nostálgico	_____	_____
serio	_____	_____
complejo	_____	_____
melancólico	_____	_____
divertido	_____	_____
interesante	_____	_____
variado	_____	_____

7-60 ¡Vamos a bailar salsa! *El pregonero* es un ejemplo de música **salsa,** un estilo musical muy popular en las islas hispánicas del Caribe. La salsa tiene un ritmo alegre y muy bailable. No importa si el tema de una canción de salsa es feliz o serio, a todos les gusta bailar salsa. Mira el diagrama de los pasos de salsa y con los compañeros de clase trata de seguirlos con la música.

Salsa

el medio

izquierda   derecha
(left)   (right)

1. *Both feet in middle*
2. *Right foot forward; left foot in middle*
3. *Step in place with left foot, then move right foot back to middle*
4. *Both feet in middle*
5. *Left foot back; right foot in middle*
6. *Step in place with right foot, then move left foot back to middle*
7. *Both feet in middle*

Después de escuchar

7-61 ¿Cuántos verbos puedes usar? Usa los verbos de la lista en el pretérito y escribe un breve párrafo sobre un día imaginario en la vida de un pregonero como el de la canción.

ser	ir	dar	ver	tener	estar	andar
poner	poder	saber	venir	hacer	querer	

MODELO: El pregonero **fue** al pueblo y **anduvo** por muchas horas.

Páginas

"Sensemayá" (Nicolás Guillén, Cuba)

Nicolás Guillén (1902–1989) nació en Camagüey, Cuba. Este gran escritor mulato (mezcla de negro y blanco) dedicó su vida a la poesía. Su poesía se caracteriza por su ritmo y belleza, y también por su contenido sociocultural. En su obra, Guillén escribe sobre la experiencia afrocubana mientras que denuncia la discriminación racial que sufren los negros y los mulatos. Guillén perteneció desde joven al partido Socialista Popular (comunista) y defendió la revolución cubana hasta su muerte en 1989. A continuación tienes el poema "Sensemayá", uno de sus más populares por su musicalidad. El poema expresa la creencia afrocubana de que todo ser, aun la culebra (*snake*) tiene un alma (*soul*).

Antes de leer

2 **7-62** **¿Qué representa?** Decidan qué representa la culebra para ustedes. Aquí tienen algunas posibilidades.

_____ lo malo   _____ lo peligroso   _____ lo exótico

_____ lo bueno   _____ lo misterioso   _____ lo sensual

A leer

7-63 **El ritmo de la música.** Este poema tiene un ritmo y un sonido que se parece a un instrumento musical. Mientras lo lees, decide qué instrumento oyes.

_____ una flauta   _____ un piano   _____ un violín

_____ un tambor   _____ una guitarra   _____ un harpa

"Sensemayá"

¡Mayombe-bombe-mayombé!
¡Mayombe-bombe-mayombé!
¡Mayombe-bombe-mayombé!

La culebra tiene los ojos de vidrio (*glass*);
la culebra viene, y se enreda (*twists around*) en un palo;
con sus ojos de vidrio, en un palo,
con sus ojos de vidrio.

La culebra camina sin patas (*paws*);
la culebra se esconde en la yerba (*grass*)
caminando se esconde en la yerba,
caminando sin patas.

¡Mayombe-bombe-mayombé!
¡Mayombe-bombe-mayombé!
¡Mayombe-bombe-mayombé!

Tú le das con el hacha (*hatchet*), y se muere:
¡dale ya!
¡No le des con el pie (*foot*), que te muerde (*bites*)
no le des con el pie, que se va!

Sensemayá, la culebra,
sensemayá.
Sensemayá, con sus ojos,
sensemayá.

Sensemayá, con su lengua (*tongue*),
sensemayá.
¡Sensemayá, con su boca,
sensemayá!

La culebra muerta no puede correr;
la culebra muerta no puede silbar (*to hiss*);
no puede caminar,
no puede correr.

La culebra muerta no puede beber;
no puede respirar,
no puede morder.

¡Mayombe-bombe-mayombé!
Sensemayá, la culebra...
¡Mayombe-bombe-mayombé!
Sensemayá, no se mueve...

¡Mayombe-bombe-mayombé!
Sensemayá, la culebra...
¡Mayombe-bombe-mayombé!
¡Sensemayá, se murió!

Después de leer

7-64 La culebra. Haz una lista de las frases del poema que describen a la culebra y di qué cualidades personales te sugieren.

MODELO: *Tiene ojos de vidrio. Tiene una personalidad fría.*

7-65 La música de la poesía. Este poema es un buen ejemplo de la musicalidad de la obra de muchos escritores afrocaribeños. Léelo en voz alta para sentir mejor el ritmo de sus palabras.

7-66 ¿Qué representa la culebra? Hablen de lo que la culebra puede representar en este poema, tanto físicamente como simbólicamente. ¿Cómo reaccionan ustedes cuando ven una culebra?

 # Taller

7-67 Una entrada en tu diario. Cuando escribes en tu diario, relatas algo interesante, curioso o significativo que te ha pasado (*has happened to you*) ese día (por eso se llama **diario**). Contesta las preguntas a continuación para escribir una entrada.

Antes de escribir

- Piensa en en lo que hiciste hoy. Escribe una lista de frases que indican brevemente tus acciones; por ejemplo, **asistir a clase, ver a mis amigos, hablar por teléfono con...,** etcétera.
- Pon tus acciones en orden cronológico.

A escribir

- Comienza tu entrada con una oración que resume tu día, por ejemplo:

9 de febrero de 2005
Diario, hoy fue un día extraordinario...

- Escribe sobre cuatro o cinco actividades que hiciste o acontecimientos que ocurrieron. Utiliza expresiones de entrada y transición, como **primero, segundo, entonces, después, por eso, aunque,** etcétera.
- Cierra tu entrada con una oración de despedida.

Después de escribir

- **Revisar.** Revisa tu entrada para ver si fluye bien. Luego revisa la mecánica.
  - ☐ ¿Has incluido una variedad de vocabulario?
  - ☐ ¿Has conjugado bien los verbos en el pretérito?
  - ☐ ¿Has verificado la ortografía y la concordancia?
- **Intercambiar**
  Intercambia tu entrada con la de un/a compañero/a. Mientras leen las entradas, hagan comentarios y sugerencias sobre el contenido, la estructura y la gramática.
- **Entregar**
  Pasa tu entrada a limpio, incorporando las sugerencias de tu compañero/a. Después, entrégasela a tu profesor/a.

8 ¿En qué puedo servirle?

OBJETIVOS COMUNICATIVOS

- Shopping at a department store
- Talking about what used to happen and what you used to do in the past
- Describing a scene in the past

- Reading and responding to advertisements
- Describing a product
- Contrasting what happened in the past with something else that was going on

Machu Picchu, la misteriosa ciudad de los incas, estuvo "perdida" hasta que la descubrió un arqueólogo en 1910.

El reino inca: el Perú y el Ecuador

« **Paga lo que debes y sabrás lo que tienes.** »

Source: Oswaldo Guayasamin, *La Madre el Nini.* 1989. Photo Nicolas Osorio Ruiz. Museo Fundacion Guayasamin, Quito-Ecador.

El ecuatoriano Oswaldo Guayasamín fue uno de los pintores latinoamericanos más importantes del siglo xx. Muchas de sus obras tienen un tema social.

259

¡Así es la vida!

De compras

Victoria Prado y su hermano Manuel, dos jóvenes peruanos, van de compras al centro de Lima. Primero, van al almacén Saga Falabella.

Manuel: ¿Quieres subir al segundo piso conmigo?

Victoria: Prefiero ver la venta-liquidación que tienen en el tercer piso en la sección de ropa de mujer.

Manuel: ¿Ah, sí? ¿Y qué quieres comprar?

Victoria: Pues, un vestido rojo muy elegante y una cartera negra como la que tenía Susana en la fiesta anoche. Le pedí a mamá su tarjeta de crédito para comprarlos, pero no quiso dármela.

Manuel: ¡Ay! Victoria, tú sabes por qué. Este semestre papá nos pidió un gran favor—no usar más las tarjetas de crédito. Yo antes pagaba mis libros con la tarjeta de papá, pero no lo hice este semestre porque quería estar bien con él.

Victoria: ¡Pero si yo pago casi todo al contado!

En la sección de hombres

Dependienta: Buenos días. ¿En qué puedo servirle?

Manuel: Quiero ver las chaquetas y las camisas que están de rebaja.

Dependienta: Las chaquetas están en el tercer piso y las camisas están aquí. ¡Son una verdadera ganga! ¿Qué talla usa?

Manuel: Creo que es la 40. ¿Puedo probarme esa camisa?

Dependienta: Sí, claro. Allí está el probador.

Unos minutos más tarde...

Manuel: ¿Qué tal me queda?

Dependienta: Le queda muy bien.

Manuel: Entonces, la compro.

Dependienta: Perfecto, puede pagar en la caja.

En el almacén: La ropa

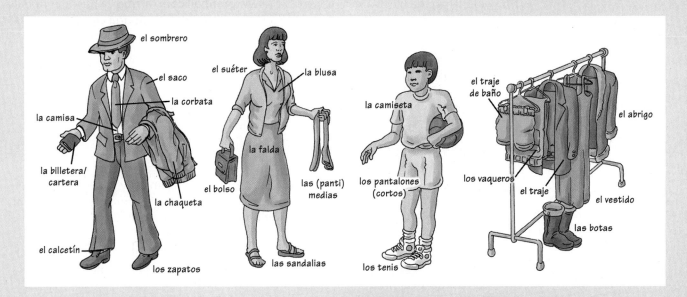

Telas (*Fabrics*)

el algodón	*cotton*
el cuero	*leather*
la lana	*wool*
la seda	*silk*

Descripciones

de cuadros	*plaid*
de manga corta/larga	*short-/long-sleeved*
de rayas	*striped*
sin manga	*sleeveless*

Lugares donde vamos a comprar

el almacén	*department store*
el centro comercial	*shopping center; mall*
la tienda	*store*

En una tienda

la caja	*cash register*
la calidad	*quality*
de moda	*in style*
la ganga	*bargain, good deal*
llevar	*to wear*
el piso	*floor*
el precio	*price*
el probador	*fitting room*
probarse (ue)[2]	*to try on*
pagar al contado	*to pay cash*
regatear	*to bargain*
la venta-liquidación	*clearance sale*

Expresiones para comprar

Dependiente/a	*Clerk*
¿En qué puedo servirle(s)?	*How may I help you?*
Está de rebaja.	*It's on sale.*
Le queda muy bien.	*It fits you very well.*
¿Qué número calza?	*What (shoe) size do you wear?*
¿Qué talla usa?	*What's your size?*
Cliente/a	*Customer*
Calzo el número...	*I wear a (shoe) size . . .*
Me queda estrecho/a (grande).	*It's too tight (big).*
¿Puedo probarme...?	*May I try on . . . ?*
¿Qué tal me queda?	*How does it fit me?*

[1]La palabra **vaqueros** se utiliza en España. En Puerto Rico, se llaman **mahones** y en muchos otros países hispanos se llaman **jeans** como en inglés.

[2]In general, **probar** means *to try*. In *Capítulo 6* you learned **probar** in the context of food: *to try* or *to taste food*. In the reflexive construction, **probarse** is used to express *to try something on oneself*, usually referring to clothing.

Aplicación

WWW **8-1 Las monedas.** ¿Quieres saber cuánto vale el dólar en el mundo? Conéctate con la página electrónica de *¡Arriba!* (**www.prenhall.com/arriba**) y busca el tipo de cambio para el Perú (el nuevo sol) y el Ecuador (el dólar). Si una camisa cuesta 20 dólares en Milwaukee, ¿cuánto cuesta en estas ciudades?

Milwaukee	$20
Lima	
Toronto	
Quito	

AUDIO **8-2 En el almacén.** Escucha la conversación entre Manuel y la dependienta del almacén Saga Falabella. Primero, indica los artículos que Manuel decide comprar; luego escucha otra vez para escribir el precio de cada artículo. Recuerda que en el Perú usan nuevos soles.

	SÍ	NO	ARTÍCULO	COSTO		SÍ	NO	ARTÍCULO	COSTO
1.	☐	☐	calcetines	_____	5.	☐	☐	pantalones	_____
2.	☐	☐	camisa	_____	6.	☐	☐	saco	_____
3.	☐	☐	cartera	_____	7.	☐	☐	suéter	_____
4.	☐	☐	corbata	_____	8.	☐	☐	traje	_____

8-3 ¿Dónde estás? Si ves a estas personas vestidas de la manera descrita (*described*) a continuación, ¿dónde están?

1. El Sr. Domínguez lleva un traje azul oscuro, una camisa blanca, una corbata de seda y una bolsa con dinero.
2. Raúl lleva pantalones cortos, una camiseta y unos tenis.
3. Maripaz lleva un largo vestido blanco de seda y un velo.
4. Manolito lleva un traje de baño y sandalias.
5. Carmen lleva vaqueros, un suéter de rayas, una chaqueta de lana y botas de cuero.
6. El Sr. Domínguez lleva muchas bolsas llenas de ropa y la tarjeta de crédito en su cartera.

a. un partido de hockey
b. su boda
c. la playa
d. el banco
e. un partido de tenis
f. un almacén

8-4 Los amigos de Samuel. Los amigos de Samuel se visten de una manera muy única. Describe qué ropa llevan.

8-5 De compras. Completa el párrafo de una manera lógica.

algodón	centro comercial	moda	probador
almacén	dependiente	piso	rayas
caja	liquidación	precio	tercer

Ayer visité un (1) _____ muy grande que está en un (2) _____ enorme. Fui al segundo (3) _____ porque allí tenían (they had) toda la ropa en (4) _____. Encontré una camisa de (5) _____ rojas y azules, perfecta para el verano porque era (it was) de (6) _____. El (7) _____ fue bueno: setenta nuevos soles. El (8) _____ me mostró otra y yo fui al (9) _____ a probarme las camisas. Me quedaron muy bien. Me las compré. Pagué la cuenta en la (10) _____ y fui al (11) _____ piso para comprar unos zapatos italianos que están de (12) _____.

8-6 En un almacén. Contesta las preguntas basadas en el dibujo.

1. ¿Qué está comprando la señora?
2. ¿De qué forma paga?
3. ¿Quién está en la caja?
4. ¿Cómo son las camisas que miran las dos jóvenes?
5. ¿Cómo están vestidas?
6. En tu opinión, ¿cuánto cuestan esas camisas?

AB **8-7A ¿Tienes...?** Túrnense para preguntarse si tienen los artículos de la lista, cómo son, cuánto pagaron, etcétera.

blusa / manga corta	camiseta / algodón	pantalones / lana
blusa / seda	chaqueta / lana	sandalias / cuero

MODELO: blusa / seda
  E1: *¿Tienes una blusa de seda?*
  E2: *Sí, tengo una.*
  E1: *¿Cómo es?*
  E2: *...*
  E1: *¿Cuánto pagaste por ella?*
  E2: *...*

2 **8-8 ¿Están de moda o no?** Conversen sobre la ropa que Uds. consideran que está de moda y la que no está de moda. ¿Tienen la misma opinión?

MODELO: E1: *Los vaqueros y los tenis están de moda. Las camisetas sin manga no están de moda.*

E2: *No estoy de acuerdo. Yo creo que las camisetas sin manga sí están de moda...*

2 **8-9 ¿Qué llevas cuando...?** Pregúntense qué ropa llevan en diferentes ocasiones.

MODELO: E1: *¿Qué llevas cuando tienes examen?*
E2: *Llevo vaqueros y una camiseta.*
E2: *Pues, yo llevo...*

OCASIÓN	ROPA
asistes a una boda	_____
te invitan a la Casa Blanca	_____
hace mucho frío	_____
hace muchísimo calor	_____
invitas a tus compañeros a una fiesta en tu casa	_____
practicas un deporte	_____
trabajas como camarero/a	_____
vas de vacaciones a Cancún	_____

G **8-10 ¿Quién es?** Describe la ropa que lleva otra persona de la clase para ver si tus compañeros/as pueden adivinar quién es.

MODELO: *Lleva una camisa azul de manga larga. Tiene unos pantalones negros. Sus zapatos son marrones. ¡Está muy elegante! ¿Quién es?*

G **8-11 En la tienda.** Hagan el papel de dependiente/a y clientes en una tienda elegante.

MODELO: DEPENDIENTE/A: *Buenas tardes. ¿En qué puedo servirle?*
CLIENTE 1: *Quiero ver...*
CLIENTE 2: *¿Me puede mostrar...?*

¡Así lo hacemos! Estructuras

1. The imperfect of regular and irregular verbs

El imperfecto de verbos regulares

CAMINÁBAMOS, SUBÍAMOS CERROS
Y NOS SENTÍAMOS LOS DUEÑOS DEL MUNDO.
JEEP LIBERTY.

You have already studied the preterit tense in *Capítulos 6* and *7*. Here you will be introduced to the imperfect, the other simple past tense in Spanish.

- The imperfect of regular verbs is formed as follows.

	hablar	**comer**	**escribir**
yo	habl**aba**	com**ía**	escrib**ía**
tú	habl**abas**	com**ías**	escrib**ías**
él, ella, Ud.	habl**aba**	com**ía**	escrib**ía**
nosotros/as	habl**ábamos**	com**íamos**	escrib**íamos**
vosotros/as	habl**abais**	com**íais**	escrib**íais**
ellos/as, Uds.	habl**aban**	com**ían**	escrib**ían**

- With **-ar** verbs, only the first-person plural form has a written accent mark. The imperfect endings for **-er** and **-ir** verbs are identical, and all forms have a written accent mark.
- The Spanish imperfect has three common English equivalents: the simple past, the past progressive, and the *used to* + infinitive construction.

Rosario **trabajaba** en la tienda. } *Rosario worked at the store.*
Rosario was working at the store.
Rosario used to work at the store.

■ Use the imperfect to describe repeated, habitual, or continuous actions in the past with no reference to the beginning or ending.

Cuando yo **viajaba** a Ecuador **volaba** en Zaeta.	*When I traveled to Ecuador, I used to fly in Zaeta.*
Susana y Mauricio **leían** la guía todos los días.	*Susana and Mauricio read the guidebook every day.*
Mauricio **pensaba** todo el tiempo en el viaje.	*Mauricio was thinking all the time about the trip.*
Comíamos en el restaurante cerca del aeropuerto.	*We used to eat at the restaurant close to the airport.*

■ Use the imperfect to describe an event or action in progress when another event or action takes place (in the preterit) or is occurring (in the imperfect).

Estaban en la sala de espera cuando **llegaron** las azafatas.	*They were at the waiting room when the flight attendants arrived.*
Mientras Rosario **hablaba** con Susana,	*While Rosario was talking with Susana,*
Mauricio **miraba** el folleto.	*Mauricio was looking at the brochure.*

■ The imperfect is used to describe characteristics or states of being (health, emotions, etc.) in the past when no particular beginning or ending is implied in the statement.

Mi abuela **era** muy activa. **Tenía** mucha energía.	*My grandmother was very active. She had a lot of energy.*
Mis padres **estaban** muy contentos en Quito.	*My parents were very happy in Quito.*

Verbos irregulares en el imperfecto

Cuando yo era joven veía a mis abuelos todas las semanas. Vivían cerca e iba a vistitarlos en bicicleta.

There are only three verbs that are irregular in the imperfect.

	ir	ser	ver
yo	iba	era	veía
tú	ibas	eras	veías
él, ella, Ud.	iba	era	veía
nosotros/as	íbamos	éramos	veíamos
vosotros/as	ibais	erais	veíais
ellos/as, Uds.	iban	eran	veían

■ Only the first-person plural forms of **ir** and **ser** have a written accent mark; all forms of **ver** require a written accent.

Aplicación

8-12 El imperio de los Incas. Aquí tienes una descripción de la gran civilización Inca, la más importante de Suramérica, que incluía lo que hoy es el Perú y el Ecuador. Subraya las formas en imperfecto e identifica el infinitivo.

Cuando los españoles llegaron a Suramérica, se encontraron con el Imperio Inca, un imperio indígena muy avanzado.

El Imperio Inca se extendía desde la región cercana a la línea ecuatorial, a lo largo de la costa del Pacífico, hasta lo que hoy es el norte de Chile. Por el este se extendía a través de los Andes hasta partes de la Argentina y Bolivia. Aquel inmenso imperio se llamaba Tahuantinsuyu en quechua, la lengua de los incas. Su nombre quería decir "las cuatro partes", que representaban los cuatro puntos cardinales:

Muchas personas consideran Sacsahuamán como un tesoro arquitectónico.

el norte, sur, este y oeste. En su capital, Cuzco, ahora una ciudad importante del Perú, los incas construyeron edificios de enormes bloques de piedras que se encajaban (*fitted*) tan perfectamente que no era posible insertar un cuchillo entre ellas. Aunque la arquitectura de estos edificios era de aspecto severo, estaban adornados con planchas (*sheets*) y ornamentos de oro, a los cuales los incas llamaban "las lágrimas (*tears*) del sol". (A la plata se le llamaba "las lágrimas de la luna"). En el interior de los templos brillaban esos metales preciosos.

Los incas construyeron un impresionante sistema de regadío (*irrigation*) y escalonadas (*stair step*) terrazas en las faldas de las montañas para cultivar vegetales.

8-13 ¿Cómo era el Imperio Inca? Contesta las preguntas basadas en la Actividad 8-12.

1. ¿Cómo era el Imperio Inca?
2. ¿Qué países de hoy formaban parte del imperio?
3. ¿Qué idioma hablaban?
4. ¿Cuál era su capital?
5. ¿Qué decoraciones usaban en sus edificios?
6. ¿Qué significaba el oro para ellos?
7. ¿Qué significaba la plata para ellos?

8-14 La manera de vestirse. Las mujeres de la foto de la Actividad 8-12 se visten de una manera típica de los indígenas del Perú. Describe su ropa diciendo lo que llevaban en la foto. Después usa tu imaginación y describe cómo crees que era un día típico y qué estaban haciendo antes de tomar esta foto.

MODELO: *Todas las mujeres llevaban...*

WWW **8-15 Más imágenes del Imperio Inca.** Conéctate con la página electrónica de *¡Arriba!* (**www.prenhall.com/arriba**) para ver más imágenes de Sacsahuamán, Cuzco y Machu Picchu. Escribe una descripción de la ropa que llevan las indígenas.

Se puede comprar de todo en el mercado de Otavalo.

8-16 En el mercado de Otavalo. El mercado del pueblo de Otavalo, Ecuador, es famoso por sus artesanías, su comida típica y los turistas que lo visitan. Usa el imperfecto de los verbos entre paréntesis para completar la entrada que escribió Manuel en su diario cuando él y su hermana Victoria lo visitaron.

El pueblo de Otavalo está situado a tres horas de Quito. Ese día, (1. hacer) _____ mucho calor y el cielo (2. estar) _____ despejado. El taxista se (3. llamar) _____ Ramón y (4. ser) _____ muy simpático. Otavalo (5. ser) _____ una ciudad impresionante. (6. Haber) _____ gente por todas partes vendiendo verduras, pollos (*chickens*), todo tipo de comida, ropa, etcétera. No (7. poder) _____ creer el espectáculo tan agradable de colores y olores (*smells*). En uno de los puestos, algunas mujeres (8. comprar) _____ pulseras (*bracelets*); en otro, un hombre (9. vender) _____ camisas de algodón. Muchas personas (10. comprar) _____ vegetales: cebollas, ajos... En un lugar (11. preparar) _____ un cochinillo (*young pig*) a la parrilla. Por todas partes los clientes y los vendedores (12. regatear) _____ el precio de sus cosas. Cuando por fin dejamos Otavalo, (13. ser) _____ las dos de la tarde, la hora del almuerzo. (14. Estar) _____ exhaustos, pero contentos.

8-17 ¿Has comprendido? Contesta las preguntas basadas en la Actividad 8-16.

1. ¿En qué país está Otavalo?
2. ¿Qué tiempo hacía ese día?
3. ¿Qué se vendía en el mercado?
4. ¿Qué comida había?
5. ¿Cómo se sentían Manuel y Victoria al final del día?
6. ¿Qué crees que compraron en el mercado?

AB **8-18A ¿Qué pasaba?** Pregúntale a tu compañero/a qué pasaba en las siguientes situaciones.

MODELO: a la medianoche en la última fiesta que fuiste
E1: *¿Qué pasaba a la medianoche en la fiesta?*
E2: *Todos bailaban.*

1. al mediodía en el centro estudiantil
2. anoche en tu cuarto
3. a las diez y media en clase ayer
4. en el almacén la última vez que fuiste
5. ayer en la cena
6. en el mercado de Otavalo

2 **8-19 ¿Dónde estabas?** Túrnense para describir y adivinar (*guess*) dónde estaban sin decir el nombre.

MODELO: E1: *Eran las dos de la mañana. Yo estaba dormido.*
E1: *Estabas en tu dormitorio.*

Algunos lugares

en la playa
en un estadio
en un almacén
en clase
en Machu Picchu

en una piscina
en la biblioteca
en el teatro
en Otavalo
¿en...?

2. Ordinal numbers

primero/a	*first*	**sexto/a**	*sixth*
segundo/a	*second*	**séptimo/a**	*seventh*
tercero/a	*third*	**octavo/a**	*eighth*
cuarto/a	*fourth*	**noveno/a**	*ninth*
quinto/a	*fifth*	**décimo/a**	*tenth*

■ Ordinal numbers in Spanish agree in gender and number with the noun they modify.

> Es la **primera** rebaja del año.   *It's the first sale of the year.*
>
> Pidió el **segundo** vestido.   *She asked for the second dress.*

■ **Primero** and **tercero** are shortened to **primer** and **tercer** before masculine singular nouns.

> El almacén está en el **tercer** piso.   *The store is on the third floor.*
> Es el **primer** mostrador a la izquierda.   *It's the first counter to the left.*

■ In Spanish, ordinal numbers are rarely used after **décimo.** The cardinal numbers are used instead, and follow the noun.

> La oficina del gerente está en el piso **doce.**   *The manager's office is on the twelfth floor.*

Aplicación

8-20 El almacén La Gran Vía. Usa la guía siguiente para completar las siguientes oraciones.

ALMACÉN LA GRAN VÍA

1er piso	Ropa de hombres
	Calzado (footwear)
	Caja
2do piso	Ropa de mujer
	Oficinas de administración
3er piso	Ropa infantil
	Prendas deportivas
4to piso	Restaurante
	Cambio de moneda
5to piso	Supermercado

1. Si quieres comprarle una blusa a tu mamá, la vas a buscar en el _____.
2. Si tienes hambre, puedes ir al _____.
3. Si necesitas ropa para un bebé, vas al _____.
4. Si buscas zapatos, los compras en el _____.
5. Si necesitas comprarle una corbata a tu tío, la vas a encontrar en el _____.
6. Si necesitas aceite de oliva, lo puedes comprar en _____.

2 8-21 Su orden de importancia. Individualmente, pongan los siguientes artículos en orden de importancia en este momento (1 a 10). Luego comparen sus resultados.

MODELO: *Primero, necesito comprar una camisa de manga larga, porque todas mis camisas son viejas. Segundo,...*

MI LISTA	LA LISTA DE MI COMPAÑERO/A
_____ una corbata de seda	_____
_____ unos zapatos de tacón (*high heels*)	_____
_____ una camiseta de algodón	_____
_____ una falda de lana	_____
_____ un par de tenis	_____
_____ un traje de rayas	_____
_____ un abrigo de lana	_____
_____ unos vaqueros	_____
_____ ¿...?	_____

G 8-22 En la oficina de información. Uno/a de ustedes trabaja en Información de Saga Falabella. Los otros le piden información. Sigan el modelo a continuación.

MODELO: E1: *Señor/a (Señorita), ¿dónde está la zapatería?*
E2: *Está en el sexto piso.*
E1: *Gracias, ¿y la caja?*

saga falabella
AV. PASEO DE LA REPÚBLICA 3220
URB. JARDÍN — SAN ISIDRO
TEL: (1) 4420500

Sótano **Tejidos** Boutique, Sedas, Lanas **Supermercado** Alimentación, Limpieza **Imagen y Sonido** Computadoras, Estéreos, Radio, VCR

1.er PISO **Complementos de moda** Perfumería y Cosméticos, Joyería, Bolsas, Medias, Relojería, Sombreros, Turismo, Fotografía

2.do PISO **Hogar** Artesanía, Cerámica, Cristalería, Accesorios Automóvil, Porcelanas, Platería, Regalos, Electrodomésticos, Muebles de Cocina

3.er PISO **Niños/as** cuatro a diez años, **Chicos** 11–14 años, **Bebés, Zapatería** Señoras, Caballeros y Niños

4.to PISO **Confección Caballeros** Ropa Interior, Artículos de Viajes, Complementos de Moda, Tallas Especiales, Sastrería

5.to PISO **Agencia de Viajes, Señoras** Boutiques Internacionales, Futura Mamá, Tallas Especiales, Complementos de Moda

6.to PISO **Juventud** Tienda Vaquera, **Deportes** Prendas deportivas, Zapatería, Marcas Internacionales

7.mo PISO **Muebles y Decoración** Dormitorios, Salones, Lámparas

8.vo PISO **Restaurante, Cambio de Moneda Extranjera, Caja**

1. ropa para mujer
2. las corbatas de seda
3. artículos deportivos
4. tallas especiales
5. ropa para bebé
6. los probadores
7. suéteres para niños
8. el restaurante
9. comida
10. agencia de viajes
11. ropa de hombres
12. ¿...?

¿Cuánto sabes tú? *Can you...*

☐ describe what you and others are wearing?

☐ say what you wear on different occasions?

☐ use the imperfect tense to describe a scene in the past?

☐ use the imperfect tense to say what you used to do in the past?

☐ use ordinal numbers to put things in physical order (**primer piso**) or order of importance (**primero, segundo...**)?

Comparaciones

De compras

8-23 En tu experiencia. En los EE.UU. y el Canadá, ¿es típico cerrar las tiendas a la hora de almorzar? ¿Por qué? ¿Cuántos días de vacaciones tienen los empleados en las tiendas norteamericanas? ¿Se cierran las tiendas durante las vacaciones? ¿Por qué? A continuación hay un artículo sobre los almacenes y las tiendas de muchos países del mundo hispano. Mientras lees, piensa en las diferencias que existen según tu experiencia.

Las tiendas y los bancos en los países hispanos no tienen los mismos horarios que las tiendas y los bancos en los EE.UU. Generalmente, están abiertos menos horas que los de (*those of*) los EE.UU. En las ciudades principales del Ecuador y el Perú, las tiendas tienen horarios más amplios, pero en las ciudades pequeñas, por ejemplo, las tiendas abren generalmente a las nueve o diez de la mañana y cierran a las dos de la tarde durante dos o tres horas para el almuerzo. Vuelven a abrir a las cinco de la tarde y cierran a las ocho o nueve de la noche. Las tiendas están abiertas de lunes a viernes y los sábados por la mañana. Casi todas las ciudades y los pueblos tienen mercados al aire libre en los que se puede regatear el precio de un artículo. También es posible regatear con los vendedores ambulantes (*street vendors*).

En muchos otros países hispanos los empleados tienen derecho (*the right*) a un mes de vacaciones al año. La mayoría de los empleados prefiere tomar las vacaciones durante el verano. Muchos dueños (*owners*) deciden cerrar sus comercios (*businesses*) durante un mes en el verano y así ellos toman sus vacaciones al mismo (*the same*) tiempo que sus empleados. El turista que va a estos países en los meses de verano puede encontrar muchas tiendas y restaurantes cerrados.

8-24 En tu opinión... Conversen sobre dónde prefieren comprar los siguientes artículos, por ejemplo, en una tienda especializada, en un almacén grande, en un mercado al aire libre, de un vendedor ambulante, en una tienda de artículos de segunda mano, etcétera.

1. unos vaqueros
2. unos tenis
3. un traje de baño
4. una camisa de manga larga
5. unos zapatos de cuero
6. un saco para el trabajo
7. unos calcetines deportivos
8. un abrigo

SEGUNDA PARTE

¡Así es la vida!

¿Qué compraste?

Victoria volvió a su casa y estaba conversando con su hermano Manuel sobre sus compras cuando sonó el teléfono.

Victoria: ¿Aló?

Lucía: Hola, Victoria. Te habla Lucía. ¿Cómo estás?

Victoria: Muy bien. ¿Qué tal, Lucía?

Lucía: Oye, llamé tres veces a tu casa y pero no contestaba nadie. ¿Qué hiciste hoy? ¿Adónde fuiste?

Victoria: Iba a estudiar para un examen pero decidí ir de compras al centro y estuve allí todo el día.

Lucía: ¡Ah sí!... ¿Y qué compraste?

Victoria: Compré un vestido rojo fabuloso que estaba de rebaja en Falabella. Luego fui a la joyería y le compré un llavero de plata a mi novio, Gustavo. Después, en la perfumería, le compré un frasco de colonia a papá y un frasco de perfume a mamá.

Lucía: ¿Gastaste mucho?

Victoria: Gasté menos que tú la semana pasada. Desde que pago al contado tengo mucho más cuidado. ¡Y es el vestido más precioso del mundo! Necesitaba uno elegante para la fiesta de los padres de Gustavo.

Tiendas y artículos personales

En la joyería

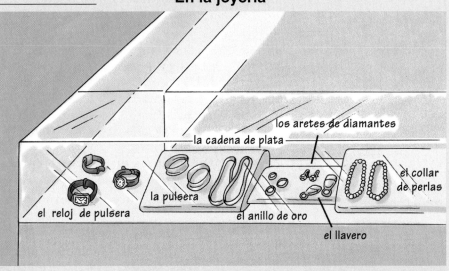

los aretes de diamantes

la cadena de plata

el collar de perlas

la pulsera

el reloj de pulsera

el anillo de oro

el llavero

En la droguería

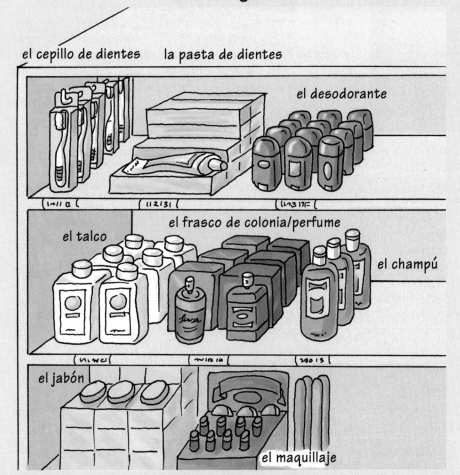

el cepillo de dientes

la pasta de dientes

el desodorante

el talco

el frasco de colonia/perfume

el champú

el jabón

el maquillaje

Verbos

devolver (ue)	*to return (something)*
gastar	*to spend*
hacer juego (con)	*to match; to go well with*
valer	*to be worth; to cost*

Aplicación

8-25 Las tiendas especializadas. Aquí tienes más tiendas especializadas. Emparéjalas con las cosas que venden.

1. _____ la farmacia
2. _____ la joyería
3. _____ la perfumería
4. _____ la florería
5. _____ la zapatería
6. _____ la librería
7. _____ la papelería

a. un collar de esmeraldas
b. sandalias
c. una novela
d. penicilina
e. rosas
f. invitaciones
g. colonia

8-26 De compras en el centro comercial Arenales en Lima. Completa el párrafo de una manera lógica, usando expresiones de **¡Así lo decimos!**

aceptan	cheques	devolver	juego	oro
cepillo	collar	gastar	me quedaba	tiendas

Generalmente, cuando voy de compras, no me gusta (1) _____ mucho dinero. Por eso, me gusta comprar ropa que está de rebaja. Ayer fui al centro comercial Arenales en Lima porque tiene una buena selección de (2) _____ y almacenes. En casi todos (3) _____ tarjetas de crédito y (4) _____. Primero, tuve que (5) _____ un vestido que recibí de regalo pero que (6) _____ muy grande. Luego, encontré una blusa de seda que hace (7) _____ con mi falda de lana. También encontré una bella cadena de (8) _____ para mi padre y un (9) _____ para mi madre. Después de pagar todo, pasé por la droguería donde compré pasta de dientes y un (10) _____.

8-27 ¡Yo también fui de compras! Lucía también fue de compras ayer. Indica las tiendas que visitó, los artículos que compró y los que devolvió.

TIENDAS	COMPRÓ	DEVOLVIÓ
_____ el almacén	_____ una agenda	_____
_____ la farmacia	_____ una blusa	_____
_____ la joyería	_____ unas sandalias	_____
_____ la papelería	_____ una camisa	_____
_____ la perfumería	_____ talco	_____
_____ la librería	_____ desodorante	_____
_____ el supermercado	_____ un té especial	_____
_____ la zapatería	_____ un frasco de colonia	_____
_____ tienda pequeña	_____ una torta de queso	_____
	_____ una falda	
	_____ un libro de Guayasamín	_____
	_____ un reloj	_____

8-28 ¿En qué tiendas compras? Conversen sobre dónde hacen las compras y por qué.

MODELO: *Me gusta comprar helado en la heladería* La Creme *que está en mi ciudad porque tiene veintiún sabores deliciosos.*

2 **8-29 ¿Hacen juego?** Decidan si estos artículos hacen juego. Si no, cámbienlos.

MODELO: traje de baño y zapatos de cuero
No hacen juego. Es mejor llevar sandalias con un traje de baño.

1. una camisa de cuadros y pantalones de rayas
2. un vestido de seda y botas de cuero
3. un collar de oro y aretes de plata
4. sandalias y calcetines
5. vaqueros y tenis
6. ¿...?

2 **8-30 Fui de compras...** Conversen sobre la última vez que fueron de compras. Cuéntense adónde fueron, qué hicieron, qué compraron, etcétera. Pueden usar las expresiones siguientes.

busqué	encontré	salí
compré	gasté	vi
devolví	pagué	volví

MODELO: *Salí de mi casa por la mañana...*

 8-31 De compras en Lima. Conéctate con la página electrónica de *¡Arriba!* (**www.prenhall.com/arriba**) y busca información de una tienda especializada. Elige un artículo que te interese y contesta estas preguntas.

1. ¿Cuál es el artículo?   2. ¿Cómo es?   3. ¿Dónde se vende?

Centro Comercial Larco Mar en Miraflores, Lima, Perú

¡Así lo hacemos! Estructuras

3. Preterit versus imperfect

In Spanish, the use of the preterit and the imperfect reflects the way the speaker views the action or event being expressed. The uses of these two tenses are compared in the following table.

THE PRETERIT...

1. narrates actions or events in the past that the speaker views as completed or finished.

Victoria y Lucía **conversaron** por teléfono por dos horas.	*Susana and Lucía talked on the phone for two hours.*

2. expresses the beginning or end of a past event or action.

El zapatero **llegó** a las tres y cinco.	*The shoemaker arrived at 3:05.*
La película **terminó** a las ocho de la noche.	*The movie ended at 8:00 P.M.*

3. narrates completed events that occured in a series.

Carlos **entró** en la farmacia, **vió** a su ex-novia y **salió** inmediatamente.	*Carlos entered the pharmacy, saw his ex-girlfriend, and left immediately.*

4. expresses changes in mental, physical, and emotional conditions or states in the past.

Alejandra **se puso** furiosa cuando vio el cuarto.	*Alejandra became furious when she saw the room.*
Estuve nerviosa durante la entrevista.	*I was nervous during the interview (but now I'm not).*

5. describes weather and scenes as events or within specific time parameters.

Ayer **fue** un día horrible. **Llovió** e **hizo** mucho viento.	*Yesterday was a horrible day. It rained and was very windy.*

THE IMPERFECT...

1. describes what was happening in the past, usually in relation to another event or at a given time, with no reference to the beginning or end of an action.

Mientras **miraba** las compras Victoria **hablaba.**	*While she was looking at her purchases, Victoria was talking.*

2. expresses habitual actions or events in the past.

Pedro **comía** en ese restaurante todos los sábados.	*Pedro used to eat at that restaurant every Saturday.*
Ana **iba** de compras todo el tiempo.	*Ana used to go shopping all the time.*

3. expresses time in the past.

Eran las once de la noche.	*It was 11:00 in the evening.*

4. expresses mental, physical, and emotional conditions or states in the past.

Alejandra **estaba** contenta durante el concierto.	*Alejandra was happy during the concert.*
Nos **sentíamos** mal después de comer allí.	*We felt sick after eating there.*

5. sets the scene (weather, activities in progress, etc.) for other actions and events that take place.

Hacía muy mal tiempo y **llovía.** Yo **leía** en mi cuarto y **esperaba** la llamada.	*The weather was bad and it was raining. I was reading in my room and waiting for the call.*

■ The preterit and the imperfect are often used together. In the following examples, the imperfect describes what was happening or in progress when another action (in the preterit) interrupted and took place.

Conversábamos con el dependiente cuando Lourdes **entró** en la joyería.	*We were talking with the clerk when Lourdes entered the jewelry store.*
Las chicas **salían** de la tienda cuando Jorge las **vio.**	*The girls were leaving the store when Jorge saw them.*

◎ STUDY TIPS

Para distinguir entre el pretérito y el imperfecto

1. Analyze the context in which the verb will be used and ask yourself, does the verb describe the way things were or does it tell what happened? Use the imperfect to describe and the preterit to tell what happened.

   Era de noche cuando volvieron a casa.
   Era: describes → It was nighttime.
   volvieron: tells what happened → They returned.

2. In many instances, both tenses produce a grammatical sentence. Your choice will depend on the message you are communicating.

Así **fue.**	*That's how it happened.*
Así **era.**	*That's how it used to be.*
Ayer **fue** un día horrible.	*Yesterday was a horrible day. (This is the point; it's not background information.)*
Era un día horrible.	*It was a difficult day. (This is background information for the actions that will be narrated.)*

3. Here are some temporal expressions that are frequently (but not always) associated with the imperfect and preterit. Note that the ones that require imperfect generally imply repetition or habit and those that take preterit refer to specific points in time.

IMPERFECT	PRETERIT
a menudo	anoche
con frecuencia	anteayer
de vez en cuando	ayer
muchas veces	esta mañana
frecuentemente	el fin de semana pasado
todos los lunes / martes / etcétera	el mes pasado
todas las semanas	el lunes / martes / pasado etcétera
todos los días / meses	una vez
siempre (*when an event is repeated with no particular end point*)	siempre (*when an end point is obvious*)
mientras	

Aplicación

8-32 Guayasamín. Lee esta selección sobre el famoso artista ecuatoriano Oswaldo Guayasamín. Después haz una lista con los verbos en pretérito y otra con los verbos en imperfecto.

Oswaldo Guayasamín nació en Quito el 6 de julio de 1919. De niño, su familia era muy pobre. Se graduó de pintor y escultor en la Escuela de Bellas Artes de Quito. Realizó su primera exposición cuando tenía 23 años, en 1942. Durante su vida, recibió premios (*prizes*) nacionales y varios internacionales. Tuvo una vida artística muy productiva: hizo cuadros, murales, esculturas y monumentos.

   Guayasamín era un hombre de izquierdas que, a través de su vida, apoyó causas socialistas. Sin embargo, siempre estuvo en contra de todo tipo de violencia. Su obra humanista quiso reflejar la miseria que sufría la mayor parte de la humanidad.

   Murió el 10 de marzo de 1999, a los 79 años. Hasta poco antes de su fallecimiento estaba trabajando en la obra que él consideraba más importante, denominada *La capilla* (chapel) *del hombre.*

Guayasamín en su estudio

8-33 ¿Era o fue? Ahora explica por qué se usa cada tiempo verbal.

MODELO: La familia de Oswaldo Guayasamín **era** muy pobre cuando él **nació.**
era – description in the past (descripción en el pasado)
nació – completed event (evento ocurrido)

8-34 ¿Comprendiste? Contesta las siguientes preguntas basadas en el texto sobre Guayasamín de la Actividad 8-32.

1. ¿Dónde y en qué año nació?
2. ¿Cuántos años tenía cuando murió?
3. ¿Qué honores recibió durante su vida?
4. ¿Qué se refleja en la obra de Guayasamín?
5. ¿En qué trabajaba cuando murió?

WWW **8-35 Las obras de Guayasamín.** Conéctate con la página electrónica de *¡Arriba!* (**www.prenhall.com/arriba**) para ver otras obras de Guayasamín. Describe una de sus obras contestando estas preguntas.

1. ¿Qué tipo de obra es?
2. ¿Qué colores predominan en la obra?
3. ¿Es una imagen triste o alegre? ¿Optimista o pesimista? ¿Por qué?

8-36 Esta vez fue diferente. Esta vez fue diferente a todas las otras ocasiones. Completa el párrafo con la forma correcta de los verbos indicados en el pretérito o el imperfecto.

1. **ir:** Todos los días yo _____ a comprar fruta en la frutería Sánchez, pero ayer no _____.
2. **comprar:** Generalmente, Manuel y Victoria _____ en Saga Falabella, pero esta vez _____ en otro almacén.
3. **ver:** Nosotros siempre _____ las nuevas modas en la primavera, pero este año las _____ en el otoño.
4. **ser:** Otavalo siempre _____ el mercado preferido de los turistas, pero este año, por las lluvias, no lo _____.
5. **hacer:** Antes, tú _____ tus compras en la farmacia Gómez, pero ayer las _____ en la farmacia Hernández.
6. **decir:** Siempre mis padres _____ que es mejor ahorrar (*save*) que gastar, pero después de ganar la lotería, _____, "¿Para qué ahorrar más?"

8-37 Una escena en el mercado. Completa el párrafo con la forma correcta del verbo entre paréntesis en el pretérito o el imperfecto según el contexto.

Ayer en el mercado (1)_____ (haber) mucha actividad: un vendedor de fruta (2)_____ (vender) mangos y plátanos. Una artesana (3)_____ (mostrar) sus tejidos (*weavings*) de alpaca. Muchos niños (4)_____ (jugar) en la plaza. De repente, (5)_____ (llegar) algunas nubes muy oscuras y el cielo se (6)_____ (poner) muy gris. Luego (7)_____ (empezar) a llover y el viento (8)_____ (soplar) violentamente. Cuando vieron la lluvia, los niños (9)_____ (correr) a sus casas. Los vendedores (10)_____ (cerrar) sus puestos y los artesanos (11)_____ (cubrir) sus artículos. La tempestad (12)_____ (durar) media hora y después todo (13)_____ (continuar) como antes.

8-38 ¿Cómo era en Otavalo? Imagínate que fuiste con unos amigos a Otavalo. Completa las oraciones para describir cómo era y qué pasó. Usa el imperfecto del verbo en la primera columna y el pretérito de un verbo de la segunda columna.

MODELO: ser temprano cuando...
Era temprano cuando llegamos a Otavalo.

1. (nosotros/as) llegar cuando...
2. (nosotros/as) ver las camisas de algodón...
3. ser las doce del día cuando...
4. (nosotros/as) caminar por el mercado cuando...
5. Ana y yo estar regateando en un puesto cuando...
6. empezar a llover cuando...

decidir ver todos los puestos (*stalls*)
empezar a llover
venir a hablarnos un/a joven
decidir continuar caminando
almorzar un plato típico
ofrecernos un precio mucho mejor
irse de Otavalo
regresar a nuestras casas

8-39 Queríamos... Túrnense para completar las frases indicando lo que querían hacer y lo que hicieron según el contexto. Vean los modelos.

MODELOS: Iba a... esta tarde pero...
Iba a ver a mi novio esta noche pero me llamó y me dijo que estaba cansado.
Quería... mientras...
Yo quería estudiar mientras escuchaba música.

1. Ayer venía a clase cuando...
2. Una vez el año pasado...
3. Cuando era más joven, frecuentemente...
4. Esta mañana no...
5. Muchas veces en el pasado...
6. Ayer tenía ganas de... mientras...

8-40A Artículo perdido. Imagínate que eres un/a agente de la oficina de artículos perdidos (*Lost and Found*) de un almacén y que tu compañero/a viene a buscar un artículo que perdió. Contesta las preguntas de tu compañero/a y hazle las preguntas a continuación para llenar el formulario.

1. ¿Cómo se llama usted?
2. ¿Cuál es su número de teléfono?
3. ¿Cuál es su dirección?
4. ¿Qué perdió?
5. ¿Cómo era? (¿De qué color? ¿Qué talla? ¿Qué número? ¿De qué tela?)
6. ¿Cuánto valía?
7. ¿Dónde estaba cuando lo/la perdió?

ARTÍCULOS PERDIDOS

Nombre: _____

Teléfono: _____

Dirección: _____

Artículo(s) perdido(s): _____

Descripción: _____

Fecha: _____

8-41 La última venta-liquidación. Túrnense para describir la última venta-liquidación de su tienda favorita. Incluyan esta información.

- ¿Qué día era?
- ¿Cuánta gente había?
- ¿Qué estaba de rebajas?
- ¿Cómo eran los precios?
- ¿Pudiste regatear?
- ¿Qué compraste?
- ¿Cúanto pagaste?
- ¿Fue una ganga (*bargain*)?

¿Cuánto sabes tú? *Can you...*

☐ talk about what you are wearing now and what you wear in other contexts?

☐ role-play a scene in a department store or a market?

☐ talk about activities you used to do in the past using the imperfect tense, such as **iba, veía, quería, compraba...**?

☐ describe a scene in the past using the imperfect tense, such as **era, estaba, hacía...**?

☐ Narrate an event in the past where you set the scene (imperfect) and relate specific completed events (preterit)?

VIDEO ## Toño Villamil y otras mentiras Episodio 8

8-42 Una tienda de ropa. En este episodio, vas a ver a Isabel y a Lucía en una tienda de ropa en Malinalco. Aquí tienes una descripción de la tienda. Léela y contesta las preguntas a continuación.

En Malinalco hay una pequeña tienda de ropa para mujeres que se llama La Boutique de María. La dueña de la tienda se llama María (naturalmente), y es la esposa de Manolo, el cocinero del restaurante Las Palomas. María abrió la tienda en 2003 cuando estaba recién casada con Manolo. Como es el mes de agosto, todo está de rebajas: camisas, camisetas, vaqueros, tenis, vestidos, blusas... todo menos las modas nuevas para el otoño. Los días en que María tiene que ir a la capital para hacer las compras para su tienda, Manolo cuida la tienda. Pero, la verdad, es mejor cocinero que vendedor. Vamos a ver si vende algo hoy...

1. ¿Quién es la dueña de la tienda?
2. ¿Cuándo la abrió?
3. ¿Quién la ayuda cuando ella no está?
4. ¿Por qué no está hoy?
5. En tu opinión, ¿va a vender algo hoy? ¿Por qué?

8-43 Isabel y Lucía van de compras. Mira el octavo episodio de *Toño Villamil y otras mentiras* donde vas a ver a Isabel y a Lucía en una tienda de ropa. Ten en mente estas preguntas mientras ves el video.

1. Ese día, Isabel estaba...
   a. enferma.
   b. contenta.
   c. cansada.

2. Buscaba ropa...
   a. de noche.
   b. de moda.
   c. deportiva.

3. El vendedor dijo que la tienda era la...
   a. única en Malinalco.
   b. más grande de Malinalco.
   c. mejor de Malinalco.

4. Isabel necesitaba una talla...
   a. mediana.
   b. grande.
   c. chica.

5. Antes de comprar, Isabel quería...
   a. saber si aceptaban tarjeta de crédito.
   b. probarse la ropa.
   c. buscar en otra tienda.

6. En el restaurante Las Palomas Manolo dijo que...
   a. lavaba los platos.
   b. era el cocinero.
   c. era un cliente.

7. Según Lucía, la tortilla española que Manolo le preparó era...
   a. la peor de su vida.
   b. diferente de lo que esperaba.
   c. sabrosa, pero no auténtica.

2 **8-44 Una tienda en Malinalco.** Trabajen juntos/as para imaginarse una tienda que abrirían (*you would open*) en el pequeño pueblo de Malinalco. ¿Qué van a vender? ¿Quiénes van a ser sus clientes? ¿Cómo van a atraer a sus clientes? ¿Es posible ganarse la vida vendiendo ropa en ese lugar? ¿Por qué?

Panoramas

El reino inca: El Perú y el Ecuador

8-45 ¿Ya sabes...? Trata de identifica o explica lo siguiente.

1. las capitales del Perú y del Ecuador
2. dónde están las Islas Galápagos
3. el científico inglés que las investigó
4. una antigua civilización de la América del Sur
5. el origen de la papa
6. un producto agrícola importante del Ecuador
7. los meses de verano en el Perú
8. los países en las fronteras del Perú y del Ecuador

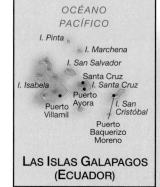

OCÉANO PACÍFICO

I. Pinta
I. Marchena
I. San Salvador
Santa Cruz
I. Isabela
I. Santa Cruz
Puerto Ayora
Puerto Villamil
I. San Cristóbal
Puerto Baquerizo Moreno

LAS ISLAS GALÁPAGOS (ECUADOR)

Esmeraldas
Ibarra
Quito ✪
Manta
Roc
ECUADOR
Ambato
Riobamba
Guayaquil
Golfo de Guayaquil
Cuenca
Tumbes
Loja
Piura
PERÚ
Chiclayo
Cajamarca
Trujillo
Chimbote
Lima ✪
Ayac
Ica

OCÉANO PACÍFICO

CORDILLERA DE
Río

Se conoce el archipiélago de las Islas Galápagos por su exquisita variedad de vida marítima y terrestre. Aquí también se ubica el Centro de Investigación Charles Darwin, nombrado en honor del famoso científico inglés que visitó las islas y allí formuló su teoría sobre la evolución de las especies. Hoy en día, el gobierno ecuatoriano coopera con el movimiento ecológico para estudiar y proteger las especies únicas, como el galápago (*giant turtle*), el booby con patas azules (*blue-footed booby*) y la iguana marina.

La alpaca es un precioso animal camélido (*of the camel family*) que vive en las altas sierras de Suramérica. La alpaca fue importante en la civilización Inca porque la usó en sus ceremonias religiosas y para sus tejidos (*weavings*) de lana. La lana de la alpaca es más fuerte y mucho más calurosa que la de la oveja, y se produce en 22 colores naturales distintos.

Los Andes, con sus altas montañas y activos volcanes, dominan el paisaje del Ecuador.

Si quieres tener una experiencia inolvidable, debes seguir el camino Inca por el Perú en un viaje de cuatro días. La mejor estación del año para hacer esta excursión es durante la temporada seca: de mayo a octubre. Antes de empezar la excursión, es importante acostumbrarte a la altura de 2.380 metros.

Según la leyenda, el Padre Sol (que se llamaba Inti Tayta) creó la civilización incaica en el Lago Titicaca. Los habitantes de esta región conservan sus antiguas tradiciones.

8-46 ¿Qué es? Empareja las expresiones de la columna de la izquierda con las de la derecha.

1. la alpaca
2. el Lago Titicaca
3. el camino Inca
4. los Andes
5. Charles Darwin
6. el galápago
7. Inti Tayta
8. las Islas Galápagos

a. el Padre Sol de los Incas
b. una tortuga gigantesca en peligro de extinción
c. el científico inglés conocido por su teoría de la evolución de las especies
d. un antiguo sendero (*trail*) por las montañas del Perú
e. lugar de la creación de la civilización Inca
f. el archipiélago donde viven muchas especies únicas
g. un animal del altiplano que produce lana
h. dominan el paisaje del Ecuador

8-47 ¿Dónde? Identifica los lugares en el mapa donde puedes encuentrar las siguientes cosas.

1. la industria pesquera (del pescado)
2. la investigación ecológica
3. los deportes invernales
4. la sede del gobierno
5. los volcanes

 8-48 El mapa. Consulten el mapa de Suramérica y túrnense para indicar dónde se encuentran las ciudades y los lugares a continuación.

al oeste de	al norte de	al sur de	al este de
en el centro	en la costa del Pacífico	en las montañas	

MODELO: Lima
Lima es la capital del Perú. Está en la costa del país.

Machu Picchu	Guayaquil	el Lago Titicaca
Quito	las Islas Galápagos	Cuzco

 8-49 Recomendaciones. Háganles recomendaciones a personas que piensan hacer un viaje al Perú y al Ecuador. Recomiéndenles lugares para visitar según sus intereses.

MODELO: E1: Quiero estudiar civilizaciones antiguas.
E2: *¿Por qué no vas a Machu Picchu? Allí puedes estudiar el centro ceremonial de los incas.*

1. Quiero estudiar la ecología.
2. Me gusta escalar montañas.
3. Estudio agricultura.
4. Me gustan los mariscos.
5. Quiero observar las alpacas.
6. Quiero observar las antiguas tradiciones.

WWW 8-50 Más información. Conéctate con la página electrónica de *¡Arriba!* (**www.prenhall.com/arriba**) para ver más imágenes del Ecuador y del Perú. Elige una, y descríbela. Aquí tienes algunas posibilidades.

- la música
- la comida
- la civilización inca
- los mercados
- las Islas Galápagos
- la agricultura

 **Ritmos**

"Camino de la montaña" (Los Kjarkas, Perú)

El camino de la montaña en esta canción es una metáfora sobre el camino de la vida. Aunque la montaña en la canción es simbólica, la vida de los peruanos siempre ha estado fuertemente vinculada con los Andes.

Antes de escuchar

8-51 El viaje a los Andes. Imagínate que hiciste un viaje a los Andes y que disfrutaste de la belleza que hay allí. Termina las oraciones sobre esta experiencia con el pretérito o el imperfecto.

1. En las montañas _____ (hacer) fresco por las mañanas.
2. Las vistas _____ (ser) impresionantes.
3. Después de unos días (yo) _____ (acostumbrarse) a la altura.
4. _____ (haber) pocas tiendas para comprar recuerdos.
5. (Yo) _____ (ponerse) muy triste cuando_____ (tener) que irme.

A escuchar

8-52 "Camino de la montaña". Mientras escuchas la canción, completa la letra con las palabras de la lista siguiente.

mundo   libertad   amores   verdad   destino

1. Camino de la montaña camino de (1.) _____
   Yo quiero subir por ella en busca de mi (2.) _____
   Ser el santo y peregrino en busca de mi (3.) _____
   Y unos ojos soñadores que mi vida me alumbran

   (se repite)

2. Hay (4.) _____ en la vida que se buscan locamente
   Que andan perdidos sin rumbo por los caminos del (5.) _____
   Más buscarán sus destinos quizás por otros caminos
   Porque la vida misma es un camino por andar
   Más buscarán sus destinos quizás por otros caminos
   Porque la vida misma es un camino por andar

Después de escuchar

8-53 **Una excursión inolvidable.** Usa el pretérito y el imperfecto para completar la siguiente carta que describe una excursión a Machu Picchu.

Queridos Ana y Julia:

Mientras (1. estar) _____ en Perú mis compañeros y yo (2. hacer) _____ una excursión en tren a Machu Picchu, el centro ceremonial de los incas, construído en el siglo XV.

Cuando nosotros (3. llegar) _____ a los picos, yo (4. poder) _____ ver las ruinas tan bellas e impresionantes. ¡Los indígenas (5. construir) _____ más de 200 edificios y (6. haber) _____ ruinas en las montañas y en los valles!

Como Machu Picchu está a más de 2.000 metros de altura, (7. hacer) _____ fresco en las montañas. Me (8. impresionar) _____ mucho la neblina porque (9. dar) _____ un poco de misterio al lugar. Otra cosa impresionante... mis compañeros y yo (10. ver) _____ un cóndor—un pájaro grandísimo—que (11. volar) _____ en el cielo mientras (12. nosotros bajar) _____ de la montaña.

Pues, creo que después de leer esta carta ustedes saben un poco más sobre Machu Picchu. ¿Tienen ganas de ir allá algún día? ¡Espero que sí!

Un abrazo,

Héctor

Páginas

"Los rivales y el juez" (Ciro Alegría, Perú)

Ciro Alegría nació en Huamachuco, Perú, en 1909 y murió en 1967. Vivió muchos años entre los indígenas y muchas de sus obras dan vida y validez a sus tradiciones y a su folklore. "Los rivales y el juez" es una fábula.

Antes de leer

8-54 **El género de la obra.** Si sabes el género (*genre*), puedes anticipar el estilo. Sabiendo que ésta es una fábula, ¿qué te hace saber antes de leerla? ¿Cuáles de estas características se aplican a una fábula?

_____ Tiene una lección.

_____ Los personajes son dioses.

_____ Es algo que realmente pasó.

_____ Los personajes son animales.

8-55 ¿Quiénes son? Aquí tienes los personajes de esta fábula. Empareja el personaje con su descripción.

El sapo

La cigarra

La garza

1. _____ el sapo
2. _____ la cigarra
3. _____ la garza

a. pequeña, negra, seis patas
b. alta, gris, elegante, pico largo
c. bajo, verde o pardo, cuatro patas, feo

8-56 Para pensar. Piensa en una fábula en inglés y da la información a continuación.

1. el nombre de un escritor de fábulas: _____
2. el nombre en inglés de una fábula famosa: _____
3. el nombre de un personaje ufano (*conceited*): _____

A leer

8-57 La historia. Lee la siguiente fábula para saber qué les pasó al sapo, a la cigarra y a la garza.

"Los rivales y el juez (*judge*)"

Un sapo estaba muy ufano (*conceited*) de su voz y toda la noche se la pasaba cantando: toc, toc, toc...

Y una cigarra estaba más ufana de su voz, y se pasaba toda la noche y también todo el día cantando: chirr, chirr, chirr...

Una vez se encontraron y el sapo le dijo: "Mi voz es mejor".

Y la cigarra contestó: "La mía es mejor".

Se armó una discusión que no tenía cuándo acabar (*had no end*).

El sapo decía que él cantaba toda la noche.

La cigarra decía que ella cantaba día y noche.

El sapo decía que su voz se oía a más distancia y la cigarra que su voz se oía siempre.

Se pusieron a cantar alternándose: toc, toc, toc...; chirr, chirr, chirr... y ninguno se convencía.

Y el sapo dijo: "Por aquí a la orilla (*bank*) de la laguna, se para (hay) una garza. Vamos a que haga de juez".

Y la cigarra dijo: "Vamos". Saltaron y saltaron hasta que vieron a la garza...

Y la cigarra gritó: "Garza, queremos únicamente que nos digas cuál de nosotros dos canta mejor".

La garza respondió: "Entonces acérquense (vengan cerca) para oírlos bien"...

El sapo se puso a cantar, indiferente a todo... y mientras tanto la garza se comió a la cigarra.

Cuando el sapo terminó, dijo la garza: "Ahora seguirá la discusión en mi buche (*belly*)", y también se lo comió. Y la garza, satisfecha de su acción, encogió una pata (*drew up a leg*) y siguió mirando tranquilamente el agua.

Después de leer

8-58 ¿En qué orden? Pon estos eventos en orden cronológico.

_____ ¡La garza se los comió!

_____ El sapo cantaba "toc, toc, toc".

_____ La garza fue juez.

_____ El sapo y la cigarra estaban ufanos.

_____ La cigarra cantaba "chirr, chirr, chirr".

_____ Toda la noche se oía "toc, chirr, toc, chirr, toc, chirr".

8-59 ¿Comprendiste? Contesta brevemente en español.

1. ¿Quiénes son los tres personajes de esta fábula?
2. ¿Cuál de los personajes canta mejor?
3. ¿Cuál es el más inteligente?
4. En tu opinión, ¿cuál es la lección de esta fábula?
5. Compara la lección de esta fábula con la de otra que conoces.

2 8-60 Sus animales favoritos. Hablen de los animales que les gustan y de los que no les gustan y digan por qué.

Taller

8-61 Una fábula. En esta actividad vas a escribir una fábula. Recuerda que los personajes son animales y que hay una lección explícita o implícita.

Antes de escribir

■ **Descripción.** Escribe una breve descripción de dos o tres personajes. Incluye sus aspectos físicos y personales.

ALGUNOS ANIMALES

el águila	*eagle*	**el gato**	*cat*
la alpaca	*alpaca*	**la iguana**	*iguana*
la araña	*spider*	**el mapache**	*raccoon*
la ardilla	*squirrel*	**el pato**	*duck*
la culebra	*snake*	**el perro**	*dog*
el galápago	*turtle*	**el zorro**	*fox*

A escribir

■ Escribe dos o tres oraciones para describir el lugar. Usa el imperfecto.
■ Escribe dos o tres oraciones para explicar el problema o el conflicto entre los personajes. Usa el imperfecto.
■ Escribe de dos a tres oraciones describiendo su encuentro (*encounter*) y los resultados. Usa el pretérito.
■ Escribe la moraleja (*moral*) para resumir la fábula. La moraleja empieza con esta frase: *(No) hay que...*

Después de escribir

- **Revisar.** Revisa tu fábula para verificar los siguientes puntos:
  - ☐ el uso del imperfecto (la escena)
  - ☐ el uso del pretérito (los acontecimientos [*events*])
  - ☐ la ortografía y la concordancia

- **Intercambiar**
  Intercambia tu fábula con la fábula de otro/a compañero/a para hacer correcciones y sugerencias, y comentar sobre el mensaje (*message*) de la fábula.

- **Entregar**
  Pasa tu fábula a limpio, incorporando las sugerencias de tu compañero/a. Después, entrégasela a tu profesor/a.

MODELO: *En la alta sierra del Perú vivían una alpaca y un águila. La alpaca se creía la criatura más bella de todo el mundo. El águila también se creía muy, muy bella, aún más bella que la alpaca...*

9 Vamos de viaje

Fernando Botero, pintor y escultor colombiano, es conocido por sus caricaturas de personajes populares. Ésta se llama *El picador*.

Los países caribeños de Suramérica: Venezuela y Colombia

«Allá donde fueres, haz como vieres.»

Shakira fue la primera colombiana en ganar un Grammy Latino en 1999. En 2002, ganó dos más.

¡Así es la vida!

De vacaciones

Mauricio Pasos y Susana García son dos jóvenes universitarios venezolanos. Quieren tomarse unas vacaciones entre semestres. Ahora están en la agencia de viajes Omega, C.A., situada en la Avenida Andrés Bello de Caracas, y hablan con Rosario Díaz.

Rosario: Hola, ¿cómo están?

Susana: Pues, aquí nos tienes, corriendo de un lado a otro.

Rosario: Bueno, ¿y ya saben adónde desean ir de vacaciones?

Mauricio: Yo quiero ir a Cancún, porque allí fue donde nos conocimos.

Susana: No, mi amor. De eso nada (*No way*). En Cancún hay demasiados (*too many*) turistas.

Rosario: (*Mostrándoles un folleto*) Un momento, Susana. Mira, aquí les ofrecen un viaje de una semana a Colombia.

Susana: ¡Ah! ¡Qué interesante! ¿Qué incluye el viaje?

Rosario: Incluye pasaje de ida y vuelta, hospedaje, comidas y excursiones por tres días y dos noches a la isla de San Andrés, que tiene una playa fabulosa, y cinco días y cuatro noches en la maravillosa ciudad colonial de Cartagena de Indias. ¡Todo esto por sólo 800 dólares por persona!

Susana: ¡Fenomenal!

Mauricio: Pues, mi cielo, entonces... ¡vamos a Colombia!

En el aeropuerto

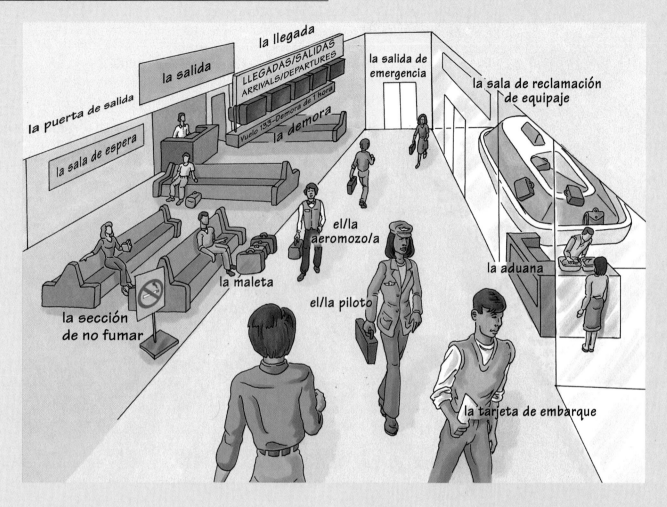

la llegada

la salida

la puerta de salida

LLEGADAS/SALIDAS
ARRIVALS/DEPARTURES

Vuelo 133-Demora de 1 hora

la demora

la sala de espera

la salida de emergencia

la sala de reclamación de equipaje

el/la aeromozo/a

la maleta

la aduana

el/la piloto

la sección de no fumar

la tarjeta de embarque

En la agencia de viajes

el folleto	*brochure*
el/la guía	*tour guide*
la guía	*guide book*
el hospedaje	*lodging*
el pasaje (de ida y vuelta)	*(roundtrip) fare, ticket*
la reserva/la reservación	*reservation*

Viajar

abordar	*to board*
aterrizar	*to land*
despegar (gu)	*to take off*
facturar el equipaje	*to check luggage*
hacer cola	*to stand in line*

En el avión

la altura	*altitude*
el asiento (de ventanilla / de pasillo)	*(window/aisle) seat*
la clase turista	*coach class*

Aplicación

9-1 Susana y Mauricio. Indica si estas declaraciones son ciertas o falsas según la información de **¡Así es la vida!** Corrige las falsas.

1. Susana y Maurico son estudiantes colombianos.
2. Tienen dos meses de vacaciones entre semestres.
3. En la agencia hablan de una oferta para un viaje a Colombia.
4. El viaje cuesta muy caro.
5. El viaje incluye todo menos pasaje en avión.

9-2 ¿Adónde van Mauricio y Susana? Mira el siguiente mapa y traza la ruta entre Caracas, San Andrés y Cartagena de Indias. ¿Cuántos kilómetros hay en total?

Cartagena de Indias-San Andrés: 827 Kms.
Cartagena de Indias-Caracas: 944 Kms.

9-3 Planes para un viaje. Tú también quieres ir a Colombia. Imagínate que vas a acompañar a Mauricio y a Susana. Pon en orden estas acciones para poder hacer el viaje.

MODELO: Voy a pedir...

_____ pedir dos semanas de vacaciones

_____ bajarse del avión

_____ comprar una guía turística, mapas y planos

_____ abrirle la maleta al aduanero (*oficial*)

_____ hacer cola para abordar el avión

_____ hacer la maleta

_____ hablar con un agente de viajes

_____ pedir un taxi para el aeropuerto

_____ darle la tarjeta de embarque al aeromozo

_____ hacer las reservas del avión

2 **9-4 En la agencia de viajes.** Ahora, estás con un agente de viajes. Completa la conversación con palabras y expresiones de la lista siguiente.

buen viaje	pasaje
excursión	salida
guía	ventanilla
hospedaje	viaje
paquete	vuelo

Agente: Buenos días, señora. ¿En qué puedo servirle?

Señora: Quiero hacer un (1) —————— a Colombia.

Agente: Bien, ¿quiere que le muestre un (2) ——————?

Señora: Sí, por favor.

Agente: Aquí tiene.

Señora: ¿Incluye (3) —————— en un hotel?

Agente: Sí, y también incluye una (4) —————— por Cartagena.

Señora: ¿Hay un (5) —————— para explicarme las atracciones?

Agente: Sí, por supuesto.

Señora: Quiero un (6) —————— sin escala (*nonstop*).

Agente: Sí, señora. Hay dos sin escala.

Señora: Entonces compro un (7) —————— de turista.

Agente: ¿Dónde prefiere usted sentarse?

Señora: Al lado de la (8) —————— para poder ver, y cerca de la (9) —————— de emergencia por favor.

Agente: Perfecto. Muchas gracias y ¡(10) ——————!

9-5 Anuncios. Contesta las siguientes preguntas basándote en el anuncio a continuación.

1. ¿Cómo se llama la agencia de viajes?
2. ¿Qué anuncia la agencia?
3. ¿Dónde está la agencia?
4. ¿Cuál es el viaje más caro?
5. ¿Cuál es el más barato?
6. ¿A qué ciudades del Caribe hay excursiones?
7. En español explica la frase, "Precios sujetos a cambio sin previo aviso".
8. ¿Cuál de los viajes prefieres y por qué?

AUDIO **9-6 Un vuelo en avión.** Parece que Susana y Mauricio se equivocaron de vuelo. Escucha el anuncio que ellos escuchan en el avión. Indica la información correcta del vuelo.

1. aerolínea:	a. IBERIA	b. AVENSA	c. LACSA
2. número:	a. 895	b. 985	c. 995
3. destino:	a. San Juan	b. San José	c. San Andrés
4. comida:	a. almuerzo	b. merienda	c. desayuno
5. película:	a. cubana	b. venezolana	c. colombiana
6. temperatura:	a. 30° C	b. 30° F	c. 32° C
7. hora de llegada:	a. 2:30 A.M.	b. 3:30 P.M.	c. 2:30 P.M.

❷ **9-7 ¿Qué prefieres?** Conversen entre ustedes sobre sus preferencias cuando viajan.

MODELO: aerolínea doméstica o extranjera
E1: *Cuando viajas, ¿qué prefieres, una aerolínea doméstica o una extranjera?*
E2: *Prefiero una doméstica.*
E1: *¿Cuál?*
E2: *...*

1. la comida en el avión o la comida del aeropuerto
2. viajar en primera clase o en clase turista
3. leer o trabajar durante el vuelo
4. ver una película o dormir
5. sentarte al lado del pasillo o al lado de la ventanilla
6. sentarte detrás, en medio o al frente del avión

❷ **9-8 En el mostrador de AVIANCA.** Hagan el papel de agente y viajero/a en el mostrador (*counter*) de la aerolínea AVIANCA (aerolínea colombiana). Incluyan esta información.

el saludo	el equipaje
el destino	el número de la puerta de salida
el pasaporte	un anuncio para el avión
su preferencia para sentarse	¿...?

MODELO: E1: *Buenos días. Su boleto y pasaporte por favor.*
E2: *Aquí los tiene.*
E1: *Usted viaja a..., ¿verdad?*
E2: *...*

ⓖ

9-9 Especiales de viaje desde Caracas. Lean el aviso y decidan adónde desean viajar. Incluyan la siguiente información.

1. el país (ciudad) a visitar
2. el número de días de la excursión
3. el tipo de ropa que van a llevar
4. los precios y cuánto quieren gastar
5. si van a necesitar un taxi para ir al aeropuerto o a la estación de autobuses
6. algunas actividades que van a hacer

¡Así lo hacemos! Estructuras

1. *Por* or *para*

Although the prepositions **por** and **para** may both be translated as *for* in English, they are not interchangable. Each word has a distinctly different use in Spanish, as outlined below.

Por...

■ expresses the time during which an action takes place or its duration (*during, for*).

Vamos al aeropuerto **por** la tarde.　　　*We are going to the airport during the afternoon.*

Pienso estudiar en Caracas **por** un semestre.　　　*I am planning to study in Caracas for a semester.*

■ expresses *because of, in exchange for,* or *on behalf of.*

Tuve que cancelar el vuelo **por** una emergencia.　　　*I had to cancel the flight because of an emergency.*

¿Quieres $10 **por** esa guía?　　　*Do you want $10 for that guidebook?*

¿Lo hiciste **por** mí?　　　*Did you do it for me?*

■ expresses the object/goal of an action or a person being sought after (*for*).

Venimos **por** usted a las dos.　　　*We'll come by for you at two.*

Los estudiantes fueron **por** el equipaje.　　　*The students went for their luggage.*

■ expresses motion (*through, by, along, around*).

Pasé **por** la agencia ayer.　　　*I went by the agency yesterday.*

Las chicas salieron **por** la puerta de salida.　　　*The girls went out through the gate.*

■ expresses the means by or manner in which an action is accomplished (*by, for*).

¿Viajaron a Bogotá **por** avión?　　　*Did you travel to Bogotá by plane?*

Hicimos las reservaciones **por** teléfono.　　　*We made the reservations by telephone.*

■ **Estar por** + *infinitive* expresses readiness (*to be about to do something*).

Estoy **por** salir.	*I am about to leave.*
Estamos **por** visitar la tumba de Bolívar en el centro de Caracas.	*We are about to visit Bolívar's tomb in downtown Caracas.*

■ is used in many common idiomatic expressions.

por ahora	*for now*
por aquí	*around here*
por Dios	*for God's sake*
por eso	*that's why*
por ejemplo	*for example*
por favor	*please*
por fin	*finally*
por lo general	*in general*
por supuesto	*of course*
por último	*finally*

Para...

■ expresses the purpose of an action (*in order to* + infinitive) or an object (*for*).

Vamos a Colombia **para** conocer el país.	*We're going to Colombia in order to get to know the country.*
La cámara es **para** sacar fotos.	*The camera is for taking pictures.*

■ expresses destination (a place or a recipient).

Mañana salimos **para** Maracaibo.	*Tomorrow we're leaving for Maracaibo.*
Este pasaje es **para** ti.	*This ticket is for you.*

■ expresses work objective.

Ana estudia **para** piloto.	*Ana is studying to be a pilot.*

■ expresses time limits or specific deadlines (*by, for*).

Necesito el pasaporte **para** esta tarde.	*I need the passport for this afternoon.*
Pienso estar en Cartagena **para** las seis de la tarde.	*I plan to be in Cartagena by six in the afternoon.*

■ expresses comparison with others (stated or implicit).

Para diciembre, hace buen tiempo.	*For December, the weather is nice.*
Para tener cinco años, tu hermanita sabe mucho.	*For a five-year old, your little sister knows a lot.*

EXPANSIÓN · More on structure and usage

Para usar *por* y *para*

The uses of **por** and **para** have apparent similarities, which sometimes cause confusion. In some cases it may be helpful to link their uses to the questions **¿para qué?** (*for what purpose?*) and **¿por qué?** (*for what reason?*).

—**¿Por qué** viniste?	*Why (For what reason) did you come?*
—Vine porque necesitaba los boletos.	*I came because I needed the tickets.*
—**¿Para qué** viniste?	*For what purpose did you come?*
—Vine **para** pedirte un favor.	*I came (in order) to ask a favor of you.*

In many instances the use of either **por** or **para** will be grammatically correct, but the meaning will be different. Compare the following sentences.

Mario viaja **para** Cartagena.	*Mario is traveling to (toward) Cartagena.* (destination)
Mario viaja **por** Cartagena.	*Mario is traveling through (in) Cartagena.* (motion)

Aplicación

9-10 Una entrevista con Fernando Botero. Lee esta entrevista y subraya las preposiciones **por** y **para.** A continuación explica el uso de cada una.

MODELO: ¿<u>Por</u> qué no se quedó en Medellín?
reason or cause

Fernando Botero delante de una de sus esculturas en la Quinta Avenida de Nueva York.

Entrevistadora:	Buenas tardes, señor Botero. Usted nació en Medellín pero después se mudó a Bogotá. ¿Por qué no se quedó en Medellín?
Botero:	Me mudé por todas las oportunidades que se ofrecían en la capital. Mi primera exposición de pinturas fue en Bogotá cuando tenía 20 años. Después, gané varios premios y decidí ir a Europa.
Entrevistadora:	¿Y qué hizo allí?
Botero:	Primero, viajé por Francia, España e Italia para conocer las grandes obras maestras de los museos europeos. Estudié por varios meses en cada lugar, y luego fui para México.
Entrevistadora:	¿Y por qué fue a México?
Botero:	Fui para conocer mejor el arte mexicano, y allí pinté varios cuadros. Luego, salí para Nueva York y en esa ciudad pinté mi *Mona Lisa, 12 años de edad* que ahora está en el Museo de Arte Moderno.
Entrevistadora:	Y, ahora ¿qué hace?
Botero:	Sigo trabajando en un arte que tiene mucho de colonial y monumental, especialmente en la escultura. Vivo en París, Nueva York y Bogotá. Para mí, es una vida muy satisfactoria.

9-11 ¿Botero? Ahora contesta las preguntas siguientes basadas en la entrevista.

1. ¿Cuál es la nacionalidad de Botero?
2. ¿Por qué se mudó a Bogotá?
3. ¿Qué hizo en Europa?
4. Después, ¿adónde fue? ¿Por qué?
5. ¿Dónde está uno de sus cuadros en los EE.UU.?
6. ¿Qué tipo de arte hace hoy en día?
7. ¿Cómo encuentra su vida ahora?

9-12 Planes para un viaje al Salto Ángel. Completa el párrafo con **por** o **para**.

En enero Carmen y yo decidimos hacer un viaje al Salto Ángel en Venezuela. Queríamos ir (1) _____ Semana Santa, que es en la primavera. El día que hicimos los planes, yo pasé (2) _____ Carmen y luego nosotras salimos (3) _____ la agencia de viajes. Carmen y yo caminamos (4) _____ el parque Central, (5) _____ Times Square y, (6) _____ fin, (7) _____ Grand Central Station. En la agencia le dijimos a la directora que (8) _____ nosotras la primavera era la mejor estación del año. (9) _____ eso, queríamos hacer el viaje en abril. Con la agente hicimos los planes. Íbamos a pescar (10) _____ el río. Íbamos a hacer una excursión (11) _____ el parque nacional. Íbamos a pasar quince días recorriendo toda la región. ¿Cuánto pagamos (12) _____ un viaje tan bonito? ¡Sólo $850! ¡(13) _____ mí era una ganga (*bargain*)!

La agente dijo, "Está bien. Estos boletos de avión son (14) _____ ustedes, (15) _____ el viaje. Pero tienen que pasar (16) _____ la librería (17) _____ comprar una guía turística." También teníamos que ir al banco (18) _____ comprar cheques de viajero. Y entonces, con todo listo, ¡sólo teníamos que esperar tres meses!

9-13 Un día fantástico. Imagínate que unos amigos y tú acaban de volver de un viaje estupendo. Combina palabras de cada columna para formar oraciones completas en el pretérito.

MODELO: *Melinda salió para el aeropuerto.*

Melinda y yo	salir		el aeropuerto
Ángel	entrar		la puerta de salida a las 8:00 a.m.
yo	pensar llegar	por	tres horas
Carlos y Pepe	pasear	para	el avión
todos	caminar		la sala de espera
Ana y Patricia	estar		las maletas
tú	ir		los pasaportes

9-14 Los viajes con la familia. Escribe un párrafo contando cómo eran los viajes con tu familia cuando eras pequeño/a. Puedes inventar una historia, si quieres. Puedes usar las frases siguientes para empezar la historia.

MODELO: *Cuando era pequeña, hacíamos un viaje a San Antonio todos los veranos. No íbamos a la agencia de viajes, porque teníamos parientes en San Antonio...*

Cuando era pequeño/a, hacíamos viajes a... (No) Íbamos a la agencia para... Siempre hablábamos con el agente para... Mirábamos folletos de viajes a... Por supuesto,... Pero para nosotros,... Por fin,... Después de hacer los planes,...

AB **9-15A Un viaje a un lugar interesante.** Ustedes piensan visitar un lugar interesante este verano. Háganse preguntas para planear el viaje y después hagan un resumen de sus planes.

1. ¿Para qué hacemos el viaje?
2. ¿Vamos por avión?
3. ¿Salimos por la mañana o por la tarde?
4. ¿Cuánto dinero vamos a necesitar para el viaje?
5. ¿Por cuánto tiempo vamos?
6. ¿Es necesario cambiar dólares para pagar en ese lugar?

2 **9-16 ¡Explícate!** Inventen, individualmente, viajes que van a hacer usando las categorías del modelo. Luego, háganse las preguntas siguientes. Los viajes pueden ser largos o muy breves.

	Modelo	Tú	Tu compañero/a
Destino:	Washington, D.C.		
Ruta:	Pennsylvania		
Transporte:	carro		
Fecha de llegada:	el 24 de mayo		
Duración del viaje:	cuatro días		
Propósito:	visitar a mi tía		

1. ¿Para dónde vas?
2. ¿Cómo vas a llegar?
3. ¿Cómo vas a viajar, por tren, por carro, por...?
4. ¿Para cuándo vas?
5. ¿Por cuánto tiempo vas?
6. ¿Para qué vas?

2. Adverbs ending in *-mente*

In Spanish many adverbs are formed by adding **-mente** to the feminine singular form of the adjectives that end in **-o** or **-a.** Adjectives that have only one form simply add **-mente.** Note that the ending **-mente** is equivalent to the English ending *-ly.* Also note that if the adjective requires an accent mark, the accent remains on the adverb.

lento ➜ lentamente   rápido ➜ rápidamente
alegre ➜ alegremente   fácil   ➜ fácilmente

Teresa canceló el viaje **inmediatamente.**   *Teresa canceled the trip immediately.*
Esteban habla **lentamente.**   *Esteban talks slowly.*

Se quieren enormemente.

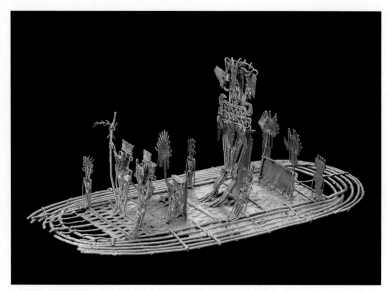

Según la leyenda, los muiscas cubrían de oro a su cacique.
Source: Gold Museum-Banco de la Republica-Bogota-Columbia.

Aplicación

9-17 En el Museo del Oro de Bogotá. Lee el párrafo sobre una visita al Museo del Oro de Bogotá e identifica los adverbios. Después, escribe oraciones originales usando cinco de ellos.

Cuando Alida y José vivían en Bogotá, iban frecuentemente al Museo del Oro. Para llegar al museo normalmente pasaban por el parque, especialmente cuando hacía buen tiempo. A José siempre le gustaba caminar lentamente pero Alida tenía más prisa y caminaba rápidamente. En el museo, José se sentaba en los bancos y tranquilamente leía todos los letreros (*signs*) sobre las piezas, pero Alida sólamente sacaba fotos de ellas. Generalmente, después de visitar el museo iban a una heladería donde se sentaban a tomar un refresco y conversar animadamente sobre la visita. Siempre lo pasaban maravillosamente bien.

9-18 La visita al museo. Contesta ahora las siguientes preguntas sobre el texto que acabas de leer.

1. ¿Cuántas veces iban Alida y José al Museo del Oro?
2. ¿Cómo iban normalmente?
3. ¿Cómo caminaba José?
4. ¿Qué hacía José en el museo? ¿Y Alida?
5. ¿Qué hacían después de visitar el museo?

WWW **9-19 El Museo del Oro.** Conéctate con la página electrónica de *¡Arriba!* (**www.prenhall.com/arriba**) y visita el Museo del Oro. Identifica piezas que te parezcan lo siguiente.

MODELO: especialmente bello/a
Los ídolos de los muiscas me parecen especialmente bellos.

1. enormemente importante
2. elegantemente diseñado/a (*designed*)
3. particularmente original
4. increíblemente detallado/a
5. especialmente curioso/a

AB **9-20A ¿Cómo lo haces?** Túrnense para hacerse preguntas. Contesten cada una con un adverbio terminado en **-mente**, basado en un adjetivo de la lista.

MODELO: E1: *¿Qué tal lees en español?*
E2: *Leo lentamente.*

alegre	animado	difícil	fácil	profundo	tranquilo
amable	cuidadoso	elegante	lento	rápido	triste

1. ¿Qué tal escribes en español?
2. ¿Cómo te vistes cuando sales con tus amigos?
3. ¿Cómo bailas el tango?
4. ¿Cómo llegas a la universidad por la mañana?

2 **9-21 Semejanzas y diferencias.** Háganse preguntas para completar el cuadro con los adverbios correspondientes. Luego comparen cómo hacen las actividades para ver qué tienen en común y cómo se diferencian.

MODELO: caminar a clase
   E1: *¿Cómo caminas a clase?*
   E2: *Camino a clase rápidamente.*
   E1: *Pues, yo camino a clase lentamente.*
   E2: *Mi compañero/a y yo caminamos a clase, pero él/ella camina lentamente, mientras que yo camino rápidamente.*

amable	brutal	difícil	frecuente	rápido	tranquilo
animado	cómodo	elegante	lento	raro	
ansioso	cuidadoso	fácil	maravilloso	respetuoso	

Actividad	Yo	Mi compañero/a
1. viajar		
2. esquiar		
3. hablar francés		
4. aprender cosas nuevas		
5. jugar con los amigos		
6. escribir cartas		
7. jugar al tenis		
8. hablar con la gente mayor		
9. salir con los amigos		
10. ¿...?		

G **9-22 Charadas.** Formen dos equipos para actuar y adivinar algunas de la actividades de la Actividad 9-21.

MODELO: *Viajo frecuentemente a lugares interesantes.*

¿Cuánto sabes tú? *Can you...*

☐ make plans for a trip?

☐ role-play conversations in a travel agency and at the airport?

☐ talk about going to and through places distinguishing between **por** and **para**? (**Antes de salir para el aeropuerto, tenía que pasar por la agencia de viajes para pagar el pasaje.**)

☐ use a variety of adverbs to describe people, places, things, and activities? (**Vancouver es increíblemente bello. Caminamos rápidamente por el museo.**)

El turismo en los países hispanos

9-23 En tu experiencia. ¿Sabes cuál es la ciudad norteamericana más popular entre los visitantes hispanoamericanos a los EE.UU. y al Canadá? ¿Qué ciudades hispanas visitan más los norteamericanos? Aquí tienes información sobre los lugares más populares. A ver si tenías razón.

Millones de turistas, especialmente los estadounidenses de todas las regiones de los EE.UU., visitan países hispanos todos los años. Ciertos países son más populares que otros. Aquí tienes una pequeña descripción de los cuatro países más populares.

MÉXICO: Más de diez millones de norteamericanos visitan México todos los años. Las ciudades preferidas son Acapulco, Cancún, Guadalajara y la Ciudad de México. Como México está cerca y tiene un clima cálido (*warm*) en las costas, es un sitio ideal para escaparse de las incomodidades del invierno. Tanto en las costas del mar Caribe como en el Pacífico, México tiene centros turísticos de gran belleza, dedicados casi exclusivamente a satisfacer a los turistas norteamericanos.

ESPAÑA: Más de un millón de norteamericanos visitan España todos los años. Las ciudades más populares son Madrid, Barcelona, Sevilla y Málaga. Durante los veranos, miles de estudiantes norteamericanos participan en programas de verano auspiciados (*sponsored*) por universidades españolas.

PUERTO RICO Y LA REPÚBLICA DOMINICANA: Por su ubicación en el mar Caribe, estas dos islas reciben anualmente a cientos de miles de turistas de los EE.UU. Entre los atractivos principales de las islas están no sólo sus hermosos balnearios (*beach resorts*) sino también las ciudades coloniales de San Juan y Santo Domingo, consideradas las capitales más antiguas del Nuevo Mundo.

RUTAS TURÍSTICAS DE CASTILLA-LA MANCHA

¿En qué país está esta ruta turística?

9-24 ¡Vamos a conversar! Pongan en orden de preferencia estos aspectos de sus vacaciones y comparen sus gustos. Luego, decidan qué país hispano prefieren visitar y por qué.

—— hacer deportes
—— hacer excursiones
—— visitar museos
—— estar cerca del agua
—— tomar el sol
—— ir al teatro
—— comer en restaurantes étnicos
—— estudiar en un programa de lengua y cultura
—— visitar la zona antigua
—— ¿...?

¡Así es la vida!

Un correo electrónico para Raquel

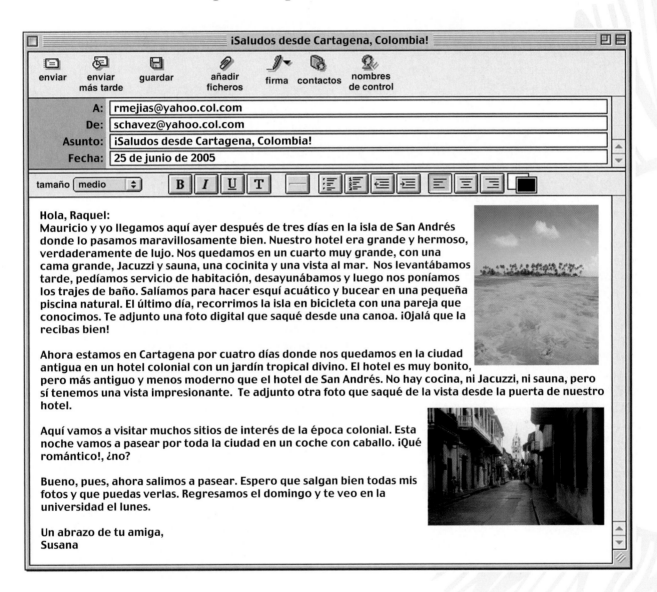

¡Saludos desde Cartagena, Colombia!

enviar · enviar más tarde · guardar · añadir ficheros · firma · contactos · nombres de control

A: rmejias@yahoo.col.com
De: schavez@yahoo.col.com
Asunto: ¡Saludos desde Cartagena, Colombia!
Fecha: 25 de junio de 2005

tamaño medio | B I U T

Hola, Raquel:

Mauricio y yo llegamos aquí ayer después de tres días en la isla de San Andrés donde lo pasamos maravillosamente bien. Nuestro hotel era grande y hermoso, verdaderamente de lujo. Nos quedamos en un cuarto muy grande, con una cama grande, Jacuzzi y sauna, una cocinita y una vista al mar. Nos levantábamos tarde, pedíamos servicio de habitación, desayunábamos y luego nos poníamos los trajes de baño. Salíamos para hacer esquí acuático y bucear en una pequeña piscina natural. El último día, recorrimos la isla en bicicleta con una pareja que conocimos. Te adjunto una foto digital que saqué desde una canoa. ¡Ojalá que la recibas bien!

Ahora estamos en Cartagena por cuatro días donde nos quedamos en la ciudad antigua en un hotel colonial con un jardín tropical divino. El hotel es muy bonito, pero más antiguo y menos moderno que el hotel de San Andrés. No hay cocina, ni Jacuzzi, ni sauna, pero sí tenemos una vista impresionante. Te adjunto otra foto que saqué de la vista desde la puerta de nuestro hotel.

Aquí vamos a visitar muchos sitios de interés de la época colonial. Esta noche vamos a pasear por toda la ciudad en un coche con caballo. ¡Qué romántico!, ¿no?

Bueno, pues, ahora salimos a pasear. Espero que salgan bien todas mis fotos y que puedas verlas. Regresamos el domingo y te veo en la universidad el lunes.

Un abrazo de tu amiga,
Susana

¡Así lo decimos! Vocabulario

Los viajes

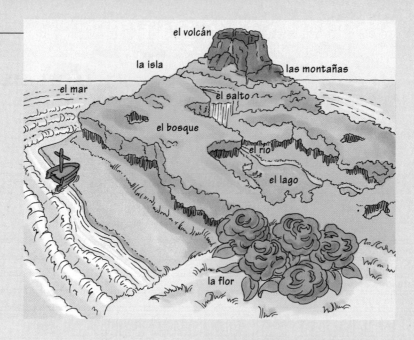

el volcán
la isla
las montañas
el mar
el salto
el bosque
el río
el lago
la flor

El hotel

la cocinita	kitchenette
el cuarto doble	double room
la habitación doble[1]	
la estadía, la estancia[1]	stay
el hotel (de lujo)	(luxury) hotel
la piscina	swimming pool
la vista	view

Actividades típicas de los viajeros

bucear	to scuba dive
comprar recuerdos	to buy souvenirs
escalar montañas	to mountain climb
ir de excursión	to go on an outing; to tour
montar a caballo / en bicicleta	to go horseback/ bicycle riding
pasarlo bien / mal / de maravilla	to have a good/bad/ wonderful time
pescar	to fish
quedarse	to stay (somewhere)
recorrer	to go round; to travel through/across
sacar fotos	to take pictures

Atracciones turísticas

el castillo	castle
la catedral	cathedral
el convento	convent
la estatua	statue
la fuente	fountain
el fuerte	fort
la mansión	mansion
el monumento	monument
el museo	museum
el palacio	palace

El viajero

el mapa
las gafas de sol
la cámara fotográfica
el rollo de película
la cámara de video

[1] en España

Aplicación

WWW **9-25 El pronóstico del tiempo de San Andrés y Cartagena.** Conéctate con la página electrónica de *¡Arriba!* (**www.prenhall.com/arriba**) y busca el pronóstico del tiempo hoy en San Andrés y en Cartagena. Completa las frases a continuación.

1. Hoy en San Andrés el cielo está... Hace... La temperatura mínima es... La máxima es... Mañana va a...
2. Hoy en Cartagena...
3. Prefiero visitar... porque...

9-26 Fuera de serie. Indica la palabra que no va con las demás de su grupo y explica por qué.

MODELO: a. los árboles   b. las flores   c. el bosque   d. las fotos
    Las fotos, porque las otras palabras se refieren a cosas naturales, vivas.

1. a. el lago   b. la montaña   c. la cámara   d. el río
2. a. quedarse   b. escalar   c. montar   d. pescar
3. a. el lago   b. el salto   c. el río   d. la montaña
4. a. la cocinita   b. la cama gigante   c. las gafas de sol   d. la vista al mar
5. a. el mapa   b. la cámara   c. los binoculares   d. el volcán
6. a. recorrer   b. sacar fotos   c. pescar   d. prometer

9-27 Una tarjeta postal desde Venezuela. Aquí tienes una tarjeta postal de la isla Margarita, cerca de la costa de Venezuela. Completa la tarjeta con las expresiones siguientes.

excursión   mar   película   tarjeta
flores   pasamos   sol   vista

Queridos papás:

Ésta es una (1) _____ con foto de la isla Margarita desde nuestro hotel. Desde la ventana tenemos una (2) _____ impresionante del (3) _____ y la montaña. En el jardín hay unas (4) _____ preciosas. Tuvimos que comprar muchos rollos de (5) _____ para nuestra cámara. Por la tarde, fuimos de (6) _____ a varios lugares. Nadamos y buceamos en el agua verde azul del Caribe. Siempre vamos por la mañana para no tomar demasiado (7) _____. En fin, lo (8) _____ maravillosamente bien.

2 **9-28 ¿Cómo reaccionan?** Túrnense para contar cómo reaccionan o qué hacen cuando les pasa lo siguiente en un viaje.

MODELO: Hay una demora larga del vuelo.
> E1: *Cuando hay un demora, me pongo impaciente.*
> E2: *Pues, yo leo una novela o una revista.*

1. Pierdo el avión.
2. No hay agua caliente en el cuarto de baño del hotel.
3. El hotel no tiene mi reserva.
4. Pierdo el equipaje.
5. No hay vista desde el cuarto del hotel.
6. La cama del hotel es incómoda.

AUDIO **9-29 El viaje de Carlota y Alex.** Escucha a Carlota contarle a su mamá sobre su viaje con Alex. Después completa las siguientes oraciones.

1. Regresaron del viaje...
   a. hoy. b. ayer. c. la semana pasada.
2. Fueron a...
   a. Colombia. b. Chile. c. Venezuela.
3. Estuvieron allí por...
   a. ocho días. b. una semana. c. un mes.
4. Una actividad que *no* hicieron allí fue...
   a. nadar. b. montar a caballo. c. escalar montañas.
5. Compraron...
   a. unos rollos de película. b. unas fotos. c. gafas para el sol.
6. Les impresionó especialmente...
   a. el volcán. b. el museo de arte. c. el salto.
7. Llegaron al Salto Ángel...
   a. por las montañas. b. a caballo. c. en helicóptero.
8. Carlota le dice a su mamá que un día todos van a...
   a. visitar Venezuela. b. montar a caballo. c. un lugar más económico.

2 **9-30 Sus gustos.** Túrnense para comparar cómo prefieren pasar sus vacaciones. ¿Qué tienen en común y cómo se diferencian?

Actividad	Me gusta...		A mi compañero/a le gusta...	
	Sí	No	Sí	No
escalar montañas				
visitar museos				
bucear				
comprar recuerdos				
montar a caballo				
montar en bicicleta				
pescar				
nadar en el mar				
¿...?				

2 **9-31 Vacaciones caribeñas.** Lean el siguiente anuncio y luego háganse preguntas sobre la información.

MODELO: *¿Cómo se llama el lugar? ¿Sabes dónde está?*

Un Caribe muy privado

La felicidad es una isla privada en el mar Caribe, cerca de la costa venezolana.

Imagínese un mundo aparte para usted en una zona residencial muy cerca de la isla de Margarita, una terraza o balcón exclusivo, amplios jardines, piscinas junto al mar, playas de arena blanca, canchas de tenis, parques infantiles y todas las habitaciones renovadas con vistas al mar.

Ideal para los deportes náuticos y cercano al campo de golf del Club Real, el Hotel Luz del Mar, un hotel de cinco estrellas, le ofrece una excelente gastronomía, el confort y servicio que usted merece. Elija su propia isla de lujo, una isla privada, exclusivamente para usted.

Para mayor información, acuda a su agente de viajes y pida nuestros Programas Especiales, o llámenos al **900 14 44 44.**

Luz del Mar
Isla Bella, Venezuela

2 **9-32 En un viaje...** Decidan individualmente cuáles de estos artículos siempre llevan cuando viajan y los que nunca llevan. Luego comparen sus listas para saber si son compatibles.

MODELO: *En un viaje siempre llevo mi cámara y diez rollos de película. Nunca llevo cámara de video.*

El artículo	Yo	Mi compañero/a
gafas de sol		
cámara de video		
cámara digital		
cheques de viajero		
tarjeta de crédito		
direcciones de mis amigos (para escribirles)		
mapa		
rollos de película		
¿...?		

2 **9-33 Asociaciones.** ¿Qué experiencias asocian con las siguientes oraciones?

MODELO: Lo pasamos maravillosamente bien.
E1: *Un viaje que hice con mi familia a las montañas el año pasado. ¿Y tú?*
E2: *Un viaje que hice con mis amigos a la playa durante las vacaciones de primavera.*

1. Lo pasé maravillosamente bien.
2. Lo pasé regular.
3. Fue una estadía interesante.
4. Teníamos una vista impresionante.
5. Fue un desastre.
6. Sacamos muchas fotos.

G **9-34 Un folleto turístico.** Lean la información que se incluye en el folleto sobre la cadena de saltos por el río Carrao en Venezuela. Ustedes tienen la oportunidad de viajar a este lugar. Hagan una lista de lo que van a llevar en su viaje y otra lista sobre lo que van a hacer allí.

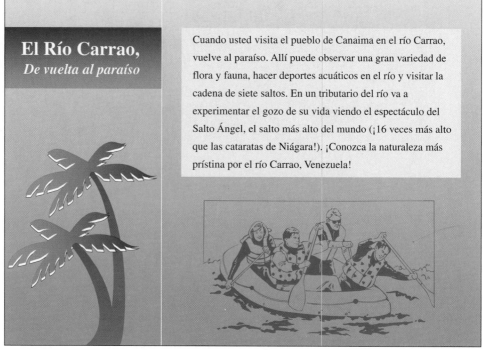

El Río Carrao,
De vuelta al paraíso

Cuando usted visita el pueblo de Canaima en el río Carrao, vuelve al paraíso. Allí puede observar una gran variedad de flora y fauna, hacer deportes acuáticos en el río y visitar la cadena de siete saltos. En un tributario del río va a experimentar el gozo de su vida viendo el espectáculo del Salto Ángel, el salto más alto del mundo (¡16 veces más alto que las cataratas de Niágara!). ¡Conozca la naturaleza más prístina por el río Carrao, Venezuela!

¡Así lo hacemos! Estructuras

Quiero que pase por el Control de Agricultura.

Aduana

3. The Spanish subjunctive: An introduction and the subjunctive in noun clauses

Until now, you have been using verb tenses (present, preterit, and imperfect) in the indicative mood. The indicative is used to express real, definite, or factual actions or states of being.

In this chapter you will learn about the subjunctive mood. It is used to express the hypothetical or subjective, such as a speaker's attitudes, wishes, feelings, emotions, or doubts. Unlike the indicative that states facts, the subjunctive describes reality subjectively.

Los verbos regulares del presente del subjuntivo

■ The following chart shows the present subjunctive forms of regular verbs. Note that the endings of **-er** and **-ir** are identical.

	hablar	**comer**	**vivir**
yo	habl**e**	com**a**	viv**a**
tú	habl**es**	com**as**	viv**as**
él, ella, Ud.	habl**e**	com**a**	viv**a**
nosotros/as	habl**emos**	com**amos**	viv**amos**
vosotros/as	habl**éis**	com**áis**	viv**áis**
ellos/as, Uds.	habl**en**	com**an**	viv**an**

■ Verbs that are irregular in the **yo** form of the present indicative will use the same spelling changes in the present subjunctive. These are not considered irregular in the subjunctive.

Infinitive	First-person singular	Present subjunctive and indicative
decir	digo	diga, digas, diga, digamos, digáis, digan
hacer	hago	haga, hagas, haga, hagamos, hagáis, hagan
oír	oigo	oiga, oigas, oiga, oigamos, oigáis, oigan
poner	pongo	ponga, pongas, ponga, pongamos, pongáis, pongan
tener	tengo	tenga, tengas, tenga, tengamos, tengáis, tengan
traer	traigo	traiga, traigas, traiga, traigamos, traigáis, traigan
venir	vengo	venga, vengas, venga, vengamos, vengáis, vengan
ver	veo	vea, veas, vea, veamos, veáis, vean

■ The following spelling changes occur in all forms of the present subjunctive with infinitives that end in **-car, -gar,** and **-zar.**

-car:	c ➜ qu buscar	busque, busques, busque, busquemos, busquéis, busquen
-gar:	g ➜ gu llegar	llegue, llegues, llegue, lleguemos, lleguéis, lleguen
-zar:	z ➜ c empezar	empiece, empieces, empiece, empecemos, empecéis, empiecen

■ The subjunctive forms of **-ar** and **-er** stem-changing verbs have the same pattern of the present indicative.

pensar (ie)		devolver (ue)	
piense	pensemos	devuelva	devolvamos
pienses	penséis	devuelvas	devolváis
piense	piensen	devuelva	devuelvan

■ **-Ir** stem-changing verbs reflect the stem changes of both the present indicative and the preterit. The preterit stem changes occur in the **nosotros/as** and **vosotros/as** forms, where unstressed **-e-** changes to **-i-,** and the unstressed **-o-** changes to **-u-.** The other persons follow the present-tense pattern.

sentir (ie, i)		pedir (i, i)		dormir (ue, u)	
sienta	sintamos	pida	pidamos	duerma	durmamos
sientas	sintáis	pidas	pidáis	duermas	durmáis
sienta	sientan	pida	pidan	duerma	duerman

Los verbos irregulares del presente de subjuntivo

■ The following verbs are irregular in the present subjunctive.

dar	estar	haber	ir	saber	ser
dé	esté	haya	vaya	sepa	sea
des	estés	hayas	vayas	sepas	seas
dé	esté	haya	vaya	sepa	sea
demos	estemos	hayamos	vayamos	sepamos	seamos
deis	estéis	hayáis	vayáis	sepáis	seáis
den	estén	hayan	vayan	sepan	sean

El subjuntivo en cláusulas nominativas

Espero que llegues pronto.

■ A noun clause is a clause that is used as the direct object, subject of the verb, or as the object of a preposition.

> Necesito **un mapa de Colombia.** (noun—direct object)
>
> Necesito **que usted me dé un mapa de Colombia.** (noun clause—direct object)

■ Noun clauses are also dependent clauses—they depend on the main clause for meaning and structure. The noun clause has its own subject and verb and, in Spanish, is often connected to the main clause with **que.**

Quiero que el guía **hable** despacio.	*I want the guide to speak slowly.*
Luis desea que Paco **vaya** al río con nosotros.	*Luis wishes that Paco comes to the river with us.*
Esperamos que nuestro abuelo **vaya** a Cartagena.	*We hope (that) our grandfather will go to Cartagena.*
Juan quiere que yo **me quede** con él en la isla.	*Juan wants me to stay on the island with him.*

- The subjunctive is used in the dependent noun clause, and the action or state expressed has yet to occur and may not occur at all.*
- The English equivalents of the Spanish subjunctive are often different in structure, since the use of the English subjunctive has diminished. Note that in the first and fourth English examples, the infinitive is used (*to speak, to stay*), in the second, the English present subjunctive (*come*), and in the third, the future (*will go*).

Aplicación

9-35 Botero en el MOMA. Lee la conversación entre Fernando Botero y su agente en el Museo de Arte Moderno de Nueva York. Subraya los verbos en subjuntivo e identifica el infinitivo.

MODELO: Quiero que me <u>traigan</u> un refresco. (*traer*)

Naturaleza muerta con sopa verde (Still Life with Green Soup). 1972.
© Fernando Botero, courtesy, Marlborough Gallery, NY.

Botero: ¡Oye, Ramón! Veo que no hay un salón especial para mis obras. Insisto en que haya un "Salón Botero" como es natural para todos los grandes artistas.

Agente: Tienes razón, Fernando. Voy a hablar con el gerente (*manager*) y decirle que establezca un salón con tu nombre.

Botero: Perfecto. Y en ese salón, vamos a pedir que traigan sillones cómodos para los visitantes.

Agente: ¡Buena idea! Espero que pongan flores y refrescos también.

Botero: No, refrescos no. Es mejor que los visitantes tomen refrescos en la cafetería. Pero me gusta la idea de las flores.

Agente: Y es importante que esté presente un guardia de seguridad y una persona experta en tu obra.

Botero: Espero que no tengan que pagarles extra.

Agente: No sé. ¿Quieres que hable con el gerente sobre eso, también?

Botero: Sí, y deseo que me dé un contrato especial para esta exposición.

Agente: De acuerdo.

9-36 ¿Qué desea Botero? Haz una lista de lo que pide.

MODELO: *1. un salón especial*

---

*In the first example, *I want the guide to speak slowly,* but *I have no guarantees that he will.* By the same token, *Luis has no guarantee that Paco will go to the river with us,* we cannot be sure that our grandfather will go to Cartagena, and *many factors can interfere with Juan's desire for me to stay with him on the island.*

9-37 En la agencia de viajes. Completa los consejos que la agente les da a sus clientes, usando el subjuntivo de los verbos de la lista.

comprar	dejar	fumar	llegar	poner
dar	dormir	ir	pedir	traer

—Sr. López, es necesario que usted (1) _____ su pasaje con dos semanas de anticipación. Necesito que usted me (2) _____ su número de tarjeta de crédito.

—Juan y Carlos, ustedes saben que ahora las aerolíneas no permiten que los pasajeros (3) _____ en el avión. Si quieren fumar, es mejor que (4) _____ al restaurante antes de abordar.

—Doña María, sugiero (*I suggest*) que usted (5) _____ las recetas (*prescriptions*) en su bolsa y que (6) _____ una copia de las recetas en la maleta.

—Lupe, es importante que (tú) (7) _____ con dos horas de anticipación antes de tu vuelo. Los agentes de seguridad insisten en que los pasajeros (8) _____ los objetos puntiagudos (*sharp*) en su casa.

—Señores Echevarría, les recomiendo que ustedes (9) _____ en el avión porque si no, van a estar muy cansados después de más de siete horas de viaje. Por eso, les sugiero que le (10) _____ café descafeinado al aeromozo.

AB **9-38A Desafío (*Challenge*).** Cada uno/a de ustedes tiene una lista de verbos diferentes en el indicativo y el subjuntivo. Túrnense para ver si su compañero/a sabe el presente de subjuntivo.

MODELO: E1: *Indicativo: tomamos*
E2: *Subjuntivo: tomemos*
E1: *Correcto.*

Mi lista	Indicativo	Subjuntivo	Correcto	Incorrecto
	tomamos	tomemos	✓	
	tengo	tenga		
	hablo	hable		
	haces	hagas		
	pedimos	pidamos		
	salen	salgan		
	escribe	escriba		

4. The subjunctive to express volition

■ Verbs of volition express the wishes, preferences, suggestions, requests, and implied commands of the speaker. When the verb in the main clause expresses volition, the verb of the noun clause is expressed in the subjunctive mood. The following are verbs of volition.

aconsejar	*to advise*	**pedir (i, i)**	*to ask*
decir	*to tell*	**permitir**	*to permit*
desear	*to wish*	**prohibir**	*to prohibit*
insistir (en)	*to insist*	**querer (ie)**	*to want*
mandar	*to order*	**recomendar (ie)**	*to recommend*
necesitar	*to need*	**sugerir (ie, i)**	*to suggest*

■ The subject of the verb in the main clause tries to influence the subject of the dependent noun clause.

Carmen querer + yo ir ➜

> Carmen **quiere** que yo **vaya** con ella de vacaciones.

> *Carmen wants me to go with her on vacation.*

ustedes necesitar + yo llevar ➜

> ¿**Necesitan** que los **lleve** a las montañas?

> *Do you need (for) me to take you to the mountains?*

mi novia desear + yo recoger ➜

> Mi novia **desea** que **recoja** las maletas.

> *My girlfriend wants me to pick up the luggage.*

■ When there is no change of subject for the two verbs, there is no noun clause. Use the infinitive. → present tense

Sofía desear + Sofía ir ➜

> Sofía **desea** ir a pescar.

> *Sofía wants to go fishing.*

yo querer + yo montar ➜

> Yo **quiero** montar a caballo.

> *I want to go horseback riding.*

■ Sentences using verbs such as **aconsejar, decir, pedir, recomendar,** and **sugerir** require an indirect object pronoun. This indirect object refers to the subject of the dependent clause and is understood as the subject of the subjunctive verb.

> **Le aconsejo** que nade más.

> *I advise you to swim more.* (Literally, *I advise that you swim more.*)

> **Nos piden** que hagamos más ejercicio.

> *They ask us to exercise more.* (Literally, *They ask that we exercise more.*)

■ When verbs of communication such as **decir** and **escribir** are used in the main clause and the subject of the verb is simply reporting information (telling someone something), the indicative is used in the dependent clause. If the verb in the main clause is used in the sense of a command (telling someone to do something), the subjunctive is used.

INFORMATION

Le **dice** a Juan que **llegamos** mañana. *She tells Juan that we are arriving tomorrow.*

Les **escribo** que **volvemos** el sábado. *I'm writing them that we're returning on Saturday.*

COMMAND

Le **dice** a Juan que **llegue** mañana. *She tells Juan to arrive tomorrow.*
Les **escribo** que **vuelvan** el sábado. *I'm writing for them to return on Saturday.*

Aplicación

9-39 Shakira. Shakira, la primera colombiana en ganar un Grammy Latino, es ahora una estrella internacional. Lee la entrada que hizo en su diario y haz una lista de qué esperan de ella las personas en su vida.

> *18 de septiembre de 2002*
>
> *Querido diario:*
>
> *¡Hoy fue el mejor día de mi vida! ¡Me nominaron para cinco Grammys y gané dos! Ahora, tengo que pensar en el futuro, pero tengo muchas decisiones que hacer. Mis padres quieren que vuelva a Colombia y que pase más tiempo con ellos. Mi agente sugiere que haga más grabaciones, que viaje por los Estados Unidos y el Canadá, y que vaya a Europa. Mis admiradores insisten en que haga más conciertos. Mis amigos colombianos esperan que dedique más tiempo a obras caritativas (charitable) en Colombia. Mi novio me pide que me case con él y que me convierta en ama de casa. ¿Y yo? ¿Qué quiero yo? Pues, deseo que todo el mundo viva en paz y, especialmente, que disfrute de la música. Ése es mi sueño, pero por ahora, soy feliz.*

Sus padres:

Su agente:

Sus admiradores:

Sus amigos:

Su novio:

Ella misma:

¿Tú?:

WWW **9-40 ¿Conoces la música de Shakira?** Conéctate con la página electrónica de
¡Arriba! (**www.prenhall.com/arriba**) para ver más imágenes de Shakira y escuchar
su música.

9-41 Un viaje al Salto Ángel. El Salto Ángel,
en Venezuela, atrae a muchos turistas cada año.
Tiene ese nombre, en honor al hombre que lo
descubrió en 1937, el aventurero y aviador
norteamericano Jimmy Angel. Sin embargo,
los indígenas de la zona, ya lo conocían
anteriormente y lo llamaban Churún Merú.
Completa con la forma correcta de uno de los
verbos siguientes los consejos que te da una
agente de viajes.

ayudar	entrar	pagar
comprar	ir	tener

Primero, le aconsejo que (1) ＿＿＿ listo el
pasaporte para poder visitar Venezuela.
Segundo, le sugiero que (2) ＿＿＿ una buena
guía turística. La puede comprar en cualquier
(*any*) librería. Ahora, no se permite que (3) ＿＿＿ al país con frutas u otros
comestibles. Una vez en Venezuela, le recomiendo que (4) ＿＿＿ al salto en
helicóptero. Es un viaje inolvidable. También, le sugiero que (5) ＿＿＿ su viaje al
Salto antes de salir del país porque muchas veces cuesta menos desde aquí. Si
quieren que les (6) ＿＿＿ con el viaje, lo hago con mucho gusto.

9-42 ¿Qué esperan tus amigos y tu familia? Tus amigos y tu familia quieren
que lo pases bien en tus vacaciones. Combina frases de las dos columnas para
decir lo que desean todos.

MODELO: mi padre quiere... escribirle una tarjeta postal
*Mi padre quiere **que** yo le escriba una tarjeta postal.*

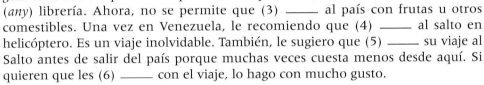

1. Mi madre espera...
2. Mi novio/a (esposo/a) desea...
3. Mis amigos me aconsejan...
4. Mi amigo/a me sugiere...   que
5. Mi profesor/a de... insiste en...
6. Mi hermano/a pide...
7. Mi abuelo/a prefiere...
8. Mis tíos recomiendan...

pasarlo bien
tener mucho dinero
ir a un país de habla española
sacar muchas fotos
llevar el pasaporte
comprar muchos recuerdos
llevar una cámara digital
no hacer deportes peligrosos
    (*dangerous*)

AB 9-43A Unos pedidos (*requests*). Imagínense que van de vacaciones a distintos lugares. Túrnense para pedir favores o recomendar actividades al/a la otro/a.

MODELO: sacarme muchas fotos
    E1: *Espero que saques muchas fotos.*
    E2: *¡Claro que sí! (No puedo. No tengo cámara.)*

1. visitar los museos
2. conocer a gente interesante
3. traerme un recuerdo
4. comprarme una novela

AB 9-44A ¿Qué hacer? Imagínate que necesitas pedirle consejos a tu compañero/a. Explícale tu problema y luego reacciona a su recomendación.

MODELO: E1: *Tengo un examen de química mañana.*
    E2: *Te recomiendo que estudies mucho.*
    E1: *Buena idea. / No tengo tiempo.*

1. Necesito dinero.
2. Tengo un problema con mi novio/a (mi esposo/a, mi hermano/a).
3. Mi trabajo no me da tiempo para estudiar.
4. Quiero un trabajo más interesante.
5. Mi casa está en desorden y tengo invitados este fin de semana.
6. Quiero ir de vacaciones, pero no tengo dinero.

2 9-45 Quiero que... Escribe cinco mandados (*errands*) que quieres que te haga un/a amigo/a. Luego, intercambia tu lista con la de un/a compañero/a y respondan si quieren hacerlos o no.

MODELO: *Quiero que vayas a la tienda y que me compres un refresco. Luego, quiero que me busques el periódico de hoy y que me leas las noticias. Finalmente, ¡quiero que me lleves de vacaciones al Caribe!*

9-46 ¿Cuáles son tus deseos? Escribe cinco deseos que tienes para el futuro. Expresa los deseos con verbos de voluntad (**querer, desear, preferir,** etcétera), usando el subjuntivo cuando haya cambios de sujeto en la oración.

MODELO: *Deseo que mis padres vivan muchos años y que siempre tengamos una buena relación. Espero que mis amigos consigan un buen trabajo y que ganen mucho dinero. Prefiero viajar después de terminar mis estudios.*

¿Cuánto sabes tú? *Can you...*

☐ talk about a vacation you took and one you plan to take?

☐ talk about vacation-related activities?

☐ try to convince someone to go on a trip with you or do something for you using expressions such as **quiero que..., deseo que..., espero que...?**

☐ Give advice to someone using expressions such as **Te aconsejo que..., te recomiendo que...?**

Observaciones

9-47 Más sobre la gente que construyó la pirámide.
En este episodio vas a ver más sobre la pirámide de
Malinalco. Lee sobre las personas que la construyeron y
contesta las preguntas que siguen.

1. ¿Quiénes construyeron la pirámide de Malinalco?
2. ¿Qué función tenía?
3. ¿Cuántos días tenía el Calendario Azteca que se
   usaba para la agricultura?
4. ¿Por qué necesitaban dos calendarios?
5. ¿Dónde puedes ver el calendario *tonalpohualli*?
6. ¿Cómo estaba pintado el calendario originalmente?

El Calendario Azteca pesa 42 toneladas.

9-48 Isabel y Lucía visitan la pirámide. Mira el
noveno episodio de *Toño Villamil y otras mentiras* donde
vas a seguir a Isabel y Lucía en su visita a la pirámide. Ten
en mente estas preguntas mientras ves este episodio.

1. Isabel tiene todo listo para su viaje menos...
   a. su boleto.
   b. videos de Malinalco.
   c. su ropa.
2. Cuando se oye a alguien tocar a la puerta Lucía cree
   que es...
   a. el servicio de habitación.
   b. el taxista.
   c. Antonio.
3. El dueño le trae...
   a. el boleto a Isabel.
   b. flores a Lucía.
   c. rollos de película a Isabel.
4. Desde la pirámide hay...
   a. excursiones a otras pirámides monolíticas.
   b. sólo un taxi por día.
   c. vistas preciosas.
5. Lucía conoce...
   a. otras pirámides monolíticas.
   b. el mercado donde Antonio compró las flores.
   c. el Museo de Antropología.

La pirámide de Malinalco fue construida por los aztecas en 1510
como fortaleza. Los aztecas tenían dos calendarios, uno de 365
días para poder anticipar las estaciones y saber cuándo sembrar
y cosechar (*sow and harvest*), y el otro de 260 días que tenía
motivos religiosos. Tenían que seguir este calendario, llamado
tonalpohualli, para evitar la destrucción del mundo por
inundación, por huracán o por otro desastre natural. Según los
aztecas, el mundo siempre estaba en conflicto entre los dioses y
era importante un equilibrio entre ellos. Este sistema se describe
en el famoso Calendario Azteca que ahora está en el Museo de
Antropología de México. Originalmente estaba pintado de colores
muy vivos.

WWW

9-49 Más sobre el Calendario Azteca. Conéctate
con la la página electrónica de *¡Arriba!* (**www.prenhall.
com/arriba**) para ver más sobre el Calendario Azteca.
Describe sus colores y uno de los dioses en conflicto,
según los aztecas.

Panoramas

Los países caribeños de Suramérica: Venezuela y Colombia

9-50 ¿Ya sabes...? Trata de identificar o explicar lo siguiente.

1. las capitales del Colombia y Venezuela
2. una bebida popular colombiana
3. el color de una esmeralda
4. un país importante por su petróleo
5. la profesión de Shakira
6. el país que tiene costas en el mar Caribe y en el océano Pacífico
7. el nombre del salto más alto del mundo
8. un mineral brillante que se mina en Colombia

En los festivales, como el de Corpus Christi, se ve una síntesis de tradiciones indígenas y cristianas.

Caracas es una ciudad moderna con grandes autopistas y centros comerciales tan bellos como en cualquier otra ciudad del mundo.

En Colombia, tanto como en Brasil, hay vastos depósitos de oro y piedras preciosas, especialmente esmeraldas. Estas riquezas figuran en las prendas que llevaban los caciques de los indígenas y que sacaban los conquistadores españoles.

Cartagena de Indias fue fundada en 1531. En pocos años su excelente puerto se convirtió en el más importante para España en el Nuevo Mundo. Cartagena llegó a ser una de las ciudades más ricas del imperio. Hoy en día esta acogedora (*cozy*) ciudad colonial, situada en la costa del Caribe, es el centro turístico más importante de Colombia.

Gabriel García Márquez (1928-) es uno de los mejores escritores del siglo xx. En 1982 ganó el Premio Nóbel de Literatura por sus novelas y cuentos. *Cien años de soledad* (1969), la novela que inició su fama, es una de sus novelas más populares e importantes, y uno de los mejores ejemplos del realismo mágico latino-americano.

La isla Margarita, de 920 kilómetros, de extensión es la mayor de las islas que bordean Venezuela y que forman lo que muchos llaman un bello collar de perlas en el mar Caribe. Margarita, con su zona franca (*duty-free zone*), magníficos hoteles y restaurantes y espléndidas playas, es un paraíso tropical para el turista. En las playas de Margarita se practican varios deportes acuáticos como el jet ski, el surf, el buceo, la pesca y, por supuesto, el windsurf.

Mapa:

ANTILLAS MENORES

OLANDESAS
Bonaire
zao
Isla de Margarita
Caracas
quisimeto
Barcelona
TRINIDAD Y TOBAGO
OCÉANO ATLÁNTICO
Tucupita

VENEZUELA
San ernando
Río Orinoco
Ciudad Bolívar

G U Y A N A

are
San Fernando de Atabapo
Esmeralda

B R A S I L

Río Amazonas

El petróleo es un producto importante para la economía de Venezuela, con el que llegó a tener el PIB(GNP) más alto de la Hispanoamérica.

9-51 ¿Dónde? Identifica un lugar o lugares donde puedes encontrar lo siguiente.

1. industria petrolera
2. museos
3. arquitectura colonial
4. un buen precio para la gasolina
5. muchas autopistas modernas

9-52 ¿Cierto o falso? Indica si las siguientes oraciones son ciertas o falsas. Si son falsas, explica por qué.

1. Gabriel García Márquez se conoce más por su poesía.
2. Cartagena es una ciudad colonial.
3. La isla Margarita atrae a muchos turistas por sus deportes invernales.
4. El petróleo es el producto más importante de Venezuela.
5. El Salto Ángel es el salto más alto del mundo.
6. Muchos ritos y festivales son una mezcla de tradiciones indígenas y cristianas.

9-53 El mapa. Consulta el mapa de Suramérica o ve a la Red e indica dónde se encuentran estas ciudades y lugares. ¿Cuál deseas visitar y por qué?

al norte de...	al sur de...	al este de...	al oeste de...
en el centro	en el interior	en las montañas	
en la costa del Pacífico	en la costa del Caribe	en el Caribe	

MODELO: Santa Fe de Bogotá
Santa Fe de Bogotá es la capital de Colombia. Está en el interior del país, en las montañas.

Caracas	el Salto Ángel	Maracaibo	Panamá
Cartagena	la isla Margarita	Medellín	San Andrés

(G) 9-54 Recomendaciones. Háganles recomendaciones a las personas que piensan hacer un viaje a Colombia y a Venezuela. Recomiéndenles algunos lugares según sus intereses.

MODELO: Quiero buscar El Dorado.
¿Por qué no vas a Colombia? Allí puedes buscarlo en los Andes.

1. Me gusta visitar lugares de belleza natural.
2. Deseo visitar una ciudad grande.
3. Me gusta nadar en el mar y tomar el sol.
4. Me interesa visitar la casa donde nació García Márquez.
5. Quiero conocer una ciudad colonial.
6. Me interesan los cuadros de Botero.

WWW 9-55 Investigar. Conéctate con la página electrónica de *¡Arriba!* (**www. prenhall.com/arriba**) para ver más imágenes de Colombia y de Venezuela. Escoge una y descríbela.

 **Ritmos**

"Tu ausencia" (Los Tupamaros, Colombia)

En esta canción del famoso grupo colombiano *Los Tupamaros,* un hombre lamenta la partida de su novia y pregunta por qué se fue.

Antes de escuchar

9-56 Música para bailar. "Tu ausencia" es un ejemplo de **cumbia,** un estilo musical típico de Colombia y es el ritmo favorito del colombiano para bailar. ¿Conoces otros estilos musicales de Latinoamérica que tienen un buen ritmo para bailar? ¿De los EE.UU.? Entrevista a variosas compañeros/as para ver qué tipos de música les gusta bailar cuando van a una fiesta o a una discoteca.

ENCUESTA

Nombre	Clase de música: latina/norteamericana/otra
_____	_____
_____	_____
_____	_____
_____	_____
_____	_____

9-57 Por qué y para qué. Lee las siguientes estrofas de "Tu ausencia" para familiarizarte con el tema de la canción, y luego completa los espacios en blanco con **por** o **para** según el caso.

Tu ausencia
No soporto ya tu ausencia
Me destroza el corazón
Son tan lindos tus recuerdos
Me hacen perder la razón
Pasan y pasan los días
Y no sé nada de ti
Lloro y lloro tu partida
Siento que voy a morir
[...]
Vuelve ya mi vida
Calma mi dolor
Me duele tu ausencia
Me duele tu amor

1. El novio quiere saber _____ qué se marchó su novia.
2. _____ él es triste la ausencia de su novia.
3. Él canta _____ decirle a su novia que está triste.
4. Su novia se marchó y, _____ eso, él está triste.
5. ¡_____ Dios, se fue la novia!
6. Ella era todo _____ él.

9-58 Relaciones. Escucha la canción y empareja los palabras y expresiones de la lista de la columna de la derecha con un sinónimo o expresión de la canción de la columna izquierda. Faltan algunas palabras.

1. recuerdos	a. _____ destruir
2. _____	b. _____ fallecer
3. me duele	c. _____ amor
4. destrozar	d. _____ memorias
5. adoración	e. _____ me hace daño
6. _____	f. _____ falta

Después de escuchar

9-59 El novio y yo. Imagínate que eres el novio de la canción. Termina las siguientes oraciones de una manera apropiada usando el presente de subjuntivo para expresar la voluntad. Luego, dale tú consejos al novio.

NOVIO

Deseo que mi novia...

Le pido a ella que...

No quiero que ella...

Necesito que...

...

YO

Le aconsejo al novio que...

Le digo que...

Insisto en que él...

Le recomiendo que...

...

Páginas

Relato de una vida equivocada fragmento (Rosaura Rodríguez, Colombia)

Rosaura Rodríguez (1961–) es una escritora colombiana que recibe mucha atención crítica en Latinoamérica hoy en día. Sus novelas presentan un retrato de la mujer latinoamericana y sus problemas dentro de una sociedad tradicionalmente dominada por los hombres. Este fragmento es de su primera novela *Relato de una vida equivocada* (1998). Relata las memorias juveniles de la protagonista, una joven cuyo (*whose*) padre habría preferido que fuera varón (*would have preferred for her to be male*).

Antes de leer

9-60 En otros países. De esta lista de actividades, ¿cuáles crees que no les están permitidas a las mujeres en algunos países?

_____ votar

_____ manejar un coche

_____ tener una cuenta en el banco

_____ salir sin permiso de su padre, de su hermano o de su esposo

_____ ser dueña de una empresa

_____ recibir una buena educación

De estas actividades, ¿cuál es la más importante para ti? ¿Cuál es la menos importante?

A leer

9-61 Las narraciones. Las narraciones describen y narran eventos del pasado:

la escena: el imperfecto

los acontecimientos (*events*): el pretérito

Mientras lees esta selección, anota lo siguiente:

- frases que describen la escena (imperfecto)
- frases que relatan actividades repetidas (imperfecto)
- frases que relatan acontecimientos específicos (pretérito)

Relato de una vida equivocada (fragmento)

... Me llevaban a la finca (*farm*) y me enseñaban el manejo del negocio (manejo... *business affairs*), pero no podía jugar con los hijos de los peones, ni montarme en los árboles y mucho menos cazar sapos (cazar... *hunt toads*) porque no eran cosas de señoritas. Podía leer todos los libros que quisiera (*I wanted*) y mi papá nos ponía de tarea un libro a la semana sobre política o economía que él mismo nos entregaba (daba) y después nos hacía comentar, pero tenía prohibido leer novelas con temas románticos porque ésas sólo lograban (*managed*) llenarle a las mujeres la cabeza de pajaritos (*foolish ideas* (lit. *little birds*)). Creo que fueron las novelas de amor las que me llevaron a desobedecer a mi padre por primera vez... De todas formas fue en el colegio y a través de mis compañeras que descubrí el amor escrito y a partir de ese momento no me podía despegar (*unglue*) de esas páginas que hablaban de emociones desconocidas para mí. Era tanta mi obsesión que el dinero que me daban para comer en los recreos (*school recess time*) me lo gastaba en comprar novelas. Me encerraba (*would lock myself*) en el cuarto que compartía con Elena a leerlas y releerlas sin atreverme (*without daring*) a revelarle mi secreto para no hacerla cómplice de mi delito (*crime*). A veces el dinero no me alcanzaba (*wasn't enough*) y fue entonces que descubrí una tienda, a tres cuadras de la escuela, donde entregaba (*I would turn in*) mis novelas y por unos cuantos pesos me las cambiaban por otras igual de gastadas (*worn out*). Cientos de hojas (*pages*) que habían pasado por otras manos que buscaban lo mismo que yo: tocar el amor con la imaginación. Corría a mi casa, me encerraba en el baño. Lo hacía los viernes y así tenía todo el fin de semana para leerlas y meterme en (*to plunge into*) ese mundo mágico de hombres morenos y fuertes, de pasiones encendidas (*fiery*), de mujeres rescatadas (*rescued*) de destinos crueles y de un final feliz donde el amor triunfaba ante la intriga y los malentendidos (*misunderstandings*).

Una tarde cuando salía del baño con mi libro entre las manos me encontré con mi mamá esperándome afuera. Tenía esa expresión tan usual en los progenitores cuando están seguros de que nos van a agarrar (*catch*) con las manos en la masa (*dough*, i.e., *red-handed*). Instintivamente escondí (*I hid*) el libro.

—¿Se puede saber (*Can I know*) qué hacías tanto tiempo encerrada en el baño? —me preguntó.

—Nada, mami. Es que estoy mal del estómago...

—No me engañes (*Don't try to deceive me*) y saca lo que escondiste en la camisa.

No me quedó más remedio que (*I didn't have any other option but*) entregarle el libro con la esperanza de que al ver el título de *Historia de Hispanoamérica* me dejara tranquila (*she would leave me alone*). No fue así y temblaba mientras mi mamá en voz alta leía "Un Ángel de fuego", "Pasión sin Tiempo", "Invierno de Amor"...

El corazón me retumbaba (*turned over*) en el pecho y las piernas empezaban a doblárseme del susto (*fright*). Me miró con compasión y hasta creí ver en sus ojos algo parecido al entendimiento...

—Ven —me dijo—. Vamos a tu cuarto, que tenemos que hablar.

Le seguí balbuceando (*babbling*) excusas.

—Mami, te juro que no lo vuelvo a hacer, pero por favor no se lo digas a mi papá.

—Cállate y siéntate.

—Yo sé que hice algo malo, pero todas mis amigas en el colegio lo hacen y sus papás no les dicen nada.

—No has hecho nada malo y no te preocupes (*don't worry*) que no le voy a decirle nada a tu papá. Eso sí (*But*), me tienes que prometer que nunca más me darás la excusa, ni harás nada por la absurda razón de que los demás (*everybody else*) lo hacen.

—Te lo prometo y te prometo que no lo vuelvo a hacer.

—Ése no es el problema. No quiero que te sientas culpable (*guilty*) por algo que no tiene nada de malo, mija (mi hija). Leer novelas de amor no es pecado ni mucho menos...

Desde ese día mi mamá se convirtió en una especie (*kind*) de aliada...

Después de leer

9-62 Lo permitido y lo prohibido. Después de leer la narración, haz una lista de las actividades que el padre de la protagonista no le permitía hacer y otra lista de lo que tus padres te prohibían hacer de niño/a. Compara las listas. ¿Quién tenía una familia más estricta, tú o la protagonista? ¿Cuáles de estas actividades hacías tú cuando eras más joven?

9-63 La crisis. Resume lo que le pasó a la protagonista el día en que la madre descubrió el delito (*crime*) de la protagonista. Puedes usar estas preguntas como guía.

1. ¿Dónde estaba?
2. ¿Qué hacía?
3. ¿Quién la esperaba?

4. ¿Cómo se sentía la joven?
5. ¿Cómo reaccionó la mamá?
6. ¿Qué pasó después?

9-64 Los gustos literarios. Hablen de lo que leían cuando tenían catorce años y por qué les gustaba.

Taller

9-65 Una entrada en tu diario de viaje. En esta actividad vas a escribir una entrada en tu diario de viajes.

Antes de escribir

- **Ideas.** Piensa en un viaje o un evento que te gustaría recordar por escrito. Haz una lista de los datos importantes. Vas a escribir la entrada como si acabaras de experimentarla (*as if you had just experienced it*).

¿Cuándo fue?	¿Qué pasó?	¿Qué hicieron los demás?
¿Quiénes estuvieron?	¿Qué hiciste?	¿Cómo te sentías después?
¿Cómo te sientes ahora?	¿Qué quieres que hagan todos la próxima vez?	

A escribir

- Escribe la fecha y el lugar.
- Escribe dos o tres oraciones para dar información de fondo (*background*) y explicar el contexto.
- Escribe qué pasó, quiénes participaron, etcétera.
- Escribe cómo te sientes ahora (un poco después del viaje o evento) y cómo vas a seguir el viaje o qué vas a hacer ahora.
- Escribe lo que esperas que hagan todos en las próximas vacaciones.

Después de escribir

- **Revisar.** Revisa tu entrada para verificar los siguientes puntos.
  - ☐ el uso del imperfecto (la escena)
  - ☐ el uso del pretérito (los acontecimientos (*events*))
  - ☐ el uso de **por** y **para**
  - ☐ el uso de adverbios que terminan en **-mente** (**Originalmente queríamos ir a...**)
  - ☐ el uso del subjuntivo (**Espero que...; Quiero que...**)

- **Intercambiar**
  Intercambia tu diario con un/a compañero/a para hacer correcciones y sugerencias y responder a su entrada.

- **Entregar**
  Pasa tu entrada a limpio, incorporando las sugerencias de tu compañero/a. Después, entrégasela a tu profesor/a.

MODELO: *El Salto Ángel, 6 de abril de 2005*
Aquí estamos después de cuatro días de viaje en canoa por el río Orinoco. Es la temporada de lluvias y por eso llovió todo el día. Estoy completamente mojado (wet). Pero no importa porque hoy disfruté de (I enjoyed) la vista más espectacular de mi vida, el Salto Ángel...

El río Orinoco, Venezuela

10 ¡Tu salud es lo primero!

OBJETIVOS COMUNICATIVOS

- Talking about how you feel and explaining what part of your body hurts
- Inviting others
- Making indirect suggestions

- Talking about how to stay fit
- Expressing emotions
- Giving your opinion about something

En la cultura Aymara de Bolivia y del Perú, el dios creador se llamaba Viracocha. Cerca de la Paz, Bolivia, se encuentran los restos de la ciudad Tiahuanaco y su famosa Puerta del Sol con una imagen del dios creador.

Los países sin mar: Bolivia y el Paraguay

«Comamos manzanas todo el año y la enfermedad sufrirá un desengaño.»

En el Paraguay, *el ñandutí* es una artesanía popular.

¡Así es la vida!

¡Qué mal me siento!

Don Rafael Campoamor es un señor mayor paraguayo que no se siente bien. Le duele todo el cuerpo.

Don Rafael:	¡Aaay, Carmen! ¡Qué mal me siento!
Doña Carmen:	Rafael, pareces muy enfermo. Vamos al médico ahora mismo.
Don Rafael:	De ninguna manera.
Doña Carmen:	¡Rafi! Hagamos una cita con el doctor Estrada. Por favor, mi vida.
Don Rafael:	¡Está bien! Pero, que no me haga esperar mucho.

En el consultorio del doctor Estrada en el centro de Asunción.

Dr. Estrada:	Don Rafael, ¿cómo se siente? ¿Qué tiene? ¿Qué le duele?
Don Rafael:	Me duele mucho la garganta, y me duelen también el pecho y el estómago.
Dr. Estrada:	A ver... ¡Respire! ¡Tosa!... Pues, lo que usted tiene es una infección de garganta. ¿Tiene alergia a los antibióticos?
Don Rafael:	No. Pero no me gusta tomar pastillas.
Dr. Estrada:	Don Rafael, usted es algo serio. Quiero que se tome una de estas pastillas cada seis horas. Le garantizo que se va a sentir mejor. Además, deseo que vuelva la próxima semana porque quiero hacerle un examen físico.
Don Rafael:	¿Otra vez venir a visitarlo? ¡Que lo visite mi esposa!
Dr. Estrada:	Vamos, don Rafael, tranquilo. Usted sabe que para mí su salud es lo primero.

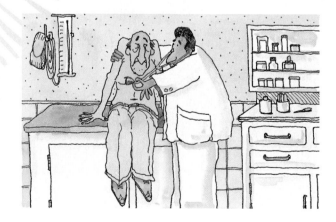

Las partes del cuerpo humano

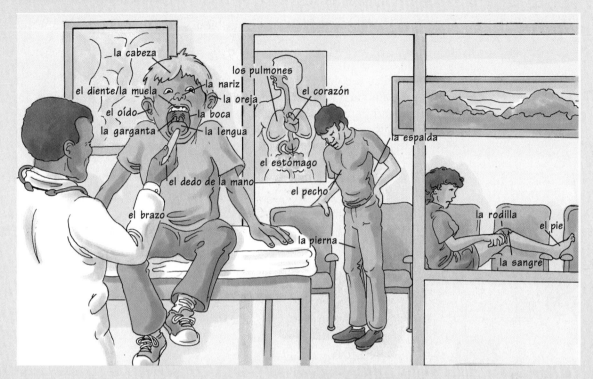

la cabeza
el diente/la muela
el oído
la garganta
la nariz
la oreja
la boca
la lengua
los pulmones
el corazón
el estómago
el pecho
el dedo de la mano
el brazo
la pierna
la espalda
la rodilla
el pie
la sangre

Problemas de salud

doler (ue)	*to hurt*
romperse (un hueso)	*to break (a bone)*
tener alergias a	*to be allergic to*
tener dolor de cabeza	*to have a headache*
... espalda	*. . . a backache*
... estómago	*. . . a stomachache*
... garganta	*. . . sore throat*
tener (una) fiebre	*to have a fever*
... la gripe	*. . . the flu*
... una infección	*. . . an infection*
... un resfriado	*. . . a cold*
... (una) tos	*. . . a cough*
torcer	*to twist*
toser	*to cough*

Remedios y sugerencias médicos

dejar de fumar[1]	*to quit smoking*
guardar cama	*to stay in bed*
hacer una cita	*to make an appointment*
mejorarse	*to get better, to get well*
operar	*to operate*
recetar	*to prescribe*
respirar	*to breathe*
tomarse la presión[2]	*to take one's blood pressure*
... la temperatura	*. . . temperature*

Medicinas comunes

el antiácido	*antacid*
el antibiótico	*antibiotic*
la aspirina	*aspirin*
el calmante	*painkiller, sedative*
el jarabe	*cough syrup*
la pastilla	*pill; lozenge*

En el consultorio

el diagnóstico	*diagnosis*
el dolor	*pain*
la enfermedad	*illness*
el examen físico	*checkup*
la inyección	*shot*
el/la paciente	*patient*
la prueba	*test*
la radiografía	*X-ray*
el síntoma	*symptom*

[1]**Dejar de** is followed by an infinitive in Spanish, whereas the present participle (*-ing*) is used after *to quit* in English. **Fumar** means *to smoke.*

[2]**tomarse la tensión** in Spain.

Aplicación

10-1 Don Rafael. Indica si estas declaraciones son ciertas, falsas o si no se sabe, según la información de **¡Así es la vida!** Corrige las falsas.

MODELO: Don Rafael se siente muy bien.
Falso. Se siente enfermo.

1. Don Rafael sufre de alta presión.
2. El médico recomienda que don Rafael guarde cama.
3. Tiene alergia a los productos lácteos, como la leche y el queso.
4. El doctor Estrada quiere hacerle un examen físico.
5. El médico le receta un jarabe para la tos.
6. Es necesario que don Rafael vuelva al consultorio en una semana.

10-2 Categorías. Catagoriza las siguientes partes del cuerpo y añade una más al final.

Parte del cuerpo	Tienes uno	Tienes dos	Tienes más de dos	Órgano interno
el dedo			X	
el corazón				
la nariz				
el ojo				
el pulmón				
la oreja				
el brazo				
el estómago				
la pierna				
el diente				
¿...?				

10-3 ¿Con qué se usa? Empareja la parte del cuerpo que asocias con cada cosa.

MODELO: llevar un guante
la mano

1. _____ llevar un anillo
2. _____ llevar un arete
3. _____ llevar maquillaje
4. _____ necesitar un pañuelo (*handkerchief*)
5. _____ sentir emoción
6. _____ llevar un zapato
7. _____ llevar un sombrero
8. _____ digerir la comida
9. _____ hablar un idioma
10. _____ escuchar música

a. la nariz
b. el pie
c. la oreja
d. la cabeza
e. la cara
f. la lengua
g. el corazón
h. el dedo
i. el oído
j. el estómago

10-4 ¿Qué le pasa? Describe lo que les pasa a estas personas y da una posible causa de su problema.

MODELO:

Alicia

A Alicia le duele el estómago porque comió dos hamburguesas.

1.

Alberto

2.

Samuel y Ricardo

3.

Ramiro y Marta

4.

Ana María

5.

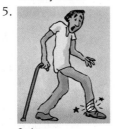

Carlos

10-5 ¿Necesito un médico? Lee los avisos y contesta las preguntas a continuación.

1. ¿Qué tienen en común el doctor Fuentes y la doctora Musa?
2. ¿Dónde tienen el consultorio todos los médicos?
3. ¿Cuál es la especialidad del doctor Cabrera?
4. ¿A quién consultas si necesitas cirugía plástica? ¿si te duelen los ojos?
5. ¿Por qué consultas al doctor Fuentes?

MÉDICOS
Dr. Armando V. Fuentes
Medicina interna
Avenida Piraí No. 134 Santa Cruz, Bolivia (591-3) 555366

MÉDICOS
Dr. Carlota Sánchez
Cirugía plástica Miembro de la Academia de Cirugía plástica
Avenida Roca y Coronado No.229 Santa Cruz, Bolivia (591-3) 552975

Dr. Iliana Musa
Medicina optometrista
Avenida Ballivián No. 421 Santa Cruz, Bolivia (591-3) 555747

Dr. Tomás Cabrera
Urólogo
Avenida Velarde No. 622 Santa Cruz, Bolivia •
Avenida Manuel Ignacio Salvatierra 1003 Santa Cruz, Bolivia (591-3) 557414

10-6 ¡Qué mal me siento! Escucha la conversación entre doña Carmen y su médico, y anota sus síntomas, un diagnóstico lógico y el consejo del médico.

SÍNTOMA
_____ tos
_____ fiebre
_____ dolor de cabeza
_____ dolor de estómago
_____ dolor de garganta
_____ dolor de una muela

DIAGNÓSTICO
_____ alergias
_____ presiones del trabajo
_____ resfriado
_____ gripe
_____ úlceras
_____ mala dieta

CONSEJO
_____ tomar aspirina
_____ descansar
_____ tomar sopa
_____ comer mejor
_____ hacer ejercicio
_____ tomar antibióticos

10-7 ¿Cuándo consultas al médico? Pregúntense si consultan al médico en las siguientes situaciones.

MODELO: Te duele la cabeza.
E1: *¿Consultas al médico si te duele la cabeza?*
E2: *No. Por lo general tomo dos aspirinas y me siento mejor. ¿Y tú?*

1. Tienes tos.
2. Tienes una fiebre alta.
3. Te duele la espalda.
4. Te rompes un hueso.
5. Necesitas un examen físico para el trabajo.
6. Tienes náuseas.
7. Te duele la garganta.
8. Tienes resfriado.

10-8 ¿Qué tal? Imagínense que son el/la paciente y el/la médico/a de la siguiente conversación. Completen el intercambio.

Doctor/a: Hola... ¿Qué tal? ¿Cómo _____?

Paciente: _____

Doctor/a: ¿Qué tiene? ¿Qué le pasa?

Paciente: _____

Doctor/a: ¿Va a ir _____?

Paciente: _____

Doctor/a: Bueno, _____.

10-9A ¡Qué mal me siento! Túrnense para decir sus síntomas y darse consejos.

MODELO: E1: *Me duelen los pulmones.*
E2: *Debes dejar de fumar.*

1. Me duelen las piernas.
2. Creo que tengo fiebre.
3. No tengo energía.
4. No me siento bien.
5. Tengo un resfriado terrible.
6. Me duele el estómago.

10-10 En la farmacia. Imagínense que uno/a de ustedes es un/a turista en el Paraguay y el/la otro/a es el/la farmacéutico/a. El/La turista está terriblemente resfriado/a y le pide consejos al/a la farmacéutico/a. Después de inventar una conversación, presenten su intercambio a la clase.

MODELO: E1: *Tengo un resfriado horrible.*
E2: *¿Tiene usted fiebre también?*

¡Así lo hacemos! Estructuras

1. The *nosotros* commands

¡Compremos unos helados!

HELADOS SUPERDELICIOSOS

■ There are two ways to give a direct command to a group of persons that includes yourself: **vamos a** + *infinitive* or the **nosotros/as** form of the present subjunctive. As you know, **vamos a...** is also used to express a simple statement or to ask a question. The interpretation of *Let's...* results from intonation and context.

| ¿**Vamos a** llamar al médico? | *Shall we call the doctor?* |
| Sí, **vamos a** llamarlo. | *Yes, let's call him.* |

■ With the present subjunctive of **nosotros/as,** the command is clearly stated.

| **Hablemos** con la enfermera. | *Let's talk with the nurse.* |
| **No miremos** la radiografía ahora. | *Let's not look at the X-ray now.* |

■ As with all command forms, object pronouns are attached to the affirmative forms and precede the negative commands. In affirmative commands with an attached pronoun, an accent mark is added to maintain the original stress.

Busquemos al enfermero.	*Let's look for the nurse.*
Busquémoslo.	*Let's look for him.*
No molestemos a la paciente.	*Let's not bother the patient.*
No la molestemos.	*Let's not bother her.*

■ To express *Let's go . . . ,* use the indicative **vamos.** For the negative *Let's not go . . . ,* however, you must use the subjunctive form.

| **Vamos** al hospital a visitar a Linda. | *Let's go to the hospital to visit Linda.* |
| **No, no vayamos** al hospital ahora. | *No, let's not go to the hospital now.* |

■ When the pronoun **nos** is attached to the affirmative command of reflexive verbs, the final **-s** is deleted from the verb ending.

Vámonos.	*Let's leave.*
Levantémonos.	*Let's get up.*
Durmámonos.	*Let's fall asleep.*

Aplicación

10-11 Una conversación con Benjamín Bratt. Antes de conocer a Talisa Soto, con quien después se casó, Benjamín Bratt y Julia Roberts eran novios. Lee la conversación entre los dos actores y subraya los mandatos con la forma de **nosotros.**

Benjamín: ¡Oye, Julia! Hagamos una película juntos.

Julia: Buena idea, pero ¿una película seria o cómica?

Benjamín: Una seria. Veamos este guión (*script*) de León Ichaso que se llama *Piñero*. Se trata de un poeta de Nueva York que muere muy joven. Se dice que su poesía es la precursora del *rap*.

Julia: Me parece interesante, pero miremos otros guiones menos serios. Leamos, por ejemplo, el guión para *Señorita Congeniality*.

Benjamín: ¡Ay, Julia! ¡Ya es tarde! Sandra Bullock y yo vamos a hacer esa película.

Julia: Bueno, digamos que tú estás demasiado ocupado con tus proyectos. Vamos a posponer nuestro proyecto.

Benjamín: De acuerdo, Julia.

10-12 ¿Comprendiste? Ahora contesta las preguntas basadas en la conversación anterior.

1. ¿Qué quieren hacer Benjamín y Julia?
2. ¿Qué tipo de película le interesa más a Benjamín? ¿Y a Julia?
3. ¿Quién es Piñero?
4. ¿Por qué no van a colaborar en *Señorita Congeniality*?
5. ¿Todavía son novios Benjamín y Julia?

10-13 El doctor Chiringa. El doctor Chiringa es una persona que siempre se incluye en las órdenes que les da a las otras personas. Completa la conversación que tiene con sus pacientes Roberto y Tomás Cruz usando los mandatos con la forma de **nosotros.**

Dr. Chiringa: Señores Cruz, tenemos que hacer algo por nuestra salud. No (1. cenar) _____ tan tarde y no (2. acostarse) _____ todos los días después de las doce de la noche.

Roberto: Sí, doctor, pero es que llegamos del trabajo muy tarde.

Dr. Chiringa: Sí, pero (3. tener) _____ más cuidado, no (4. trabajar) _____ tanto. (5. Llegar) _____ a casa más temprano; (6. descansar) _____ más y (7. cuidarse) _____ un poco más.

Tomás: Doctor, pero es que tenemos muchos problemas. Trabajamos en una panadería por las noches y sólo tenemos tiempo para comer y dormir porque por las mañanas tenemos otro trabajo en un restaurante.

Dr. Chiringa: Bueno, no (8. enfadarse) _____. (9. Seguir) _____ estos consejos y, si es posible, (10. cambiar) _____ de trabajo.

Roberto: No es fácil, doctor, siempre estamos buscando un trabajo mejor.

Dr. Chiringa: Sí, lo sé. Pero nuestra salud es lo primero.

Tomás: ¡De acuerdo, doctor!

② 10-14 Los enfermeros. Imagínense que ustedes son enfermeros/as y trabajan para el equipo de rescate (*rescue*). Acaban de recibir una llamada del hospital pidiéndoles que atiendan a las víctimas de un accidente. Túrnense para completar la conversación con verbos en el presente y mandatos con la forma de **nosotros**.

> **MODELO:** (ponerse) los uniformes
>   E1: *¿Nos ponemos los uniformes?*
>   E2: *¡Sí, pongámonoslos!*

1. (levantarse) rápidamente
2. (vestirse) ahora mismo
3. (poner) todo el equipo de emergencia en la ambulancia
4. (buscar) la ruta más rápida en el mapa
5. (salir) en la ambulancia ahora mismo
6. (hacer) todo lo posible para ayudar a los heridos (*wounded*)
7. (llenar) el tanque de oxígeno
8. (volver) al hospital rápidamente

② 10-15 Acuerdos y desacuerdos. Imagínense que ustedes son dos médicos residentes que nunca se ponen de acuerdo. Sigan el modelo para expresar su desacuerdo.

> **MODELO:** E1: *¿Vamos a visitar a los enfermos en el hospital ahora?*
>   E2: *Sí, visitémoslos.*
>   E1: *No, no los visitemos ahora.*

1. ¿Vamos a consultar a otro especialista?
2. ¿Vamos a ponerle una inyección al señor Yáñez?
3. ¿Vamos a tomarle la temperatura a la señora Ramírez?
4. ¿Vamos a hacer una cita con el psiquiatra?
5. ¿Vamos a sacarle una radiografía de la pierna a Juan?
6. ¿Vamos a recetarle antibióticos al joven que tiene gripe?
7. ¿Vamos a examinar al paciente que acaba de llegar?
8. ¿Vamos a salir temprano hoy?

AB 10-16A En la sala de urgencias. Imagínense que ustedes tienen que decidir qué acciones tomar en situaciones urgentes. Túrnense para presentar situaciones. El/La otro/a responde con instrucciones lógicas de su lista, usando un mandato de **nosotros**.

> **MODELO:** E1: *El niño tiene gripe.*
>   E2: *Démosle vitamina C.*

buscarle un calmante	hacerle una radiografía
darle dos aspirinas	recetarle pastillas
darle té con limón	¿...?

1. El paciente necesita oxígeno.	4. La señora tiene una infección en el brazo.
2. A la niña le duele el estómago.	5. El Sr. Pérez tiene una fiebre muy alta.
3. El bebé está tosiendo mucho.	6. ¿...?

G 10-17 ¡Resoluciones! Hagan cuatro o cinco resoluciones para el próximo año.

> **MODELO:** *Estudiemos más, aprendamos otro idioma...*

2. Indirect commands

Commands may be expressed indirectly, either to the person with whom you are speaking or to express what a third party should do.

▪ The basic format of an indirect command is as follows.

Que + *subjunctive verb* (+ *subject*)

Que **llames** al Dr. Estrada.	*Call Dr. Estrada.*
Que lo **haga** ella.	*Let (Have) her do it.*
Que no me **moleste** más el enfermero.	*Have the nurse not bother me anymore.*

▪ This construction is also used to express your wishes for someone else.

¡Que no **te duela** la garganta mañana!	*I hope that your throat doesn't hurt you tomorrow!*

▪ Object and reflexive pronouns always precede the verb. In a negative statement, **no** also precedes the verb.

¡Que **se** vayan!	*Let them leave!*
¡Que papá **no se** tome la presión después de comer!	*Don't let dad take his blood pressure after eating!*

▪ When a subject is expressed, it generally follows the verb.

¡Que lo hagas **tú**!	*You do it!*
¿La inyección? Que se la ponga la enfermera.	*The shot? Let the nurse give it to him.*

Observatorio, Tiahuanco, Bolivia

Aplicación

10-18 Viracocha, el dios creador. Lee el monólogo de Viracocha y subraya todos sus deseos expresados con mandatos indirectos. Luego escribe el infinitivo del verbo.

MODELO: ¡Que <u>haya</u> luz!
haber

Hoy voy a crear el mundo y sus habitantes. Que se abran las aguas y que surjan (*rise*) montañas además de los llanos (*plains*). Que aparezcan los pájaros en el aire, los animales en la tierra y toda clase de insectos. Que se creen el sol y la luna, el hombre y la mujer, y que ellos procreen niños. Que salga el sol, que llueva mucho y que crezcan los alimentos en abundancia. Que no haya guerra y que reine la paz por todo el mundo.

10-19 ¿Qué desea el dios creador? Ahora, escribe cuatro de los deseos de Viracocha.

MODELO: Quiere que se abran las aguas.

10-20 ¿Y tú? Escribe cinco mandatos indirectos que representen tus deseos para el futuro.

MODELO: Que tenga éxito en los exámenes.

G **10-21 Un viaje a Bolivia o al Paraguay.** Hagan una lista de lo que necesitan para realizar un viaje a Bolivia o al Paraguay. Luego, expresen sus deseos con mandatos indirectos.

MODELO: dinero
            E1: *Que la universidad nos dé una beca* (scholarship*)*.
            E2: *Que nuestros padres...*

¿Cuánto sabes tú? *Can you...*

☐ talk about how you feel using **me siento...**?

☐ explain what part of your body hurts using **me duele(n)...**?

☐ invite others to do something with you using **nosotros** commands such as **¡Veamos una película! ¡No nos sentemos aquí!**?

☐ suggest indirectly that someone do something using indirect commands such as **Que lo haga Juan**?

☐ cause something to happen using indirect commands such as **¡Qué esté bien mi mamá!**?

El ejercicio y la dieta

10-22 En tu experiencia.

1. ¿Se preocupan mucho por mantenerse en forma tus amigos?
2. ¿Siguen ustedes una dieta especial?
3. Tus amigos y tú ¿caminan o hacen algún tipo de ejercicio? ¿Cuál?
4. Compara tu rutina con la de tus padres o la de tus abuelos. ¿Cuáles de ustedes son más activos?
5. ¿Cómo son las comidas más populares en los EE.UU.? ¿Cuáles son los postres preferidos en los EE.UU.? ¿Son comidas saludables (*healthy*)?

La preocupación por seguir una dieta saludable y por mantenerse en forma (*to stay in shape*) es un fenómeno reciente en los países hispanos. Muchos de los platos tradicionales de la cocina hispana tienen generosas cantidades de azúcar o un alto contenido de grasa animal, como la carne de cerdo y la carne de res. Afortunadamente, los hispanos preparan sus comidas con ingredientes naturales y frescos. En esto hay un gran contraste con los EE.UU., donde es muy frecuente que los alimentos se empaquen en fábricas (*factories*) y contengan conservantes (*preservatives*). Según los expertos, los alimentos naturales son mucho más saludables y su consumo resulta en menos casos de cáncer y otras enfermedades. Otro beneficio de la dieta hispana es el equilibrio de platos. Típicamente una comida incluye legumbres, algún tipo de arroz y distintas variedades de frijoles. El postre es casi siempre alguna fruta, y hoy en día los hispanos comen menos carne de res que antes. Un delicioso y saludable aspecto de la comida hispana es el uso de aceite de oliva, que no contiene colesterol.

Muchos hispanos tienen la costumbre de caminar mucho todos los días, una actividad excelente para mantenerse en forma. Sin embargo, muchos hispanos no suelen tener un régimen de ejercicio ni se preocupan por mantenerse en forma como los norteamericanos. Esto va cambiando entre los jóvenes de las ciudades que hoy en día hacen footing (*jog*) por los parques o van a clases de ejercicio aeróbico en los gimnasios.

10-23 En tu opinión. Primero hagan una lista de las ventajas y desventajas de cada tratamiento. Luego, comparen sus opiniones sobre la utilidad de estos tratamientos.

MODELO: una copa de vino diaria para proteger el corazón
>E1: *Creo que es una buena idea tomar una copa de vino todos los días para proteger el corazón. Me parece muy saludable.*
>E2: *No estoy de acuerdo. No me gusta el vino y creo que la gente toma demasiado.*

1. la quiropráctica para aliviar el dolor de espalda
2. el té de hierbas para dar energía
3. la acupuntura para aliviar el dolor del tobillo
4. los calmantes para combatir el estrés
5. los antibióticos para el dolor de garganta
6. la aspirina para proteger el corazón

Mejora tu salud

Bienvenidos a Hacienda La Fortuna
Spa-Hotel, Lago Titicaca, Bolivia

PLANES

Adelgazamiento
- sauna, masajes, baños termales, yoga, caminatas
- consulta médica
- lodo (*mud*) medicinal
- dieta de baja grasa

Antiestrés
- masajes
- baño con esencias botánicas
- entrenador personal
- manicura, pedicura

Tratamiento para enfermedades crónicas
- acupuntura
- reflexología
- baño con barro (*mud*)
- dieta de alta proteína y bajos carbohidratos
- control de peso

Disfrute de nuestra piscina con agua de manantiales (*springs*) termales.

Goce de nuestras vistas y ubicación cerca de sitios arqueológicos.

¡Así lo decimos! Vocabulario

Los alimentos

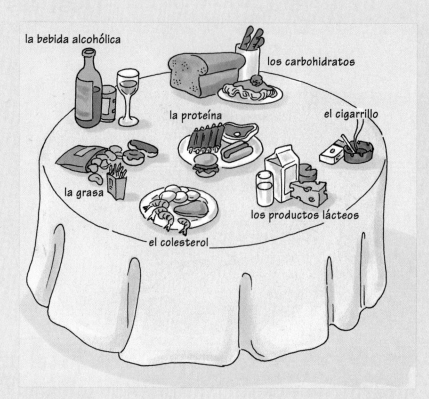

la bebida alcohólica

los carbohidratos

la proteína

el cigarrillo

la grasa

los productos lácteos

el colesterol

Las enfermedades y el bienestar (*well-being*)

la diabetes	*diabetes*
los ejercicios aeróbicos	*aerobics*
el estrés	*stress*
el peso	*weight*
el sobrepeso	*excess weight, obesity*

La salud y la línea (*figure*)

adelgazar, bajar de peso	*to lose weight*
cuidar(se)	*to take care (of oneself)*
estar a dieta	*to be on a diet*
guardar la línea	*to stay trim, to watch one's figure*
hacer jogging/footing	*to jog*
levantar pesas	*to lift weights*
mantenerse en forma	*to stay in shape*
padecer (zc) (de)	*to suffer (from)*
ponerse en forma	*to get in shape*
subir de peso	*to gain weight*

Aplicación

10-24 ¿Son saludables o no? Indica si las siguientes actividades o condiciones son saludables.

MODELO: ponerse en forma
Sí, es saludable.

ACTIVIDAD	SÍ	NO
1. fumar	☐	☐
2. comer mucha grasa animal	☐	☐
3. hacer ejercicio aeróbico	☐	☐
4. padecer de estrés	☐	☐
5. levantar pesas	☐	☐
6. ingerir muchos azúcares	☐	☐
7. consumir menos de 500 calorías por día	☐	☐
8. ingerir más de dos bebidas alcohólicas por día	☐	☐

10-25 Un chequeo para la salud. Completa el cuestionario sobre la diabetes y decide si tienes riesgo.

CHEQUEO PARA SU SALUD...
Los hispanos son más propensos a sufrir diabetes... ¿por qué correr este riesgo sin necesidad?

En honor a la "Semana de Alerta a la Diabetes", hágase una simple prueba. Este servicio es **gratis** para la comunidad. A continuación tiene unas preguntas, solamente necesita responder SÍ o NO y debe anotar 10 puntos por cada respuesta afirmativa.

Estoy sintiendo los siguientes síntomas con regularidad: | SÍ | NO
- Sed excesiva
- Orino (*urinate*) con frecuencia
- Mucho cansancio
- Pérdida de peso inexplicable
- Vista nublada a veces

Tengo más de 40 años:

Según las tablas de peso, tengo más peso del debido:

Soy mujer y he tenido niños que han pesado más de 9 lbs. al nacer:

Mi madre/padre es diabético:

Mi gemelo/a tiene diabetes:

Mi hermano/a tiene diabetes:

Si su total es de 20 o de más de 20 puntos, le recomendamos que se haga una prueba de diabetes, absolutamente gratis.

LAS PRUEBAS SE EFECTUARÁN:

Martes, 19 de marzo—8:00 am -11:00am
Vestíbulo del Hospital San Vicente
Calle Reina del Río
Asunción

Las personas que deseen hacerse esta prueba no deben comer <u>dos horas</u> antes del examen.

Contaremos con una dietista que podrá informarle sobre las comidas y contestar cualquier pregunta que pueda tener.

Para más información o si quiere recibir nuestra revista gratis, llame al
5-56-68-50

Hospital San Vicente
Calle Reina del Río, Asunción, Paraguay

10-26 El riesgo de padecer de diabetes. Para saber qué riesgo corres de sufrir diabetes del tipo 2, marca las características que te describen.

☐ Tienes un familiar con diabetes.

☐ Tu familia es de ascendencia afroamericana, indioamericana, asiática, de las islas del Pacífico o hispanoamericana.

☐ Cuando naciste (*you were born*), pesabas más de nueve libras.

☐ Tienes tensión arterial de 140/90 o más.

☐ Tienes el colesterol HDL (colesterol "bueno") en 35 o menos, o los triglicéridos en 250 o más.

☐ Eres bastante inactivo/a. Haces ejercicio menos de tres veces a la semana.

2
www
10-27 ¿Qué pueden hacer? Conversen entre ustedes para identificar lo que pueden hacer para prevenir la diabetes. Van a encontrar consejos si se conectan a la página electrónica de *¡Arriba!* (**www.prenhall.com/arriba**).

MODELO: *Es importante hacer ejercicio todos los días.*

AB
10-28A Te recomiendo que... Túrnense para presentar los siguientes problemas mientras el/la otro/a ofrece recomendaciones. Pueden usar el verbo **recomiendo** con una cláusula nominativa en el subjuntivo.

MODELO: E1: *Soy muy delgado/a.*
E2: *Te recomiendo que hagas tres comidas completas todos los días.*

1. Quiero bajar de peso.
2. Necesito bajar mi nivel de colesterol.
3. Fumo más de un paquete de cigarrillos todos los días.
4. Mi hermano quiere guardar la línea.
5. Mi tío padece de diabetes.

2
10-29 Sus preocupaciones sobre la salud. Conversen entre ustedes para poner estas enfermedades y condiciones en orden de importancia para ustedes y para la sociedad.

MODELO: E1: *¿Cuál es más importante para ti?*
E2: *Para mí es el cáncer, para la sociedad es...*

	PARA MÍ	PARA MI COMPAÑERO/A	PARA LA SOCIEDAD
el cáncer	_____	_____	_____
la diabetes	_____	_____	_____
las enfermedades del corazón	_____	_____	_____
el SIDA (*AIDS*)	_____	_____	_____
las enfermedades del pulmón	_____	_____	_____
la artritis	_____	_____	_____
el alcoholismo	_____	_____	_____
el SARS	_____	_____	_____
¿otra...?	_____	_____	_____

AUDIO
10-30 Una encuesta (*poll*) médica. Escucha y completa la siguiente encuesta telefónica. Después de completarla, compara tus respuestas con las de un/a compañero/a.

MODELO: ¿Cuántos cigarrillos fuma usted por día?
a. ninguno b. de cinco a diez c. más de un paquete
a. ninguno

1. a. 0 mg.
2. a. muchos
3. a. mucho
4. a. de oliva
5. a. 80%
6. a. menos de una vez

b. 300 mg.
b. algunos
b. un poco
b. de maíz
b. 50–60%
b. dos o tres veces

c. 600 mg.
c. ninguno
c. nada
c. de animal
c. 30%
c. todos los días

2
10-31 ¿Cómo se comparan? Ahora, conversen entre ustedes y decidan cuál goza de mejor salud en las siguientes categorías.

MODELO: comer comida rápida
Mi compañero/a come menos comida rápida que yo. Él/ella goza de mejor salud que yo.

1. hacer ejercicio
2. comer poca grasa animal
3. mantenerse en forma
4. fumar
5. tomar mucha cafeína
6. tomar bebidas alcohólicas

¡Así lo hacemos! Estructuras

3. The subjunctive to express feelings and emotions

Temo que tu hija tenga una infección de oído.

■ The subjunctive is used in noun clauses after verbs that express emotions such as hope, fear, surprise, regret, pity, anger, joy, and sorrow.

alegrarse (de)	*to be glad*
enojar	*to get angry*
esperar	*to hope*
estar contento/a (de)	*to be happy*
lamentar	*to regret*
molestar	*to bother*
sentir (ie, i)	*to regret*
sorprender(se)	*to surprise*
temer	*to fear*
tener (ie) miedo (de)	*to be afraid*

Julia **lamenta** que Carlos **esté** enfermo.

Julia regrets that Carlos is sick.

Espero que **hagas** más ejercicio esta semana.

I hope that you exercise more this week.

Juana **teme** que su madre **padezca** de diabetes.

Juana fears that her mother will suffer from diabetes.

■ As with the verbs of volition, verbs that express feelings and emotions require the subjunctive in the dependent clause if the subject is different from that of the main clause. If there is only one subject, the infinitive is used in the dependent clause.

Carlos **lamenta estar** enfermo.

Carlos regrets being sick.

Esperamos hacer más ejercicio esta semana.

We hope to exercise more this week.

Juana **teme padecer** de diabetes.

Juana fears suffering from diabetes.

El subjuntivo con *Ojalá*

■ The expression **¡Ojalá!** entered the Spanish language during the Arab occupation of Spain. It comes from an Arabic expression meaning *God (Allah) willing* and is used in Spanish as the equivalent of *I hope that*. **¡Ojalá!** may be used with or without **que** and is followed by the subjunctive.

¡Ojalá (que) nos mantengamos en forma!

I hope that we stay in shape!

¡Ojalá (que) mis hermanos **levanten** pesas todos los días!

I hope that my brothers lift weights every day!

¡Ojalá (que) visites el spa en Bolivia!

I hope you visit the spa in Bolivia!

Aplicación

10-32 Las grasas transformadas (*transfatty acids*). Aquí tienes un artículo sobre un cambio de reglamento para las etiquetas (*labels*) de la comida. Lee el artículo y subraya las formas verbales del subjuntivo. Explica por qué se usa el subjuntivo en esos casos.

Diario ABC de Asunción

lunes, 27 de octubre de 2003

Las grasas nocivas en las etiquetas de los alimentos

Dentro de poco, el gobierno de los EE.UU. va a insistir en que la descripción de todos los alimentos incluya la proporción exacta de las grasas transformadas, una de las principales causantes de la obstrucción arterial.

Las papas fritas, las galletas, el pollo frito, los pasteles y los donuts (o donas) son algunos de los alimentos más populares y deliciosos que incluyen grasas transformadas. Sin embargo, esa grasa es tan peligrosa para el corazón y las arterias como la grasa saturada –y muchos médicos la consideran aún peor.

Las normas de la Agencia de Drogas y Alimentos (FDA) van a requerir que las etiquetas sobre nutrición de los alimentos empaquetados incluyan ahora la cantidad de grasas transformadas, debajo de las grasas saturadas.

Ayer, el secretario de Salud Tommy Thompson dijo: "Queremos que el consumidor sea más inteligente a la hora de adquirir alimentos. Deseamos que lea la etiqueta y encuentre alimentos no dañinos (*harmful*) al corazón." Añadió que 13 millones de norteamericanos sufren de problemas cardiacos y que las grasas transformadas agravan el mal.

10-33 ¿Comprendiste? Ahora, contesta las preguntas siguientes sobre el artículo.

1. ¿En qué insiste el gobierno de los EE.UU.?
2. ¿Qué tipo de comida contiene estas grasas?
3. ¿Por qué es bueno saber el contenido?
4. A partir de ahora, ¿vas a leer bien las etiquetas de las comidas? ¿Por qué?

10-34 ¡Ojalá! Vuelve a leer el artículo y ofrece tus opiniones y deseos usando las siguientes expresiones.

MODELO: Lamento que... *haya grasas transformadas en mis comidas favoritas.*

1. Siento que...   2. Espero que...   3. Temo que...   4. Ojalá que...

10-35 Un examen médico. Completa la conversación entre el médico y el paciente con la forma correcta del verbo entre paréntesis.

Paciente: Buenos días, doctor. Me siento muy mal.

Médico: A ver... ¿qué le (1. doler) _____?

Paciente: No me duele nada pero yo (2. sentirse) _____ mal.

Médico: Bueno, quiero escuchar su corazón. Deseo que (3. quitarse) _____ la camisa y que (4. respirar) _____ profundo.

Paciente: Espero que no (5. ser) _____ nada serio.

Médico: No, pero temo que su comida (6. contener) _____ demasiado colesterol y grasas transformadas.

Paciente: Me sorprende que (7. decir) _____ eso. Soy vegetariano.

Médico: Hmmm... Me alegro de (8. saber) _____ eso. ¿Qué come para el desayuno?

Paciente: Donuts, galletas y queso.

Médico: Ahhh. ¡Ahora entiendo!

10-36 La entrenadora personal. Marisol, una entrenadora personal de un gimnasio, escribe apuntes (*notes*) sobre sus clientes todos los días. Completa su entrada con expresiones lógicas según el contexto.

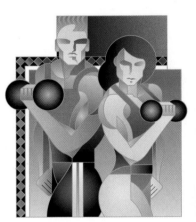

MODELO: *Espero* que Luis *haga* ejercicio todos los días.

—Mario llega al gimnasio a las ocho en punto. (1) _____ que él llegue temprano.

— Rosario nada muy bien pero me (2) _____ que no nade por lo menos cuatro días por semana.

—Después de no hacer mucho ejercicio, Beto pesa más de 100 kilos. (3) _____ que él suba de peso. Mañana yo (4) _____ que Beto empiece una rutina de ejercicios aeróbicos.

—Alberto y Linda corren mucho. Me (5) _____ que ellos corran por las tardes cuando hace mucho calor. (6)¡_____ que ellos tomen mucha agua!

—Yo (7) _____ contenta de que Aurelio no fume esta semana porque tiene tos.

—Diana no vino al gimnasio esta semana. Yo (8)_____ que ella no vuelva más.

10-37 ¡Mejoremos nuestra salud! Hablen de lo que esperan hacer para mejorar la salud durante los próximos meses y reaccionen a los comentarios que escuchan.

MODELO: E1: *Espero bajar tres kilos en un mes.*
E2: *Espero que hagas ejercicio todos los días.*

10-38 ¿Qué te molesta? Túrnense para hablar de cosas que les molestan. Pueden inventar cosas que realmente no les molesten.

MODELO: *Me molesta que la gente fume.*

10-39 Los problemas más graves del milenio. Escribe una lista de los problemas más graves del nuevo milenio. Compara tu lista con la de tu compañero/a y comenten cada entrada.

MODELO: E1: *Creo que el SIDA (*AIDS*) es el problema más grave de esta década.*
E2: *Tienes razón. Temo que millones de personas padezcan del SIDA.*

4. The subjunctive to express doubt and denial

The subjunctive is used in noun clauses after expressions of doubt, uncertainty, or denial. The following verbs can express doubt and denial. Unlike the verbs that express volition and emotion, these verbs do not require a change in subject in the dependent clause in order to use the subjunctive.

dudar	*to doubt*	**no creer**	*to not believe*
negar	*to deny*	**no estar seguro/a de**	*to not be sure*

Dudo que Camilo **padezca** de artritis.	*I doubt that Camilo suffers from arthritis.*
No creo que el médico **sepa** el diagnóstico.	*I don't believe that the doctor knows the diagnosis.*
No estamos seguros de que las grasas transformadas **sean** nocivas.	*We're not sure that transfatty acids are harmful.*
Mi padre **niega** que **tenga** un nivel alto de colesterol.	*My father denies that he has a high cholesterol level.*

- When there is no doubt, uncertainty, or disbelief about an action or event, and when the subject appears certain of the facts, the indicative is used in the noun clause. For most expressions of doubt or uncertainty, the indicative will be used for the opposing expression (**dudar** versus **no dudar; no creer** versus **creer**).

No dudo que Camilo **padece** de artritis.	*I don't doubt that Camilo suffers from arthritis.*
Creo que el médico **sabe** el diagnóstico.	*I believe that the doctor knows the diagnosis.*
Estamos seguros de que las grasas transformadas **son** nocivas.	*We're sure that transfatty acids are harmful.*
Mi padre **no niega** que **tiene** un nivel muy alto de colesterol.	*My father does not deny that he has a very high cholesterol level.*

- When the verb **creer** is used in a question, it can imply doubt in the mind of the speaker, thereby triggering the subjunctive in the dependent clause. If the speaker expresses no opinion or does not anticipate a negative response, the indicative is preferred.

¿Crees que el alcohol **dañe** el corazón?	*Do you believe (think) that alcohol damages the heart?* (speaker implies doubt)
¿Crees que el alcohol **daña** el corazón?	*Do you believe (think that alcohol damages the heart?* (speaker has no opinion)

El subjuntivo con *tal vez* y *quizá(s)*

- The expressions **tal vez** and **quizá(s)**, meaning *perhaps* or *maybe*, are followed by the subjunctive when the speaker wishes to convey uncertainty or doubt. Both expressions are used without **que**.

Tal vez funcione no comer tanta grasa.	*Perhaps not eating so much fat will work.*
Quizás el ejercicio me **alivie** la artritis.	*Maybe exercise will alleviate my arthritis.*

- When **tal vez** or **quizá(s)** follows the verb, the indicative is used.

Vamos a fumar menos, **tal vez.**	*We're going to smoke less, perhaps.*
Bajo de peso, **quizás.**	*I'll lose weight, maybe.*

Aplicación

10-40 Una entrevista con Raquel Welch. Raquel (Tejada)
Welch es de ascendencia inglesa y boliviana. Aunque nació en
1940, todavía se le considera una de las actrices más bellas del
cine norteamericano. En esta conversación con la prensa,
habla un poco sobre su carrera. Léela y subraya los verbos en el
subjuntivo. Explica por qué se usa el subjuntivo en cada caso.

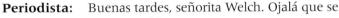

Periodista: Buenas tardes, señorita Welch. Ojalá que se
encuentre bien.

Raquel: Perfectamente bien, gracias. Tal vez usted quiera
hacerme algunas preguntas sobre mi carrera, ¿no?

Raquel Welch y Héctor Elizondo en *Tortilla Soup.*

Periodista: ¡Sin duda! Quizás usted pueda hablarme un poco sobre su
película favorita.

Raquel: Pues, no creo que pueda limitarme a una sola, pero quizás usted
conozca *Tortilla Soup*. Me gustó mucho porque es una comedia
seria y me divertí mucho.

Periodista: Usted también actuó en la televisión.

Raquel: Es verdad. Estoy segura de que mi parte en *American Family* en
PBS es una de mis favoritas. Dudo que se repita tal oportunidad
en el futuro.

Periodista: ¿Cómo se mantiene tan bien?

Raquel: Niego que esté en perfecta forma, pero es verdad que voy al
gimnasio todos los días. Para mí, la buena salud es muy importante.

Periodista: Bueno, señorita Welch. Muchas gracias, y que tenga mucho éxito
en el futuro.

Raquel: Gracias a usted.

10-41 La entrevista de Raquel Welch. Vuelve a leer la entrevista con Raquel
Welch y contesta las preguntas siguientes.

1. ¿Quién es Raquel Welch?
2. ¿Por qué le gustó mucho la película *Tortilla Soup*?
3. ¿Qué oportunidad tuvo en la televisión?
4. ¿Cuántos años tiene ahora?
5. ¿Cómo se mantiene en forma?
6. ¿Conoces algunas de sus películas? ¿Crees que tiene mucho talento?

10-42 El Centro Naturista Oriente. En esta tienda en Ciudad del Este,
Paraguay, puedes comprar todo tipo de comida y vitaminas naturales. Completa
el diálogo con la forma correcta del verbo entre paréntesis.

Sra. López: Hola, buenos días. ¿Sabes dónde están las supervitaminas?

Luis: Sí, señora. Creo que (1. estar)_____ en el pasillo ocho.
Estoy seguro de que (2. haber)_____ por lo menos diez
botellas grandes.

Sra. López: Dudo que (3. necesitar)_____ tantas. ¿Crees que
(4. estar)_____ frescas?

Luis: Tal vez usted (5. querer)_____ ver la fecha antes de
comprarlas. No creo que (6. estar)_____ muy viejas.

Sra. López: ¿Tienes jabones naturales también?

Luis: Dudo que nosotros (7. tener)_____ una buena selección.
No estoy seguro de que los (8. vender)_____ en el centro
naturista Sánchez. Pero si quiere, puedo llamar y preguntar.

Sra. López: Quizás los (9. encontrar)_____ allí. Gracias por tu ayuda.

Luis: Para servirle, señora.

10-43 En el Spa-Hotel Hacienda La Fortuna. Imagínate que estás planeando una visita al spa que se ve en **¡Así es la vida!** Contesta las preguntas siguientes usando expresiones de duda, negación y emoción.

MODELO: ¿Vas a bañarte en las aguas termales?
          Dudo que me bañe.

1. ¿Vas por más de una semana?
   Quizás...
2. ¿Vas a seguir los consejos del entrenador personal?
   Creo que...
3. ¿Vas a hacer una excursión a los sitios arqueológicos?
   Estoy seguro/a de que...
4. ¿Tienes una cita para hacerte la pedicura?
   Dudo que...
5. ¿Vas a pedir una dieta baja en grasas?
   No creo que...
6. ¿Vas a caminar o hacer otro ejercicio?
   Niego que...
7. ¿Me llevas contigo?
   Dudo que...
8. ¿Vas a divertirte mucho?
   Ojalá...

WWW   **10-44 Un spa para ti.** Conéctate con la página electrónica de *¡Arriba!* (**www.prenhall.com/arriba**) para visitar un spa. Completa las siguientes frases dando tu opinión sobre el lugar.

MODELO: Creo que... *tienen planes muy interesantes.*

1. Dudo que...   3. No creo que...   5. Ojalá que...
2. Quizás...   4. Estoy seguro/a que...

AB   **10-45A ¿Hay una dieta perfecta?** Túrnense para expresar su opinión usando expresiones de certeza o duda de la siguiente lista.

(no) creo   (no) dudo
(no) estoy seguro/a   (no) niego
quizás   tal vez

MODELO: E1: *¿Hay una dieta para adelgazar?*
          E2: *Sí, creo que hay una muy buena. Es una dieta baja en carbohidratos.*

1. ¿Hay una dieta para perder 50 kilos?
2. ¿Es posible dejar de fumar?
3. ¿Es posible vivir sin azúcar?
4. ¿Hay un spa en esta ciudad?

¿Cuánto sabes tú? *Can you...*

☐ say what activities you do to stay fit such as **hago jogging, levanto pesas, guardo la línea**?

☐ talk about foods and habits that are good or bad for your health?

☐ express emotions using the subjunctive such as **Lamento que no te sientas bien** and **Ojalá te cuides mucho**?

☐ give your opinion about something using expressions such as **Creo que el aceite de oliva es bueno para la salud** or **No creo que haya colesterol en los productos vegetales**?

VIDEO Toño Villamil y otras mentiras Episodio 10

10-46 Isabel se encuentra mal. Lee el monólogo interior de Isabel y contesta las preguntas que siguen.

Hoy me desperté a las ocho de la mañana y me levanté inmediatamente. Pero, ay, ¡qué mal me siento! Me duelen la cabeza, los brazos, los músculos, las piernas... todo. No sé qué tengo, pero no puedo consultar al médico porque no quiero perder el autobús para la capital. ¿Qué hago? ¿Desayuno? ¿Me tomo una aspirina? ¿Me tomo la temperatura para ver si tengo fiebre? ¿Llamo al médico? Lucía va a insistir en que vaya al médico. Ojalá no me haga perder el autobús. ¡No quiero ver a nadie! Ni al médico, ni a Toño, ni a Manolo. Sólo quiero ver al chofer del autobús. ¡Ay, por Dios, salgamos de aquí...!

1. ¿Por qué se siente mal Isabel?
2. ¿Por qué no quiere consultar al médico?
3. ¿Adónde va hoy?
4. ¿Qué crees que tiene Isabel?
5. ¿Qué quiere hacer?

10-47 Isabel se va. Mira el décimo episodio de *Toño Villamil y otras mentiras* donde vas a ver la escena en que Isabel se prepara para irse de Malinalco. Ten en cuenta estas preguntas mientras ves este episodio.

1. Al levantarse, parece que Isabel está...
   a. preocupada.
   b. enojada.
   c. cansada.

2. Lucía la invita a...
   a. desayunar.
   b. un café.
   c. su casa en la capital.

3. Lucía espera que...
   a. el autobús llegue tarde.
   b. Toño venga por Isabel.
   c. Isabel le escriba una carta.

4. Si Isabel no sale hoy,...
   a. tiene que esperar dos días más.
   b. puede ir a las aguas termales de Malinalco.
   c. pierde su cita con el médico en la capital.

5. Lucía no quiere que Isabel...
   a. se vaya sin tomar dos aspirinas.
   b. vuelva a ver a Toño.
   c. se recete sin ver al médico.

10-48 Insisto en que... Imagínate que conoces a Isabel y quieres darle consejos (*advice*). Completa estas frases para dárselos.

MODELO: Isabel, te recomiendo que te tomes la temperatura.

1. Isabel, sugiero que...
2. Insisto en que...
3. No creo que...
4. Temo que...
5. Ojalá que...

Panoramas

Los países sin mar: Bolivia y el Paraguay

10-49 ¿Ya sabes... ? Trata de identificar o explicar lo siguiente.

1. las capitales de Bolivia y del Paraguay
2. la altura de La Paz
3. la importancia de Itaipú
4. el nombre del lago navegable más alto del mundo
5. el país cuyos productos principales son minerales
6. para qué se usa la *quena*
7. el país que tiene una cadena de misiones de los siglos XVII y XVIII

El cultivo de ganado es importante para la gente que vive en el altiplano (*high plateau*) de Bolivia.

Bolivia tiene ricos depósitos de estaño (*tin*), plata, cinc y cobre (*copper*). Desgraciadamente, la vida de los mineros es sumamente dura.

PERÚ

Río Beni

Río Mamoré

Santa Ana

Trinida

Lago Titicaca

La Paz

BOLIVIA

Chimore

Cochabar

Oruro

CORDILLERA DE LOS ANDES

ALTIPLANO

Sucre

Potosí

OCÉANO PACÍFICO

CHILE

A R

La ropa de colores vívidos y los sombreros tipo *bowler* son típicos entre las mujeres indígenas de Bolivia. La Paz está a una altura de 3.510 metros.

La quena es un instrumento importante para la música andina.

BRASIL

Río Paraguai

Durante los siglos XVII y XVIII, los jesuitas españoles construyeron una cadena de misiones en el Paraguay para educar y cristianizar a los indígenas. La Santísima Trinidad de Paraná se considera "la mayor y mejor de todas las misiones". Ahora es parte del patrimonio mundial de las Naciones Unidas.

ta
uz

Puerto
Bahía Negra

EL CHACO

Filadelfia

Pedro Juan
Caballero

Río Paraná

PARAGUAY

NTINA

Río Paraguay

⊛Asunción
Ciudad del Este

Río Paraná

El embalse (*dam*) de Itaipú en el río Paraná proporciona toda la electricidad que necesita Paraguay y el 25% de la electricidad que usa el Brasil. La construcción del embalse les costó más de 20 billones de dólares a los dos países.

10-50 ¿Cierto o falso? Indica si las siguientes oraciones son ciertas o falsas. Corrige las oraciones falsas.

1. La presa de Itaipú está en el río Amazonas.
2. La extracción de minerales es importante en el Paraguay.
3. El clima del altiplano de Bolivia es bastante templado (*temperate*).
4. Los jesuitas españoles exploraron y construyeron misiones por muchas partes del Paraguay.
5. La *quena* es un instrumento musical típico de los Andes.
6. El embalse de Itaipú proporciona electricidad al Paraguay.
7. El *bowler* es un sombrero típico de los paraguayos.
8. La vida de los mineros bolivianos es alegre.

WWW **10-51 Más sobre Bolivia y el Paraguay.** Conéctate con la página electrónica de *¡Arriba!* (**www.prenhall.com/arriba**) para ver más imágenes de Bolivia y el Paraguay. Escribe un párrafo para describir uno de los lugares. Incluye esta información.

- el lugar
- la escena (montañas, planos, agua, etcétera)
- la gente (si hay)
- el clima

WWW **10-52 La música de Bolivia y el Paraguay.** La música boliviana y la paraguaya son muy diferentes. El instrumento más relacionado con la música boliviana es la *quena*, mientras que para la paraguaya es el arpa (*harp*). Conéctate con la página electrónica de *¡Arriba!* (**www.prenhall.com/arriba**) para escuchar ambos instrumentos. Di cuál prefieres y por qué.

10-53 Guía turística. Prepara un folleto turístico para Bolivia o el Paraguay. Incluye sitios de interés, clima, cambio de moneda, costo de viaje, etcétera.

Ritmos

"Sol de primavera" (Inkuyo, Bolivia)

Esta canción es representativa del ritmo **taquirari**, originado en el oriente de Bolivia y resultado de la mezcla de las culturas y tradiciones musicales indígenas y españolas. En las ocasiones festivas, las mujeres llevan vestidos con colores brillantes y adornan sus cabezas con flores para bailar este tipo de música.

Antes de escuchar

10-54 Instrumentos. Aunque muchas canciones de **taquirari** tratan del tema del amor, "Sol de primavera" es una canción instrumental que no tiene letra. En grupos de tres contesten las siguientes preguntas.

1. ¿Qué estilos de música típicamente no tienen letra y son instrumentales?
2. ¿Qué prefieres, música con letra o música instrumental?
3. ¿En qué ocasiones te gusta escuchar música con letra? ¿música instrumental? ¿Por qué?

A escuchar

10-55 Asociación libre. Ahora escucha la canción. ¿En qué piensas o qué te hace sentir "Sol de primavera"? Escribe por lo menos cinco palabras o expresiones en español que se te ocurren mientras escuchas la canción. Después compara tu lista con las de tus compañeros/as.

Después de escuchar

10-56 Sentimientos. Escribe oraciones completas usando el presente de subjuntivo para responder a lo que escribieron tus compañeros/as en **A escuchar.** Puedes usar los verbos de la lista y otros verbos para empezar tus oraciones.

esperar   dudar   tal vez   ojalá   alegrarse de   sorprenderse   no creer

MODELO: E1: *Tal vez la música instrumental no* sea *interesante para ti.*
                    E2: *No creo que la canción te* haga *pensar en la comida.*

10-57 Terapia musical. Se dice que la música nos afecta emocionalmente y que puede funcionar como terapia para las personas que padecen de una enfermedad o un problema emocional o médico. ¿Qué tipos de música pueden ayudarles en tu opinión a las siguientes personas? Responde a sus problemas usando el presente de subjuntivo.

MODELO: E1: *Me duele la cabeza.*
                    E2: *No creo que la música rock te* ayude *a sentir mejor.*

1. Me duelen los músculos.
2. Mis abuelos tienen la presión alta.

3. Mi madre tiene mucha tensión y estrés.
4. Quiero dejar de fumar pero es difícil.

Páginas

"El ñandutí" (Leyenda paraguaya)

Antes de leer

10-58 ¿Qué es una leyenda? Lee la introducción a continuación e indica si las siguientes afirmaciones son ciertas o falsas. Corrige las falsas.

Las leyendas como tradición oral son populares en todo el mundo hispano. Sirven para transmitir la historia, la cultura y los valores de una generación a la siguiente. Aunque la leyenda se basa en un evento histórico, se hace propiedad de la persona que la cuenta. Por eso, existen muchas versiones de la misma leyenda, y puede transformarse a través de los años hasta que haya poca relación entre la original y la actual. Lo mismo pasa con leyendas que tú conoces, por ejemplo, la de Pocahontas o la de Davy Crockett. A continuación tienes una leyenda paraguaya que se originó durante la colonia española. Representa una mezcla (*blending*) de la cultura indígena y la española. Explica el origen del encaje (*lace*) especial que se llama *ñandutí*, una palabra guaraní. Esta versión la cuenta Aitor Bikandi-Mejías, un joven español.

La tela de la araña es a la vez artística y funcional.

1. Una leyenda tiene base histórica.
2. "Pocahontas" es un ejemplo de una leyenda canadiense.
3. Las leyendas no tienen valor (*value*) cultural.
4. La leyenda de "El ñandutí" se originó durante la época de los Incas en Bolivia.

10-59 Anticipa. Ahora, escribe tres preguntas que quieres contestar en relación con esta leyenda.

MODELO: *¿Quiénes son los personajes?*

A leer

10-60 La leyenda. Lee ahora la siguiente leyenda hispana.

"El ñandutí"

Antes de partir para América —en la época de la colonia—, Manuela, la esposa de un joven oficial del ejército español destinado al Paraguay, fue a decir adiós a su madre. El encuentro fue muy doloroso (*painful*), pues no sabían cuándo iban a verse en vida. Entre las muchas cosas que la madre le dio en aquella ocasión para su nuevo hogar (casa), había una de especial belleza: una mantilla de un encaje (*lace*) exquisito.

—Cuídala (*Take care of it*), porque es mi regalo para ti —le dijo su madre abrazándola—. Si así lo haces, vas a tener abundantes años de felicidad y prosperidad.

Manuela prometió cuidar de la mantilla, besó a su madre y se despidió de ella, tal vez para siempre. Ella y su marido abandonaron (salieron de) España al día siguiente.

Una vez en América, la joven pareja se estableció en el pueblecito de Itaguá. Vivían en una casa grande en el centro del pueblo. Poco después, empezó a vivir con ellos una muchacha guaraní, Ibotí. Ibotí ayudaba a Manuela con las tareas de la casa. Pronto nació entre ellas una amistad sincera y un cariño profundo. Se sentaban las dos en el patio por la tarde y Manuela le confesaba a Ibotí sus recuerdos de su casa en España. Le hablaba a Ibotí de su patria y de su madre. ¡Qué gran consuelo (*consolation*) era para ella poder hablarle a Ibotí!

En cierta ocasión, el marido de Manuela tuvo que irse del hogar, con motivo de una expedición militar. La casa ahora parecía más grande y vacía (sin gente). Como no tenía mucho que hacer, un día Manuela decidió revisar (inspeccionar) todo lo que había traído (*had brought*) de España. Ibotí participaba en esta labor. Muchas cosas hermosas salieron a la luz: tejidos (*weavings*), vestidos, manteles, cubiertos, candelabros, joyas. Entre tantos objetos bellos, el recuerdo más íntimo, era la mantilla de su mamá.

Sin embargo, por el tiempo la mantilla estaba amarilla y un poco gastada (*worn*). Manuela le pidió a Ibotí que la lavara con agua y jabón, recomendándole que fuera muy cuidadosa. La muchacha la lavó cuidadosamente; sin embargo, al sacarla del agua, vio que la mantilla estaba completamente deshecha (*unravelled*). Cuando Manuela supo lo ocurrido, sintió que una parte de su memoria se había perdido (*had been lost*) y lloró con angustia. Esa noche soñó que su mamá estaba muerta. Pasaron muchos días en que tampoco recibió noticias de su esposo. Ibotí trataba de animar (*to comfort*) a su señora. Era imposible.

Una noche, Ibotí soñó con el encaje de la mantilla. Se despertó agitada. —¡Voy a tejer (*weave*) una mantilla igual que la de la señora!—, se dijo esperanzada (*full of hope*).

Empezando esa misma noche, Ibotí se dedicó a tejer una nueva mantilla. Pero cada mañana estaba desilusionada. Nada de lo que hacía era como la mantilla original. Y Manuela estaba más y más triste, más y más enferma.

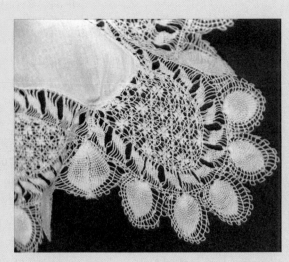

Una noche de hermosa luna, Ibotí salió al patio a calmar su pena (*sorrow*). Ya no sabía qué hacer. De pronto, por la luz de la luna vio la tela que una arañita (*small spider*) hacía. El corazón de la buena Ibotí palpitó violentamente. ¡Las líneas que aquella araña dibujaba eran como las de la mantilla de Manuela! Durante las siguientes semanas, todas las tardes Ibotí salía al patio y observaba la tela de la araña (*spider's web*). Tan pronto como llegaba la noche, corría a su habitación y se ponía a tejer la mantilla. Tejía y tejía, y no conocía el cansancio (*fatigue*). Por fin, una madrugada, poco antes del alba (*daybreak*), el trabajo estuvo completo.

Aquella mañana, cuando despertó Manuela, vio ante sus ojos una mantilla prácticamente idéntica a la que se había perdido. Creía estar soñando.

—¡Ibotí!, ¿qué es esto? —preguntó asombrada—. ¿De dónde ha salido esta mantilla?

—Es "ñandutí", tela de araña. La tejí yo misma —contestó Ibotí sonriendo.

Manuela recuperó gran parte de su alegría. Se sentía casi feliz. Y aquella misma tarde su felicidad fue completa, pues tuvo noticias de su querido esposo: estaba bien y pronto vendría a casa.

Ibotí, por su parte, encontró su camino. Siguió tejiendo y fabricó otras muchas mantillas maravillosas. También enseñó a hacerlas a las jóvenes guaraníes del lugar. Desde entonces, el pueblo de Itaguá es conocido por sus bellos tejidos de ñandutí, o "tela de araña".

Después de leer

10-61 ¿Quién lo habrá dicho? (Who might have said...? Después de leer la narración, indica quién habrá dicho cada oración.

M: Manuela   **MA:** la mamá   **I:** Ibotí   **E:** el esposo

1. _____ No quiero irme de España pero tengo que seguir a mi esposo.
2. _____ No se preocupe, señora, yo le lavo la mantilla.
3. _____ Aquí tienes una bella mantilla que te va a traer buena suerte.
4. _____ Tengo que salir del pueblo por algunos días pero voy a volver pronto.
5. _____ ¡Espero que vuelvas pronto a España!
6. _____ La mantilla me hace pensar en mi familia.
7. _____ Voy a tejer como la araña.
8. _____ Aquí tienes tu nueva casa. Ibotí va a ser tu compañera cuando no estoy contigo.

10-62 ¿En qué orden? Pon las oraciones en orden según la cronología de la leyenda.

_____ Manuela e Ibotí decidieron lavar la mantilla que trajo Manuela de España.

_____ En su nueva casa, Manuela se sentía muy sola.

_____ Manuela no lo podía creer cuando vio la nueva mantilla.

_____ Se hizo amiga de Ibotí, una joven guaraní que vivía en su casa.

_____ Un día su esposo salió en una expedición militar.

_____ Una joven señora vivía en España durante la época de la colonia.

_____ Ibotí quería tejerle una mantilla nueva.

_____ Se casó con un joven militar, quien la iba a llevar a las Américas.

_____ Ese mismo día recibió noticias que su esposo estaba bien y que volvía a casa.

_____ Ibotí la lavó cuidadosamente, pero se deshizo.

_____ Las mujeres del pueblo todavía tejen el bello encaje que se llama *ñandutí*.

_____ Antes de dejar su casa, su mamá le dio una bella mantilla de encaje.

_____ Por fin, vio una tela de araña y la usó como modelo para la mantilla.

_____ Al ver la mantilla deshecha, Manuela se puso muy triste.

_____ La querida mantilla de su mamá estaba deshecha.

_____ Le dijo: "Guárdala bien y siempre serás feliz".

10-63 Valores. Las leyendas transmiten los valores de una sociedad. ¿Cuáles de éstos figuran en esta leyenda? Explica por qué.

1. la amistad
2. el amor
3. la diligencia (*industriousness*)
4. la fidelidad

G **10-64 Entrevista.** Divídanse en dos grupos. Un grupo representa a Manuela y el otro representa a Ibotí. Preparen preguntas para entrevistar al otro grupo, luego entrevístense.

MODELO: GRUPO 1: *Manuela, ¿por qué fue usted al Paraguay?*
GRUPO 2: *Fui porque mi esposo consiguió un puesto en el Paraguay.*
GRUPO 2: *Ibotí, ¿por qué quieres tejer una mantilla nueva?*
GRUPO 1: *Porque siento que la señora Manuela esté triste.*

2 **10-65 Las artesanías regionales.** Conversen entre ustedes para contestar estas preguntas.

1. ¿Tiene su región una artesanía popular entre los turistas?
2. Cuando viajan, ¿les gusta comprar artesanías, por ejemplo, objetos de madera, tejidos, manteles (*tablecloths*), cobijas (*blankets*), objetos de cerámica o de vidrio (*glass*), tallados (*carvings*) de piedra?
3. En su familia, ¿tiene alguien alguna destreza (*talent*) para la artesanía? ¿Quién es? ¿Qué hace?

Taller

10-66 Un artículo sobre la salud. En la prensa popular es común encontrar artículos que dan consejos sobre la salud. En este taller vas a escribir un artículo al estilo de esta prensa.

Antes de escribir

- **Ideas.** Piensa en un problema o una condición que quieres tratar, por ejemplo, la falta de ejercicio, el sobrepeso, los efectos del sol en la piel (*skin*), etcétera.

A escribir

- **El problema.** Escribe un párrafo en que expliques el problema. Indica a cuánta gente afecta y por qué es importante hacer algo para solucionarlo.
- **Estrategias.** Haz una lista de tres a cinco estrategias o consejos que ayuden al/a la lector/a a seguir tus consejos.
- **Conclusión.** Concluye el artículo de una manera positiva, explicando cómo el/la lector/a va a sentirse mejor si sigue tus consejos.
- **Ilustrar.** Agrega alguna foto o algún dibujo que ilustre el problema.

Después de escribir

- **Revisar.** Revisa tu artículo para verificar los siguientes puntos.
  - ☐ los diferentes usos del subjuntivo
  - ☐ el uso de mandatos de nosotros
  - ☐ la ortografía y la concordancia
- **Intercambiar**
  Intercambia tu artículo con el de un/a compañero/a para hacer correcciones y sugerencias y para comentar sobre el contenido.
- **Entregar**
  Pasa tu artículo a limpio, incorporando las sugerencias de tu compañero/a. Después entrégaselo a tu profesor/a.

MODELO: ***Las enfermedades respiratorias***
Se dice que más de 200.000 personas sufren de alguna enfermedad respiratoria como el asma. Para muchas de ellas, la causa es genética. Para otras, es ambiental, o una combinación de los dos factores. ¿Qué se puede hacer si se sufre de una enfermedad respiratoria?...

11 ¿Para qué profesión te preparas?

OBJETIVOS COMUNICATIVOS

- Describing your job
- Talking about the advantages of different professions
- Persuading others or expressing your opinion

- The want ads
- Writing a brief business letter
- Interviewing for a job
- Giving and following instructions and commands

Las cataratas de Iguazú son cuatro veces más grandes que las del Niágara. Sus 275 cascadas fueron el resultado de una erupción volcánica. Ahora las cataratas son parte del patrimonio de la humanidad de la UNESCO.

El virreinato de la Plata: La Argentina y el Uruguay

«El trabajo no deshonra, dignifica.»

Jorge Luis Borges (1899–1986), escritor y poeta argentino, fue perenne candidato al Premio Nóbel de Literatura.

¡Así es la vida!

El mundo del trabajo

Margarita Alfonsín Sandini, Abogada
Centro Comercial Houssay
Torrego 2699
Buenos Aires, Argentina
Teléfono 277-5561
Fax 277-4268

Ramón Gutiérrez Sergil
Analista de sistemas
Informática, S.A.
Torre las Brisas
Avenida Fernández Juncos
No. 500
San Juan, Puerto Rico
Teléfono (804) 597-8000
Telex: Informat

Rafael Betancourt Rosas
Ingeniero industrial
Edificio Díaz de Solís, Gral. Rivera 32
Montevideo, Uruguay
Teléfono 283-1520
Fax 283-9831

Dra. Mercedes Fernández de Robles
Psicóloga clínica
Hospital del Instituto Nacional de la Salud
Paseo de la Reforma 345
México, Distrito Federal
Teléfonos 367-78-12
367-54-34

Los oficios

Oficina de empleo

el/la viajante
el/la cocinero/a
el/la carpintero/a
el/la peluquero/a
el/la fontanera (España)
el/la plomero/a
el/la electricista
el/la cartero/a
el/la intérprete
el/la bombero/a
el/la secretario/a
el (la mujer) mecánico

Las profesiones

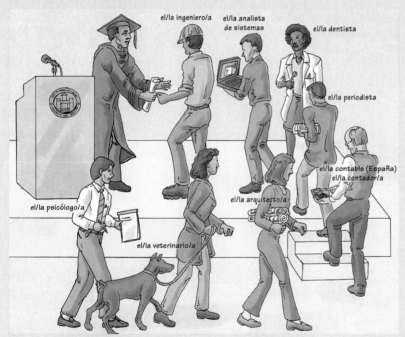

el/la ingeniero/a
el/la analista de sistemas
el/la dentista
el/la periodista
el/la contable (España)
el/la contador/a
el/la psicólogo/a
el/la arquitecto/a
el/la veterinario/a

Cargos (*Positions*)

el/la coordinador/a	*coordinator*
el/la director/a	*director*
el/la empleado/a	*employee*
el/la gerente	*manager*
el/la jefe/a	*boss*
el/la supervisor/a	*supervisor*

Términos y expresiones de trabajo

el desempleo	*unemployment*
el entrenamiento	*training*
el horario de trabajo	*work schedule*
la meta	*goal*
el puesto	*position (job)*
las responsabilidades	*responsibilities*
el salario, el sueldo	*salary, wages*

¡Manos a la obra! (*Let's get to work!*)

apagar (gu) (fuegos)	*to put out, extinguish (fires)*
curar	*to cure*
diseñar	*to design*
escribir a máquina	*to type*
estar en (el) paro (sin trabajo)	*to be out of work*
reparar	*to repair*
repartir	*to deliver; to distribute*
trabajar a comisión	*to work on commission*

Aplicación

11-1 ¿A quién llamas? ¿A qué profesionales llamas en cada una de las siguientes situaciones? Empareja las descripciones con la profesión u oficio. Luego, explica tu selección.

MODELO: Tienes el pelo muy largo y necesitas un corte nuevo.
Llamo a mi peluquera. Siempre voy a Supercorte donde no tengo que pagar mucho.

1. _____ No hay agua en el baño.
2. _____ Quieres una entrevista para un artículo en el periódico.
3. _____ Necesitas resolver algunos problemas emocionales.
4. _____ Tu carro hace un ruido (*noise*) extraño.
5. _____ Tu perro está enfermo.
6. _____ Quieres hacer unos muebles nuevos para tu casa.
7. _____ Es hora de preparar los formularios para pagar los impuestos.
8. _____ Quieres diseñar una casa nueva.
9. _____ No hay luz en tu sala.
10. _____ No recibiste ninguna carta u otro correo (*mail*) esta semana.

a. carpintero/a
b. plomero/a
c. cartero/a
d. periodista
e. psicólogo/a
f. contador/a
g. arquitecto/a
h. veterinario/a
i. electricista
j. (la mujer) mecánico

11-2 ¿Qué es lo que hace? Identifica la profesión u oficio que corresponde a cada persona a continuación. Luego explica algunas de sus responsabilidades y características.

MODELO: *Pilar es una bombera. En su trabajo, apaga fuegos. Su trabajo es difícil y emocionante.*

Pilar

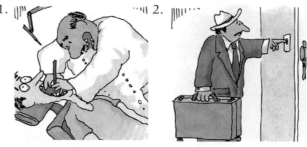

Don Lucas

el señor Castillo

Rafael

Doña Maruja

la doctora Fernández

11-3 Un aviso para el periódico. Contesta las preguntas a continuación basándote en los siguientes avisos.

LA TIENDA DE COCINAS Y BAÑOS

necesita

VENDEDORES

–ambos sexos–

SE REQUIERE:
- Experiencia en venta de servicios.
- Capacidad de trabajo y ganas de superación.

SE OFRECE:
- Integración en la primera empresa del sector.
- Incorporación inmediata.
- Ingresos superiores a 13.000 pesos argentinos, entre sueldo fijo y comisiones.

Para entrevista personal, llamar al teléfono
4978 0875.

CARMINA, EL MEJOR TRABAJO

Secretaria Bilingüe (inglés-español)
Para importante multinacional americana perteneciente al sector farmacéutico buscamos una secretaria bilingüe con excelente presencia, dominio de Office XP y que tenga experiencia previa de al menos 2 años en el registro de productos farmacéuticos. Si éste es su perfil, envíenos urgentemente su *currículum vitae* con fotografía reciente a la Ref.: SEC-FAR

Se necesita cocinero y ayudante para restaurante argentino. Preguntar por Julia. Tardes. (4153 2112)

Graduado Social
Compañía multinacional busca graduados titulados en sociología con dominio del inglés y del portugués, experiencia en informática (Word, Excel) para trabajar en departamento de Administración de personal. Si usted es una persona abierta, tiene capacidad administrativa, ganas de trabajar y una experiencia de tres años, le tenemos un puesto con una gran remuneración.
Envíenos su *currículum vitae* y una fotografía reciente a la Ref: G.SOC

Carmina, Trabajo Temporal
Carmina Empleo, 2560 Avenida La Paz, Buenos Aires
Tel. 4358 9998

EDITORIAL internacional de primer orden para su sede en Montevideo selecciona jefes de venta de publicidad. Referencia JV.
- Responsable de la capacitación de publicidad, relaciones con agencias y obtención de nuevos clientes.
- Profesional con amplia experiencia comercial en departamento de publicidad y formación universitaria.

Somos una compañía internacional en expansión. Salario interesante.

Las personas interesadas deberán enviar C.V. y foto reciente, indicando teléfono de contacto y referencias en el sobre, al Apartado de Correos número **10-745, 28080 Buenos Aires.**

CASALINDA

EMPRESA DE ÁMBITO NACIONAL QUE FABRICA CASAS MODULARES PRECISA PARA SU DELEGACIÓN EN MONTEVIDEO

ARQUITECTO TÉCNICO

- Con experiencia mínima de un año para incorporarse a empresa líder en el sector.

- Responsabilidades: realizar proyectos de producto, nuevos diseños de casas y promoción de productos.

- Cualidades necesarias: iniciativa, facilidad de trabajo con la gente, facilidad para convencer, capacidad de trabajo y espíritu competitivo.

- Salario mínimo inicial 52.000 pesos uruguayos al mes.

- Gastos de kilometraje y comida.

Interesados enviar C.V., con carta de presentación escrita a mano y fotografía reciente, al apartado de Correos 20-037, Montevideo.

1. ¿Cuál(es) de estos avisos tiene(n) puestos para hombres y mujeres?
2. ¿Cuál(es) anuncia(n) puesto(s) de restaurante?
3. ¿Cuál(es) es/son anuncio(s) para empresa(s) internacional(es)?
4. ¿Cuál(es) paga(n) salario y comisión?
5. ¿Cuál(es) paga(n) los gastos de viaje?
6. ¿Cuál(es) es/son en Uruguay?

❷ **11-4 Más preguntas.** Túrnense para retarse (*challenge each other*) con más preguntas basadas en los avisos de la Actividad 11-3.

AUDIO **11-5 Las profesiones y los oficios.** Escucha a las siguientes personas e indica la profesión u oficio que le interesa a cada una.

MODELO: Soy bilingüe. Me gusta escribir a máquina y contestar el teléfono.
secretario/a

a. analista de sistemas   c. cocinero/a   e. dentista   g. peluquero/a

b. arquitecto/a   d. contador/a   f. (la mujer) mecánico   h. periodista/a

1. _____   5. _____
2. _____   6. _____
3. _____   7. _____
4. _____   8. _____

2 11-6 ¿En qué orden? Pongan individualmente las siguientes cosas en orden de importancia. Luego comparen sus listas. Cuando no estén de acuerdo, explíquense su punto de vista.

MODELO: E1: *Quiero un trabajo que sea interesante porque no quiero estar aburrido/a.*
E2: *Bueno, para mí el sueldo es lo más importante. Si gano suficiente, me divierto cuando no estoy trabajando.*

_____ un trabajo interesante   _____ la oportunidad de aprender más

_____ el sueldo   _____ las responsabilidades

_____ la seguridad   _____ los compañeros

_____ el/la jefe/a   _____ el horario de trabajo

_____ el seguro médico   _____ el número de días de vacaciones

_____ la independencia en el trabajo   _____ trabajar a comisión

_____ trabajar a sueldo fijo   _____ el número de empleados

2 11-7 Ahora eres el/la jefe/a de personal. Escribe un aviso para el periódico para anunciar un puesto en tu compañía. Luego, muéstraselo a un/a compañero/a para ver si quiere solicitar el trabajo, y por qué.

G 11-8 Diez preguntas. Formen dos equipos para este juego. Cada grupo escribe una profesión, un oficio o un cargo en un papel y lo pone aparte. El otro grupo le hace preguntas que se pueden contestar con **sí** o **no** para adivinar la profesión, el oficio o el cargo. Si lo adivinan en la primera pregunta, reciben diez puntos, en la segunda, nueve puntos, etcétera. Con cada pregunta, pierden otro punto. Si no adivinan la profesión con la décima pregunta, no reciben ningún punto.

MODELO: E1: *¿Trabajas en un hospital?*
E2: *Sí, trabajo en un hospital. / No, no trabajo en un hospital.*

2 11-9 En la oficina de empleo. Imagínense que uno/a de ustedes es consejero/a en una oficina de empleo. El/La otro/a es un/a cliente/a que busca trabajo. Representen una escena en que incluyan la información a continuación.

MODELO: CONSEJERO/A: *¿Qué tipo de trabajo le interesa?*
CLIENTE/A: *Soy cocinero/a. Me interesa trabajar en un restaurante italiano.*
CONSEJERO/A: *¿Por qué?*
CLIENTE/A: *Porque me encanta la comida italiana y sé preparar salsas muy buenas.*

1. su nombre, sus estudios, sus intereses
2. si tiene trabajo ahora
3. el sueldo que busca
4. si quiere trabajar a comisión
5. el horario de trabajo que prefiere
6. si tiene coche/carro

¡Así lo hacemos! Estructuras

1. The subjunctive with impersonal expressions

Es importante que estudies para ser médico.

◼ The subjunctive is used in noun clauses after impersonal expressions of necessity, doubt, frequency, probability, denial, opinion, pity, and uncertainty when the dependent clause has an expressed subject.

Es bueno	*It's good*	**Es indispensable**	*It's indispensable*
Es común	*It's common*	**Es (una) lástima**	*It's a pity*
Es difícil	*It's difficult*	**Es malo**	*It's bad*
Es dudoso	*It's doubtful*	**Es mejor**	*It's better*
Es extraño	*It's strange*	**Es necesario**	*It's necessary*
Es fácil	*It's easy*	**Es posible**	*It's possible*
Es importante	*It's important*	**Es preciso**	*It's essential*
Es imposible	*It's impossible*	**Es probable**	*It's probable*
Es increíble	*It's incredible*	**Es urgente**	*It's urgent*

> **Es importante** que ustedes **recomienden** a la aspirante.
> *It is important that you recommend the applicant.*
>
> **Es imposible** que el jefe **ascienda** al secretario.
> *It is impossible for the boss to promote the secretary.*

◼ The indicative is used when the impersonal expression conveys certainty or conviction on the part of the speaker. Some common impersonal expressions of certainty are:

Es verdad	*It's true*	**Es seguro**	*It's certain*
Es cierto	*It's true*	**Es obvio**	*It's obvious*
Es evidente	*It's evident*	**No es dudoso**	*It's not doubtful*

> **Es verdad** que Carlota **es** muy honrada.
> *It's true that Carlota is very honest.*
>
> **Es evidente** que el jefe no **está** aquí.
> *It's evident that the boss is not here.*
>
> **Es seguro** que el electricista **viene** a reparar el problema.
> *It's certain that the electrician is coming to repair the problem.*

◼ Use the infinitive with impersonal expressions when there is no expressed subject in the dependent clause.

> **Es difícil conseguir** trabajo.
> *It's hard to get work.*
>
> **Es necesario apagar** el fuego.
> *It's necessary to extinguish the fire.*

Aplicación

11-10 Jorge Luis Borges y el Comité Nóbel. Lee el discurso sobre los méritos de este autor argentino y subraya todas las expresiones impersonales. Luego explica por qué se usa el subjuntivo o el indicativo con cada expresión.

Miembros del Comité Nóbel:

Estamos aquí hoy para hablar sobre los méritos del gran poeta y cuentista Jorge Luis Borges. Es verdad que es uno de los autores más importantes del mundo. Es cierto que se leen sus obras no sólo en español, sino también en muchos otros idiomas. Pero, es dudoso que él reciba el honor de este comité que tanto merece. ¿Por qué año tras año ignoramos a esta figura? Es posible que haya otros autores este año que debemos considerar. Es fácil decir que podemos esperar otro año para premiar a Borges. Pero es preciso que lo honremos antes de su muerte. Por eso, colegas, insisto en que lo consideremos seriamente este año. No queremos esperar más. Su salud no es buena. Les repito que es urgente que este año reciba el Premio Nóbel. Gracias por su atención.

11-11 Más sobre Jorge Luis Borges. Además de ser autor, Borges era bibliotecario. Su pasión eran los libros. Desafortunadamente, cuando era mayor, también estaba ciego (*blind*). Completa estas frases para expresar tu opinión sobre su condición.

MODELO: Es probable *que Borges necesite mucha ayuda.*

1. Es una lástima...
2. Es cierto...
3. Es necesario...
4. Es posible...

11-12 Algunos consejos en el trabajo. Aquí tienes algunos consejos de un/a amigo/a para encontrar un empleo. Completa cada oración con el infinitivo o el subjuntivo del verbo entre paréntesis.

Es probable que (1. ir. nosotros) ——————— a ser candidatos al puesto. Primero, es importante (2. vestirse) ——————— elegantemente. Es mejor (3. llegar) ——————— temprano a la entrevista. Es una lástima que no (4. haber) ——————— más de un solo puesto. Antes de la entrevista, es preciso que (5. hablar) ——————— con la secretaria, es buena amiga y nos puede ayudar. Es imposible que Juan Antonio (6. conseguir) ——————— el puesto porque es muy irresponsable. No es fácil (7. poder) ——————— impresionar al director. Es extraño que Julita no (8. estar) ——————— interesada en entrevistarse para este trabajo; ella es muy capaz. Es obvio que uno de nosotros (9. ser)——————— perfecto para este trabajo. Es mejor que me lo (10. dar. ellos) ——————— a mí, y no a ti, ¿verdad?

11-13 En el despacho (*office*) de la directora de personal. Completa la siguiente conversación con las formas correctas del subjuntivo de los verbos de la lista.

completar	contratar	hablar	saber	volver
conocer	dar	ir	tener	

Ligia Gómez: Buenos días. Soy Ligia Gómez y vengo a solicitar el puesto de programadora.

Sra. Méndez: Mucho gusto. Soy la señora Méndez, la directora de personal. Bueno, es importante que usted (1)——————— esta solicitud de empleo. ¿Es verdad que usted (2)——————— experiencia de trabajo con computadoras?

Ligia Gómez: Sí, usted va a notar en mi currículum vitae que es evidente que (3)——————— mucho de informática. Tengo cuatro años de estudios universitarios, y cuatro más en un banco internacional. Es posible que usted (4)——————— a mi antiguo jefe, el señor Martínez.

Sra. Méndez: Sí, lo conozco bien. Es importante que yo (5)——————— con él sobre sus calificaciones. Es mejor que usted (6)——————— mañana. Es probable que nosotros la (7)———————.

Ligia Gómez: Es magnífico que ustedes me (8)——————— una oportunidad en su empresa. ¡Muchísimas gracias!

Sra. Méndez: ¡No hay de qué! Es seguro que el puesto le (9)——————— a gustar.

11-14 Tus opiniones. Combina elementos de cada columna para formar diez oraciones en español. Usa el subjuntivo o el indicativo según la expresión impersonal.

MODELO: Es probable/que/el plomero/ganar...
Es probable que el plomero gane más que yo.

Es bueno	los plomeros	curar...
Es cierto	el dentista	tratar de...
Es increíble	el enfermero	saber...
Es mejor **que**	la arquitecta	ser...
Es urgente	los secretarios	reparar...
Es dudoso	el mecánico	diseñar...
Es triste	los médicos	escribir...
Es preciso	el/la consejero/a	buscar...
¿...?	el cartero	conseguir...
	el veterinario	ganar...
	nosotros/as	trabajar...
	¿...?	

11-15 Tu opinión. Túrnense para expresar sus opiniones sobre el mercado de trabajo y sus oportunidades. Usen expresiones impersonales para expresar sus opiniones y respondan de una manera apropiada.

MODELO: E1: *Es importante que yo busque trabajo.*
E2: *Es verdad que tienes que trabajar.*

11-16A Consejo. Túrnense para contar sus problemas y darse consejos usando expresiones impersonales.

MODELO: un/a amigo/a enojado/a
E1: *Mi amigo/a está enojado/a conmigo.*
E2: *Es indispensable que lo/la llames y que ustedes hablen del problema.*

POSIBLES PROBLEMAS

padres exigentes	un carro viejo
una entrevista importante	un problema con su novio/a o esposo/a
un/a profesor/a difícil	¿...?

¿Cuánto sabes tú? *Can you...*

☐ describe different kinds of professions and jobs by saying what people do?

☐ talk about the advantages of different professions and jobs?

☐ persuade others or express an opinion using impersonal expressions such as **Es importante que...** and **Es dudoso que...**?

Los empleos y las relaciones personales

11-17 En tu experiencia. Contesta las siguientes preguntas dando tu opinión.

1. ¿Tienes un trabajo en este momento?
2. ¿Qué hiciste para conseguirlo?
3. ¿Fue importante para ti conocer a alguien importante en la empresa para conseguir tu puesto?
4. En tu opinión, ¿son más importantes las relaciones personales que la experiencia en el trabajo?

Las relaciones personales son muchas veces la clave (*key*) para obtener un puesto en los países hispanos. Éste es un factor más importante en el mundo hispano que en los EE.UU. o el Canadá, donde es mucho más frecuente obtener un puesto a través de agencias de empleos o de anuncios clasificados.

Para obtener un trabajo, los hispanos típicamente acuden (*turn to*) a sus familiares o a sus amigos íntimos cuando saben que uno de ellos los puede ayudar. Los amigos íntimos o familiares se ayudan porque es parte de la ética (*ethics*) de la familia hispana, y a los amigos íntimos se los considera parte de la familia. Es costumbre que las personas que ocupan puestos importantes ayuden a los jóvenes que están dentro de su círculo de amistades. Una vez que los jóvenes hayan obtenido sus puestos y estén establecidos, estos jóvenes van a tener que pagar el favor haciendo algo similar por otros miembros de la familia.

❷ 11-18 En tu opinión. Conversen entre ustedes sobre los requisitos para estas profesiones y oficios. Pueden incluir requisitos personales y formales.

MODELO: veterinario
  E1: *Para ser veterinario se requieren cuatro años en ciencias y cuatro años en la escuela de medicina veterinaria.*
  E2: *Además, debes querer trabajar con los animales. Y si son animales grandes, como los caballos, tienes que ser bien fuerte.*

1. trabajador/a social
2. pediatra
3. maestro/a
4. ingeniero/a eléctrico/a
5. plomero/a
6. bombero/a
7. analista de sistemas
8. psiquiatra

¡Así es la vida!

En busca de empleo

Isabel Urquiza Duarte es una chica uruguaya que acaba de graduarse de la universidad. Ahora está leyendo los avisos clasificados porque quiere conseguir un puesto como analista programadora.

La carta de Isabel

Después de leer los avisos clasificados, Isabel escribe la siguiente carta.

La entrevista

Isabel llega al despacho de la señora Posada para una entrevista.

Sra. Posada: Pase, señorita. Siéntese, por favor.

Isabel: Muchas gracias.

Sra. Posada: Acabo de examinar su expediente. Para nosotros es importante que tenga experiencia en contabilidad. Sus recomendaciones son excelentes.

Isabel: Muchas gracias.

Sra. Posada: Dígame, ¿por qué quiere trabajar en nuestra empresa?

Isabel: Porque todo el mundo dice que es una gran empresa y que ustedes realmente se interesan por el bienestar de sus empleados.

Sra. Posada: Muy bien. Me gusta su respuesta. Antes de que se vaya voy a presentarle al jefe de personal. Si le ofrecemos el puesto, ¿cuándo puede comenzar a trabajar?

Isabel: Inmediatamente, pero primero deseo saber cuál es el sueldo.

Sra. Posada: El sueldo es de cincuenta mil pesos al mes. ¿Qué le parece?

Isabel: Me parece bien.

Sra. Posada: ¡Enhorabuena! (*Congratulations!*) ¡El puesto es suyo!

20 de julio de 2005

Sra. Jimena Galtieri de Posada, Gerente
Centro de Cómputo, S.A.
Apartado Postal 2225
Montevideo, Uruguay

Estimada señora:

La presente es para solicitar el puesto de analista programadora que anunció su empresa en *La Nación*. Me gradué de la Universidad de la República de Uruguay con especialización en informática y contabilidad. También tengo tres años de experiencia práctica.

Soy bilingüe y me considero una persona entusiasta, responsable y trabajadora. Adjunto mi currículum vitae.

Atentamente,

Isabel Urquiza Duarte
Isabel Urquiza Duarte

Anexo

Dígame, ¿por qué le interesa trabajar en nuestra empresa?

¡Así lo decimos! Vocabulario

La búsqueda de empleo

el despacho   la empresa   Energía Uruguaya   la aspirante

el contrato   EL CONTRATO

el expediente   EL FORMULARIO

el formulario

LA VACANTE

la vacante

LA SOLICITUD DE EMPLEO

la solicitud de empleo

LA RECOMENDACIÓN

la recomendación

Los beneficios

el aumento	*raise*
la bonificación anual	*yearly bonus*
el plan de retiro	*retirement plan*
el seguro médico	*health insurance*

Verbos

acabar de (+ *infinitive*)	*to have just (done something)*
ascender (ie)	*to promote, to move up*
contratar	*to hire*
dejar	*to quit*
despedir (i, i)	*to fire*
jubilarse, retirarse	*to retire*
rellenar[1]	*to fill completely; to fill out*

Adjetivos

capaz	*capable*
entusiasta	*enthusiastic*
honrado/a, honesto/a	*honest*
justo/a	*just*

La carta comercial

Saludos	*Salutations, greetings*
Estimado/a señor/a:	*Dear Sir/Madam:*
Muy señora nuestra:	*Dear Madam:*
Muy señores míos:	*Dear Sirs:*
Despedidas	*Closings*
Atentamente,	*Sincerely yours,*
Cordialmente,	*Cordially yours,*
Lo(s)/La(s) saluda atentamente,	*Very truly yours,*

---

[1]Also: **completar, llenar** *to fill out*

Aplicación

11-19 La solicitud de Isabel. Contesta las preguntas basadas en la solicitud de Isabel.

1. ¿Qué experiencia tiene?
2. ¿Cuáles son sus calificaciones académicas?
3. ¿Por qué le interesa esa empresa?
4. ¿Crees que es una buena aspirante? ¿Por qué?
5. Le ofrece un salario de 50.000 pesos por mes. ¿Te parece un sueldo justo? ($1.00 = 26 pesos uruguayos)

11-20 En busca de empleo. Empareja las definiciones con la expresión más lógica.

MODELO: Tienes que rellenar este formulario.
          la solicitud de empleo

1. _____ Tu último jefe escribió excelentes comentarios.
2. _____ Rellenas tu solicitud de empleo y hablas con el jefe de personal en este lugar.
3. _____ Firmas este documento. Los términos son por un año, pero el documento es renovable.
4. _____ Incluyes los nombres y números de teléfono de personas que te van a recomendar favorablemente.
5. _____ Este beneficio es importante si tienes hijos pequeños.
6. _____ Esta persona necesita buenas calificaciones, ser honrada y entusiasta.
7. _____ Después de trabajar bien por unos años en una empresa, tu sueldo cambia.
8. _____ Debes indicar todas las cosas que sabes hacer y que son pertinentes al puesto que buscas.

a. la referencia
b. el seguro médico
c. el contrato
d. la oficina de empleo
e. las calificaciones
f. el aumento
g. la recomendación
h. el/la aspirante

11-21 ¿En qué orden? Indica el orden en que completas estos pasos para conseguir un puesto.

_____ llamar para hacer una cita con el/la jefe de personal

_____ volver a casa y esperar una llamada

_____ leer los avisos en el periódico

_____ rellenar la solicitud

_____ ir al despacho de personal

_____ hacer preguntas sobre los beneficios del trabajo

_____ tener la entrevista

_____ contestar las preguntas sobre mi formación y experiencia

_____ vestirme bien

_____ preguntar sobre el sueldo

11-22 Un nuevo puesto. Completa la narración de Raúl en la que nos cuenta lo que le pasó. Usa la forma correcta de palabras y expresiones de **¡Así es la vida!**

Yo (1)_____ mi puesto el año pasado porque me pagaban poco. Fui a una (2)_____ a buscar trabajo. El profesor Blanco me permitió usar su nombre como una de mis referencias. El consejero me dijo que había una (3)_____ en *Grimaldi*. Esa empresa tiene un buen (4)_____ de retiro. Decidí enviar mi *currículum vitae*, junto con una (5)_____. Dos semanas después firmé un (6)_____ con la empresa. Decidí trabajar bien porque no quiero que me (7)_____ del trabajo. Ayer recibí un (8)_____ de sueldo porque soy muy (9)_____ y capaz. Mis compañeros me dijeron: ¡Enhorabuena!

AUDIO **11-23 La solicitud de empleo.** Imagínate que trabajas en una agencia de empleos y Alejandra es una clienta. Escucha a Alejandra mientras explica su formación y experiencia. Luego completa su solicitud de trabajo. Puedes escucharla más de una vez, si quieres. ¡Ojo! Alejandra no da toda la información necesaria.

Solicitud de empleo

Fecha: _____

Información personal

Apellidos: _____

Dirección: _____

Fecha de nacimiento: _____

Referido por: _____

Nombre: _____

Teléfono: _____

Empleo deseado

Puesto: _____

¿Actualmente empleado/a? _____

¿Permiso para ponernos en contacto con jefe actual? _____

Fecha de comienzo: _____

Sueldo deseado: _____

Educación

Nombre de la institución

Primaria: _____

Secundaria: _____

Universidad: _____

Idiomas: _____

Lugar

_____

_____

_____

_____

Empleos anteriores

Fechas   Compañía   Puesto   Sueldo   Jefe

_____

_____

Otras habilidades: _____

Referencias

Nombre

_____

_____

_____

Teléfono

2 **11-24 Una llamada por teléfono.** Escriban por lo menos cinco preguntas que les gustaría (*you would like*) hacerle a un/a jefe/a de personal, luego túrnense para hacer y responder las preguntas.

MODELO: *Buenos días. Soy... ¿Tiene usted vacantes en...?*

WWW **11-25 ¿A qué empresa deseas solicitar?** Conéctate con la página electrónica de *¡Arriba!* (**www.prenhall.com/arriba**) para ver una selección de empresas argentinas. Elige una que te interese y contesta estas preguntas sobre tu selección.

1. ¿Cómo se llama la empresa?
2. ¿Dónde tiene su sede (*head office*)?
3. ¿Qué vende o produce?
4. ¿Por qué te parece interesante?
5. ¿Hay información para solicitar un puesto?

11-26 Una carta de recomendación. Escribe una carta de recomendación para una persona que conoces. Incluye tu relación con la persona, sus cualidades y tu evaluación de su futuro en el trabajo.

MODELO:

---

9 de agosto de 2004
Vancouver, B.C.

A quién le pueda interesar:

Asunto: *Eduardo Mazuecos Villar*
El señor Mazuecos es un empleado en esta oficina
donde trabaja como asistente del
director de personal. Es una persona muy
entusiasta y honrada, trabaja bien con los otros
empleados y . . .

Atentamente,
Ana María del Val
Supervisora,
Editorial Pilar

---

2 **11-27 Ensayar (*rehearse*) la entrevista.** Representen el/la aspirante y el/la jefe/a de personal para dramatizar una búsqueda de empleo.

MODELO: E1: *Buenas tardes. Soy... Quiero solicitar el puesto de...*
E2: *Sí, señor/ita. ¿Qué experiencia tiene usted?*

AB **11-28A La despedida.** Eres el/la director/a de la sección de finanzas de tu empresa. Encuentras que hay una discrepancia en las cuentas y sospechas (*suspect*) que uno/a de tus empleados no fue honrado/a. Explícale tus sospechas y despídelo/la con dos semanas de sueldo.

¡Así lo hacemos! Estructuras

2. Formal commands

We use commands to give instructions or to ask people to do things. In Spanish, commands have different forms to distinguish between formal (**usted/ustedes**) and informal (**tú/vosotros**) address. **Formal commands** use the subjunctive, with the implied meaning that the speaker is trying to influence the listener to do something.

¿Sabes por qué pide el cartel que "COMPRE Y TRABAJE"?

Infinitive	Subjunctive	Formal commands	
		Ud.	**Uds.**
hablar	hable	hable	hablen
pensar	piense	piense	piensen
comer	coma	coma	coman
saber	sepa	sepa	sepan
escribir	escriba	escriba	escriban
ir	vaya	vaya	vayan
pedir	pida	pida	pidan

Hable con su consejero.	*Speak to your advisor.*
Despida a ese empleado, Sr. Ruiz.	*Fire that employee, Mr. Ruiz.*
Salgan pronto de la oficina.	*Leave the office quickly.*
Piensen antes de hablar.	*Think before speaking.*

■ Negative commands are formed by placing **no** in front of the command form.

No llegue tarde.	*Don't arrive late.*
No asciendan a todos los empleados.	*Don't promote all of the employees.*

■ Subject pronouns may be used with commands for emphasis or clarification. As a rule, they are placed after the verb.

Piense **usted.**	*You think.*
No griten **ustedes** en el trabajo.	*Don't **you** shout at work.*

■ Object pronouns are attached to affirmative commands and precede negative commands. Affirmative commands with pronouns attached require a written accent.

¡**Váyase** de aquí!	*Leave here!*
Tráiganmelo, por favor.	*Bring it to me, please.*
No se levante, señorita.	*Don't get up, Miss.*
No se lo den al jefe.	*Don't give it to the boss.*

Aplicación

11-29 Un viaje a las cataratas de Iguazú. El año pasado, Daniela visitó las cataratas. Ahora les recomienda a sus padres que también las visiten. Lee sus recomendaciones y subraya todos los mandatos formales.

Papá y mamá, tienen que visitar las cataratas de Iguazú. Vayan primero a Buenos Aires y desde allí tomen un vuelo a Foz Iguazú en Brasil. Hagan una reserva en el hotel Das Cataratas. Pidan una habitación doble con vista a las cataratas. Si van en invierno (julio–agosto), no se olviden de llevar ropa de abrigo porque hace frío. Y lleven también una sombrilla porque hay mucha bruma (*mist*). En el hotel, coman en el restaurante, que es estupendo. Al día siguiente, hagan una gira en bicicleta. Los guías los van a llevar en minibús a la Argentina. En el parque del lado argentino, alquilen bicicletas y paseen por los bosques tropicales del parque. Vean las cataratas y también la linda flora y fauna, por ejemplo, los tucanes con sus picos grandes. De regreso al hotel, pasen por el lado paraguayo. Allí tienen una zona franca donde pueden comprar todo tipo de artículos sin tener que pagar impuestos. Finalmente, saquen muchas fotos y regresen sanos y salvos a casa.

11-30 ¿Qué desea Daniela? Escribe una lista de seis órdenes que les da a sus padres. Usa el subjuntivo con verbos de voluntad.

MODELO: *Desea que sus padres vayan primero a Buenos Aires.*

11-31 Prohibido fumar. Es común ver anuncios con mandatos que usan el infinitivo en vez del subjuntivo. Primero, empareja el mandato con su lugar; luego, escribe un mandato formal.

¿Por qué fue necesario poner este aviso en la puerta de un garaje?

MODELO: prohibido fumar
en un teatro: ¡No fume!

1. _____ prohibido estacionar (*to park*)
2. _____ prohibido pisar la hierba
   (*to step on the grass*)
3. _____ prohibido traer comida o bebida
4. _____ prohibido hablar alto
5. _____ no tocar música después de la
   medianoche
6. _____ prohibido tomar bebidas alcohólicas
7. _____ prohibido salir después de las once
   de la noche
8. _____ prohibido tocar (*to touch*)
9. _____ prohibido entrar después de
   empezar la función

a. en un restaurante elegante
b. en un museo
c. en una residencia estudiantil
d. en un teatro
e. en un parque
f. enfrente de una estación
   de policía
g. en una casa de
   apartamentos
h. en una iglesia
i. en un coche

G 11-32 Consejos para una entrevista. En grupos de tres, túrnense para darse consejos y prepararse para una entrevista. Usen los mandatos de **ustedes.**

MODELO: no llevar vaqueros
No lleven vaqueros.

1. no hacer preguntas personales al/a la entrevistador/a
2. quitarse el sombrero
3. dar la mano
4. hablar con confianza
5. mantenerse alertos/as
6. estar preparados/as
7. mostrar interés en el puesto
8. no pedir demasiado dinero

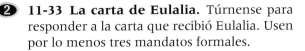

11-33 La carta de Eulalia. Túrnense para responder a la carta que recibió Eulalia. Usen por lo menos tres mandatos formales.

11-34 Una carta tuya. Ahora escríbele una carta a Eulalia. Explícale tu situación y pídele consejo. Luego, cambia tu carta con la de un/a compañero/a para contestarla. Incluye lo siguiente:

el lugar y la fecha

el saludo

el problema

el consejo que pides

la despedida

la firma

El Salvador, 2 de noviembre de 2005

Estimada Eulalia:

¡Necesito su ayuda! Acabo de dejar mi puesto como viajante porque no me gusta pasar tanto tiempo en el camino. Tengo título en administración de empresas y dos años de experiencia vendiendo productos para limpiar la casa, como detergentes y jabones. Soy una persona sociable. Me gusta conocer a gente nueva y ayudarla. Pero no sé que tipo de trabajo buscar. Por favor, Eulalia, aconséjeme sobre lo que debo hacer.

Un saludo cordial de,

—Manolo

3. The subjunctive and the indicative with adverbial conjunctions

Conjunciones que siempre requieren el subjuntivo

- Certain conjunctions are always followed by the subjunctive when they introduce a dependent clause because they express purpose, intent, condition, or anticipation. The use of these conjunctions presupposes that the action described in the dependent clause is uncertain or has not yet taken place. The following are some of these conjunctions.

a fin de que	*in order that*	**en caso de que**	*in case*
a menos (de) que	*unless*	**para que**	*in order that, so that*
antes (de) que	*before*	**sin que**	*without*
con tal (de) que	*provided (that)*		

Déle la recomendación **para que** la **lea.**	*Give him the recommendation so that he reads it.*
Carmen no va a aceptar el trabajo **a menos que** le **suban** el sueldo.	*Carmen is not going to accept the job unless they raise the salary.*
No me enojo **con tal que** el jefe me **dé** una bonificación.	*I will not get angry provided that the boss gives me a bonus.*
Lleve la evaluación **en caso** que la **necesitemos.**	*Take the evaluation in case we need it.*
Le recomiendo que visite la planta nuclear **antes de que** la **cierren.**	*I recommend that you visit the nuclear plant before they close it.*

Conjunciones que siempre requieren el indicativo

■ A few conjunctions always use the indicative because they convey that the action in the subordinate clause is within our experience.

ahora que / ya que	*now that*
desde que	*since*
porque	*because*

Srta. Martínez, le ofrezco el trabajo **ahora que** la **necesito.**

El plan de retiro es más atractivo **desde que incluimos** más incentivos.

El jefe le dio el trabajo a Pedro **porque** ló **impresionó** mucho.

Miss Martínez, I'm offering you the job now that I need you.

The retirement plan is more attractive since we included more incentives.

The boss gave the job to Pedro because he impressed him a lot.

Conjunciones que se usan con el subjuntivo y el indicativo

Llámanos tan pronto como llegues.

■ The subjunctive is used after some conjunctions that introduce time clauses referring to an action that has not yet taken place. Since the action has yet to take place, we cannot speak with certainty about it. The main clause may be in the future tense, the present indicative (with future meaning), or the imperative (direct command).

cuando	*when*
después (de) que	*after*
donde	*where*
en cuanto	*as soon as*
hasta que	*until*
luego que	*as soon as*
mientras que	*as long as*
tan pronto como	*as soon as*

José, hable con el gerente **cuando llegue** a la oficina.

Le voy a explicar el plan de retiro **en cuanto llene** la solicitud de empleo.

No puedo hacer nada **mientras que no me den** la respuesta.

No van a hablar con el empleado problemático **hasta que se vaya.**

Cuando la supervisora **se jubile,** se va a sentir mejor.

José, talk to the manager when he arrives at the office.

I'm going to explain to you the retirement plan as soon as you fill out the job application.

I can't do anything as long as they don't give me the answer.

They won't talk to the problematic employee until he leaves.

When the supervisor retires, she's going to feel better.

■ However, if the action referred to in the time clause is habitual or has already taken place, the present or past indicative is used after these conjunctions because we can speak with certainty about things that have already occurred or that occur regularly.

Ana pregunta por el seguro médico **cuando tiene** una entrevista.	*Ana asks about the medical insurance whenever she has an interview.* (habit)
Isabel pidió un aumento **en cuanto** el jefe le **dio** la oportunidad.	*Isabel asked for a raise as soon as the boss gave her the opportunity.* (past)
Nunca despido a nadie **mientras que se lleva** bien con los otros empleados.	*I never fire anybody as long as he/she gets along with the other employees.* (habit)
Hablaron con la candidata **hasta que se fue.**	*They talked with the candidate until she left.* (past)
Cuando voy a la agencia de empleo, me atienden enseguida.	*When I go to the employment agency, they wait on me right away.* (habit)

■ When there is no change in subject, the following prepositions are used with the infinitive: **antes de, después de, para,** and **sin.**

Van a comprar un teléfono móvil **después de hablar** con el dependiente.	*They are going to buy a cellular phone after talking to the clerk.*
No puedes preparar un contrato **sin usar** una computadora.	*You can't prepare a contract without using a computer.*
Trabajo mucho en la empresa **para ascender** rápido.	*I work a lot at the firm in order to move up quickly.*

Aunque

¡Voy a aprender a usar este programa aunque tarde un año!

■ The conjunction **aunque** (*although, even though, even if*) is followed by the subjunctive when the speaker wishes to convey uncertainty. If the speaker wants to express certainty or refer to a completed event, the indicative is used.

Subjunctive

Aunque haga todo bien, no va a ascender fácilmente.	*Even though she may do everything right, she's not going to be promoted easily.* (uncertainty)
Aunque no la **necesites,** compra la impresora.	*Even though you may not need it, buy the printer.* (uncertainty)

Indicative

Aunque hay poco trabajo, no me molesta.	*Although there's a little work, it doesn't bother me.* (certainty)
Miraste los avisos clasificados, **aunque tenías** un buen empleo.	*You looked at the classified ads even though you had a good job.* (certainty)

Aplicación

11-35 El gaucho. El gaucho es una figura popular que se asocia con las pampas argentinas y uruguayas. Lee la descripción de su vida diaria y subraya todas las conjunciones subordinadas. Identifica si se usa el subjuntivo, el indicativo o el infinitivo y explica por qué.

Soy Juan Ramón Soldado y soy "gaucho" de profesión. Todos los días, antes de que salga el sol, me levanto, me visto y preparo mi yerba mate. Caliento el agua hasta que está por hervir. Luego se la echo a una calabaza (*gourd*) con la yerba mate. Machaco (*I mash*) las hojas (*leaves*) en el agua caliente hasta que está lista. Es una bebida sabrosa y saludable (y además, ¡tiene mucha cafeína!). Después de tomar el mate, le doy agua y heno (*hay*) a Diablo, mi caballo. En la estancia (el rancho) donde trabajo, tenemos cinco mil ovejas (*sheep*) y hoy es el día para llevarlas al mercado. Le pongo la silla a mi caballo y la ajusto para que esté cómodo. Lo subo y me dirijo hacia las pampas donde encuentro las ovejas. Aunque puedo agarrar (*grab*) muchas de ellas, es imposible atraparlas a todas. Pero al final del día, mis compañeros y yo preparamos una parrillada (una barbacoa) y nos acostamos temprano a fin de que al día siguiente podamos levantarnos de nuevo antes del amanecer y volver a nuestro trabajo.

11-36 ¿Cuándo? ¿Qué? ¿Por qué? Vuelve a leer el párrafo sobre el gaucho y contesta las preguntas que siguen.

1. ¿Cuándo se levanta Juan Ramón?
2. ¿Qué hace primero? ¿Qué hace después?
3. ¿Qué necesita para preparar su yerba mate?
4. ¿Por qué le gusta tomar yerba mate?
5. ¿Cómo es la estancia donde trabaja?
6. ¿Cómo es su trabajo?
7. ¿Qué hace al final del día?

11-37 En la oficina de Mundiplásticos. El director de una compañía que fabrica artículos de plástico espera piratear a algunos ingenieros de una empresa rival. Elige la conjunción más lógica de las que están entre paréntesis.

Hoy es 17 de mayo, y (1. aunque/sin que) no sé cómo voy a hacerlo, mi plan es piratear a cinco ingenieros de la empresa Plásticos, S.A. (2. para que/tan pronto como) pueda. He estudiado todos los documentos (3. para/sin) entender bien su organización. Quiero hablar con todos los empleados (4. en cuanto/a menos que) me lo impidan. Quiero invitarlos a mi fábrica (5. a fin de que/cuando) vean las máquinas modernas. ¡Estoy decidido! Voy a aumentar el número de empleados de mi empresa (6. aunque/cuando) me cueste una fortuna.

11-38 En la oficina de empleo. Aquí tienes algunos consejos de la directora de empleo. Complétalos con la forma correcta del verbo entre paréntesis.

1. Te voy a enseñar los anuncios para que (tú: ver) —————— los nuevos empleos que publicamos hoy.
2. Ayer recibimos anuncios nuevos después de que tú (salir) —————— de la oficina.
3. Voy a obtenerte una entrevista tan pronto como (yo: hablar) ——————con el jefe de personal.
4. Debes hacer copias de tu currículum vitae antes de (ir) —————— a la entrevista.
5. Vamos a ensayar (*practice*) tu entrevista para que (tú: sentirse) —————— cómodo/a.
6. Aunque te (costar) —————— más, debes ir a la entrevista en taxi en vez de en autobús.
7. Vas a conocer a la supervisora cuando te (ellos: enseñar) —————— la línea de producción.
8. Vas a tener éxito porque (tener) —————— buena preparación y mucha experiencia.

11-39 ¿Cuándo vas a...? Túrnense para entrevistarse sobre sus planes para el futuro.

MODELO: E1: *¿Cuándo vas a casarte?* (cuando)
E2: *Voy a casarme cuando tenga un trabajo decente.*

1. ¿Cuándo vas a terminar tus estudios? (tan pronto como)
2. ¿Cuándo vas a buscar trabajo? (después de que)
3. ¿Hasta cuando vas a estudiar español? (hasta que)
4. ¿Cuándo vas a escribir tu currículo? (en cuanto)
5. ¿Cuándo vas a visitar la Argentina y el Uruguay? (luego que)
6. ¿Cuándo vas a tomar yerba mate? (aunque)

11-40A Preguntas indiscretas. Túrnense para hacer y contestar preguntas indiscretas. Usen el subjuntivo o el indicativo cuando sea necesario.

MODELO: E1: *¿Cuándo vas a encontrar trabajo?*
E2: *Voy a encontrar trabajo después de terminar mis estudios.*

cuando
aunque
hasta (que)
tan pronto como
después de (que)
donde

1. ¿Cuándo vas a ser rico?
2. ¿Dónde vas a encontrar trabajo?
3. ¿Hasta cuando vas a estudiar?
4. ¿Cuándo vas a escribir tu currículo?

11-41 Excusas. Escríbanse un mensaje por correo electrónico en el que se expliquen cuándo van a cumplir sus obligaciones. Usen expresiones como **después de que, tan pronto como, hasta que, en cuanto, mientras que** y **aunque.** Luego, contesten el mensaje que reciban.

MODELO: *Querido Miguel:*
Te prometo que voy a terminar el trabajo para la clase de español en cuanto...

11-42 Estoy decidido/a. Escriban individualmente cinco resoluciones que tienen para el resto de este año. Luego, comparen sus oraciones para ver qué tienen en común. Empiecen la cláusula subordinada con **aunque.**

MODELO. Este año voy a... aunque...
Este año voy a escribirles cartas a mis padres aunque no quiera hacerlo.

¿Cuánto sabes tú? *Can you...*

☐ get information from the want ads?

☐ write a brief business letter?

☐ interview for a job?

☐ give and follow instructions and commands?

☐ recognize when to use the subjunctive or indicative after conjunctions such as **cuando** and **para que**?

VIDEO ## Toño Villamil y otras mentiras Episodio 11

❷ **11-43 El pluriempleo.** Es muy común que la gente tenga más de un empleo para poder ganarse la vida. Lee la autodescripción del gerente del hotel de Malinalco y escribe tres preguntas para él. Luego, hazle las preguntas a un/a compañero/a y contesta las de él/ella.

Hola, soy Javier Maldonado y soy gerente del hotel *El asoleadoro* en Malinalco. El hotel es de mi familia; mi esposa y yo somos los administradores. Esto significa que lo hacemos todo. Además de supervisar a los otros empleados, soy el carpintero y el electricista. Mi esposa trabaja en la recepción, y también limpia las habitaciones y prepara el desayuno para los huéspedes. Ella también es la contadora y mantiene las cuentas. Es una vida dura porque trabajamos muchas horas todos los días, y cuando hay un problema, tenemos que resolverlo. Para nosotros, dar un buen servicio es lo primero. Por eso, es preciso que tratemos a todos nuestros clientes con respeto y les ayudemos con sus necesidades.

1. _____

2. _____

3. _____

11-44 ¿Comprendes? Mira el Episodio 11 de *Toño Villamil y otras mentiras* donde vas a ver a Lucía pedirle consejos al gerente del hotel. Ten en mente estas preguntas mientras ves el episodio y completa lógicamente las frases siguientes.

1. Según lo que lleva en su maleta, Lucía puede ser...
   a. viajante.
   b. médico.
   c. mujer mecánico.

2. Para bajar la temperatura, Lucía recomienda que Isabel...
   a. se bañe con agua fría.
   b. tome dos aspirinas y descanse.
   c. ponga el aire acondicionado.

3. Lucía llama a la recepción, pero...
   a. no funciona el teléfono.
   b. está ocupada la línea.
   c. no contesta nadie.

4. En el pueblo de Malinalco...
   a. hay un sólo médico.
   b. no hay ningún médico calificado.
   c. el médico también trabaja como veterinario.

5. El recepcionista también trabaja...
   a. como electricista y carpintero.
   b. de noche.
   c. en el restaurante.

6. Es importante que Isabel tenga...
   a. tarjeta de crédito.
   b. cheques de viajero.
   c. seguro médico.

11-45 Es imposible. En este episodio, los personajes usan varias expresiones impersonales. Anota cuatro de ellas y escribe una frase original relacionada con el episodio.

MODELO: *Es importante que Lucía encuentre un médico.*

Panoramas

El virreinato de la Plata: La Argentina y el Uruguay

11-46 ¿Ya sabes...? Trata de identificar o explicar lo siguiente.

1. las capitales de la Argentina y el Uruguay
2. dónde trabajan los gauchos
3. el nombre de un escritor argentino
4. el deporte que apasiona a los uruguayos y a los argentinos
5. una bebida popular entre los uruguayos y los argentinos
6. el tiempo que hace en la Patagonia

PERÚ

La Argentina y el Uruguay tienen mucha variedad topográfica y climática: la Patagonia, los Andes, las pampas, los bosques, los ríos, las cataratas y las costas.

Bariloche, Patagonia, tiene bellas vistas que atraen a turistas y a aficionados a los deportes de todo el mundo.

CHILE

CORDILLERA DE LOS ANDES

OCÉANO PACÍFICO

N

Río

San C
de Ba

Río

El pico Aconcagua es el más alto de los Andes.

Tanto en el Uruguay como en la Argentina, el fútbol es una pasión nacional.

Las vastas regiones no pobladas contrastan con la cosmopolita ciudad de Buenos Aires. El tango, música y baile popular, se originó en las calles de Buenos Aires a fines del siglo XIX.

Punta del Este, Uruguay, es un lugar muy apreciado por los turistas que gozan del sol y de sus bellas playas.

El gaucho que vive en las pampas de la Argentina y el Uruguay lleva una vida que parece romántica, pero en verdad es solitaria. La producción de carne es sumamente importante en los dos países, y en la Argentina se consume más carne por persona que en cualquier otro país del mundo.

BOLIVIA

BRASIL

PARAGUAY

Salta

Formosa

Río Salado

Río Paraná

Río Uruguay

Córdoba

Salto

Melo

Rosario

URUGUAY

Buenos Aires

Montevideo

La Plata

Río de la Plata

ARGENTINA

uquén

Mar del Plata

Negro
los
oche

OCÉANO
ATLÁNTICO

ubut

Estrecho de
Magallanes

Islas
Malvinas

Tierra
del Fuego

Cabo de Hornos
Ushuaia

11-47 Para buscar. ¿Ahora puedes identificar...?

1. el país que produce y consume más carne del mundo
2. un atractivo del Uruguay
3. un lugar popular entre los aficionados de deportes de invierno
4. dónde se encuentran las pampas
5. un baile popular argentino
6. un deporte popular entre los argentinos y los uruguayos
7. un *cowboy* argentino o uruguayo
8. una ciudad argentina cosmopolita

G **11-48 Recomendaciones.** Háganles recomendaciones a personas que van a viajar a la Argentina y el Uruguay. Recomiéndenles lugares para visitar según sus intereses.

MODELO: Me gusta la playa.
¿Por qué no vas a Punta del Este?

1. Quiero estudiar música y bailes folklóricos.
2. Me gusta visitar lugares de belleza natural.
3. Deseo visitar una ciudad grande.
4. Me gusta esquiar.
5. Me interesan la naturaleza y el campo lejos de las grandes ciudades.
6. Quiero conocer un lugar con mucha vida nocturna.

WWW **11-49 El tango, música de la calle.** Conéctate con la página electrónica de *¡Arriba!* (**www.prenhall.com/arriba**) para obtener más información y escuchar música de tango.

- Identifica los instrumentos que se usan en la selección.
- ¿Cómo lo caracterizas? ¿alegre? melancólico? ¿animado? ¿romántico?
- ¿Dónde se originó?

11-50 La diversidad de la Argentina y el Uruguay. Conéctate con la página electrónica de *¡Arriba!* (**www.prenhall.com/arriba**) para ver más imágenes de la Argentina y el Uruguay. Elige una región: la Patagonia, las pampas, los Andes o la costa. Después descríbela según los siguientes criterios.

sitios de interés   deportes
productos   clima
gastronomía

Ritmos

"Todo cambia" (Mercedes Sosa, Argentina)

Esta canción es un ejemplo de la Nueva Canción latinoamericana, una forma artística musical en la cual el cantautor expresa los sentimientos por su país y también sus opiniones políticas. La Nueva Canción no se interesa por lo comercial ni lo material sino que muestra un respeto por la cultura tradicional de la gente, especialmente los pobres y los trabajadores, de un país.

Antes de escuchar

11-51 Los cambios de la vida. Haz una lista de las cosas que te gustaría cambiar en este mundo. Después intercambia tu lista con un compañero/a ¿Qué tienen en común? ¿Qué les gustaría hacer diferente? ¿Qué cambios no harían nunca?.

MODELO: *¿Por qué Ud. canta sobre los cambios de la vida?*

Todo cambia

1. Cambia lo superficial
cambia también lo profundo
cambia el modo de pensar
cambia todo en este mundo
cambia el clima con los años
cambia el pastor su rebaño
y así como todo cambia
que yo cambie no es extraño.
[...]

2. Cambia, todo cambia
cambia, todo cambia.
[...]

3. Pero no cambia mi amor
por más lejos que me encuentre.
Ni el recuerdo ni el dolor
de mi pueblo, de mi gente.

4. Y lo que cambió ayer
tendrá que cambiar mañana
así como cambio yo
en esta tierra lejana.
[...]

A escuchar

11-52 Palabras e instrumentos. Mientras escuchas "Todo cambia" señala con una cruz (X) cuáles de las palabras y expresiones siguientes crees que describen la canción.

_____ triste

_____ positiva

_____ cómica

_____ melancólica

_____ feliz

_____ seria

_____ complicada

¿Qué instrumentos musicales oyes en la canción?

_____ la guitarra

_____ la flauta

_____ el clarinete

_____ el tambor

_____ el piano

_____ las maracas

_____ la pandereta (*tambourine*)

Después de escuchar

11-53 Mi gente, mi país. Al escuchar las dos últimas estrofas de "Todo cambia" es evidente que Mercedes Sosa no quiere olvidar ni a su pueblo ni a su gente aunque ella está lejos. Imagina que tienes a unos amigos o familiares lejos de tu familia o de tu país. Dales mandatos formales para que no se olviden.

MODELO: *Piensen en mí, por favor.*

Páginas

"No hay que complicar la felicidad"
(Marco Denevi, Argentina)

Marco Denevi (1922–1998) es uno de los cuentistas latinoamericanos más conocidos. Escribió varias novelas, incluyendo *Rosaura a las diez* (1955) y *Ceremonia secreta* (1960). Ésta última fue convertida en una película estadounidense con Mia Farrow de protagonista. Denevi se conoce por sus narrativas, minidramas y minicuentos, los cuales comentan verdades humanas y sociológicas.

En "No hay que complicar la felicidad", hay dos novios sin nombre que no están satisfechos con la felicidad que gozan. La conclusión es a la vez sorprendente (*surprising*) y misteriosa.

Antes de leer

11-54 El poder de la imaginación. En la literatura, puede haber varios niveles de interpretación. Esto ocurre especialmente cuando es necesario imaginarnos los motivos de un personaje o adivinar (*guess*) el final de una historia. Muchas veces nos deja con la sensación de ambigüedad o misterio. Lee las primeras diez líneas de este minidrama y escribe tres preguntas que se te ocurran. Al final, vuelve a tus preguntas para ver si las puedes contestar.

MODELO: *¿Quién es él?*

1. _____
2. _____
3. _____

11-55 A buscar. Busca esta información en la primera página.

1. Aquí vemos a dos _____.
a. amigos   b. enemigos   c. novios   d. hermanos

2. Están en _____.
a. una iglesia   b. una clase   c. una casa   d. un parque

3. Según la ilustración, están muy _____.
a. impacientes   b. enamorados   c. enojados   d. histéricos

11-56 Anticipación. En este drama los protagonistas hacen acciones recíprocas. ¿Cuáles de estas acciones crees que se hacen?

_____ Se miran.   _____ Se gritan.
_____ Se besan.   _____ Se detestan.
_____ Se aman (quieren).   _____ Se matan (*kill each other*).

A leer

11-57 Una historia de... Lee ahora la siguiente historia de Marco Denevi.

"No hay que complicar la felicidad"

Un parque. Sentados bajo los árboles, Ella y Él se besan.

Él: Te amo.

Ella: Te amo.

Vuelven a besarse.

Él: Te amo.

Ella: Te amo.

Vuelven a besarse.

Él: Te amo.

Ella: Te amo.

Él se pone violentamente de pie.

Él: ¡Basta! (*Enough!*) ¿Siempre lo mismo? ¿Por qué, cuando te digo que te amo no contestas que amas a otro?

Ella: ¿A qué otro?

Él: A nadie. Pero lo dices para que yo tenga celos (*jealousy*). Los celos alimentan (*nourish, add spice*) al amor. Despojado de este estímulo, el amor languidece (*languishes*). Nuestra felicidad es demasiado simple, demasiado monótona. Hay que complicarla un poco. ¿Comprendes?

Ella: No quería confesártelo porque pensé que sufrirías (*you would suffer*). Pero lo has adivinado (*you've guessed it*).

Él: ¿Qué es lo que adiviné?

Ella se levanta, se aleja (gets up, moves away) *unos pasos.*

Ella: Que amo a otro.

Él: Lo dices para complacerme (*please me*). Porque te lo pedí.

Ella: No. Amo a otro.

Él: ¿A qué otro?

Ella: No lo conoces.

Un silencio. Él tiene una expresión sombria (somber).

Él: Entonces, ¿es verdad?

Ella: (*Dulcemente*) Sí, es verdad. Está allí.

Él se pasea haciendo ademanes (gestures) de furor.

Él: Siento celos. No finjo (*I'm not faking*), créeme. Siento celos. Me gustaría matar a ese otro.

Ella: (*Dulcemente*) Está allí.

Él: ¿Dónde?

Ella: Nos espía. También él es celoso.

Él: Iré en su busca (*I'll look for him*).

Ella: Cuidado. Quiere matarte.

Él: No le tengo miedo.

Él desaparece entre los árboles. Al quedar sola ella se ríe.

Ella: ¡Qué niños son los hombres! Para ellos hasta el amor es un juego.

Se oye el disparo de un revólver. Ella deja de reír.

Ella: Juan.

Silencio.

Ella: (*Más alto*) Juan.

Silencio.

Ella: (*Grita.*) ¡Juan!

Silencio. Ella corre y desaparece entre los árboles. Después de unos instantes se oye el grito desgarrador (heartrending cry) *de ella.*

Ella: ¡Juan!

Silencio. Después desciende el telón (curtain).

Después de leer

11-58 La cronología. Pon en orden las siguientes acciones.

_____ La novia no lo toma en serio (*doesn't take him seriously*).

_____ El novio siente celos.

_____ La novia grita.

_____ Los novios se besan.

_____ El novio quiere tener celos.

_____ El novio desaparece.

11-59 ¿Comprendiste? Contesta brevemente en español las siguientes preguntas.

1. Según él, ¿por qué es importante tener celos?
2. ¿Tiene ella la misma opinión?
3. ¿Por qué dice ella que tiene otro novio?
4. ¿Qué busca él entre los árboles?
5. ¿Qué hace ella cuando él sale de la escena?
6. ¿Qué se oye desde los árboles?
7. ¿Qué se oye al final?

11-60 Imagínate. Imagínate lo que pasa después. ¿Cuál de estas posibilidades te parece la más posible, y ¿por qué?

_____ Todo es una broma (*joke*) del novio.

_____ El segundo amante sale de los árboles. Besa a la novia.

_____ Un policía llega y detiene (*arrests*) a la novia.

_____ La novia se suicida.

_____ ¿...?

11-61 Una carta para pedir consejos. Asume el punto de vista de uno de los personajes (Él, Ella o el otro) y escribe una carta para pedirle consejos a doña Eulalia.

MODELO: *lunes, el 30 de abril de 2005*
Querida doña Eulalia:
¡Necesito sus consejos! Mi novio, Juan,...

G **11-62 ¿Cuál es tu opinión?** Hablen en español de las siguientes cuestiones de amor.

MODELO: A los hombres les gusta tener celos.
E1: *Estoy de acuerdo. Los hombres son mucho más celosos que las mujeres.*
E2: *No estoy de acuerdo. Soy hombre y no tengo celos de mi novia ...*
E3: *Bueno, depende de...*

Sí, estoy de acuerdo porque...

No estoy seguro/a. Depende de...

No estoy de acuerdo porque...

1. Los celos alimentan el amor.
2. El amor lo vence (*conquers*) todo.
3. Es bueno confesárselo todo a tu novio/a o esposo/a.
4. Los novios deben siempre complacerse (*please each other*).
5. En el amor, todos somos niños.
6. Es imposible ser feliz en el amor.
7. El amor es complicado.

Taller

11-63 Un *currículum vitae* y una carta de presentación para solicitar trabajo. En esta actividad, vas a escribir tu *currículum vitae* y una carta para solicitar un puesto.

Antes de escribir

- **El puesto.** Primero, inventa el puesto que vas a solicitar. ¿Qué tipo de empresa es? ¿Qué tipo de trabajo?
- **Tus datos personales y experiencia.** Escribe una lista de tu experiencia académica y laboral con las fechas de cada una.

A escribir

- **El *currículum vitae*.** Escribe tu *currículum vitae* en una hoja de papel aparte. Usa la información a continuación como guía. La información que incluyas (especialmente aficiones) debe reflejar de alguna manera el tipo de puesto que solicitas.

  DATOS PERSONALES

  (FOTO)

      Nombre y apellidos:

      Fecha de nacimiento:

      Lugar:

      Estado civil:

      Domicilio actual:

      Teléfono:

      Correo electrónico:

  DATOS ACADÉMICOS (en orden cronológico inverso)

  (fechas)   (títulos)

  EXPERIENCIA PROFESIONAL (en orden cronológico inverso)

  (fechas)   (títulos)

  PUBLICACIONES, COLABORACIONES, HONORES (en orden cronológico inverso)

  IDIOMAS

  AFICIONES (p. e.g., viajar, jugar al tenis, nadar)

  REFERENCIAS

■ **La carta de presentación.** Incluye esta información:

Nombre

Dirección

Fecha

Destinatario

Saludo formal

Presentación. Trabajo que solicitas.

Breve resumen de tus calificaciones

Despedida formal

Firma

MODELO:

Manuel Martínez Gil

48 Calle Ocho

Miami, FL 32819

Tel. (305) 555-1950

27 de abril de 2005

José Sánchez García

Director de Recursos Humanos

Microduro, S.A.

Montevideo, Uruguay

Estimado señor Sánchez García:

En respuesta al anuncio publicado en el *New York Times* de fecha 25 de abril en el que solicitan programadores, me gustaría ser considerado como candidato. Como verá en el *currículum vitae* que adjunto, tengo cinco años de experiencia trabajando...

Muy atentamente,

Manuel Martínez Gil

Manuel Martínez Gil

Anexo: *Currículum vitae*

Después de escribir

■ **Revisar.** Revisa tu *currículum vitae* y carta para verificar los siguientes puntos.

☐ las expresiones impersonales

☐ la ortografía y la concordancia

■ **Intercambiar**

Intercambia tu trabajo con el de un/a compañero/a para hacer correcciones y sugerencias y para comentar sobre el contenido.

■ **Entregar**

Pasa tu trabajo a limpio, incorporando los comentarios de tu compañero/a. Despues, entrégaselo a tu profesor/a.

12 El futuro es tuyo

OBJETIVOS COMUNICATIVOS

- **Discussing technology**
- **Talking about the environment**
- **Talking about what will happen and has happened**

- **Talking about what could happen**
- **Giving and following instructions and commands**

El cuadro *Paisajes humanos No. 65* de Melesio Casas retrata a trabajadores méxicoamericanos en un campo estadounidense con el logotipo del sindicato (el águila) del *United Farm Workers* en el fondo.

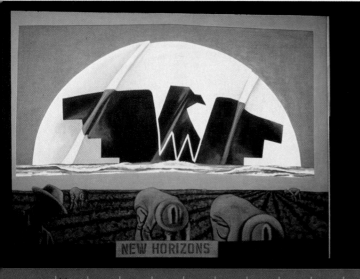

Los hispanos en los Estados Unidos

Source: Humanscape 65, Mel Casas, Acrylic, 72" X 96",
Collection of Jim & Ann Harithas, NY, NY.

«Hay tres cosas que el ser humano necesita en su vida: alguien a quien amar, algo que hacer y una esperanza para el futuro.»

Bill Richardson, Gobernador de Nuevo México, fue representante de los EE.UU. ante la organización de las Naciones Unidas. Se menciona como posible candidato del partido Demócrata a la vicepresidencia de los EE.UU.

¡Así es la vida!

El impacto de la tecnología

La tecnología ha tenido un gran impacto en los últimos treinta años en los EE.UU., en el Canadá y en Hispanoamérica. Veamos la opinión de algunos hispanos de los EE.UU. sobre este tema.

Lorenzo Valdespino, estudiante de ingeniería

Yo no puedo trabajar sin la tecnología. En la universidad hacemos todos nuestros diseños en computadora. Usamos hojas electrónicas para mantener tablas de estadísticas. En casa, tengo una impresora láser para imprimir mis tareas universitarias. Hasta los recursos de la biblioteca están en línea.

Hortensia Gómez Correa, abogada

La tecnología ha revolucionado el trabajo en nuestra oficina. Por ejemplo, ahora uso un procesador de textos para nuestros casos y mantengo muchos archivos electrónicos. Cuando tengo un mensaje urgente, envío un fax o un correo electrónico a cualquier parte del mundo. Y ahora es común tener una videoconferencia para comunicarnos en persona. Estoy segura que seguiremos buscando maneras para ahorrar tiempo y recursos con esta tecnología.

Adolfo Martínez Suárez, agricultor

La tecnología ha cambiado la forma de hacer las cosechas (*harvests*) en nuestra finca. Analizamos el clima y los suelos (*land*) con un programa de computadora, que también determina el mejor momento para recoger la cosecha (*to harvest*). No hay duda que la ingeniería biotécnica ha revolucionado la producción agrícola. ¡Ojalá que esta tecnología mejore el estándar de vida de los países en vías de desarrollo!

La computadora

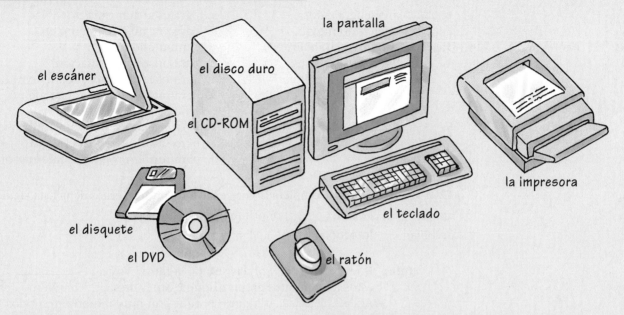

el escáner

el disco duro

el CD-ROM

la pantalla

la impresora

el disquete

el DVD

el teclado

el ratón

Otros aparatos electrónicos

la antena parabólica

el cajero automático

el contestador automático

la fotocopiadora

el teléfono inalámbrico

el teléfono móvil

el lector de CD/DVD

la videograbadora

Recursos en la computadora

la base de datos	*database*
la hoja electrónica	*spreadsheet*
el hipervínculo / el enlace	*hyperlink*
el juego electrónico	*computer (electronic) game*
el procesador de textos	*word processor*
la Red informática	*Internet*

Acciones

apagar	*to turn off*
archivar	*to file; to save*
borrar	*to erase*
encender (ie)	*to turn on*
fotocopiar	*to photocopy*
funcionar	*to function, to work*
grabar	*to record*
imprimir[1]	*to print*
instalar	*to install*
manejar	*to manage, to drive*
programar	*to program*

Adjetivos

electrónico/a	*electronic*
tecnológico/a	*technological*

Otras palabras y expresiones

el diseño	*design*
la finca	*farm, ranch*
la marca	*brand*

[1]The past participle is **imprimido. He imprimido el documento.** With the verb **estar** the part participle is irregular: **impreso. El documento está impreso.**

Aplicación

12-1 ¿Para qué se usa? Empareja los aparatos con sus usos.

1. _____ la videograbadora
2. _____ el teléfono móvil
3. _____ la antena parabólica
4. _____ el lector de CD
5. _____ el cajero automático
6. _____ la pantalla
7. _____ la red informática
8. _____ el contestador automático

a. para escuchar música
b. para ver un documento en la computadora
c. para buscar información
d. para hacer llamadas fuera de tu casa
e. para recibir mensajes cuando no estás en casa
f. para grabar un programa de televisión
g. para sacar dinero en efectivo
h. para recibir programas internacionales

12-2 En la oficina. Completa la conversación con los verbos de la lista siguiente.

apagar   borrar   imprimir   programar
archivar   fotocopiar instalar

Jefa: Bueno, otro día. Son las seis de la tarde. Voy a (1) _____ estos documentos en un disquete antes de salir. No quiero (2) _____ ninguno porque son muy importantes todos.

Empleado: Sí, y además los debo (3) _____ pero la fotocopiadora no funciona. Necesitamos una copia. La impresora todavía funciona. Si usted quiere, los puedo (4) _____ en color.

Jefa: Buena idea. ¿Mañana vas a (5) _____ el nuevo procesador de palabras en mi computadora?

Empleado: Claro. Pero primero tengo que (6) _____ la computadora. Quiero que se apague automáticamente.

Jefa: Bueno, eso es para otro día. No te olvides de (7) _____ la computadora antes de salir esta noche.

Empleado: De acuerdo. ¡Buenas noches!

12-3 La Photosmart. Lee el anuncio y contesta las preguntas que siguen.

hp photosmart 230

La Impresora HP Photosmart 230

Fotos en menos de 3 minutos

Calidad óptima

Precio razonable

• Vea las imágenes en pantalla antes de imprimirlas.

• Imprima y comparta fotografías sin bordes de 10 x 15 cm, igual que si las hubiera revelado en un laboratorio.

• Imprima directamente desde su cámara digital, sin PC ni Mac.

• Diseño compacto y elegante y funciones sencillas – perfecta para fiestas, bodas y otros acontecimientos.

1. ¿Cuál es la marca de la impresora?
2. ¿Para qué sirve?
3. ¿Cuáles son sus características?
4. ¿Qué tipo de persona busca una impresora como ésta?
5. ¿Te interesa este producto? ¿Por qué?

12-4 ¿Quién lo necesita y por qué? Di quiénes necesitan estas cosas y por qué.

MODELO: la hoja electrónica
La necesita un contador para llevar las cuentas en su trabajo.

1. el lector de DVD
2. la fotocopiadora
3. la impresora
4. el teléfono inalámbrico
5. la videograbadora
6. el escáner
7. el fax
8. el contestador automático
9. el cajero automático
10. el juego electrónico

AUDIO **12-5 Compre.com.** Se puede encontrar cualquier aparato electrónico en Compre.com. Escucha la descripción de uno de ellos y completa las frases que siguen.

1. El anuncio es para un sistema de...
   a. audio.
   b. computadora personal.
   c. videocámara digital.
2. No incluye...
   a. lector de CD.
   b. receptor.
   c. televisor.
3. A la persona que compre este sistema, le gusta(n)...
   a. la fotografía.
   b. los juegos electrónicos.
   c. la música.
4. Puedes comprar este sistema en...
   a. seis meses.
   b. un año.
   c. un año y medio.
5. Se compra este sistema...
   a. directamente de la fábrica.
   b. en la Red informática.
   c. en tiendas especializadas.

WWW **12-6 ¿Qué aparato quieres comprar?** Conéctate con la página electrónica de *¡Arriba!* (**www.prenhall.com/arriba**) y busca un aparato electrónico que te interese comprar. Contesta las siguientes preguntas para explicar por qué lo quieres comprar.

- ¿Qué tipo de aparato es?
- ¿Cuál es la marca?
- ¿Cuánto cuesta?
- ¿Cuáles son algunas de sus características?

12-7 ¡Éste es el aparato para usted! Túrnense para describir los aparatos de la Actividad 12-6 y traten de vendérselos.

MODELO: *La videocámara digital Sony, modelo 455S es el aparato para usted. Es pequeña, pesa menos de un kilo, tiene una pantalla con excelente resolución...*

12-8 La tecnología para ustedes. Hablen de los equipos electrónicos en relación con su vida académica, profesional y personal.

1. ¿Cuál es el aparato más útil en cada aspecto de tu vida? ¿Por qué?
2. ¿Cuál es el aparato menos útil? ¿Por qué?
3. ¿Cuál es el aparato más divertido? ¿Por qué?
4. ¿Cuál es el aparato o programa más frustrante? ¿Por qué?

AB **12-9A** **¡Hagamos más fácil la vida!** Túrnense para decir lo que necesita la otra persona para hacerse más fácil la vida.

> **MODELO:** E1: *No puedo ver bien mi documento en la computadora.*
> E2: *Necesitas una pantalla más grande.*

1. Quiero enviarle una foto a un amigo.
2. Tengo que buscar la bibliografía de un autor para la clase de inglés.
3. Quiero que llegue una carta de recomendación esta tarde.
4. Tengo que imprimir bien el trabajo para impresionar a la profesora.

G **12-10** **¿Quién...?** Hazles preguntas a tus compañeros/as para saber quién tiene más experiencia con la tecnología. Pregúntales que pasó.

> **MODELO:** perder un documento en la computadora
> *¿Alguna vez perdiste un documento en la computadora?*

borrar un documento sin querer	usar la computadora para calcular los impuestos	trabajar con una supercomputadora
programar una computadora	usar el escáner	participar en una videoconferencia
apagar la computadora sin archivar el documento		

AB **12-11A** **Una encuesta de Harris.** Túrnense para hacer esta encuesta de Harris. Empiecen con esta presentación.

> **MODELO:** E1: *Buenos días. Con su permiso, me gustaría hacerle algunas preguntas sobre su forma de utilizar la tecnología...*
> E2: *Bueno, no tengo mucho tiempo pero...*

1. ¿Usa una computadora para sus trabajos universitarios? ¿Qué marca es?
2. ¿Qué programas usa? ¿Le gustan?
3. ¿Cuánta memoria tiene su computadora?
4. ¿Tiene una pantalla grande o pequeña?
5. ¿Su computadora tiene una conexión a la Red informática?
6. ¿Puede usted vivir sin su computadora?

¡Así lo hacemos! Estructuras

1. The past participle and the present perfect indicative

El participio pasado

Han llegado los invitados de Pedrito. ¿Los hago pasar o llamo a la policía?

The past participle is used in Spanish and English as an adjective or as part of the perfect tenses. In English, it is usually the *-ed* or *-en* form of the verb.

Hemos terminado la cosecha.	*We have finished the harvest.*
Los programas **están instalados.**	*The programs are installed.*

- In Spanish the regular participle is formed by adding **-ado** to the stem of **-ar** verbs and **-ido** to the stem of **-er** and **-ir** verbs.

tomar	**comer**	**vivir**
tom**ado** (*taken*)	com**ido** (*eaten*)	viv**ido** (*lived*)

- An accent mark is used when a past participle has the combination of vowels **ai**, **ei**, or **oi**.

creer	**creído**	*believed*	oír	**oído**	*heard*
leer	**leído**	*read*	traer	**traído**	*brought*

- The following verbs have irregular past participles.

abrir	**abierto**	*opened*	ir	**ido**	*gone*
cubrir	**cubierto**	*covered*	morir	**muerto**	*dead*
decir	**dicho**	*said*	poner	**puesto**	*put, placed*
descubrir	**descubierto**	*discovered*	romper	**roto**	*broken*
escribir	**escrito**	*written*	ver	**visto**	*seen*
hacer	**hecho**	*done; made*	volver	**vuelto**	*returned*

El presente perfecto de indicativo

The present perfect in English and Spanish is considered a compound tense because its forms require two verbs. In English, the present perfect is formed with the present tense of the auxiliary verb *to have* + past participle. In Spanish, the present perfect is formed with the present tense of the auxiliary verb **haber** + past participle.

	haber	past participle	to have	past participle
yo	he		*I have*	
tú	has	**tomado**	*you have*	*taken*
él, ella, Ud.	ha	**comido**	*he, she, you has*	*eaten*
nosotros/as	hemos	**vivido**	*we have*	*lived*
vosotros/as	habéis		*you* (pl.) *have*	
ellos/as, Uds.	han		*they, you* (pl.) *have*	

■ In general, the present perfect is used to refer to a past action or event that is perceived as having some bearing on the present.

| ¿Ya **has usado** la impresora? | *Have you already used the printer?* |
| Estoy buscando el cajero automático. ¿Lo **has visto**? | *I'm looking for the automatic teller. Have you seen it?* |

■ The auxiliary verb **haber** agrees with the subject of the sentence. The past participle, however, is invariable when used in the perfect tense.

| Mi jefe me **ha dado** un teléfono móvil muy bueno. | *My boss has given me a very good cellular telephone.* |
| Marisa **ha preparado** la hoja electrónica. | *Marisa has prepared the spreadsheet.* |

■ The auxiliary verb **haber** and the past participle cannot be separated by another word. Object pronouns and negative words are always placed before **haber.**

| **No la he preparado.** | *I haven't prepared it.* |
| **¿La has abierto?** | *Have you opened it?* |

■ The verb **haber** is not interchangeable with **tener. Haber** means *to have* only when used as an auxiliary verb with the past participle. **Tener** means *to have* or *to own* in the sense of possession.

| Julia **tiene** muchos amigos en esa empresa. | *Julia has many friends in that company.* |
| **¿Has tenido** experiencia en hacer diseños? | *Have you had experience in doing designs?* |

Acabar de + *infinitive*

You can use the present tense of **acabar de** + infinitive in order to describe an event that has just happened.[1]

Acabamos de ver la videoconferencia.	*We have just seen the videoconference.*
Acaban de borrar la base de datos.	*They have just erased the database.*

El participio pasado usado como adjetivo

> Lo siento, pero esta ventanilla está cerrada.

- In both English and Spanish, the past participle may be used as an adjective to modify a noun. In Spanish, when the past participle is used as an adjective, it agrees in gender and number with the noun it modifies.

Vimos las conferencias **grabadas** por nuestro supervisor.	*We saw the conferences recorded by our supervisor.*
Hay muchos programas **escritos** en *Visual Basic*.	*There are many programs written in Visual Basic.*

- The verb **estar** may be used with the past participle to describe a state or condition that is the result of a previous action. In this resultant condition, the past participle is an adjective and agrees in gender and number with the noun it modifies.

La carta **está impresa;** la secretaria la ha imprimido.	*The letter is printed; the secretary has printed it.*
El contestador automático **está roto**; lo rompió el estudiante que nos ayudaba.	*The answering machine is broken; the student that was helping us broke it.*

Aplicación

12-12 Sandra Cisneros. Lee el párrafo sobre la escritora chicana Sandra Cisneros, subraya los tiempos perfectos e identifica el infinitivo. Luego, expresa la misma acción en el pretérito.

MODELO: Ha tenido que cambiar muchas veces de casa.
> *Tener: Tuvo que cambiar muchas veces de casa.*

Sandra Cisneros, de padres mexicanos, nació en 1954 en Chicago, pero ahora vive en San Antonio donde dice que se siente "en casa". En su juventud, tuvo muchas experiencias que han influido en sus cuentos. Por ejemplo, ha tenido que cambiar muchas veces de casa. Ha tenido que vivir en apartamentos y casas pequeñas con pocas comodidades modernas. Ha ayudado a su mamá con sus hermanos más pequeños. Ha asistido a escuelas donde todos los muchachos son de familias pobres y hay pocos recursos educativos. Sin embargo, ha superado las dificultades de su juventud y ha ganado mucha fama por sus colecciones de cuentos cortos como *La casa en Mango Street* y *El Arroyo de La Llorona* (*Woman Hollering Creek*) y por sus colecciones de poesía. Si has leído uno de sus cuentos, has visto su manera única de narrar. Además de recibir varios premios del Nacional Endowment for the Arts, en 1996, fue honrada por la Fundación MacArthur con su *Genius Award*. En los últimos años, su casa de San Antonio se ha vuelto polémica (*controversial*) porque a los vecinos no les gusta la manera en que Sandra la ha pintado.

La casa de Sandra Cisneros en San Antonio

---

[1]**Acabar** means *to finish*.

12-13 Más sobre Sandra Cisneros. Contesta ahora las preguntas sobre el texto que acabas de leer.

1. ¿Cuántos años tiene Sandra Cisneros?
2. ¿Cuál es su nacionalidad?
3. ¿Dónde ha vivido?
4. ¿Qué dificultades ha tenido en la escuela?
5. ¿Cómo ha ganado fama?
6. ¿Por qué su casa de San Antonio ha sido tan polémica?

❷ **12-14 Preguntas para Sandra Cisneros.** Escriban individualmente tres preguntas que les gustaría hacerle a Sandra Cisneros, y túrnense para hacérselas y contestárselas. Usen el presente perfecto.

MODELO: E1: *Señorita Cisneros, ¿**ha vivido** en otras casas en San Antonio?*
E2: *No. Ésta es mi primera casa en San Antonio.*

12-15 Un incidente en un hotel de lujo. Completa la conversación sobre un robo en un hotel de lujo usando el presente perfecto de cada verbo entre paréntesis.

Dependiente: ¿El policía ya le (1. decir) ＿＿＿＿ del robo?

Dueño: No, ¿qué (2. pasar) ＿＿＿＿?

Dependiente: Alguien (3. entrar) ＿＿＿＿ y se (4. llevar) ＿＿＿＿ las llaves de su coche.

Dueño: ¿Quién (5. hacer) ＿＿＿＿ eso?

Dependiente: No sé, creo que fue el programador.

Dueño: ¿Por qué dice eso? Él nunca (6. estar) ＿＿＿＿ en mi oficina. ¿Alguien lo (7. ver) ＿＿＿＿?

Dependiente: No, señor, pero alguien (8. dejar) ＿＿＿＿ un disquete al lado de su computadora.

Gerente: ¿Ustedes (9. llamar) ＿＿＿＿ al inspector de Policía?

Dependiente: No, señor.

Gerente: Pues, llámenlo ahora mismo.

12-16 Una compra importante. Antes de comprar un nuevo sistema para tu computadora, tienes que hacer mucha investigación. Di cuáles de estos pasos has tomado.

MODELO: leer los avisos en el periódico
He leído los avisos en el periódico.

1. ver los precios
2. comparar varias marcas
3. hablar con varios vendedores
4. leer revistas de computación
5. pedirles consejos a mis amigos
6. asistir a clases de programación

12-17 Elena Ochoa, primera astronauta latina. Completa la entrevista a Elena Ochoa con las preguntas que le hace la periodista. Usa el presente perfecto del verbo entre paréntesis en tu pregunta.

MODELO: (viajar) *¿Ha viajado a la luna?*
No, no conozco todavía la luna, pero algún día...

Periodista: ¿...? (vivir)

Elena Ochoa: En varios lugares, pero he pasado más tiempo en San Diego.

Periodista: ¿...? (estudiar)

Elena Ochoa: He estudiado mucha física, especialmente la física óptica.

Periodista: ¿...? (tener)

Elena Ochoa: Sí, he tenido varias oportunidades para viajar en naves espaciales.

Periodista: ¿...? (impresionar)

Elena Ochoa: ¡La vista de la tierra!

Periodista: ¿...? (hablar)

Elena Ochoa: Sí, he pasado mucho tiempo en las escuelas hablando con los jóvenes sobre la importancia de terminar su educación.

Periodista: Gracias, señorita Ochoa... (ser)

Elena Ochoa: De nada. Para mí también.

12-18 La Calle Ocho. La Calle Ocho está en el centro de la Pequeña Habana en Miami. Completa la conversación entre dos turistas cubanas que la visitan con la forma correcta del participio pasado.

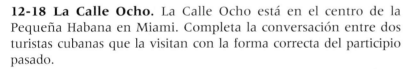

abrir	dormir	perder	poner	vestir
cansar	hacer	pintar	preparar	

Rosa: Me gusta el aire fresco. Deja la ventana (1)——————.

Flor: Cómo no. Te la abro enseguida.

Rosa: ¡Dios mío! ¡Las llaves del carro están (2)—————— otra vez!

Flor: No te preocupes. Creo que las tienes en tu bolsa.

Rosa: ¿Qué te parece ese mural (3)—————— en la pared?

Flor: Es lindo, pero no muy original. Prefiero los murales de Los Ángeles.

Rosa: Tu nieta estaba muy bien (4)—————— ayer en la fiesta. Y su familia es preciosa.

Flor: Es verdad. Su hija es un encanto. No hay nada más tranquilo que un bebé (5)——————.

Rosa: Mira la guayabera[1] blanca que lleva ese señor. Son típicas del trópico, pero las guayaberas (6)—————— en Panamá son más baratas.

Flor: Es verdad, pero prefiero las guayaberas de *La casa de las guayaberas,* que está aquí en la Calle Ocho porque son más elegantes.

Rosa: Mira, allí hay un restaurante cubano. ¿Entramos? Es la una y estoy (7)—————— de tanto caminar.

Flor: ¡Bueno! Las mesas ya están (8)—————— y la comida está (9)——————. Sentémonos a almorzar.

---

[1]Men's shirt typical of the Caribbean, usually long-sleeved and with four pockets in front.

12-19 ¿Cómo te sentías cuando...? Imagínate que has estado varios días en Miami. Usa participios pasados para expresar cómo te sentías en estas situaciones.

MODELO: ¿Cómo te sentías cuando llegaste a Miami?
Me sentía emocionado/a.

(bien/mal) atender (*attended to*)	encantar	preparar
cansar	enojar	sorprender
decidir (a ir a ...)	interesar	(bien/mal) vestir
desilusionar	preocupar	¿...?

¿Cómo te sentías...?
1. cuando volviste del banco?
2. cuando perdiste tu billetera (*wallet*)?
3. después de ver un concierto de Gloria Estefan?
4. en la fiesta para tus amigos cubanos?
5. cuando te perdiste en la Pequeña Habana?
6. cuando cenaste en el restaurante cubano?

G **12-20 ¿Quién...?** Pregúntense si tienen algunos de estos artículos. No escriban ningún nombre más de una vez.

MODELO: artículo / hacer en Nuevo México
E1: *¿Tienes algún artículo hecho en Nuevo México?*
E2: *Sí, tengo un collar de plata hecho en Nuevo México.*

1. producto/importar de Suramérica
2. bicicleta/pintar de azul
3. autógrafo/firmar por Ricky Martin
4. carta/escribir por una persona importante
5. revista/escribir en español
6. maleta/hacer en la Argentina
7. vaqueros/romper[1]
8. libro/abrir

2 **12-21 Recuerdos.** Túrnense para hablar de experiencias que han tenido y también de experiencias que no han tenido pero que desean tener.

MODELO: ver películas
E1: *¿Qué películas has visto este año?*
E2: *Esta semana he visto la película argentina,* El hijo de la novia.
E1: *¿Has visto muchas películas argentinas?*

comer...	escribir...	hacer...	leer...	trabajar...	visitar...
conocer...	estudiar...	ir...	salir...	ver...	volver...

G **12-22 Diez preguntas.** Formen dos o más grupos para tratar de adivinar lo que han hecho. Pueden hacerse diez preguntas que pueden contestarse con **sí** o **no** hasta que adivinen la respuesta. Deben usar el presente perfecto de indicativo en sus preguntas y en sus respuestas.

MODELO: E1: *He hecho un viaje interesante.*
E2: *¿Has viajado a un país de habla española?*
E1: *No, no he viajado a un país de habla española.*
E3: *¿Has visitado...?*

---

[1]Use *romper* with clothing to mean "worn out."

2. The future and the future of probability

El futuro

- The Spanish future tense is formed with only one set of endings for the **-ar, -er,** and **-ir** verbs. For regular verbs, the endings are attached to the infinitive (do not drop the **-ar, -er,** or **-ir.**). Note that all endings, except for the **nosotros/as** forms, have a written accent mark.

Las nuevas microcomputadoras serán aun más pequeñas.

	tomar	**comer**	**vivir**
yo	tomar**é**	comer**é**	vivir**é**
tú	tomar**ás**	comer**ás**	vivir**ás**
él, ella, Ud.	tomar**á**	comer**á**	vivir**á**
nosotros/as	tomar**emos**	comer**emos**	vivir**emos**
vosotros/as	tomar**éis**	comer**éis**	vivir**éis**
ellos/as, Uds.	tomar**án**	comer**án**	vivir**án**

Mañana **hablaremos** con la programadora.	*Tomorrow we will talk with the programmer.*
¿**Irás** a la finca conmigo?	*Will you go to the farm with me?*

- As in English, the Spanish future tense expresses what will happen in the future. The English equivalent is *will* + verb.

Estudiaré informática en la universidad.	*I will study computer science at the university.*
Ustedes **comprarán** pronto otro disco duro.	*You will buy a new hard drive soon.*

- Remember that the present tense is often used to express immediate future in Spanish.

El técnico **viene** para arreglar mi computadora hoy.	*The technician will come (is coming) to fix my computer today.*
Termino mi trabajo esta tarde.	*I will finish my paper this afternoon.*

- The future may also be conveyed with the present tense of **ir a** + *infinitive.*

Voy a arreglar el procesador de textos.	*I am going to fix the word processor.*
¿**Vas a archivar** ese documento?	*Are you going to save that document?*

- The idea of willingness, sometimes expressed with the English future, cannot be expressed with the Spanish future tense. Use verbs like **querer** or simple present tense to express willingness.

¿**Quieres** ayudarme con la impresora?	*Will you help me with the printer?*
¿Me **traes** el otro programa?	*Will you bring me the other program?*

■ The irregular verbs in the future are formed by adding the future endings to an irregular stem. The irregular stems can be grouped into three categories.

1. Drop two letters to form the stem of the future.

| decir | **dir-** | diré, dirás,... |
| hacer | **har-** | haré, harás,... |

2. The **e** of the infinitive ending is dropped to form the stem of the future.

haber	**habr-**	habré, habrás,...
poder	**podr-**	podré, podrás,...
querer	**querr-**	querré, querrás,...
saber	**sabr-**	sabré, sabrás,...

3. The **e** or the **i** of the infinitive ending is replaced by **d** to form the stem of the future.

poner	**pondr-**	pondré, pondrás,...
salir	**saldr-**	saldré, saldrás,...
tener	**tendr-**	tendré, tendrás,...
venir	**vendr-**	vendré, vendrás,...

| El programa **hará** todos los cálculos. | *The program will make all the calculations.* |
| El técnico **vendrá** a las ocho. | *The technician will come at eight.* |

El futuro y la probabilidad

La computadora estará pensando.

■ Probability or conjecture in the present is often expressed in Spanish with the future tense. This use of the future has many equivalents in English, for example, *probably, may, I wonder,* etc.

¿Dónde **estará** Antonio?	*I wonder where Antonio is?*
Estará jugando juegos electrónicos.	*He's probably playing computer games.*
¿Qué hora **será**?	*What time can it be?*
Serán las seis.	*It must be six.*

Aplicación

12-23 Bill Richardson. Lee la entrevista con Bill Richardson. Subraya los verbos en el futuro y da el infinitivo. Luego expresa la misma acción usando la expresión **ir a...**

MODELO: **sabrá**
    saber ¿Cuándo va a saber si...?

Periodista:	Sr. Richardson, ¿cuándo sabrá si será candidato para la vicepresidencia?
Richardson:	Bueno, no se lo puedo decir. No es sólo decisión mía. Será importante conversarlo con mi esposa. Ella querrá participar en cualquier decisión. Por ahora, seguiré trabajando por el bien de la gente del estado de Nuevo México.
Periodista:	De acuerdo, pero ¿debates políticos habrá entre usted y con sus contrincantes (*opponents*)?
Richardson:	Pondré esa decisión en manos de las personas encargadas de la campaña política.
Periodista:	Y si gana las elecciones, ¿qué hará?
Richardson:	Para empezar, me reuniré con mis asesores y les pediré que me acompañen a Washington. Pero esto es pura conjetura. Ya veremos qué pasa en el futuro.

12-24 El futuro de Bill Richardson. Contesta ahora las preguntas sobre el texto que acabas de leer.

1. Según esta entrevista, ¿es Richardson candidato para la vicepresidencia?
2. ¿Cuándo sabrá si será candidato?
3. ¿Quién participará en su decisión?
4. ¿Para qué seguirá trabajando Bill Richardson?
5. ¿Quiénes decidirán si habrá debates?
6. En tu opinión, ¿será Richardson candidato?

12-25 La empresa MicroDuro. Isela tiene una entrevista con la empresa MicroDuro. Completa la conversación entre ella y el director de personal de una manera lógica, usando el futuro de los verbos a continuación.

conocer	decir	informar	poder	responder	tener
dar	escribir	llamar	recibir	ser	trabajar

Isela: Señor Mejías, ¿(1. yo) —————— desde las nueve hasta las cinco?

Director: No. Los nuevos programadores trabajan desde las tres hasta las once.

Isela: ¿(2. yo) —————— trabajar con un programador veterano?

Director: Sí, usted puede trabajar con varias personas con experiencia.

Isela: ¿(3. yo) —————— muchas oportunidades para ser creativa?

Director: Bueno, los nuevos tienen que ayudar a los veteranos.

Isela: ¿(4. yo) —————— programas para juegos electrónicos?

Director: No. Es más probable que usted escriba manuales para software. También, usted (5) —————— el correo electrónico de los clientes.

Isela: ¿Usted me (6) —————— cuánto me van a pagar?

Director: Sí, le (7) —————— sobre su sueldo antes de que salga hoy.

Isela: ¿Cuándo (8. yo) —————— el primer aumento?

Director: Normalmente lo recibe después del primer año de servicio.

Isela: ¿ (9. yo) —————— a gente importante?

Director: Sí. Usted va a tener muchas oportunidades de conocer a gente importante.

Isela: ¿Cuándo me (10) —————— usted su decisión?

Director: La (11) —————— por teléfono mañana por la mañana.

Isela: Gracias, señor Mejías. (12) —————— muy interesante trabajar en esta empresa.

12-26 ¿Cómo será el mundo en el año 2050? Usa el futuro para expresar tu opinión sobre estas posibilidades.

MODELO: Para el año 2050 vamos a vivir en la luna.
Es verdad. Viviremos en la luna. / No, no es cierto. No viviremos nunca en la luna.

1. Vamos a trabajar sólo veinte horas por semana.
2. No vamos a tener que ir a la oficina. Vamos a mandar nuestro trabajo por fax y correo electrónico.
3. No vamos a ir al cine. Las películas nos van a llegar por cable.
4. No va a haber restaurantes. Vamos a tomar toda la comida en forma líquida.
5. Los niños no van a asistir a la escuela. Van a recibir sus lecciones por computadora.

12-27 ¿Por qué será? Usa las ideas de la lista siguiente en el futuro para hacer una conjetura sobre cada situación.

MODELO: Recibes una llamada por teléfono a las siete de la mañana.
Será algo urgente.

estar contaminado   la fotocopiadora estar rota

haber problemas con la antena parabólica   ser mi jefe

1. Hay peces (*fish*) muertos en el lago.
2. Hay un mensaje en el contestador automático.
3. No podemos ver la película.
4. La secretaria no ha hecho las fotocopias.

12-28 El/La adivino/a. Túrnense para ser el/la adivino/a (*fortune-teller*) y el/la cliente que quiere saber su futuro. Háganse tres preguntas originales.

MODELO: E1: *¿Dónde voy a trabajar el año que viene?*
E2: *Trabajarás en alguna parte de la universidad.*

1. ¿Dónde voy a estar este verano?
2. ¿Qué voy a hacer después de graduarme?
3. ¿Con quién voy a pasar el resto de mi vida?
4. ¿Cuántos hijos voy a tener?
5. ¿Dónde voy a vivir? ¿En una finca?
6. ¿Cómo voy a ser? ¿feliz? ¿infeliz?

12-29 Planes. Túrnense para contar dos o tres de sus planes para este año. ¿Tienen algo en común?

MODELO: E1: *Aprenderé a usar la nueva versión del procesador de textos.*
E2: *¿De veras? ¿Tomarás una clase especial?*

G **12-30 ¿Quién será?** Túrnense para hacer conjeturas sobre éstos y otros temas importantes. Formen preguntas usando **¿qué...?** **¿quién...?** **¿dónde...?** **¿cuál...?** y el futuro del verbo **ser.**

MODELO: el próximo presidente
E1: *¿Quién será el próximo presidente?*
E2: *Será...*

1. la mejor película según la Academia Americana de las Artes
2. la próxima crisis mundial
3. el mejor equipo de béisbol este año
4. el mejor jugador de...
5. las próximas Olimpiadas
6. ¿...?

AB **12-31A ¿Qué harás?** Túrnense para preguntarse qué harán en estas circunstancias.

MODELO: Ni el fax y ni la conexión a la Red informática funcionan.
Llamaré a un técnico o compraré un módem nuevo.

1. El cajero automático no tiene dinero.
2. Se rompe tu computadora.
3. Borras un trabajo importante en tu computadora.
4. Tu escáner no funciona.

¿Cuánto sabes tú? *Can you...*

☐ talk about electronic gadgets that you use?

☐ identify the parts of a computer?

☐ say what you and others have done in the past using the present perfect tense? (**He visitado Los Ángeles; Hemos visto películas en español.**)

☐ describe people and things using past participles as adjectives? (**Estamos cansados; Mi computadora está rota.**)

☐ say what will happen using the future tense? (**Algún día viviremos en la luna.**)

La tecnología y el idioma

12-32 En tu experiencia. ¿Puedes nombrar algunas palabras que se usan en inglés que vienen de otros idiomas? ¿Cuáles vienen del español?

La tecnología avanza a un ritmo muy acelerado, pero el idioma, que tiene que adaptarse constantemente a los inventos que surgen todos los días, sigue un ritmo más lento. La mayoría de los nuevos productos electrónicos viene de los países industrializados. Por eso, muchas palabras relacionadas con la tecnología en español son anglicismos (palabras derivadas del inglés) y extranjerismos (palabras de otros idiomas). En esta lección ya hemos presentado palabras como **fax** y **disquete.** A continuación hay una lista de palabras tecnológicas que vienen del inglés.

el casete	el escáner	el/la Internet	el monitor
el chip	hacer clic	el láser	el PDA
el DVD	el home page	el módem	el software

Entre los países hispanohablantes, algunos aparatos electrónicos varían de nombre. En España, por ejemplo, se dice **el ordenador** para referirse a **la computadora.** En ciertos países de Hispanoamérica también se dice **el computador** o **el microcomputador.**

Expresa tu creatividad

Nokia 7250, un teléfono de excepcional diseño visualmente provocativo para reflejar tu estilo y además transmitir lo que ves y lo que oyes. Proyecta tu punto de vista y creatividad.

En Hewlett-Packard, sabemos que no sólo es el destino, sino el día lo que importa.

Creemos que un PC no es simplemente una herramienta para ayudarle en su trabajo diario sino también una agenda personal o registro, un lugar donde planificar el día, un compañero con el que contar en sus momentos de ocio. Hemos diseñado toda nuestra familia de compañeros para PC Jornada basándonos en estas ideas.

Decídase. Seguro que encontrará el compañero para PC Jornada adecuado: para su trabajo, para el ocio y para todos los días de su vida.

❷

12-33 En tu opinión. Hagan una lista de cinco problemas que tenemos cuando nos falla (*fails*) la tecnología.

MODELO: *Si el módem no funciona, no podemos mandar información a otros lugares tan rápidamente.*

SEGUNDA PARTE

¡Así es la vida!

El medio ambiente: Hablan los jóvenes

Entre los jóvenes hispanos de hoy hay una preocupación por la protección del medio ambiente. Ellos saben que, aunque sus países de origen tienen grandes riquezas naturales, el desarrollo industrial y la falta de preocupación de los gobiernos por proteger estos valiosos recursos naturales, hacen que el medio ambiente se deteriore. A continuación se presentan las opiniones de tres jóvenes hispanos que desean mejorar la contaminación en sus países de origen.

Liliana Haya Sandoval

El gran problema de la Ciudad de México es el de la contaminación del aire. En la capital hay 20 millones de habitantes y la contaminación que producen los carros y camiones es algo serio. Imagínate que los expertos dicen que respirar el aire de esta gran ciudad todos los días equivale a fumar un paquete de cigarillos al día. Desde 1989, los residentes de la capital que tienen carro no pueden manejarlo un día por semana. El día se determina por los números de las placas (*plates*). Es obvio que tendremos que tomar medidas más fuertes para resolver este problema.

María Isabel Cifuentes Betancourt

El cólera en algunos países de nuestro hemisferio ha tomado proporciones epidémicas. Hoy en día tenemos casos de cólera en América del Sur y en varios países de América Central. La causa principal de esta enfermedad es la contaminación del agua. La Cruz Roja y el Cuerpo de Paz (*Peace Corps*) trabajan con varias comunidades para exterminar esta enfermedad.

Fernanda Sánchez Bustamante

Aunque Costa Rica tiene varios parques y reservas protegidos, uno de los principales problemas de la nación es la deforestación. En 1960, el 50% del país estaba cubierto de bosques tropicales. Hoy sólo el 10% lo está. Los bosques y las selvas tropicales son esenciales para la producción de oxígeno.

El medio ambiente

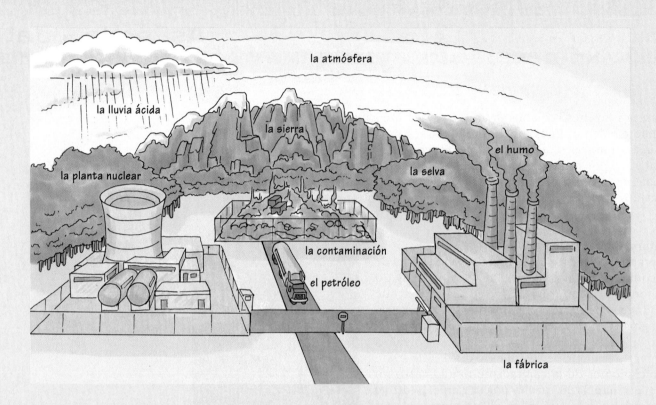

la atmósfera

la lluvia ácida

la sierra

el humo

la selva

la planta nuclear

la contaminación

el petróleo

la fábrica

Nuestro mundo y el medio ambiente

la deforestación[1]	*deforestation*
los desechos	*waste*
la energía	*energy*
el envase (de aluminio)	*(aluminum) container*
la escasez	*shortage*
la medida	*measure*
el medio ambiente	*environment*
la multa	*fine*
la naturaleza	*nature*
los pesticidas	*pesticides*
la radioactividad	*radioactivity*
el recurso natural	*natural resource*
el reciclaje	*recycling*
la reforestación[1]	*reforestation*

Verbos

arrojar	*to throw out*
conservar	*to conserve; to preserve*
consumir	*to consume*
contaminar	*to contaminate, to pollute*
proteger (j)	*to protect*
reciclar	*to recycle*

Adjetivos

dispuesto/a	*willing; ready; disposed*
obligatorio/a	*mandatory*

[1]En España, **la despoblación / la repoblación forestal**

Aplicación

12-34 ¿Qué solución? Empareja cada problema con la solución correspondiente.

1. _____ la contaminación del aire
2. _____ la deforestación
3. _____ arrojar botellas a la calle
4. _____ los desechos industriales
5. _____ la escasez de energía
6. _____ la escasez de agua
7. _____ echar basura en el parque

a. usar basureros en el parque
b. ahorrar agua
c. conservar electricidad
d. multar a las fábricas
e. establecer programas de reciclaje
f. plantar más árboles
g. usar un programa de inspección de emisiones de automóviles

12-35 En las noticias. Completa cada titular con el verbo correspondiente.

arroje   consume   contaminó   conservar   multa   protege

1. **Accidente del Exxon Valdez _____ el agua de la costa de Alaska**

2. **No _____ los artículos de plástico, recíclelos**

3. **NIÑOS COSTARRICENSES APRENDEN A _____ ENERGÍA**

4. **El gobierno de la India _____ a la Dow Chemical por un accidente de pesticidas**

5. **La EPA regula y _____ el medio ambiente**

6. **Los EE.UU. _____ más energía que cualquier otro país del mundo**

2 12-36 En otras palabras. Túrnense para explicar y dar un ejemplo de cada una de estas expresiones.

MODELO: obligatorio
E1: *Es algo que tenemos que hacer, por ejemplo, pagar los impuestos.*
E2: *También es obligatorio usar el cinturón de seguridad en el coche.*

1. el humo
2. el reciclaje
3. los pesticidas
4. la fábrica
5. los recursos naturales
6. los envases de aluminio
7. la energía nuclear
8. la reforestación

AUDIO **12-37 Un anuncio público.** Escucha el anuncio de la radio y completa las afirmaciones que siguen.

1. El anuncio habla de un programa...
   a. del gobierno.
   b. de una organización no gubernamental.
   c. de la ONU.

2. Los participantes son...
   a. niños y jóvenes.
   b. ancianos.
   c. amas de casa.

3. Van a trabajar en la limpieza y...
   a. la reforestación.
   b. el reciclaje.
   c. el control de las pesticidas.

4. El trabajo será durante...
   a. las vacaciones.
   b. el año escolar.
   c. la Semana Santa.

12-38 ¿En qué orden? Pongan estos problemas del medio ambiente en orden de importancia para ustedes y para los países subdesarrollados. Expliquen sus razones.

MODELO: E1: *Para mí, el problema más serio es... porque...*
E2: *Pues, yo creo que el problema más serio es... porque...*

_____ los desechos químicos   _____ la contaminación del agua

_____ la contaminación del aire   _____ los desechos radioactivos

_____ la deforestación   _____ los desechos no reciclables

_____ la escasez del agua   _____ los pesticidas

(AB) 12-39A ¿Cuál es tu opinión? Túrnense para hacer y responder a preguntas sobre el medio ambiente.

1. ¿Crees que la contaminación del medio ambiente es un problema serio?
2. ¿Cómo contribuyes a la conservación de energía?
3. ¿Cuál es tu opinión sobre la energía nuclear?
4. ¿Cómo es el sistema de transporte público en tu ciudad?

(2) 12-40 Protejamos nuestro ambiente. Trabajen juntos/as para crear un folleto para un parque en su región en que nombren cinco cosas para proteger el medio ambiente.

MODELO: *¡No echemos basura a la calle!*

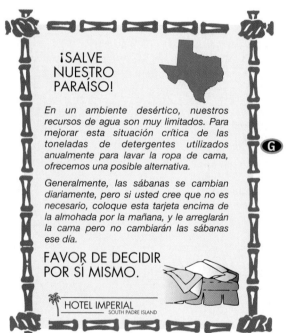

¡SALVE NUESTRO PARAÍSO!

En un ambiente desértico, nuestros recursos de agua son muy limitados. Para mejorar esta situación crítica de las toneladas de detergentes utilizados anualmente para lavar la ropa de cama, ofrecemos una posible alternativa.

Generalmente, las sábanas se cambian diariamente, pero si usted cree que no es necesario, coloque esta tarjeta encima de la almohada por la mañana, y le arreglarán la cama pero no cambiarán las sábanas ese día.

FAVOR DE DECIDIR POR SÍ MISMO.

HOTEL IMPERIAL
SOUTH PADRE ISLAND

12-41 ¡Salve nuestro paraíso! Refiéranse a la siguiente tarjeta que se encontró en la habitación de un hotel y hagan por lo menos cinco afirmaciones para explicar el problema y las posibles soluciones.

MODELO: *Estamos en una región que tiene escasez de agua. Tendremos que...*

(G) 12-42 Debate. Formen dos equipos para debatir algunos de los siguientes asuntos (*issues*). Usen las frases a continuación para expresar sus opiniones.

En mi opinión...   No estoy de acuerdo...

Estás equivocado/a...   Para mí lo más importante es...

Creo que...   Desde mi punto de vista...

1. las ventajas y desventajas de la tecnología moderna
2. las plantas nucleares y el peligro para el medio ambiente
3. la destrucción de la selva del Amazonas
4. el exceso de población en Latinoamérica

¡Así lo hacemos! Estructuras

3. The conditional and the conditional of probability

El condicional

In Spanish, the conditional of regular verbs is formed by adding the imperfect ending for **-er** and **-ir** verbs to the infinitive. The same endings are used for **-ar, -er,** and **-ir** verbs.

	tomar	**comer**	**vivir**
yo	tomar**ía**	comer**ía**	vivir**ía**
tú	tomar**ías**	comer**ías**	vivir**ías**
él, ella, Ud.	tomar**ía**	comer**ía**	vivir**ía**
nosotros/as	tomar**íamos**	comer**íamos**	vivir**íamos**
vosotros/as	tomar**íais**	comer**íais**	vivir**íais**
ellos/as, Uds.	tomar**ían**	comer**ían**	vivir**ían**

¡No me dijiste que sería una pizza para gigantes!

■ The conditional expresses what you would do under certain circumstances.

¿**Reciclarías** envases de aluminio? — *Would you recycle aluminum cans?*
Consumiríamos menos agua. — *We would consume less water.*
El gobierno **multaría** a los que contaminan. — *The government would fine those who pollute.*

■ The conditional is also used when the speaker is referring to an event that is future to another past event.

Creíamos que **habría** más gente protestando enfrente de la planta nuclear. — *We thought there would be more people protesting in front of the nuclear plant.*
Nos dijo que no **contaminarían** el agua. — *They told us they wouldn't pollute the water.*
A la agencia le aseguramos que **dejaríamos** de arrojar basura. — *We assured the agency that we would stop throwing away trash.*

■ The verb **deber,** when used in the conditional tense, is equivalent to the English *should* + infinitive.

Deberías conservar recursos. — *You should conserve resources.*
Deberían proteger el medio ambiente. — *They should protect the environment.*

■ The conditional has the same irregular stems as the future.

decir	**dir-**	diría, dirías,...	saber	**sabr-**	sabría, sabrías,...
hacer	**har-**	haría, harías,...	poner	**pondr-**	pondría, pondrías,...
haber	**habr-**	habría, habrías,...	salir	**saldr-**	saldría, saldrías,...
poder	**podr-**	podría, podrías,...	tener	**tendr-**	tendría, tendrías,...
querer	**querr-**	querría, querrías,...	venir	**vendr-**	vendría, vendrías,...

EXPANSIÓN   More on structure and usage

Conjetura con el condicional

Probability or conjecture in the past is often expressed in Spanish with the conditional.

¿**Estaría** el Ministro del Interior en la reunión? — *I wonder if the Minister of Interior was at the meeting.*
—¿A qué hora **sería** la conferencia de prensa? — *I wonder what time the press conference was.*
—**Sería** a las cuatro. — *It was probably at four.*

Aplicación

12-43 Marc Anthony. Marc Anthony es uno de los salseros neoyorquinos jóvenes más admirados. Aquí tienes una narración sobre su juventud. Léela y subraya los verbos en el condicional. ¿Cuáles expresan el futuro del pasado y cuáles expresan el concepto de *should* en inglés?

Cuando tenía diez años sabía que sería cantante de salsa. Mis padres siempre me decían que tendría éxito, porque me gustaba bailar y cantar los ritmos de las islas del Caribe. Cuando era niño, cantaba con mi padre, quien tocaba la bachata. Fue él quien me enseñó todo sobre la música puertorriqueña y quien me decía que algún día daría conciertos por todo el mundo. En 1990, conocí a Little Louis Vega, otro músico. Él me dijo que debería producir un álbum de mis canciones. En ese álbum, también tocó Tito Puente, el gran percusionista puertorriqueño y otro modelo importante en mi vida. Tito y Celia Cruz me animaron y me guiaron mucho. De joven soñaba con crear música, pero nunca me imaginé que trabajaría al lado de estas dos leyendas del mundo hispano.

12-44 Más sobre Marc Anthony. Contesta las preguntas siguientes sobre el texto que acabas de leer.

1. ¿Quién es Marc Anthony?
2. ¿Qué hacía de joven?
3. ¿Quiénes le servían de modelo?
4. ¿Qué sabía él de joven?
5. ¿Qué no sabía?

WWW **12-45 ¿Conoces su música?** Conéctate con la página electrónica de *¡Arriba!* (**www.prenhall.com/arriba**) para ver más imágenes de Marc Anthony y escuchar su música. Escribe un párrafo describiendo al artista o su música.

12-46 Lo que haría Cristina Saralegui. Cristina Saralegui es una presentadora de la cadena hispana Univisión. En un programa reciente, dijo que el próximo año haría lo siguiente. Completa cada promesa con la forma correcta del verbo correspondiente en el condicional.

MODELO: Dijo que *trabajaría* para aumentar su influencia en la comunidad hispana.

añadir	buscar	entrevistar	ser
atraer	combatir	poder	tener

1. Prometió que _____ a un político hispano.
2. Dijo que _____ una candidata para el congreso.
3. Nos aseguró que _____ a más televidentes.
4. Creía que _____ más éxito con los patrocinadores (*sponsors*).
5. Prometió que _____ los estereotipos.
6. Dijo que _____ diferentes maneras para informar mejor al público hispano.
7. Creía que _____ ayudar a la mujer latina.
8. Prometió que _____ otra hora a su programa.

12-47 ¡Sugerencias! Imagínate que trabajas en la EPA y te encargas de leer las sugerencias que los empleados ponen en el buzón (*drop-box*) de sugerencias para la administración. ¿Cuáles de las siguientes harías si fueras (*if you were*) administrador/a?

MODELO: darles a los empleados un mes de vacaciones
Les daría a los empleados un mes de vacaciones sólo después de un año de servicio.

1. aumentarles el salario a los científicos
2. hacer más viajes de inspección
3. escribir más manuales para la protección del medio ambiente
4. hacer inspecciones inesperadas (*without warning*)
5. publicar los nombres de las empresas que violan las leyes del medio ambiente

(AB) 12-48A Geraldo. Imagínate que eres un/a entrevistador/a para un programa de investigación en la televisión. Hazle preguntas al/a la jefe/jefa de una planta nuclear y contesta las suyas.

MODELO: limpiar los desechos
E1: *Usted dijo que limpiaría los desechos de su planta, pero...*
E2: *Es verdad. Pero eso toma tiempo. Usted dijo que no me haría preguntas indiscretas.*
E1: *Es verdad, pero...*

PREGUNTAS DEL/DE LA ENTREVISTADOR/A
Usted dijo que...

1. contratar a gente para limpiar la planta
2. proteger la naturaleza
3. reciclar los desechos nucleares
4. pagar las multas de la EPA
5. no contaminar el agua del río
6. trabajar en la reforestación de las montañas

(2) 12-49 Diferentes situaciones. Túrnense para contar lo que harían en estas situaciones.

MODELO: en la playa
E1: *¿Qué harías en la playa?*
E2: *Recogería la basura y los envases. ¿Y tú? ¿Qué harías?*
E1: *...*

1. con un millón de dólares
2. en una organización benéfica
3. en un comité sobre el medio ambiente en el congreso o el parlamento
4. en un editorial para el periódico
5. en un bosque
6. en tu coche para conservar gasolina
7. en tu casa para conservar energía
8. en tu vida para conservar el medio ambiente

4. *Tú* commands

In *Capítulo 11* you learned that formal commands used the subjunctive. Here are the informal (**tú**) commands, which we use in the directions for the activities. Notice how they compare with the subjunctive as well.

Dame la linterna, por favor.

infinitive	affirmative	negative	(subjunctive)
comprar	compra	no compres	(compres)
comer	come	no comas	(comas)
escribir	escribe	no escribas	(escribas)
pensar	piensa	no pienses	(pienses)
dormir	duerme	no duermas	(duermas)
pedir	pide	no pidas	(pidas)
traer	trae	no traigas	(traigas)

▣ Regular affirmative **tú** commands have the same form as the third-person singular of the present indicative.

Recicla los platos de papel. — *Recycle the paper plates.*
Protege nuestros bosques. — *Protect our forests.*
Consume menos gasolina. — *Consume less gasoline.*

▣ Negative **tú** commands use the subjunctive.

No empeores la lluvia ácida. — *Don't worsen the acid rain.*
No cortes los árboles pequeños. — *Don't cut the small trees.*
No cierres la fábrica todavía. — *Don't close the factory yet.*

▣ Remember that irregularities in the subjunctive will also appear in the negative **tú** command.

No conduzcas tan rápido. — *Don't drive so fast.*
No pongas los desechos químicos allí. — *Don't put the toxic waste there.*
No te vayas. — *Don't leave.*

Mandatos irregulares e informales de *tú*

- The following verbs have irregular **affirmative** command forms.

decir	di	**Di** por qué.	*Tell (Say) why.*
hacer	haz	**Haz** la inspección.	*Do the inspection.*
ir	ve	**Ve** a la selva.	*Go to the jungle.*
poner	pon	**Pon** la basura en el basurero.	*Put the trash in the trash can.*
salir	sal	**Sal** de ese aire contaminado.	*Get out of that contaminated air.*
ser	sé	**Sé** amable con los voluntarios.	*Be nice to the volunteers.*
tener	ten	**Ten** paciencia con el gobierno.	*Be patient with the government.*
venir	ven	**Ven** a la sierra conmigo.	*Come to the mountain range with me.*

- As with the formal commands, attach pronouns to the affirmative command and place them in front of the negative command. Remember to accent the next-to-last syllable of the verb in the affirmative command form.

Recíclala mañana. — *Recycle it tomorrow.*
No le pongas la multa a la estudiante. — *Don't give the fine to the student.*

Aplicación

12-50 En la oficina del gobernador Bill Richardson. Cuando el gobernador Richardson habla con su personal en su oficina, les pide que le hagan muchas cosas. ¿Cuáles de estos favores crees que **no** les pediría? Explica por qué.

MODELO: María, tráeme los documentos de mi escritorio, por favor.
Sí.
María, prepárame una tortilla española, por favor.
No, porque no se cocina en una oficina.

1. Tomás, no trabajes más de cinco horas diarias.
2. Clarisa, escribe este informe en latín.
3. Ramón, ve a la piscina y nada por tres horas.
4. Josefina, búscame el informe de Washington.
5. Raúl, llama al jefe de la EPA.
6. Concha, sé amable con los visitantes.
7. Eduardo, pon las sillas alrededor de la mesa para la reunión.
8. Julia, descansa. No hagas tu trabajo.

12-51 Tú, en la oficina del gobernador. ¿Qué mandatos darías tú en la oficina del gobernador? Combina elementos de las dos columnas para formar mandatos lógicos.

MODELO: poner—los papeles en la mesa
Sandra, pon los papeles en la mesa, por favor.

(no) buscar   una impresora para tu oficina
(no) comprar   al banco a depositar dinero
(no) salir   a trabajar el sábado
(no) decirle   la verdad al público
(no) venir   información en la Red informática

12-52 Enciende la computadora. Aquí tienes las instrucciones para usar tu computadora. Complétalas con el mandato informal de un verbo lógico.

MODELO: *Enciende* la computadora.

aprender   archivar   borrar   imprimir
lavarse   poner   poner   tener

1. _____ un disquete.
2. No _____ tu documento.
3. _____ tu documento en el disco duro o en un disquete.
4. _____ cuidado con los virus en el correo electrónico.
5. No _____ tus dedos en la pantalla.
6. _____ las manos antes de usar el teclado.
7. _____ a usar los acentos cuando escribas en español.
8. _____ tu documento cuando lo termines.

2 **12-53 Alex Rodríguez, una gran estrella del béisbol.** Alex Rodríguez nació en los EE.UU. de padres dominicanos. Imagínense que están con él y que le pueden pedir lo que quieran. Túrnense para darle mandatos.

MODELO: *Alex, ven a mi casa a cenar esta noche.*

beber   comer   hacer   jugar   salir
buscar   decir   ir   practicar   ser

2 **12-54 Consejos.** Túrnense para darse consejos sobre el medio ambiente.

MODELO: E1: *Hay mucha contaminación del aire.*
E2: *No uses tu coche.*

Algunos problemas
1. Mi coche no es muy económico.
2. Hay mucha contaminación en la ciudad.
3. Algunas empresas no procesan sus desechos.
4. Me interesa la ecología.
5. El humo de algunas fábricas causa la lluvia ácida.
6. La deforestación es un problema crítico para muchos países.

¿Cuánto sabes tú? *Can you...*

☐ talk about environmental issues?

☐ say what you would do to help the environment such as **Escribiría una carta al editor del periódico; Protestaría en contra de las empresas que contaminan...**?

☐ give a friend advice using **tú** commands such as **Camina más; no vayas siempre en coche**?

VIDEO **Toño Villamil y otras mentiras** Episodio 12

12-55 El uso de la tecnología en una empresa pequeña. Aquí tienes una explicación de cómo usa Javier la tecnología en su hotel. Léela y contesta las preguntas que siguen.

Aunque parezca imposible, en nuestro hotel dependemos mucho de la tecnología, especialmente de la computadora. Tenemos un sitio en la Red informática donde la gente que visita Malinalco puede hacer su reserva electrónicamente. El programa recibe la reserva, verifica que hay espacio y la confirma inmediatamente. Para nuestros clientes, tenemos una computadora que pueden usar para conectarse con la Red y revisar su correo electrónico. Pueden imprimir su correspondencia en nuestra impresora láser. Y yo tengo además una microcomputadora que usa un lápiz especial para entrar y retirar información. El aparato me ayuda a servir a los clientes que necesitan información sobre Malinalco.

1. ¿Para qué usa Javier la Red informática?
2. ¿Cómo le ayuda el programa de hacer reservas?
3. ¿Qué servicio tiene para los clientes del hotel?
4. ¿Qué información archiva en su microcomputadora?
5. ¿Cuáles de estos aparatos y programas has usado tú?

12-56 Toño descubierto. Mira el doceno episodio de *Toño Villamil y otras mentiras* donde vas a ver a Lucía descubrir más sobre Toño. Ten en mente estas preguntas mientras ves el video.

1. Lucía le pide a Javier que...
   a. pida una ambulancia de un pueblo cercano.
   b. busque el teléfono del doctor Villamil.
   c. vaya a la farmacia a comprar pastillas.
2. Isabel cree que fue infectada por...
   a. la radioactividad.
   b. un virus.
   c. una bacteria.
3. La microcomputadora de Javier tiene...
   a. juegos electrónicos.
   b. un procesador de textos.
   c. una hoja electrónica.
4. Isabel y Lucía descubren que Toño trabaja de...
   a. técnico en computadoras.
   b. taxista.
   c. mensajero.
5. En su tiempo libre, Toño...
   a. hace teatro.
   b. repara aparatos electrónicos.
   c. ayuda a un médico.

12-57 El futuro de Toño. ¿Qué pasará en el próximo episodio? Usa tu imaginación para escribir tres conjeturas.

MODELO: *Toño y Lucía se enamorarán.*

Panoramas

Los hispanos en los Estados Unidos

12-58 ¿Ya sabes...? Trata de identificar o explicar lo siguiente.

1. el número de hispanos en los EE.UU.
2. el nombre de algunos hispanoamericanos importantes
3. la ciudadanía de los puertorriqueños
4. un canal de televisión que sirve al público hispano
5. el nombre de un negocio hispano
6. el tema de un mural méxicoamericano

La puertorriqueña Esmeralda Santiago es conocida por sus novelas, las cuales retratan la difícil transición cuando se mudó de Puerto Rico a Nueva York. Entre sus novelas, se destacan *Cuando era puertorriqueña* y *El sueño de América*.

Hoy en día más de 37 millones de hispanos viven en los EE.UU., un gran número de los cuales hablan español en casa y en el trabajo. Por eso, los EE.UU. constituye la quinta nación hispanohablante. Esta presencia es evidente en los medios de comunicación como los canales de televisión Univisión y HBO en Español, revistas populares como *Vanidades* y *People en español* y periódicos como *La Opinión* y *El Nuevo Herald*.

Los murales hechos por artistas méxicoamericanos ilustran la conexión entre el pasado y el presente del pueblo. Éste, por Juanishi Orosco, es parte de una colección llamada *Idaho Migrant Council Murals.* Su tema es la leyenda de "Nuestra Raza" desde los aztecas hasta los campesinos.
Source: Juanishi Orosco V. and Esteban Villa, one shot enamel paints on concrete wall. Stairway 20' x 14'. Idaho Migrant Council, Burley, Idaho Art Center. Courtesy of the California Ethnic and Multicultural Archives, Davidson Library, University of California, Santa Barbara.

La presencia en los deportes, en la música y en el cine de personas de herencia hispana es cada vez más importante.

La cubanoamericana Gloria Estefan ha popularizado la música y el baile de las islas del Caribe.

Cheech Marín es mejor conocido como actor de películas y programas de televisión, aunque también es director, escritor y músico.

El méxicoamericano Derek Parra ganó la medalla de oro de patinaje de velocidad en los Juegos Olímpicos de 2002.

Grandes Lagos

MINNESOTA
WISCONSIN
MICHIGAN
IOWA
Chicago
MISSOURI
St. Louis
ILLINOIS
INDIANA
OHIO
WEST VIRGINIA
KENTUCKY
TENNESSEE
ARKANSAS
OHOMA
Dallas
MISSISSIPPI
ALABAMA
LOUISIANA
GEORGIA
FLORIDA
Miami

MAINE
VERMONT
NUEVA HAMPSHIRE
NUEVA YORK
MASSACHUSETTS
RHODE ISLAND
CONNECTICUT
Nueva York
PENNSYLVANIA
NUEVA JERSEY
DELAWARE
Washington, D.C.
MARYLAND
VIRGINIA
CAROLINA DEL NORTE
CAROLINA DEL SUR

MONTAÑAS APALACHES

OCÉANO ATLÁNTICO

Golfo de México

BAHAMAS
CUBA

No es de extrañar que hoy en día haya miles de negocios hispanos que sirvan a clientes de cualquier origen étnico.

12-59 A ver si puedes identificar a estas personalidades. Empareja las personas con su profesión.

1. _____ Roberto Clemente
2. _____ Gloria Estefan
3. _____ Jennifer López
4. _____ Esmeralda Santiago
5. _____ Derek Parra
6. _____ Ricky Martin
7. _____ Cheech Marín
8. _____ Óscar de la Hoya

a. actor méxicoamericano
b. beisbolista puertorriqueño
c. escritora puertorriqueña
d. actriz puertorriqueña
e. patinador de velocidad méxicoamericano
f. boxeador méxicoamericano
g. cantante cubanoamericana
h. cantante puertorriqueño

WWW **12-60 Figuras conocidas.** Conéctate con la página electrónica de *¡Arriba!* (**www.prenhall.com/arriba**) para buscar más información sobre una de estas personas hispanas importantes. Escribe un párrafo en el que incluyas esta información:

- su nombre completo
- sus raíces
- su edad
- por qué es conocido/a
- unas obras o reconocimientos

 12-61 Entrevistas. Asuman el papel de la personalidad que investigaron en la Actividad 12-62 y entrevístense para tener más información.

WWW **12-62 La riqueza culinaria.** Hay mucha variedad en la cocina hispana. Conéctate con la página electrónica de *¡Arriba!* (**www.prenhall.com/arriba**) para buscar la receta de un plato que te interese. Lee la receta y contesta las siguientes preguntas:

- ¿Son ingredientes que ya tienes en casa?
- ¿Conoces un mercado donde los puedas comprar?
- ¿Es una receta sencilla o complicada?
- ¿Es para servir en una cena formal o informal?
- ¿Para cuántas personas es el plato?
- ¿Para quiénes lo prepararías?

Ritmos

"Caminando" (Millo Torres y El Tercer Planeta, Puerto Rico)

La música de Millo Torres y El Tercer Planeta, un grupo puertorriqueño, es conocida por la mezcla de varias influencias musicales: rock, reggae, música ska (parecida al reggae pero más rápida y con muchos más instrumentos) y ritmos afrocaribeños. Los problemas sociales frecuentemente aparecen como tema principal en sus canciones.

Antes de escuchar

12-63 El futuro. Ene esta canción, el autor canta sobre porvenir y la necesidad de seguir adelante en la vida. Las siguientes oraciones vienen de la canción. Cambia los verbos entre paréntesis al tiempo futuro para indicar lo que pasará o lo que hará el narrador.

1. Mi alma _____ (sonreír).
2. (Yo) _____ (tener) que seguir.
3. (Nosotros) _____ (navegar) con el viento y _____ (buscar) un porvenir (*future*).
4. El tiempo _____ (pasar).
5. (Yo) _____ (seguir) caminando.
6. _____ (hacerse) camino al andar.
7. Cada huella (*trace*) _____ (ser) un impreso de enseñanza.
8. Tropezando (*stumbling*) (yo) _____ (aprender) a caminar.
9. Alegría (yo) _____ (encontrar).
10. _____ (Llegar) un cambio.

A escuchar

12-64 Palabras clave. Completa la letra de "Caminando" con las siguientes palabras clave.

alegría   alma   cambio   enseñanza   esperanza   porvenir   seguir   vivir

Caminando
No hay segundo que detenga la _____,
Mi _____ quiere sonreír
Si entre ruegos y suplicos de alabanzas (*praise*)
Anda y busca un trago lleno de _____
Que estoy sediento (*thirsty*) y tengo que _____
Navegamos con el viento,
Buscando un _____, y el tiempo pasa
Yo sigo caminando...
No hay camino que se pierda en la distancia,
Se hace camino al andar
Cada huella es un impreso de _____ y
Tropezando es que se aprende a caminar
Yo sigo caminando, ya tengo que llegar
_____ estoy buscando, la tengo que encontrar
Ya tengo que llegar un _____, y el tiempo pasa
Yo sigo caminando...

Después de escuchar

2 **12-65 El mensaje.** En parejas, hablen de cuál es el mensaje (o mensajes) de "Caminando". Compartan sus opiniones y escriban una lista de posibles mensajes para esta canción. Refiéranse a las palabras clave con las cuales completaron la letra de la canción.

2 **12-66 Experiencias.** En parejas, contesten las siguientes preguntas y compartan sus opiniones. ¿Cómo se relacionan los mensajes con las experiencias de los hispanos en los EE.UU.? ¿Con las experiencias de sus antepasados (*ancestors*)?

Páginas

La casa en Mango Street fragmento (Sandra Cisneros, EE.UU.)

La escritora Sandra Cisneros es chicana (méxicoamericana). Durante su vida se ha dedicado a mejorar y a enriquecer el futuro de los jóvenes. La novela *La casa en Mango Street* fue escrita originalmente en inglés y luego traducida al español por Elena Poniatowska, una importante figura literaria mexicana.

Sandra Cisneros (1954 –), EE.UU.

Antes de leer

12-67 Dialectos. El dialecto que se habla entre los méxicoamericanos ha sido influenciado por el español mexicano y el inglés norteamericano. Una característica del mexicano es usar el diminutivo para comunicar que algo es pequeño, querido o, a veces, sin importancia. Por ejemplo, **una cosita** es una cosa pequeña. El sufijo **-ito/a, illo/a** puede extenderse. Por ejemplo, **chiquitito** significa aún más pequeño que **chiquito.** A ver si puedes adivinar qué significan los diminutivos que describen la casa en Mango Street.

1. Es pequeña y roja, con escalones (*stair steps*) apretados al frente y unas **ventanitas** tan chicas que parecen guardar su respiración.
2. No hay jardín al frente sino cuatro olmos (*elms*) **chiquititos** que la ciudad plantó en la banqueta.
3. Afuera, atrás hay un garaje **chiquito** para el carro que no tenemos todavía, y un **patiecito** que luce todavía más **chiquito** entre los edificios de los lados.
4. El **modito** en que lo dijo me hizo sentirme una nada.

A leer

12-68 La casa en Mango Street. Lee ahora la lectura para conocer esta famosa obra de Cisneros.

La casa en Mango Street (fragmento)

No siempre hemos vivido en Mango Street. Antes vivimos en el tercer piso de Loomis, y antes de allí vivimos en Keeler. Antes de Keeler fue en Paulina y de más antes, ni me acuerdo, pero de lo que sí me acuerdo es de un montón de mudanzas (*moves*). Y de que en cada una éramos uno más. Ya para cuando llegamos a Mango Street éramos seis: Mamá, Papá, Carlos, Kiki, mi hermana Nenny y yo.

La casa de Mango Street es nuestra y no tenemos que pagarle renta a nadie, ni compartir el patio con los de abajo, ni cuidarnos de hacer mucho ruido, y no hay propietario que golpee (golpear: *to pound*) el techo (*ceiling*) con una escoba. Pero aún así no es la casa que hubiéramos querido.

Tuvimos que salir volados (*in a rush*) del departamento (apartamento) de Loomis. Los tubos del agua se rompían y el casero (dueño) no los reparaba porque la casa era muy vieja. Salimos corriendo. Teníamos que usar el baño del vecino y acarrear (*carry*) agua en botes lecheros de un galón. Por eso Mamá y Papá buscaron una casa, y por eso nos cambiamos a la de Mango Street, muy lejos, del otro lado de la ciudad.

Siempre decían que algún día nos mudaríamos (nos... *we would move*) a una casa, una casa de verdad, que fuera nuestra para siempre, de la que no tuviéramos que salir cada año, y nuestra casa tendría agua corriente y tubos que sirvieran. Y escaleras interiores propias, como las casas de la tele. Y tendríamos un sótano, y por lo menos tres baños para no tener que avisarle a todo el mundo cada vez que nos bañáramos. Nuestra casa sería blanca, rodeada de árboles, un jardín enorme y el pasto creciendo sin cerca (*fence*). Ésa es la casa de la que hablaba Papá cuando tenía un billete de lotería y ésa es la casa que Mamá soñaba en los cuentos que nos contaba antes de dormir.

Pero la casa de Mango Street no es de ningún modo como ellos la contaron. Es pequeña y roja, con escalones apretados (escalones... *small and narrow steps*) alfrente y unas ventanitas tan chicas que parecen guardar su respiración (parecen... *seem to be holding their breath*). Los ladrillos (*bricks*) se hacen pedazos en algunas partes y la puerta del frente se ha hinchado (hinchar: *to swell*) tanto que uno tiene que empujar fuerte para entrar. No hay jardín al frente sino cuatro olmos (*elms*) chiquititos que la ciudad plantó en la banqueta. Afuera, atrás hay un garaje chiquito para el carro que no tenemos todavía, y un patiecito que luce todavía más chiquito entre los edificios de los lados. Nuestra casa tiene escaleras pero son ordinarias, de pasillo, y tiene solamente un baño. Todos compartimos recámaras (alcobas), Mamá y Papá, Carlos y Kiki, yo y Nenny.

Una vez, cuando vivíamos en Loomis, pasó una monja (*nun*) de mi escuela y me vio jugando enfrente. La lavandería (*laundry*) del piso bajo había sido cerrada con tablas (*boards*) arriba por un robo dos días antes, y el dueño había pintado en la madera SÍ, ESTÁ ABIERTO, para no perder clientela.

¿Dónde vives? preguntó.

Allí, dije señalando arriba, al tercer piso.

¿Vives *allí*?

Allí. Tuve que mirar a donde ella señalaba. El tercer piso, la pintura descarapelada (*peeling*), los barrotes (*bars*) que Papá clavó en las ventanas para que no nos cayéramos. ¿Vives *allí*? El modito (*manner*) en que lo dijo me hizo sentirme una nada. *Allí*. Yo vivo *allí*. Moví la cabeza asintiendo.

Desde ese momento supe que debía tener una casa. Una que pudiera señalar. Pero no esta casa. La casa de Mango Street no. Por mientras (*for the time being*), dice Mamá. Es temporario, dice Papá. Pero yo sé cómo son esas cosas.

Después de leer

12-69 ¿Probable o improbable? Lee las siguientes oraciones e indica si cada una es probable (**P**) o improbable (**I**) según el fragmento que has leído.

1. _____ La joven tenía 12 años cuando se mudaron a Mango Street.
2. _____ Dejaron su antigua casa porque estaba en muy malas condiciones.
3. _____ Antes de Mango Street vivían en el campo.
4. _____ La casa de Mango Street era para dos familias.
5. _____ La familia compró la casa, no la alquiló.
6. _____ El jardín tenía espacio para plantar lechugas, tomates y otras verduras.
7. _____ Cada niño tenía su propia alcoba.

12-70 ¿Es ésa su casa? Compara la casa de los sueños de la narradora con la que encontraron en Mango Street. ¿Era mejor o peor?

MODELO: **La de sus sueños**   **La de Mango**
era blanca   *era roja*

12-71 Resumir. Trabajen juntos para resumir el contentido de la lectura. Pueden usar las preguntas a continuación como guía.

1. ¿Quién narra la selección?
2. ¿Cómo era su familia?
3. ¿Qué quería? ¿Por qué?
4. ¿Por qué se desilusionó?
5. ¿Por qué dice que se sintió como una "nada" cuando le habló la monja?
6. ¿Crees que algún día la casa de Mango Street será la casa de sus sueños? ¿Por qué?

12-72 La casa de sus sueños. Túrnense para describir la casa de sus sueños. ¿Cómo se compara con la de la narradora del cuento?

MODELO: E1: *La casa de mis sueños tiene un jardín grande y una piscina. La de la joven tenía jardín, pero no tenía piscina...*

Taller

12-73 Un relato personal. En este taller, vas a narrar alguna experiencia que hayas tenido con la tecnología o con el medio ambiente en el pasado. Si no has tenido ninguna, puedes inventarla. Puedes incluir también un diálogo entre los personajes para explicar si el conflicto ha sido resuelto.

Antes de escribir

■ **El escenario.** Piensa en el lugar, las personas, la situación y tus impresiones.

A escribir

■ **Introducción.** Abre el relato con una oración para describir el contexto y el evento.
■ **Anzuelo (*Hook*).** Escribe cuatro o cinco oraciones que piquen (*spark*) el interés del lector.
■ **Conflicto.** Presenta algún conflicto psicológico o personal.
■ **Diálogo.** Escribe dos o tres líneas de diálogo entre los personajes.
■ **Conclusión.** Resume o cierra el relato.

Después de escribir

- **Revisar.** Revisa tu relato para verificar los siguientes puntos:
  - ☐ el uso del pretérito, del imperfecto y del presente perfecto
  - ☐ el uso del futuro y del condicional
  - ☐ la concordancia y la ortografía

- **Intercambiar**
  Intercambia tu relato con el de un/a compañero/a. Mientras leen los relatos, hagan comentarios y sugerencias sobre el contenido, la estructura y la gramática. Reaccionen también a los relatos.

- **Entregar**
  Pasa tu relato a limpio, incorporando las sugerencias de tu compañero/a. Después, entrégaselo a tu profesor/a.

MODELO: *En 1995 mi familia se mudó a San Antonio. Éramos cinco personas, mi madre, mis tres hermanas y yo. Para mí fue difícil el cambio. No conocía a nadie y me sentía fuera de lugar, pero luego...*

APPENDIX 1

B Activities

Capítulo 1

1-6B ¿Cómo está usted? (*When you see the A/B icon, one of you will assume the **A** role given in the text; the other, the **B** role in Appendix 1 for **B Activities.***) Your partner will assume the role of instructor; you are his/her student. Greet each other and ask how things are. Use the following information about yourself and the day.

- It's morning.
- You know the professor is named Pérez.
- You're not feeling well.

1-11B Otra vez, por favor (*please*). Take turns spelling out your words to each other. Be sure to say what category they are in. If you need to hear the spelling again, ask your partner to repeat by saying, **Otra vez, por favor.**

MODELO: cosa (*thing*) (enchilada)
e- ene - ce - hache - i - ele - a - de - a

YOU SPELL . . .
1. persona famosa (Selena)
2. ciudad (Tampa)
3. cosa (café)
4. persona famosa (Jennifer López)

YOU WRITE . . .
1. persona famosa: _____
2. ciudad (*city*): _____
3. cosa: _____
4. persona famosa: _____

1-20B Trivia. Take turns asking each other questions. One of you will use this page; the other will use the corresponding activity **1-20A.**

MODELO: E1: *un mes con veintiocho días*
E2: *febrero*

1. el número de meses en un año
2. el mes de tu cumpleaños
3. un mes con treinta días
4. los meses del semestre de la primavera
5. tu mes favorito
6. un día bueno

1-31B Necesito... Below is a list of items you have. Your classmate will tell you what he/she needs. Tell if you have each item or not. Circle the items you have that your classmate needs.

MODELO: E1: *Necesito un bolígrafo. ¿Tienes?*
E2: *Sí, tengo.*
E1: *Necesito treinta y tres libros. ¿Tienes?*
E2: *Sólo* (only) *veintidós.*

Tengo...

(1 bolígrafo)	30 lápices	14 cuadernos	22 libros
17 mochilas	96 mapas	15 diccionarios	90 papeles
25 pizarras	11 sillas	7 puerta	1 mesa

1-39B ¿Qué hay en la clase? Answer your classmate's questions about your classroom. Then ask him/her the following questions.

MODELO: E1: *¿Cuántos estudiantes hay en la clase?*
E2: *Hay veinticuatro.*

1. ¿Cuántos/as profesores/as hay en la clase?
2. ¿Cómo se llama el/la profesor/a?
3. ¿Qué hay en la mesa?
4. ¿Hay una mesa?
5. ¿Cuántas estudiantes hay? (**¡Ojo!** *female students*)
6. ¿Hay dos puertas?

1-48B En la celebración de los Grammy. Identify the following people sighted at the Grammy Award celebration. Use adjectives from this lesson and those below. Be sure to make adjectives agree with the noun they modify.

MODELO: E1: *¿Cómo es Jimmy Smits?*
E2: *Es un hombre muy activo y alto. Es de Puerto Rico.*

alto/bajo	*tall/short*
delgado/gordo	*thin/fat*
rubio/moreno	*blond/dark*
bonito/feo	*pretty/ugly*
joven/viejo	*young/old*
gracioso	*funny*
misterioso/exótico	
extrovertido/introvertido	
romántico	
idealista/realista/pesimista	
paciente/impaciente	

2. Jennifer López

1. Rosie Pérez

3. Cameron Díaz

4. Sammy Sosa

inglés	9:00 A.M.
química	11:00 A.M.
matemáticas	_____
español	_____
_____	4:45 P.M.
historia	7:15 P.M.

2-16B El horario (*schedule*) de Gracia Roldán. Complete Gracia's schedule by asking each other for the missing information. Once you've completed her schedule, ask each other the questions that follow.

MODELO: E1: *¿Qué clase tiene Gracia a las nueve?*
E2: *Tiene inglés a las nueve. ¿A qué hora es la clase de...?*
E2: *Es a la(s)...*

1. ¿Qué clases tiene Gracia por la tarde?
2. ¿A qué hora es la clase de...?

2-17B ¿A qué hora? Complete your calendar by asking your partner when the events with times missing take place.

MODELO: la fiesta (20:30)
E1: *¿A qué hora es la fiesta?*
E2: *Es a las ocho y media de la noche.*

Hora	Actividad
10:15	la clase
	la conferencia (lecture)
12:05	la reunión
	el examen
16:30	el partido de fútbol
	el programa "Amigos" en la televisión
20:30	la fiesta

2-19B ¿Es verdad? Take turns asking and answering yes/no questions. Comment on the truthfulness of each other's responses.

MODELO: E1: *¿Eres norteamericano/a?*
E2: *No, no soy norteamericano/a.*
E1: *¿De verdad?*
E2: *Sí, es verdad. Soy de Francia.*

1. ¿Eres venezolano/a?
2. ¿Tus padres son jóvenes?
3. Somos amigos/as, ¿no?
4. Eres de aquí, ¿cierto?
5. ¿Son interesantes tus clases?
6. ¿...?

2-43B Entrevistas. Ask each other questions to obtain information. Be prepared to report back to the class.

MODELO: E1: *¿Qué estudias en la universidad?*
E2: *Estudio español,...*

1. ¿Dónde estudias?
2. ¿Aprendes mucho en clase?
3. ¿Qué música (popular, clásica, de rock) escuchas?
4. ¿Bailas en una fiesta?
5. ¿Qué programa ves en la televisión?
6. ¿Cuándo escribes cartas?

2-49B ¿Tienes? Take turns asking each other if you have the items on your list. If your partner has the item you want, you make a pair. The first person who has five pairs of items wins.

MODELO: E1: *¿Tienes un libro de historia?*
E2: *Sí, tengo. (No, no tengo.)*

_____ cuaderno verde

_____ una mochila negra

_____ un libro de arte

_____ una pintura de Dalí

_____ una novela de Hemingway

_____ un reloj grande

_____ un lápiz rojo

_____ un buen amigo

_____ un examen difícil

_____ una profesora inteligente

Capítulo 3

3-11B Inventario. Take turns dictating to each other your inventory numbers in Spanish. Which items do you have in common? **¡Ojo!** Watch for agreement.

MODELO: 747 mesas
setecientas cuarenta y siete mesas

1. 202 diccionarios
2. 5.002 escritorios
3. 816 pizarras
4. 52 mapas
5. 1.326 libros
6. 2.700.000 calculadoras
7. 110.000 sillas

3-12B ¿Cuánto cuesta...? You are a tourist renting a car in Mexico City. Ask the clerk for the rental prices of cars and choose a suitable car.

MODELO: E1: *¿Cuánto cuesta un coche de lujo de cuatro puertas por semana?*
E2: *Dos mil setecientos cincuenta pesos.*
E1: *¡Uf! ¡Es mucho!*

¿CUÁNTO CUESTA...
1. un carro compacto, manual, de dos puertas por siete días?
2. un carro de lujo (*luxury*), automático, de cuatro puertas por día adicional?
3. un carro de turismo (*full sized*), automático, de cuatro puertas por siete días?
4. un carro compacto, automático, de dos puertas por un día? ¿Por siete días?
5. un carro de turismo utilitario o especial (*SUV*) automático por un día?

3-18B En el aeropuerto. Complete the following immigration document. Ask each other questions to get the missing information. **¡Ojo!** To indicate possession, use **de** in the questions. Use a possessive adjective in your answers.

MODELO: E1: *¿Cuál es el lugar de nacimiento de Pedro?*
E2: *Su lugar de nacimiento es España.*

Profesión	Nombre	Apellido paterno	Edad	Lugar de nacimiento
		Pérez		España
		Parra	27	
	Paco		55	Francia
director		Saura	61	
estudiante	Claudia			Cuba

3-24B ¿Tienes...? Following the model, create questions with **tener** to ask each other. Try to find out additional information as well.

MODELO: sed en clase
E1: *¿Tienes sed en clase?*
E2: *Sí, tengo sed en clase.*
E1: *¿Por qué?*
E2: *Porque tengo que hablar mucho.*

1. hambre en clase
2. frío
3. cuidado en un examen
4. que trabajar mucho
5. miedo
6. dieciocho años

3-32B Las materias, la hora, el lugar. Take turns asking and answering questions in order to complete the missing information on your class schedules. Each of you has part of the information.

MODELOS: E1: *¿A qué hora es la clase de...?*
E2: *¿Qué clase es a...?*
E1: *¿Dónde es la clase de...?*
E2: *¿Quién es el/la profesor/a de...?*

Hora	Clase	Lugar	Profesor/a
8:30		Facultad de Informática	
9:00		Facultad de Arte	
		Facultad de Medicina	
	lingüística	Facultad de Filosofía y Letras	
1:55		Facultad de Ingeniería	

3-37B El fin de semana. Explain your schedules to each other. What activities will you do together?

MODELO: E1: *A las 8 de la mañana, voy a la clase de informática. ¿Qué vas a hacer tú?*
E2: *Voy a la clase de biología.*

LA HORA	YO	MI COMPAÑERO/A
8:00	clase de biología	_____
9:30	laboratorio	_____
11:00	librería	_____
11:30	biblioteca	_____
1:15	clase de inglés	_____
3:00	oficina del/de la profesor/a de...	_____
5:00	...	_____

3-49B ¿Qué estoy haciendo? Take turns acting out your situations while your partner tries to guess what you are doing.

MODELO: ver la televisión
E1: (act out watching TV) *¿Qué estoy haciendo?*
E2: *Estás viendo la televisión.*

1. estudiar para un examen difícil
2. comer un sándwich grande
3. escribir en la computadora
4. hablar por teléfono
5. ¿...?

3-55B Dibujos (*Drawings*). Take turns describing a person using the following information while the other tries to draw the person described. Then compare the drawings with the descriptions.

MODELO: chica: 18 años, alta, bonita, triste, oficina
E1: *Es una chica. Tiene dieciocho años. Es alta y bonita. Está triste y está en la oficina.*
E2:

1. chico, veinte años, delgado, bajo, enamorado, cafetería
2. mujer, cuarenta años, alta, gorda, cansada, gimnasio
3. mujer, noventa años, delgada, pequeña, ocupada, biblioteca

Capítulo 4

4-8B ¿Cómo es tu familia? With a classmate, take turns asking and answering questions about your families.

MODELO: E1: *¿Viven tus abuelos con tu familia?*
E2: *Sí, viven con nosotros. ¿Y tus abuelos?*
E1: *No, mis abuelos no viven con nosotros.*

1. ¿Viven cerca tus primos?
2. ¿Trabajan o estudian tus hermanos?
3. ¿Cuántos hermanos o hermanas tienes?
4. ¿Dónde vive tu familia?
5. ¿Cuántos primos tienes?
6. ¿...?

4-16B El/La curioso/a. Take turns asking each other about your family. Use the following questions to get started.

1. ¿Sirven las comidas en tu casa temprano o tarde?
2. ¿Quiénes duermen la siesta en tu familia?
3. ¿A qué hora vuelven tus padres (hijos) a casa durante la semana?
4. ¿Qué piensas hacer con tu familia este fin de semana?
5. ¿Puedes ver la televisión todas las noches en casa?

4-24B Una entrevista para *Prensa Libre*. *Prensa Libre* is an independent newspaper from Guatemala. Role play a member of a famous family as your partner—a reporter—asks you questions. After the interview, ask the reporter questions based on the following information. Write down his/her answers.

MODELO: E1: *¿Practica usted fútbol?*
E2: *No, no lo practico. Y usted, ¿escribe artículos en inglés también?*
E1: *Sí, los escribo. (No, no los escribo.)*

ACTIVIDADES

escribir muchos artículos	siempre escribir la verdad
hablar inglés en su trabajo	ver a muchas personas famosas
visitar El Salvador	necesitar mi fotografía
preferir los periódicos norteamericanos	¿...?

4-38B ¡Estoy aburrido/a! Your partner is bored. Invite him/her to do something that he/she might enjoy.

MODELO: E1: *Estoy aburrido/a.*
E2: *¿Quieres ir a bailar?*
E1: *Me encantaría. ¡Vamos! / Gracias, pero no puedo. No tengo dinero.*

ALGUNAS ACTIVIDADES

conversar con...	ir al cine /a la playa
correr por el parque	pasear por el centro
hacer ejercicio	tomar un café
hacer una fiesta	visitar a amigos / la familia

4-49B Entrevista. Ask your partner the questions below, and write down his/her answers. Then read the following sentences and answer your partner's questions using that information.

MODELO: E1: *¿Conoces a alguna* (any) *persona famosa?*
E2: *Sí, conozco a Ricky Martin. Soy amigo/a de él.*

> Soy amigo/a de Rigoberta Menchú.[1]
> Toco el piano muy bien.
> No practico mucho los deportes.
> Vivo y trabajo en la Ciudad de Guatemala.
> Hablo español y una lengua maya.
> Soy arqueólogo/a y estudio las pirámides mayas.

---

[1]Rigoberta Menchú (1959–) of Guatemala won the 1992 Nobel Peace Prize for her advocacy of social justice for indigenous peoples and other victims of governmental repression.

1. ¿Conoces a un político importante?
2. ¿A qué actores famosos conoces?
3. ¿Qué idiomas sabes hablar?
4. ¿Qué países conoces muy bien?
5. ¿Sabes cuál es y dónde está la capital de Francia?
6. ¿Juegas bien al fútbol?

Capítulo 5

5-8B ¡Esta es su casa! Imagínate que quieres comprar una casa y quieres saber la siguiente información. Tu compañero/a es agente inmobiliario/a (*realtor*). Puedes usar estas preguntas para pedir información.

1. ¿Cuántos dormitorios tiene?
2. ¿Está cerca de una escuela?
3. ¿Hay un supermercado cerca?
4. ¿Qué accesorios tiene la cocina?
5. ¿Cuál es su costo inicial?
6. ¿Cuál es el pago mensual?
7. ¿...?

5-15B Tus responsabilidades domésticas. Túrnense para hacer y contestar las siguientes preguntas sobre los quehaceres de la casa.

MODELO: E1: *¿Les sacas la basura a tus padres/abuelos?*
E2: *Sí, les saco la basura. (No, no les saco la basura porque no vivo con ellos.)*

1. ¿Le sacas la basura a tu abuela?
2. ¿Les pasas la aspiradora a tus padres/hijos?
3. ¿Le barres el piso a tu padre?
4. ¿Le ordenas el garaje a tu madre?

5-23B Su opinión. Conversen sobre sus opiniones sobre las casas.

MODELO: las casas grandes
E1: *¿Te gustan las casas grandes?*
E2: *¡Sí, me encantan! Pero no me gusta limpiarlas.*

1. los apartamentos
2. las terrazas
3. las piscinas
4. las cocinas modernas

5-39B ¿Qué estoy haciendo? Túrnense para representar cada actividad de la lista mientras el/la compañero/a adivina qué hace.

MODELO: E1: *(combing hair)*
E2: *Estás peinándote.*

brushing teeth   drying hair   falling in love   getting dressed   sitting down

5-48B En la agencia de bienes raíces. Buscas una casa en una agencia de bienes raíces (*real estate*). Quieres comprar una casa pequeña, pero por un precio razonable. En la agencia hay dos casas. Escucha las descripciones del agente y después hazle preguntas. Decide cuál de las dos casas quieres comprar.

Capítulo 6

COCINA CONCHA

Pescados y mariscos

Calidad garantizada
(56) (65) (266795)
Angelmó - Puerto Montt - Chile

almejas (clams)	2500 pesos
almeja a la parmesana	3000 pesos
camarones	2500 pesos
cangrejo (crab)	6000 pesos
corvina (sea bass)	4000 pesos
ostras (oysters)	5000 pesos
salmón frío	5000 pesos
salmón ahumado (smoked)	6000 pesos
salmón a la mantequilla	5500 pesos
salmón a la plancha (grilled)	5500 pesos
sopa marinera	3000 pesos
langosta	6000 pesos
vino tinto chileno (botella)	4000 pesos
vino blanco chileno (botella)	3500 pesos
cerveza	1000 pesos
agua mineral	1000 pesos
té	500 pesos
café	750 pesos

¿Cómo se llega?

De la estación de autobuses en Puerto Montt, tome un taxi o un colectivo a Angelmó. Allí va a ver un edificio de dos plantas. Suba al segundo piso y busque la Cocina Concha.

6-11B Cocina Concha. Esta "cocina" (restaurante informal) es una de las muchas que se encuentran por la costa chilena donde las especialidades son pescados y mariscos. Imagínate que eres un/a camarero/a que atiende a dos turistas. Trata de convencerles que pidan los platos más caros, para luego recibir una propina más grande. Puedes utilizar expresiones como **exquisito, fenomenal, delicioso, rico,** etcétera.

6-15B ¿Cómo eres? Túrnense para preguntarse sobre su familia y sus amigos.

MODELO: más trabajador/a
E1: *¿Quién es el más trabajador de tu familia?*
E2: *Mi hermano es el más trabajador de mi familia.*

1. menos impaciente
2. más imaginativo/a
3. peor cocinero/a
4. más atractivo/a
5. más activo/a
6. mayor

6-22B ¿Tienes? Imagínate que tu compañero/a está muy enfermo/a y quiere saber si le puedes traer algunas cosas. Contesta las preguntas para decidir qué puedes traerle de casa y qué necesitas comprar.

MODELO: E1: *¿Tienes naranjas?*
E2: *Sí, tengo naranjas. / No, no tengo naranjas.*
E1: *¿Me las traes? / ¿Me compras unas naranjas?*
E2: *Sí, te las traigo. / Sí, te las compro.*

EN TU COCINA, TIENES...

azúcar	jugo de limón	manzanas	sopa de tomate	sal
café	jugo de naranja	pan	pimienta	tomates
chuletas	leche	papas	pollo	zanahorias

6-33B El arroz con leche. El arroz con leche es un postre muy conocido por todo el mundo hispano. Imagínate que tu compañero/a tiene la receta y tú tienes algunos de los ingredientes. Decidan qué ingredientes necesitan comprar.

MODELO: E1: *Necesitamos una taza de arroz.*
E2: *No tenemos arroz. Tenemos que comprarlo.*

EN TU COCINA, TIENES...

1 litro leche

½ taza azúcar

docena huevos

1 limón viejo

canela molida (*ground cinnamon*)

sal

6-40B Charadas. Túrnense para representar éstas y otras acciones en el pasado para ver si tu compañero/a puede adivinar la acción.

MODELO: E1: (Act out: *Corté el pan.*)
E2: *Cortaste el pan.*

El/La profesor/a peló las zanahorias.   Cortamos el bistec.

Comí un huevo crudo.   Tomaste café con leche.

Volteé la tortilla en el plato.   ¿...?

6-47B ¿Qué pasó? Tu compañero/a te va a preguntar qué pasó en algunas situaciones. Contesta usando actividades lógicas de la lista.

MODELO: en la fiesta familiar
E1: *¿Qué pasó en la fiesta familiar?*
E2: *Mi mamá sirvió nuestra comida favorita.*

ALGUNAS ACTIVIDADES

dormirse...   pedir postre   repetir la lección

oír...   preferir comprar...   servir...

Capítulo 7

7-9B Una invitación. Responde a la invitación de tu compañero/a. Pídele (*Ask him/her for*) detalles. Puedes usar preguntas de la lista.

MODELO: E1: *Oyé ¿que te parece si vamos al concierto de Ricky Martin?*
E2: *¿Qué día?*

¿Qué día?   ¿Quiénes van?   ¿A qué hora volvemos?

¿Dónde?   ¿Cuánto cuesta?

¿A qué hora?   ¿Cómo se llama?

7-10B ¿Qué te gusta hacer cuando...? Túrnense para preguntarse qué les gusta hacer en diferentes climas. Anoten y resuman las respuestas.

MODELO: E1: *¿Qué te gusta hacer cuando está nevando?*
E2: *Me gusta esquiar.*

ALGUNAS ACTIVIDADES

dar un paseo / una fiesta   ir a un partido / al cine / a la playa
dormir una siesta   leer una novela / el periódico
esquiar en la nieve / en el agua   nadar en la piscina / en la playa
hacer un pícnic / una fiesta   tomar el sol / un refresco
invitar a los amigos   ver una película / un concierto / la
                                                 televisión

¿QUÉ TE GUSTA HACER CUANDO...
1. hace mal tiempo?
2. hace mucho viento?
3. hace calor, pero no tienes aire acondicionado?
4. hace sol?
5. hace mucho frío?
6. quieres esquiar pero no hay nieve?

7-14B Chismes (*Gossip*). Hagan y contesten preguntas sobre la clase de ayer.

1. ¿Qué vieron en la pizarra?
2. ¿Tuvieron que escribir algo?
3. ¿Qué les dio el/la profesor/a de tarea para hoy?
4. ¿Cómo fue la clase?

7-23B ¡Contéstame! Conversen sobre sus planes. Túrnense para contestar estas preguntas. Háganse una pregunta original también.

MODELO: E1: *¿Siempre acompañas a tus padres cuando van al cine?*
E2: *Sí, siempre los acompaño. (No, no los acompaño nunca.)*

1. ¿Vas a visitar algún museo este fin de semana?
2. ¿No tienes ningún plan para esta tarde?
3. ¿Siempre vas al cine cuando hace mal tiempo?
4. ¿Alguien va a hacer un pícnic el sábado?
5. ¿Tienes algo importante que hacer el fin de semana?

7-33B Consejos. Explíquense cómo se sienten y pidan consejos sobre lo que deben hacer. Pueden aceptar o rechazar los consejos, pero es necesario dar excusas si no los aceptan.

MODELO: E1: *Estoy aburrido/a. ¿Qué hago?*
E2: *¿Por qué no das un paseo?*
E1: *No quiero. No me gusta salir de noche.*
E2: *Bueno, yo voy contigo. ¿Está bien?*

Sugerencias	Reacciones
hacer un pícnic	*¡Fabuloso!*
jugar al tenis	*No me gusta(an)...*
escuchar música	*¡Ideal!*
trabajar en la biblioteca	*¡Qué buena idea!*
ver la televisión	*Me da igual.*
visitar una librería	*¡Qué mala idea!*
ir a un concierto	*No quiero porque...*
¿...?	*Tienes razón.*
	No puedo porque...
	¡Vamos!

7-41B El año pasado. Túrnense para contestar estas preguntas y hacer una pregunta original. Luego, comparen sus preguntas y respuestas, y resuman la información para el resto de la clase.

MODELO: E1: *¿Conociste a una persona interesante el año pasado?*
E2: *Sí, conocí a...*

1. ¿Conociste a una persona importante?
2. ¿Tuviste que estudiar toda la noche para algún examen?
3. ¿Viniste a la universidad los sábados?
4. ¿Hiciste planes especiales para un fin de semana?
5. ¿Les dijiste siempre "adiós" a tus padres al salir para clase?

7-45B ¿Se permite...? Hablen sobre las siguientes actividades y si se hacen o se permiten en su universidad, ciudad o país. Pídanse detalles.

MODELO: permitir fumar en esta universidad
¿Se permite fumar en esta universidad? ¿Dónde? ¿Por qué? ¿Cuándo?

- permitir hablar inglés en clase
- poder comprar comida cubana en el supermercado
- permitir entrar tarde en clase
- poder terminar los estudios universitarios en cuatro años
- creer que es importante ganar mucho dinero en este país

Capítulo 8

8-7B ¿Tienes...? Túrnense para preguntarse si tienen los artículos de la lista, cómo son, cuánto pagaron, etcétera.

| abrigo / cuero | chaqueta / seda | suéter / lana |
| blusa / algodón | falda / algodón | zapatos / cuero |

MODELO: blusa / seda
E1: *¿Tienes una blusa de seda?*
E2: *Sí, tengo una.*
E1: *¿Cómo es?*
E2: *...*
E1: *¿Cuánto pagaste por ella?*
E2: *...*

8-18B ¿Qué pasaba? Tu compañero/a te va a preguntar qué pasaba en algunas situaciones. Contesta usando actividades lógicas de la lista.

MODELO: a la medianoche en la última fiesta que fuiste
E1: *¿Qué pasaba a la medianoche en la fiesta?*
E2: *Todos bailaban.*

ALGUNAS ACTIVIDADES
todos *divertirse* mucho

los turistas *preferir* comprar...

dormir por varias horas

el profesor *repetir* la lección

los estudiantes *pedir* refrescos

todos *ver* la película

8-40B Artículo perdido. Imagínate que perdiste un artículo que compraste y que lo vas a buscar en la oficina de artículos perdidos (*Lost and Found*) de un almacén. Di lo que perdiste y contesta las preguntas que te hace mientras tu compañero/a completa el formulario necesario. Después, hazle las siguientes preguntas al agente.

MODELO: *Buenos días. (Buenas tardes.) Perdí...*

1. ¿Cuándo me puede decir si encontraron el artículo?
2. En este almacén, ¿tienen seguro para cuando se pierde un artículo dentro del almacén?

Capítulo 9

9-15B Un viaje a un lugar interesante. Ustedes piensan visitar un lugar interesante este verano. Háganse preguntas para planear el viaje y después hagan un resumen de sus planes.

1. ¿Qué regalos vamos a comprar para nuestros/as amigos/as?
2. ¿Es importante para ti hablar español todo el tiempo? ¿Por qué?
3. ¿Por qué vamos a ese lugar y no a...?
4. ¿Cuánto tenemos que pagar por los billetes?
5. ¿Para cuándo tenemos que pagar?
6. ¿Qué vas a llevar?

9-20B ¿Cómo lo haces? Túrnense para hacerse preguntas. Contesten cada una con un adverbio terminado en **-mente,** basado en un adjetivo de la lista.

MODELO: E1: *¿Qué tal lees en español?*
E2: *Leo lentamente.*

alegre	animado	difícil	fácil	profundo	tranquilo
amable	cuidadoso	elegante	lento	rápido	triste

1. ¿Qué tal cantas en español?
2. ¿Qué tal duermes cuando hace frío?
3. ¿Cómo te vistes cuando estás de vacaciones?
4. ¿Cómo trabajas cuando tienes sueño?

9-38B Desafío (*Challenge*). Cada uno/a de ustedes tiene una lista de verbos diferentes en el indicativo y el subjuntivo. Túrnense para ver si su compañero/a sabe el presente de subjuntivo.

MODELO: E1: *Indicativo: tomamos*
E2: *Subjuntivo: tomemos*
E1: *Correcto.*

Mi lista	Indicativo	Subjuntivo	Correcto	Incorrecto
	tomamos	tomemos	✔	
	vemos	veamos		
	voy	vaya		
	lees	leas		
	dormimos	durmamos		
	ponen	pongan		
	quiere	quiera		

9-43B Unos pedidos (*requests*). Imagínense que van de vacaciones a distintos lugares. Túrnense para pedir favores o recomendar actividades al/a la otro/a.

MODELO: sacarme muchas fotos
E1: *Espero que saques muchas fotos.*
E2: *¡Claro que sí! (No puedo. No tengo cámara.)*

1. traerme un mapa del lugar
2. comprarme una tarjeta postal
3. llamarme todos los días
4. tomar mucho sol

9-44B ¿Qué hacer? Imagínate que tu compañero/a te pide consejos. Después de escuchar cada problema, ofrécele un consejo. Usa verbos de la lista para tus recomendaciones. Escucha su reacción.

MODELO: E1: *Tengo un examen de química mañana.*
E2: *Te recomiendo que estudies mucho.*
E1: *Buena idea. / No tengo tiempo.*

te aconsejo	te digo	mando	te pido	te recomiendo
deseo	insisto en	permito	te prohíbo	te sugiero

Capítulo 10

10-9B ¡Qué mal me siento! Túrnense para decir sus síntomas y dar consejos.

MODELO: E1: *Me duelen los pulmones.*
E2: *Debes dejar de fumar.*

1. Tengo gripe.
2. Tengo náuseas.
3. Tengo un dolor de cabeza terrible.
4. Toso mucho.
5. No tengo energía.
6. Soy alérgico/a a los camarones.

10-16B En la sala de urgencias. Imagínense que ustedes tienen que decidir qué acciones tomar en situaciones urgentes. Túrnense para presentar situaciones. El/La otro/a responde con instrucciones lógicas de su lista, usando un mandato de **nosotros.**

MODELO: E1: *El niño tiene gripe.*
E2: *Démosle vitamina C.*

buscar el tanque de oxígeno	darle un antiácido
ponerle una inyección de penicilina	tomarle la temperatura
darle un jarabe	¿...?

1. La paciente en la silla se rompió la pierna.
2. El señor viejo está muy ansioso.
3. La niña está resfriada.
4. La señora tiene dolor de cabeza.
5. Al joven le duele una muela.
6. ¿...?

10-28B Te recomiendo que... Túrnense para presentar los siguientes problemas mientras el/la otro/a ofrece recomendaciones. Pueden usar el verbo **recomiendo** con una cláusula nominativa en el subjuntivo.

MODELO: E1: *Soy muy delgado/a.*
E2: *Te recomiendo que hagas tres comidas completas todos los días.*

1. Mi jefe/a padece de úlceras.
2. A mi abuelo/a le preocupa su alto nivel de colesterol.
3. A mi amigo/a le falta energía.
4. No quiero engordar cuando voy de vacaciones.
5. Me duele el estómago.

10-45B ¿Hay una dieta perfecta? Túrnense para expresar su opinión usando expresiones de certeza o duda de la siguiente lista.

(no) creo	(no) dudo
(no) estoy seguro/a	(no) niego
quizás	tal vez

MODELO: E1: *¿Hay una dieta para adelgazar?*
E2: *Sí, creo que hay una muy buena. Es una dieta baja en carbohidratos.*

1. ¿La comida orgánica es mejor que la no orgánica?
2. ¿Las vitaminas naturales son más caras que las sintéticas?
3. ¿Es bueno tener un entrenador personal?
4. ¿Vas a visitar un spa este año?

Capítulo 11

11-16B Consejo. Túrnense para contar sus problemas y darse consejos usando expresiones impersonales.

MODELO: un/a amigo/a enojado/a
E1: *Mi amigo/a está enojado/a conmigo.*
E2: *Es indispensable que lo/la llames y que ustedes hablen del problema.*

POSIBLES PROBLEMAS

un desacuerdo con un/a amigo/a	un examen difícil
un virus en tu computadora	un trabajo aburrido
un/a jefe/a imposible	¿...?

11-28B La despedida. Eres un/a empleado/a de veinte años en la sección de finanzas de tu empresa. Siempre fuiste muy honrado/a, pero ahora hay una discrepancia en las cuentas. Explícale a tu director/a por qué mereces (*deserve*) quedarte en tu trabajo. Si hay un error, fue accidental, trabajas mucho y largas horas, etcétera.

11-40B Preguntas indiscretas. Túrnense para hacer y contestar preguntas indiscretas. Usen el subjuntivo o el indicativo cuando sea necesario.

MODELO: E1: *¿Cuándo vas a encontrar trabajo?*
E2: *Voy a encontrar trabajo después de terminar mis estudios.*

1. ¿Para qué estudias?	cuando
2. ¿Cuándo vas a tener una entrevista?	para (que)
3. ¿Dónde encuentras el trabajo perfecto?	hasta (que)
4. ¿Cuándo vas a buscar trabajo?	tan pronto como
	después de (que)
	donde

Capítulo 12

12-9B ¡Hagamos más fácil la vida! Túrnense para decir lo que necesita la otra persona para hacerse más fácil la vida.

MODELO: E1: *No puedo ver bien mi documento en la computadora.*
E2: *Necesitas una pantalla más grande.*

1. Mi primo vive en España y es muy caro hablarle por teléfono.
2. Pierdo todas las llamadas telefónicas cuando no estoy en casa.
3. Me gusta hacer llamadas desde mi carro.
4. Tengo que pasar en limpio un trabajo para mañana.

12-11B Una encuesta de Harris. Túrnense para hacer esta encuesta de Harris. Empiecen con esta presentación.

MODELO: E1: *Buenos días. Con su permiso, me gustaría hacerle algunas preguntas sobre su forma de utilizar la tecnología...*
E2: *Bueno, no tengo mucho tiempo pero...*

1. ¿Tiene un contestador automático en casa? ¿Qué mensaje tiene?
2. ¿Tiene usted un teléfono móvil?
3. ¿Cuántos minutos lo usa cada mes?
4. ¿Con quiénes habla con frecuencia?
5. ¿Cuál es su opinión de las personas que lo usan en su coche?
6. ¿Puede usted vivir sin un teléfono móvil?

12-31B ¿Qué harás? Túrnense para preguntase qué harán en estas circunstancias.

MODELO: Ni el fax y ni la conexión de la Red informática funcionan.
Llamaré a un técnico o compraré un módem nuevo.

1. Necesitas información para un trabajo sobre un país hispano.
2. Recibes cien mensajes en tu correo electrónico.
3. No funciona tu contestador automático.
4. Hay un disco compacto nuevo que te interesa oír.

12-39B ¿Cuál es tu opinión? Túrnense para hacer y responder a preguntas sobre el medio ambiente.

1. ¿Cuál es el problema del medio ambiente más serio en tu región?
2. ¿Qué debe hacer el gobierno para proteger el medio ambiente?
3. ¿Cuál es tu opinión sobre la energía solar?
4. ¿Cómo llegas a la universidad? ¿a pie, en carro, en transporte público? ¿Por qué?

12-48B Geraldo. Imagínate que eres un/a jefe/a de una planta nuclear y tu compañero/a es un/a entrevistador/a para un programa de investigación en la televisión. Contesta sus preguntas y hazle algunas preguntas también.

MODELO: limpiar los desechos
E1: *Usted dijo que limpiaría los desechos de su planta, pero...*
E2: *Es verdad. Pero eso toma tiempo. Usted dijo que no me haría preguntas indiscretas.*
E1: *Es verdad, pero...*

PREGUNTAS DEL/DE LA JEFE/A
Usted dijo que...

1. no seguirme por todas partes
2. no sacarle fotos a mi familia
3. ayudarme a mejorar mi imagen en su artículo
4. ser un artículo favorable
5. no hacerme preguntas difíciles
6. escuchar mi punto de vista

Verb Charts

Regular Verbs: Simple Tenses

Infinitive / Present Participle / Past Participle	Indicative					Subjunctive		Imperative
	Present	Imperfect	Preterit	Future	Conditional	Present	Imperfect	
hablar hablando hablado	hablo hablas habla hablamos habláis hablan	hablaba hablabas hablaba hablábamos hablabais hablaban	hablé hablaste habló hablamos hablasteis hablaron	hablaré hablarás hablará hablaremos hablaréis hablarán	hablaría hablarías hablaría hablaríamos hablaríais hablarían	hable hables hable hablemos habléis hablen	hablara hablaras hablara habláramos hablarais hablaran	habla tú, no hables hable usted hablemos hablen Uds.
comer comiendo comido	como comes come comemos coméis comen	comía comías comía comíamos comíais comían	comí comiste comió comimos comisteis comieron	comeré comerás comerá comeremos comeréis comerán	comería comerías comería comeríamos comeríais comerían	coma comas coma comamos comáis coman	comiera comieras comiera comiéramos comierais comieran	come tú, no comas coma usted comamos coman Uds.
vivir viviendo vivido	vivo vives vive vivimos vivís viven	vivía vivías vivía vivíamos vivíais vivían	viví viviste vivió vivimos vivisteis vivieron	viviré vivirás vivirá viviremos viviréis vivirán	viviría vivirías viviría viviríamos viviríais vivirían	viva vivas viva vivamos viváis vivan	viviera vivieras viviera viviéramos vivierais vivieran	vive tú, no vivas viva usted vivamos vivan Uds.

Vosotros Commands

hablar	comer	vivir
hablad, no habléis	comed, no comáis	vivid, no viváis

Regular Verbs: Perfect Tenses

	Indicative					Subjunctive	
	Present Perfect	Past Perfect	Preterit Perfect	Future Perfect	Conditional Perfect	Present Perfect	Past Perfect
	he	había	hube	habré	habría	haya	hubiera
	has	habías	hubiste	habrás	habrías	hayas	hubieras
	ha hablado	había hablado	hubo hablado	habrá hablado	habría hablado	haya hablado	hubiera hablado
	hemos comido	habíamos comido	hubimos comido	habremos comido	habríamos comido	hayamos comido	hubiéramos comido
	habéis vivido	habíais vivido	hubisteis vivido	habréis vivido	habríais vivido	hayáis vivido	hubierais vivido
	han	habían	hubieron	habrán	habrían	hayan	hubieran

Irregular Verbs

Infinitive / Present Participle / Past Participle	Indicative					Subjunctive		Imperative
	Present	Imperfect	Preterit	Future	Conditional	Present	Imperfect	
andar	ando	andaba	anduve	andaré	andaría	ande	anduviera	
andando	andas	andabas	anduviste	andarás	andarías	andes	anduvieras	anda tú,
andado	anda	andaba	anduvo	andará	andaría	ande	anduviera	no andes
	andamos	andábamos	anduvimos	andaremos	andaríamos	andemos	anduviéramos	ande usted
	andáis	andabais	anduvisteis	andaréis	andaríais	andéis	anduvierais	andemos
	andan	andaban	anduvieron	andarán	andarían	anden	anduvieran	anden Uds.
caer	caigo	caía	caí	caeré	caería	caiga	cayera	
cayendo	caes	caías	caíste	caerás	caerías	caigas	cayeras	cae tú,
caído	cae	caía	cayó	caerá	caería	caiga	cayera	no caigas
	caemos	caíamos	caímos	caeremos	caeríamos	caigamos	cayéramos	caiga usted
	caéis	caíais	caísteis	caeréis	caeríais	caigáis	cayerais	caigamos
	caen	caían	cayeron	caerán	caerían	caigan	cayeran	caigan Uds.
dar	doy	daba	di	daré	daría	dé	diera	
dando	das	dabas	diste	darás	darías	des	dieras	da tú,
dado	da	daba	dio	dará	daría	dé	diera	no des
	damos	dábamos	dimos	daremos	daríamos	demos	diéramos	dé usted
	dais	dabais	disteis	daréis	daríais	deis	dierais	demos
	dan	daban	dieron	darán	darían	den	dieran	den Uds.

Irregular Verbs (continued)

Infinitive Present Participle Past Participle	Indicative					Subjunctive		Imperative
	Present	Imperfect	Preterit	Future	Conditional	Present	Imperfect	
decir diciendo dicho	digo dices dice decimos decís dicen	decía decías decía decíamos decíais decían	dije dijiste dijo dijimos dijisteis dijeron	diré dirás dirá diremos diréis dirán	diría dirías diría diríamos diríais dirían	diga digas diga digamos digáis digan	dijera dijeras dijera dijéramos dijerais dijeran	di tú, no digas diga usted digamos decid vosotros, no digáis digan Uds.
estar estando estado	estoy estás está estamos estáis están	estaba estabas estaba estábamos estabais estaban	estuve estuviste estuvo estuvimos estuvisteis estuvieron	estaré estarás estará estaremos estaréis estarán	estaría estarías estaría estaríamos estaríais estarían	esté estés esté estemos estéis estén	estuviera estuvieras estuviera estuviéramos estuvierais estuvieran	está tú, no estés esté usted estemos estad vosotros, no estéis estén Uds.
haber habiendo habido	he has ha hemos habéis han	había habías había habíamos habíais habían	hube hubiste hubo hubimos hubisteis hubieron	habré habrás habrá habremos habréis habrán	habría habrías habría habríamos habríais habrían	haya hayas haya hayamos hayáis hayan	hubiera hubieras hubiera hubiéramos hubierais hubieran	
hacer haciendo hecho	hago haces hace hacemos hacéis hacen	hacía hacías hacía hacíamos hacíais hacían	hice hiciste hizo hicimos hicisteis hicieron	haré harás hará haremos haréis harán	haría harías haría haríamos haríais harían	haga hagas haga hagamos hagáis hagan	hiciera hicieras hiciera hiciéramos hicierais hicieran	haz tú, no hagas haga usted hagamos haced vosotros, no hagáis hagan Uds.
ir yendo ido	voy vas va vamos vais van	iba ibas iba íbamos ibais iban	fui fuiste fue fuimos fuisteis fueron	iré irás irá iremos iréis irán	iría irías iría iríamos iríais irían	vaya vayas vaya vayamos vayáis vayan	fuera fueras fuera fuéramos fuerais fueran	ve tú, no vayas vaya usted vamos, no vayamos id vosotros, no vayáis vayan Uds.

Irregular Verbs (continued)

Infinitive / Present Participle / Past Participle	Indicative					Subjunctive		Imperative
	Present	Imperfect	Preterit	Future	Conditional	Present	Imperfect	
oír / oyendo / oído	oigo oyes oye oímos oís oyen	oía oías oía oíamos oíais oían	oí oíste oyó oímos oísteis oyeron	oiré oirás oirá oiremos oiréis oirán	oiría oirías oiría oiríamos oiríais oirían	oiga oigas oiga oigamos oigáis oigan	oyera oyeras oyera oyéramos oyerais oyeran	oye tú, no oigas oiga usted oigamos oigan Uds.
poder / pudiendo / podido	puedo puedes puede podemos podéis pueden	podía podías podía podíamos podíais podían	pude pudiste pudo pudimos pudisteis pudieron	podré podrás podrá podremos podréis podrán	podría podrías podría podríamos podríais podrían	pueda puedas pueda podamos podáis puedan	pudiera pudieras pudiera pudiéramos pudierais pudieran	
poner / poniendo / puesto	pongo pones pone ponemos ponéis ponen	ponía ponías ponía poníamos poníais ponían	puse pusiste puso pusimos pusisteis pusieron	pondré pondrás pondrá pondremos pondréis pondrán	pondría pondrías pondría pondríamos pondríais pondrían	ponga pongas ponga pongamos pongáis pongan	pusiera pusieras pusiera pusiéramos pusierais pusieran	pon tú, no pongas ponga usted pongamos pongan Uds.
querer / queriendo / querido	quiero quieres quiere queremos queréis quieren	quería querías quería queríamos queríais querían	quise quisiste quiso quisimos quisisteis quisieron	querré querrás querrá querremos querréis querrán	querría querrías querría querríamos querríais querrían	quiera quieras quiera queramos queráis quieran	quisiera quisieras quisiera quisiéramos quisiérais quisieran	quiere tú, no quieras quiera usted queramos quieran Uds.
saber / sabiendo / sabido	sé sabes sabe sabemos sabéis saben	sabía sabías sabía sabíamos sabíais sabían	supe supiste supo supimos supisteis supieron	sabré sabrás sabrá sabremos sabréis sabrán	sabría sabrías sabría sabríamos sabríais sabrían	sepa sepas sepa sepamos sepáis sepan	supiera supieras supiera supiéramos supierais supieran	sabe tú, no sepas sepa usted sepamos sepan Uds.
salir / saliendo / salido	salgo sales sale salimos salís salen	salía salías salía salíamos salíais salían	salí saliste salió salimos salisteis salieron	saldré saldrás saldrá saldremos saldréis saldrán	saldría saldrías saldría saldríamos saldríais saldrían	salga salgas salga salgamos salgáis salgan	saliera salieras saliera saliéramos salierais salieran	sal tú, no salgas salga usted salgamos salgan Uds.

Irregular Verbs (continued)

Infinitive Present Participle Past Participle	Indicative					Subjunctive		Imperative
	Present	Imperfect	Preterit	Future	Conditional	Present	Imperfect	
ser siendo sido	soy eres es somos sois son	era eras era éramos erais eran	fui fuiste fue fuimos fuisteis fueron	seré serás será seremos seréis serán	sería serías sería seríamos seríais serían	sea seas sea seamos seáis sean	fuera fueras fuera fuéramos fuerais fueran	sé tú, no seas sea usted seamos sed vosotros, no seáis sean Uds.
tener teniendo tenido	tengo tienes tiene tenemos tenéis tienen	tenía tenías tenía teníamos teníais tenían	tuve tuviste tuvo tuvimos tuvisteis tuvieron	tendré tendrás tendrá tendremos tendréis tendrán	tendría tendrías tendría tendríamos tendríais tendrían	tenga tengas tenga tengamos tengáis tengan	tuviera tuvieras tuviera tuviéramos tuvierais tuvieran	ten tú, no tengas tenga usted tengamos tened vosotros, no tengáis tengan Uds.
traer trayendo traído	traigo traes trae traemos traéis traen	traía traías traía traíamos traíais traían	traje trajiste trajo trajimos trajisteis trajeron	traeré traerás traerá traeremos traeréis traerán	traería traerías traería traeríamos traeríais traerían	traiga traigas traiga traigamos traigáis traigan	trajera trajeras trajera trajéramos trajerais trajeran	trae tú, no traigas traiga usted traigamos traed vosotros, no traigáis traigan Uds.
venir viniendo venido	vengo vienes viene venimos venís vienen	venía venías venía veníamos veníais venían	vine viniste vino vinimos vinisteis vinieron	vendré vendrás vendrá vendremos vendréis vendrán	vendría vendrías vendría vendríamos vendríais vendrían	venga vengas venga vengamos vengáis vengan	viniera vinieras viniera viniéramos vinierais vinieran	ven tú, no vengas venga usted vengamos venid vosotros, no vengáis vengan Uds.
ver viendo visto	veo ves ve vemos véis ven	veía veías veía veíamos veíais veían	vi viste vio vimos visteis vieron	veré verás verá veremos veréis verán	vería verías vería veríamos veríais verían	vea veas vea veamos veáis vean	viera vieras viera viéramos vierais vieran	ve tú, no veas vea usted veamos ved vosotros, no veáis vean Uds.

Stem-Changing and Orthographic-Changing Verbs

Infinitive / Present Participle / Past Participle	Indicative					Subjunctive		Imperative
	Present	Imperfect	Preterit	Future	Conditional	Present	Imperfect	
dormir (ue, u) durmiendo dormido	duermo duermes duerme dormimos dormís duermen	dormía dormías dormía dormíamos dormíais dormían	dormí dormiste durmió dormimos dormisteis durmieron	dormiré dormirás dormirá dormiremos dormiréis dormirán	dormiría dormirías dormiría dormiríamos dormiríais dormirían	duerma duermas duerma durmamos durmáis duerman	durmiera durmieras durmiera durmiéramos durmierais durmieran	duerme tú, no duermas duerma usted durmamos dormid vosotros, no durmáis duerman Uds.
incluir (y) incluyendo incluido	incluyo incluyes incluye incluimos incluís incluyen	incluía incluías incluía incluíamos incluíais incluían	incluí incluiste incluyó incluimos incluisteis incluyeron	incluiré incluirás incluirá incluiremos incluiréis incluirán	incluiría incluirías incluiría incluiríamos incluiríais incluirían	incluya incluyas incluya incluyamos incluyáis incluyan	incluyera incluyeras incluyera incluyéramos incluyerais incluyeran	incluye tú, no incluyas incluya usted incluyamos incluid vosotros, no incluyáis incluyan Uds.
pedir (i, i) pidiendo pedido	pido pides pide pedimos pedís piden	pedía pedías pedía pedíamos pedíais pedían	pedí pediste pidió pedimos pedisteis pidieron	pediré pedirás pedirá pediremos pediréis pedirán	pediría pedirías pediría pediríamos pediríais pedirían	pida pidas pida pidamos pidáis pidan	pidiera pidieras pidiera pidiéramos pidierais pidieran	pide tú, no pidas pida usted pidamos pedid vosotros, no pidáis pidan Uds.
pensar (ie) pensando pensado	pienso piensas piensa pensamos pensáis piensan	pensaba pensabas pensaba pensábamos pensabais pensaban	pensé pensaste pensó pensamos pensasteis pensaron	pensaré pensarás pensará pensaremos pensaréis pensarán	pensaría pensarías pensaría pensaríamos pensaríais pensarían	piense pienses piense pensemos penséis piensen	pensara pensaras pensara pensáramos pensarais pensaran	piensa tú, no pienses piense usted pensemos pensad vosotros, no penséis piensen Uds.

Stem-Changing and Orthographic-Changing Verbs (continued)

Infinitive / Present Participle / Past Participle	Present	Imperfect	Preterit	Future	Conditional	Present (Subj.)	Imperfect (Subj.)	Imperative
producir (zc) produciendo producido	produzco produces produce producimos producís producen	producía producías producía producíamos producíais producían	produje produjiste produjo produjimos produjisteis produjeron	produciré producirás producirá produciremos produciréis producirán	produciría producirías produciría produciríamos produciríais producirían	produzca produzcas produzca produzcamos produzcáis produzcan	produjera produjeras produjera produjéramos produjerais produjeran	produce tú, no produzcas produzca usted produzcamos pruducid vosotros, no produzcáis produzcan Uds.
reír (i, i) riendo reído	río ríes ríe reímos reís ríen	reía reías reía reíamos reíais reían	reí reíste rio reímos reísteis rieron	reiré reirás reirá reiremos reiréis reirán	reiría reirías reiría reiríamos reiríais reirían	ría rías ría riamos riáis rían	riera rieras riera riéramos rierais rieran	ríe tú, no rías ría usted riamos reíd vosotros, no riáis rían Uds.
seguir (i, i) (ga) siguiendo seguido	sigo sigues sigue seguimos seguís siguen	seguía seguías seguía seguíamos seguíais seguían	seguí seguiste siguió seguimos seguisteis siguieron	seguiré seguirás seguirá seguiremos seguiréis seguirán	seguiría seguirías seguiría seguiríamos seguiríais seguirían	siga sigas siga sigamos sigáis sigan	siguiera siguieras siguiera siguiéramos siguierais siguieran	sigue tú, no sigas siga usted sigamos seguid vosotros, no sigáis sigan Uds.
sentir (ie, i) sintiendo sentido	siento sientes siente sentimos sentís sienten	sentía sentías sentía sentíamos sentíais sentían	sentí sentiste sintió sentimos sentisteis sintieron	sentiré sentirás sentirá sentiremos sentiréis sentirán	sentiría sentirías sentiría sentiríamos sentiríais sentirían	sienta sientas sienta sintamos sintáis sientan	sintiera sintieras sintiera sintiéramos sintierais sintieran	siente tú, no sientas sienta usted sintamos sentid vosotros, no sintáis sientan Uds.
volver (ue) volviendo vuelto	vuelvo vuelves vuelve volvemos volvéis vuelven	volvía volvías volvía volvíamos volvíais volvían	volví volviste volvió volvimos volvisteis volvieron	volveré volverás volverá volveremos volveréis volverán	volvería volverías volvería volveríamos volveríais volverían	vuelva vuelvas vuelva volvamos volváis vuelvan	volviera volvieras volviera volviéramos volvierais volvieran	vuelve tú, no vuelvas vuelva usted volvamos volved vosotros, no volváis vuelvan Uds.

Spanish-English Vocabulary

A

a fin de que in order that (11)
a menos (de) que unless (11)
abierto/a open (12)
abolir to abolish (15)
abordar to board (9)
abrazar to embrace (6)
abrigo, el coat (8)
abril April (1)
abrir to open (2)
abuelo/a, el/la grandfather/grandmother (4)
abuelos, los grandparents (4)
aburrido/a boring; bored (1)
acabar (de + inf.) to have just (done something) (11)
accesorio, el accessory (5)
aceituna, la olive
aconsejar to advise (9)
acordarse (de) (ue) to remember (5)
acordeón, el accordion (14)
acostarse (ue) to go to bed (5)
activista, el/la activist (15)
actuar (actúo, actúas, ...) to act (13)
acuario, el aquarium
adelgazar to lose weight; slim down (10)
adivinar to guess
adjetivo adjective (1)
administración de empresas, la business administration (2)
¿adónde...? (to) where...? (2)
aduana, la customs (9)
adverbio adverb (1)
aeróbico/a aerobic (10)
aeromozo/a, el/la flight attendant (9)
aeropuerto, el airport (9)
afeitarse to shave (5)
aficionado/a, el/la fan (7)
afrontar to face (15)
agencia de viajes, la travel agency (9)
agente inmobiliario/a el/la real estate agent
agosto August (1)
agradable pleasant
agua mineral, el (f.) mineral water (3)
ahora (mismo) (right) now (2)
ahora que/ya que now that (11)
ají verde, el green pepper (6)
ajo, el garlic (6)
alcalde/alcaldesa, el/la mayor (15)

alegrarse (de) to become happy, be glad (5)
alergias, las allergies (10)
álgebra, el algebra (3)
algo something; anything (7)
algodón, el cotton (8)
alguien someone; anyone (7)
algún, alguno/a(s) any; some (7)
aliado/a, el/la ally
alimentos, los foods (10)
allí there *(adv.)* (1)
almacén, el department store (8)
almorzar (ue) to have lunch (4)
almuerzo, el lunch (3)
aló hello (answering the phone) (4)
alquilar to rent
alto/a tall (2)
altura, la altitude (9)
alucinógeno/a hallucinogenic
amarillo/a yellow (1)
ambiente, el atmosphere
amigo/a, el/la friend (2)
amplio/a ample; wide; detailed
analista de sistemas, el/la system analyst with computer (11)
anaranjado/a orange (1)
anfitrión/anfitriona, el/la show host/hostess (13)
anillo de oro, el gold ring (8)
animar to encourage; cheer (7)
anoche last night (6)
anteayer day before yesterday (6)
antena parabólica, la satellite dish (12)
antes (de) que before (11)
antiácido, el antacid (10)
antibiótico, el antibiotic (10)
antropología, la anthropology (3)
anuncios clasificados, los classified ads (13)
añadir to add (6)
año, el year (6)
años (tener...) years (to be...years old) (3)
apagar to turn off (12)
apagar (gu) (fuegos) to put out; to extinguish (fires) (11)
aparato, el appliance (6)
aplaudir to applaud (14)
apogeo, el peak
apoyar to support (15)
apoyo, el support
aprender a to learn to (2)

apuntes, los notes
apurado/a in a hurry (3)
aquí here (1)
araña, la spider
árbitro, el referee (7)
árbol, el tree
archivar to file; to save (12)
aretes de diamantes, los diamond earrings (8)
argentino/a Argentine (1)
arma (f.), el weapon (15)
armario, el closet (5)
arpa, el harp (14)
arquitecto/a, el/la architect (11)
arquitectónico/a architectural (9)
arrancar to yank out
arreglo, el arrangement
arriba de above (5)
arrojar to throw out (12)
arroz, el rice (6)
arte, el (f.) art (2)
artículo, el article (13)
ascendencia, la ancestry
ascender (ie) to promote; to move up (11)
asegurarse to be sure
asesor/a, el/la consultant; advisor (15)
asiento, el seat (9)
asistir a to attend (2)
aspiradora, la vacuum (5)
aspirante, el/la job candidate
aspirar (a) to run for (congress, etc.) (15)
aspirina, la aspirin (10)
atentamente sincerely; truly (11)
aterrizar to land (9)
atletismo, el track and field (7)
atmósfera, la atmosphere (12)
atracción, la attraction (9)
atraer to attract
atravesar to cross over
atún, el tuna (6)
audición, la audition (14)
aumentar to increase (15)
aumento, el raise (11)
aun even
aunque although (11)
aurora, la dawn
avión, el airplane (9)
avisos clasificados, los classified ads (13)
ayer yesterday (6)
ayudar to help (2)
azafrán, el saffron (6)
azul blue (1)

B

bailar to dance (2)
bajar de peso to lose weight (10)
bajo, el bass (music) (14)
bajo/a short (2)
balneario, el beach resort
baloncesto, el basketball (2)
banana, la banana (6)
banda, la band (14)
banqueta, la bench
bañarse to bathe (5)
baño, el bathroom (5)
barato/a cheap (1)
barítono, el baritone (14)
barrer to sweep (5)
base de datos, la database (12)
bastante rather (1)
basurero, el waste basket (5)
batalla, la battle
batear to bat (7)
batería, la drums (14)
beber to drink (2)
bebida alcohólica, la alcoholic beverage (10)
bebida, la drink (6)
béisbol, el baseball (2)
¡bendito, Ay! oh, no! (7)
beneficios, los benefits (11)
biblioteca, la library (3)
bicicleta (en...) bicycle (riding) (9)
bien well *(adv.)* (1)
bienestar, el well-being (10)
billetera, la wallet (8)
biología, la biology (2)
bistec, el steak (6)
blanco/a white (1)
blusa, la blouse (8)
boca, la mouth (10)
bocadillo, el sandwich (6)
boleto, el ticket
bolígrafo, el pen (1)
bolsa, la big bag (7)
bolso, el purse (8)
bombero/a, el/la firefighter (11)
bonificación anual, la yearly bonus (11)
bonito/a pretty (2)
borrar to erase (12)
bosque, el forest (9)
botas, las boots (8)
boxeo, el boxing (7)
brazo, el arm (10)
bucear to scuba dive (9)
¡buen provecho! enjoy your meal (6)

buenas noches good night (1)
buenas tardes good afternoon (1)
bueno *(Mex.)* hello (answering the phone) (4)
bueno, es it's good (11)
bueno/a good (1)
buenos días good day (1)

C

caballo (a...) horse(back)
cabeza, la head (10)
cacahuete, el peanut
cadena de plata, la silver chain (8)
cadena, la chain
caerse (a alguien) to be dropped (by someone) (15)
café al aire libre, el outdoors' café (4)
café con leche, el coffee with milk (6)
café solo, el black coffee (6)
cafetera, la coffeepot (6)
cafetería, la cafeteria (3)
caja, la cash register (8)
cajero automático, el automatic teller (12)
calabaza, la gourd
calcetín, el sock (8)
calculadora, la calculator (3)
cálculo, el calculus (3)
calentar (ie) to heat (6)
calidad, la quality (8)
caliente hot (6)
callarse to stop talking; to quiet oneself
calmante, el pain killer; sedative (10)
calor (hace...) hot (it is...) (7)
calor (tener...) hot (to be...) (3)
caluroso/a warm
calzar to wear (shoes) (8)
cama, la bed (5)
cámara de video, la video camera; camcorder (9)
cámara fotográfica, la camera (9)
camarero/a el/la waiter/waitress (6)
camarones, los shrimp (6)
camerino, el dressing room
caminar to walk (2)
camisa, la shirt (8)
camiseta, la t-shirt (8)
campaña, la campaign (15)
campeón/ona, el/la champion
campos de estudio, los fields of study
canadiense Canadian (2)
canal, el channel (13)
cancha de tenis, la tennis court
candidato/a, el/la candidate (15)
cansado/a tired (3)
cantar to sing
canto, el song (14)
capaz capable (11)
capital, la capital city (2)

cara, la face (5)
carbohidratos, los carbohydrates (10)
cardo, el thistle
carecer de to lack
cargo político, el political post (15)
cargo, el job responsibility (11)
caridad, la charity
carne de cerdo, la pork meat
carne de res, la beef
carne, la meat (6)
caro/a expensive (1)
carpintero/a, el/la carpenter (11)
carrera, la career
carta comercial, la business letter
cartelera, la entertainment section (13)
cartera, la wallet (8)
cartero/a, el/la mailman; mailwoman (11)
casa de ópera, la concert hall (14)
casa, la house (5)
casado/a con married (3)
castigo, el punishment
castillo, el castle (9)
catarata, la waterfall
catedral, la cathedral (9)
cazuela, la stewpot; casserole dish; saucepan (6)
CD-ROM, el CD-ROM drive (12)
cebolla, la onion (6)
celos, los jealousy
cena, la dinner (6)
cenar to eat dinner (6)
censo, el census
centro comercial, el shopping center; mall (8)
centro estudiantil, el student center (3)
centro, el downtown (4)
cepillarse to brush (5)
cepillo (de dientes), el (tooth)brush (5)
cerca (de) nearby (close to) (3)
cerca, la fence
certamen, el contest; pageant (13)
cerveza, la beer (6)
champú, el shampoo (8)
chaqueta, la jacket (8)
chicle, el chewing gum
chico/a, el/la kid; boy/girl; man/woman *(coll.)* (3)
chileno/a Chilean (2)
chismoso/a gossipy
chocar to collide
chuleta (de cerdo), la (pork) chop (6)
ciclismo, el cycling (7)
ciego/a blind
cielo, el sky
ciencias (físicas), las (physical) sciences (2)
ciencias políticas, las political sciences (2)

ciencias sociales, las social sciences (2)
cierra (cierren) close (fam./form.) (1)
cierto certain (2)
cierto, es it's true (11)
cigarra, la locust
cigarrillo, el cigarette (10)
cine, el movies (theater) (4)
cinematografía cinematography (13)
cinta, la film (13)
ciruela, la plum
cita, la appointment (10)
ciudad, la city (2)
ciudadano/a, el/la citizen (15)
clarinete, el clarinet (14)
clase turista, la coach class (9)
cliente/a, el/la customer; client (6)
clima, el climate
cocina, la kitchen (5)
cocinar to cook
cocinero/a, el/la cook (11)
cocinita, la kitchenette (9)
colesterol, el cholesterol (10)
colibrí, el humming bird
collar de perlas, el pearl necklace (8)
colombiano/a Colombian (1)
colonia, la neighborhood
color, el color (1)
combatir to fight; to combat (15)
comedia musical, la musical comedy (14)
comedia, la comedy (13)
comedor, el dining room (5)
comentarista deportivo/a, el/la sportscaster (13)
comentarista, el/la newscaster; commentator (13)
comer to eat (2)
comida, la meal; dinner; lunch (Sp.) (3)
¿cómo es? what is it/he/she like? (1)
¿cómo está usted? how are you? (form.) (1)
¿cómo estás? how are you? (fam.) (1)
¿cómo se llama usted? what is your name? (form.) (1)
¿cómo te llamas? what is your name? (fam.) (1)
¿cómo...? how...? What...? (2)
cómoda, la dresser (5)
complicado/a complicated (3)
componer to compose (14)
compositor/a, el/la composer (14)
compra, la purchase (15)
comprender to understand (2)
computadora, la computer (3)
común common (10)
común, es it's common (11)
comunicaciones, las communications (2)
con with (1)

con tal (de) que provided (that) (11)
concierto, el concert (4)
concurso, el game show; pageant (13)
condimento, el condiment (6)
conferencia, la lecture
conflicto, el conflict (15)
conjetura, la conjecture
conjunto, el outfit (14)
conmemorar to commemorate
conocer (zc) to know (someone); to be familiar with (something) (4)
conservar to conserve; to preserve (12)
consternar to dismay
consultorio sentimental, el advice column (13)
consultorio, el doctor's office (10)
consumir to consume (12)
contador/a, el/la accountant with calculator (11)
contaminación (hay...) smog; pollution (it is smoggy) (7)
contaminar to contaminate (12)
contento/a happy (3)
contesta (contesten) answer (fam./form.) (1)
contestador automático, el answering machine (12)
contra against (5)
contralto, el contralto (14)
contratar to hire (11)
contrato, el contract (11)
contrincante, el/la opponent (15)
controlar to control (15)
convento, el convent (9)
coordinador/a, el/la coordinator (11)
corazón, el heart (10)
corbata, la tie (8)
cordialmente cordially (11)
cordillera, la mountain range
corneta, la cornet (14)
corona, la crown
correo, el mail
correr to run (7)
corriente current (15)
corrupción, la corruption (15)
cosecha, la harvest
cosechar to harvest (12)
costar (ue) to cost (4)
costura, la; alta high fashion (14)
creer to believe (2)
crema (de afeitar), la (shaving) cream (5)
crítica, la criticism (13)
crítico, el/la critic (13)
crónica social, la social page (13)
crónica, la news story (13)
crudo/a rare; raw (6)
cuaderno, el notebook (1)
cuadro, el painting (5)
cuadros, de plaid (8)

¿cuál(es)...? which one(ones)...? (2)

cuando when (11)

¿cuándo...? when...? (2)

¿cuánto cuesta(n)? how much does it/do they cost? (1)

¿cuánto/a(s)? how much(many)...? (1)

cuarteto, el quartet (14)

cuarto/a quarter; fourth (2)

cuarto doble, el double room (9)

cuarto/dormitorio, el bedroom (5)

cubano/a Cuban (2)

cubierto/a covered (12)

cucharada, la tablespoon (6)

cucharadita, la teaspoon (6)

cuchilla (la navaja) de afeitar, el razor blade (5)

cuenta, la the bill (6)

cuero, el leather (8)

cuerpo humano, el body (10)

cuesta(n)... it/they cost/s (1)

cuidado (tener...) care (to be careful) (3)

cuidar (se) to take care of oneself (10)

culebra, la snake

cumplir (con) to make good; to fulfill (a promise) (15)

cuñado/a, el/la brother-in-law/sister-in-law (4)

curar to cure (11)

D

dar to give (5)

de acuerdo. fine with me; okay (4)

¿de dónde...? from where...? (2)

de nada you are welcome (1)

¿de qué color es? what color is it? (1)

¿de quién(es)...? whose...? (2)

¿de verdad? really? (1)

debajo de under (5)

deber should; ought to; must (2)

deber, el duty (15)

decidir to decide (2)

décimo/a tenth (8)

decir to say; to tell (5)

dedo de la mano, el finger (10)

defensa, la defense (15)

deforestación, la deforestation (12)

dejar to quit (11)

dejar de (+ inf.) to stop (doing something) (10)

delante in front of

delante (de) in front of (3)

delgado/a thin (2)

democracia, la democracy (15)

democratización, la democratization (15)

demora, la delay (9)

denominado/a so-called

dentista, el/la dentist (11)

dentro de within; inside of (5)

denunciar to report; to denounce

dependiente/a, el/la clerk (8)

deporte, el sport (2)

derecha, a la to (on) the right (3)

derecho, el law (2)

derecho, el right (15)

derechos humanos, los human rights (15)

desarme, el disarmament (15)

desarrollar to develop; to take place

desayunar to eat breakfast (6)

desayuno, el breakfast (5)

descubierto/a discovered (12)

descubrir to discover

desde que since (11)

desear to wish (9)

desechos, los waste (12)

desempeñar to serve

desempleo, el unemployment (11)

desfile de modas, el fashion show (14)

desfile, el parade

desmilitarización, la demilitarization (15)

desodorante, el deodorant (5)

despacho, el office (11)

despedida, la farewell (1)

despedida, la closing (of a letter) (11)

despedir (i, i) to fire (11)

despegar (gu) to take off (9)

desperdicio, el waste (15)

despertador, el alarm clock (5)

despertarse (ie) to wake up (5)

despoblación forestal, la deforestation (Sp.) (12)

después (de) que after (11)

después de after (3)

destacar to emphasize

detallar to depict

detrás (de) behind (3)

devolver (ue) to return (something) (8)

diabetes, la diabetes (10)

diagnóstico, el diagnosis (10)

diario/a daily (5)

dibujo, el drawing

diccionario, el dictionary (1)

dicho/a said (12)

diciembre December (1)

dictador/a, el/la dictator (15)

dictadura, la dictatorship (15)

dientes, los teeth (5)

diestro/a skillful

dieta (estar a...) (to be on a) diet (10)

difícil difficult (2)

difícil, es it's difficult (11)

diga hello (answering the phone) (Sp.) (4)

directo, en live (on television) (13)

director/a, el/la director (11)

director/a, el/la conductor (14)

disco duro, el hard disk (12)

discoteca, la club (7)

discurso, el speech (15)

diseñador/a, el/la designer (14)

diseñar to design (11)

diseño, el design (12)

disfraz, el disguise (14)

disfrutar to enjoy

disimular to hide

dispuesto/a ready; disposed (12)

disquete, el diskette (12)

distraerse to amuse oneself

diva, la diva (14)

divertirse (ie, i) to have fun (5)

divorciado/a divorced (3)

doler (ue) to hurt (10)

dolor de cabeza headache (10)

dolor, el pain (10)

domingo, el Sunday (1)

dominicano/a Dominican (2)

dominio/a (de) proficient in; control of

donde where (11)

¿dónde...? where...? (2)

dormir to sleep (4)

dormirse (ue, u) to fall asleep (5)

drama, el drama (13)

drogadicción, la drug addiction (15)

droguería, la drugstore (8)

ducha, la shower (5)

ducharse to shower (5)

dudar to doubt (10)

dudoso, es it's doubtful (11)

dueño/a el/la owner

DVD, el DVD disk (12)

E

echar to add; to throw in (6)

edificio, el building (3)

editorial, el editorial page (13)

editorial, la publishing house (13)

educación física, la physical education (2)

ejercicio, el exercise (10)

ejército, el army (15)

elástico, el elastic (14)

electricista, el/la electrician (11)

electrónico/a electronic (12)

elegir (i, i) to elect (15)

eliminar to end (15)

emisora, la radio station (business entity) (13)

empatar to tie (the score) (7)

empezar (ie) to begin (4)

empleado/a, el/la employee (11)

empresa, la company (11)

empujar to push

en caso de que in case (11)

en cuanto as soon as (11)

en punto on the dot (2)

enamorado/a de in love with (3)

enamorarse (de) to fall in love (with) (5)

encantado/a delighted (1)

encantador/a enchanting; delightful (14)

encantar to delight (5)

encender (ie) to turn on (12)

encima de on top of (5)

encontrar (ue) to find (4)

energía, la energy (12)

enero January (1)

enfadado/a angry (Sp.) (3)

enfermarse to become sick (5)

enfermedad, la illness (10)

enfermo/a sick (3)

enfrente (de) in front of; across from (3)

enojado/a angry (3)

enojar to get angry (10)

enojarse (con) to get angry (with) (5)

ensalada, la salad (3)

ensamblar to assemble

ensayar rehearse (14)

enseguida right away (6)

enseñar to teach (2)

entender to understand (4)

entrada, la admission ticket (4)

entre between (3)

entrenador/a, el/la coach; trainer (7)

entrenamiento, el training (11)

entrevista, la interview

entusiasta enthusiastic (11)

envase (de aluminio), el (aluminum) container (12)

equipo, el team; equipment (7)

es it is/she is/he is (1)

escalar to climb (9)

escalones, los stair steps

escáner, el scanner (12)

escasez, la shortage (12)

escenario, el stage (14)

escoba, la broom (5)

escribe (escriban) write (fam./form.) (1)

escribir to write (2)

escribir a máquina to type (11)

escrito/a written (12)

escucha (escuchen) listen (fam./form.) (1)

esencia, la essence

esfuerzo, el effort (15)

esmeralda, la emerald

esmoquin, el tuxedo (14)

espalda, la back (10)

español/a Spanish (1)

especialidad de casa, la the specialty of the house (6)

espectador/a, el/la spectator (13)

espejo, el mirror (5)

esperar to hope (10)

espolvorar to sprinkle

esposo/a, el/la husband/wife (4)

esquela, la obituary (13)

esquí (acuático), el (water) skiing (7)

esquiar (esquío) to ski (7)

establo, el stable

estación de radio, la radio station (on the dial) (13)

estadía, la stay (9)

estadounidense person from U.S. (2)

estar to be (3)

estar contento/a (de) to be happy (10)
estilo, el style (14)
estimado/a dear (11)
estofado, el stew
estómago, el stomach (10)
estrecho/a tight (8)
estrés, el stress (10)
estudia (estudien) study (fam./form.) (1)
estudiante, el/la student (1)
estudiar to study (2)
estufa, la stove (6)
¡estupendo! terrific! (7)
ética, la ethics
evidente, es it's evident (11)
evitar to avoid
examen físico, el checkup (10)
examen, el exam (2)
excursión, la excursion; tour (9)
exigente challenging, demanding (3)
expediente, el dossier (11)
explicar to explain (6)
extraño, es it's strange (11)
extraño/a lonely
extrovertido/a extroverted (1)

F

fábrica, la factory (12)
¡fabuloso! great! (7)
fácil easy (2)
fácil, es it's easy (11)
facturar equipaje to check in the luggage (9)
facultad de arte, la School of Art (3)
facultad de ciencias, la School of Science (3)
facultad de derecho, la School of Law (3)
facultad de filosofía y letras, la School of Humanities (3)
facultad de ingeniería, la School of Engineering (3)
facultad de medicina, la School of Medicine (3)
falda, la skirt (8)
fallecimiento, el death; demise
faltar to be lacking; needed (5)
familia política, la in-laws (4)
familia real, la royal family
¡fantástico! fantastic! (7)
fascinante fascinating (1)
fascinar to fascinate (5)
fastuoso/a ostentatious (14)
febrero February (1)
feo/a ugly (2)
fiebre, la fever (10)
fiel faithful
filete de pescado, el fish fillet (6)
filmar to film (13)
filme, el movie; film (13)
filosofía y letras, las humanities/liberal arts (2)
final, el end (13)
finca, la farm; ranch (12)
firmar to sign (a treaty, etc.) (15)

flaco/a skinny (2)
flan, el caramel custard (6)
flauta, la flute (14)
flor, la flower (9)
folleto, el brochure (9)
formulario, el form (11)
foro, el forum
fortalecer (zc) to strengthen; fortify (15)
fotocopiadora, la photocopy machine (12)
fotocopiar to photocopy (12)
francés French (1)
frasco de colonia/perfume, el bottle of cologne/perfume (8)
freír (i, i) to fry (6)
fresco (hace...) cool (it is...) (7)
fresco/a fresh (6)
frijoles, los (kidney, pinto, red) beans (6)
frío (hace...) cold (it is...) (6)
frío (tener...) cold (to be...) (3)
frito/a fried (6)
frontera, la border
fruta, la fruit (6)
fuego al/ mediano /bajo, a high/ medium/ low heat (6)
fuente, la fountain (9)
fuerte, el fort (9)
fumar to smoke (10)
función, la show (4)
funcionar to function; to work (12)
furioso/a, angry (5)
fútbol, el soccer (2)

G

gabardina, la gabardine (light-weight wool) (14)
gafas de sol, las sun glasses (9)
gafas, las glasses
galán, el leading man (13)
galleta, la cookie (6)
ganar to win (7)
ganga, la bargain; good deal (8)
garaje, el garage (5)
garganta, la throat (10)
garza, la heron
gastar to spend (8)
gastos, los expenses
gastronomía, la gastronomy; local food culture
gato, el cat
gaucho, el cowboy; rancher
gazpacho a cold pureed tomato soup
geografía, la geography (2)
geología, la geology (3)
gerente, el/la manager (11)
gimnasia, la gymnastics (7)
gimnasio, el gymnasium (3)
gira, la tour (14)
gobernador/a, el/la governor (15)
golf, el golf (7)
golpear to pound
gordito/a plump (2)
gordo/a fat (2)

gozo, el pleasure
grabación, la recording
grabar to record (12)
gracias thank you (1)
gracioso/a funny; witty (4)
grande big (1)
grasa, la fat (10)
gripe, la flu (10)
gris grey (1)
gritar to shout (7)
grito, el cry
guapo/a handsome (2)
guardar cama to stay in bed (10)
guardar la línea to stay trim; to watch one's figure (10)
guía, el/la tour guide (9)
guía, la guide book (9)
guión, el script (13)
guitarra, la guitar (14)
gusta es mío, el the pleasure is mine
gustar to like (be pleasing) (5)

H

haber to have (aux.) (12)
hablar to talk (2)
hacer to do; to make (3)
hacer cola to stand in line (9)
hacer el papel (de) to take the part of
hacer juego (con) to match; to go well with (8)
hacer la cama to make the bed (5)
hacer las compras to do the shopping (5)
hambre (tener...) hunger (to be hungry) (3)
hamburguesa, la hamburger (3)
hasta luego see you later (1)
hasta mañana see you tomorrow (1)
hasta pronto see you soon (1)
hasta que until (11)
hay there is/are (1)
haz (hagan) do/make (fam./form.) (1)
hecho, el deed (15)
hecho/a done; made (12)
heladera, la cooler (7)
helado, el ice cream (6)
hermanastro/a, el/la stepbrother/stepsister (4)
hermano/a, el/la brother/sister (4)
hervir (ie, i) to boil (6)
hielo, el ice (7)
higo, el fig
hijo/a, el/la son/daughter (4)
hinchar to swell
hipervínculo, el hyperlink (12)
historia, la history (2)
hockey, el hockey (7)
hogar, el home
hoja electrónica, la spreadsheet (12)
honradez, honestidad, la honesty (15)

honrado/a, honesto/a honest (11)
horario de clases, el class schedule (3)
horario de trabajo, el work schedule (11)
hornear to bake (6)
horno, el oven (6)
horóscopo, el horoscope (13)
hospedaje, el lodging (9)
hotel, el hotel (9)
huevo, el egg (6)
humo, el smoke (12)

I

ida y vuelta (de...) roundtrip
idiomas (extranjeros), los (foreign) languages (2)
ido/a gone (12)
igual, me da... it's the same to me (7)
igualmente likewise (1)
imaginería, la statuary
impaciente impatient (5)
importante, es it's important (11)
imposible, es it's impossible (11)
impresionar to impress
impresora, la printer (12)
imprimir (pp: impreso) to print (printed) (12)
improvisar to improvise (14)
impuestos, los taxes (15)
increíble, es it's incredible (11)
indispensable, es it's indispensable (11)
infección, la infection (10)
inflación, la inflation (15)
influir to influence
influyente influential
informar to report (13)
informática, la computer science (2)
ingeniería, la engineering (2)
ingeniero/a, el/la engineer (11)
ingerir (ie-i) to ingest (10)
ingrediente, el ingredient (6)
insistir (en) to insist (9)
instalar to install (12)
instrumento musical, el musical instrument (14)
inteligente intelligent (1)
interesante interesting (1)
interesar to interest (5)
intérprete, el/la interpreter (11)
invierno, el winter (1)
inyección, la shot (10)
ir to go (3)
ir de excursión to go on a tour; to tour
isla, la island (9)
izquierda, a la to (on) the left (3)

J

jabón, el soap (5)
jamás never (7)
jamón, el ham (6)
jarabe, el cough syrup (10)

jardín, el garden; yard (5)
jefe/a, el/la boss (11)
jogging (hacer...) (to) jog (10)
joven/a young (2)
joyería, la jewelry store (8)
jubilarse to retire (11)
judías, las green beans (6)
juego electrónico, el computer (electronic) game (12)
jueves, el Thursday (1)
juez, el/la judge (15)
jugar (ue) a to play (4)
julio July (1)
junio June (1)
junto a next to (3)
justo/a just (11)

K

kilo, el kilogram (equivalent 2,2 pounds) (6)

L

laboratorio de lenguas, el language laboratory (3)
lácteo/a milk products (10)
lado (de), al next to (3)
lago, el lake (9)
lágrima, la tear
lamentar to regret (10)
lámpara, la lamp (5)
lana, la wool (8)
langosta, la lobster (6)
lápida, la tombstone
lápiz, el pencil (1)
lápiz labial, el lipstick (5)
lástima, es it's a pity (11)
lavadora, la washing machine (5)
lavaplatos, el dishwasher (5)
lavar(se) to wash (oneself) (5)
leche, la milk (6)
lechuga, la lettuce (6)
lector/a, el/la reader (13)
leer to read (2)
lejos (de) far (from) (3)
lema, el motto (15)
lengua, la tongue (10)
lentejuelas, las sequin (14)
levantarse to get up (5)
ley, la law (15)
librería, la bookstore (2)
librero, el bookcase (5)
libro, el book (1)
limonada, la lemonade (6)
limpiar to clean (5)
línea, la figure (10)
literatura, la literature (3)
litro, el liter (6)
llavero, el key chain (8)
llegada, la arrival (9)
llegar to arrive (2)
llegar a tiempo to arrive on time
llenar to fill (out) (11)
lleno/a full
llevar to wear (8)
llevar adelante to carry out
llover (ue) to rain (7)

lluvia ácida, la acid rain (12)
lluvia, la rain
lo siento I am sorry (1)
loción (de afeitar), la (shaving) lotion (5)
locutor/a, el/la announcer (13)
lograr to achieve (15)
luchar to fight
luego que as soon as (11)
lugar, el place (2)
lujo, de luxury (9)
luna, la moon
lunes, el Monday (1)

M

madera, la wood
madrastra, la stepmother (4)
madre, la mother (2)
madrugar to get up early
¡magnífico! great!; wonderful! (7)
maíz, el corn (6)
mal bad(ly) (1)
maleta, la suitcase (9)
malo, es it's bad (11)
malo/a bad (1)
mandar to order (9)
manejar to manage (12)
manga corta/larga, de short-/long-sleeved (8)
manga, sin sleeveless (8)
mano, la hand (5)
mansión, la mansion (9)
mantener (ie) to support (a family, etc.) (15)
mantenerse en forma to stay in shape (10)
manzana, la apple (6)
mapa, el map (1)
maquillaje, el makeup (5)
maquillarse to put on makeup (5)
máquina de afeitar, la electric razor (5)
mar, el ocean (7)
maraca, la maraca (14)
marca, la brand (12)
marido, el husband
mariposa, la butterfly
mariscos, los seafood (6)
marrón brown (1)
martes, el Tuesday (1)
marzo March (1)
más o menos more or less (1)
máscara, la mask
mascota, la pet
matemáticas, las mathematics (2)
materia, la (academic) subject (3)
mayo May (1)
mayor older (4)
me encantaría I would love to (4)
me llamo... my name is...(1)
mecánico, el (la mujer...) mechanic (11)
medianoche, la midnight (2)

medias, las stockings (8)
medicina, la medicine (2)
médico/a medicinal (10)
medida, la measurement; measure (6)
medio ambiente, el environment (12)
medio/a half (2)
mediodía, el noon (2)
medios, los media (13)
mejor better (2)
mejor, es it's better (11)
mejorar to improve (15)
mejorarse to get better, to get well (10)
menor younger (4)
menos less (2)
mentira, la lie; falsehood
merendar (ie) to snack (6)
merienda (hacer una...) to have a picnic (7)
merienda, la snack (6)
mesa de noche, la nightstand (5)
mesa, la table (1)
mesero/a el/la waiter/waitress
meta, la goal (11)
meteorólogo/a, el/la weatherman; weatherwoman (13)
mexicano/a Mexican (1)
mezclar to mix (6)
mezzosoprano, la mezzo soprano (14)
mi nombre es... my name is... (1)
mi/mis my (1)
microondas, el microwave (6)
miedo (tener... de que) fear (to be afraid that) (10)
miedo (tener...) fear (to be afraid) (3)
mientras que as long as (11)
miércoles, el Wednesday (1)
ministro/a, el/la minister (15)
mirar to look at (2)
mitad, la half
mochila, la book bag (1)
moda, de (in) style (8)
modelo, el/la model (14)
modo (de vestir), el way, manner (of dressing) (14)
molestar to bother (5)
monarquía, la monarchy (15)
mono aullador, el howler monkey
mono, el monkey
montaña, la mountain (9)
montar to ride
monumento, el monument (9)
morado/a purple (1)
moreno/a dark (2)
muchacho/a, el/la the boy/girl (2)
mucho much (1)
mucho gusto much pleasure (1)
muebles, los furniture (5)
muela, la tooth; molar (10)
muerto/a dead (12)
multa, la fine (12)

mundano/a worldly (14)
museo, el museum (9)
música, la music (3)
músico/a, el/la musician (14)
musulmano/a Muslim
muy very (2)

N

nada nothing; not anything (7)
nadar to swim (2)
nadie nobody; no one (7)
naranja, la orange (6)
nariz, la nose (5)
natación, la swimming (2)
naturaleza muerta, la still life
naturaleza, la nature (12)
necesario, es it's necessary (11)
necesitar to need (9)
necesitas you need (fam.) (1)
necesito I need (1)
negar (ie) to deny (10)
negro/a black (1)
nervioso/a, nervous (5)
neuyoricano/a New Yorker
nevar (ie) to snow (7)
ni...ni neither...nor (7)
nieto/a, el/la grandson/granddaughter (4)
nilón, el nylon (14)
ningún, ninguno/a(s) none, not any (7)
norteamericano/a North American (2)
nota, la grade
noticiero, el newscast (13)
noveno/a ninth (8)
noviembre November (1)
novio/a, el/la boyfriend/girlfriend; fiancé (2)
nublado/a cloudy (7)
nuera, la daughter-in-law (4)
nuevo/a new (2)
número, el number (size) (8)
nunca never (7)

O

o or (1)
o... o either...or (7)
obligatorio/a mandatory (12)
obra, la play (theater) (13)
obvio, es it's obvious (11)
octavo/a eighth (8)
octubre October (1)
ocupado/a busy (3)
oído, el ear (10)
oír (-go) to hear (6)
ojo, el eye (5)
ola, la wave
olvidarse (a alguien) to be forgotten (by someone) (15)
olvidarse (de) to forget (5)
operar to operate (10)
ordenar to pick up; to clean (5)
oreja, la ear (10)
orilla, la bank (of a river)
orquesta sinfónica, la symphony orchestra (14)

orquesta, la orchestra (4)
orquídea, la orchid
ortiga, la nettle; prickly plant
otoño, el autumn (1)
oveja, la sheep
¡oye! hey! (2)

P

paciente, el/la patient (10)
pacifista, el/la pacifist (15)
padecer (zc) (de) to suffer (from) (10)
padrastro, el stepfather (4)
padre, el father (2)
padres, los parents (2)
pagar to pay (6)
pagar al contado to pay cash (8)
país en desarrollo, el developing country (15)
país, el country (2)
paja, la straw (14)
palacio, el palace (9)
pampa, la prairie
pan tostado, el toasted bread (6)
pana, la corduroy (14)
panadería, la bakery
panameño/a Panamanian (2)
pantalla, la screen (12)
pantalones (cortos), los pants; slacks (shorts) (8)
pantimedias, las stockings; pantyhose (8)
papa (patata *Sp.*), la potato (6)
papas fritas, las fries (6)
papel, el paper; role (1)
para que in order that; so that (11)
parecer to seem (5)
pareja, la pair
paro, en out of work (11)
parque, el park (4)
partido, el game (4)
pasaje, el fare; ticket (9)
pasar to spend (time) (4)
pasar la aspiradora to vacuum (5)
pasar por to stop by (4)
pasar una película to show a movie (4)
pasarlo bien to have a good/wonderful time (9)
pasear to take a walk (4)
paseo (dar un...) to walk (to go for a walk) (7)
pasillo (de...) (by the) aisle (9)
pasillo, el hall (5)
pasta de dientes, la toothpaste (8)
pastilla, la pill; lozenge (10)
patear to kick (7)
patinaje, el ice skating
patinar to skate (7)
patio, el patio (5)
patrio/a, el/la native home
patrocinador/a, el/la sponsor (13)
patrocinar to sponsor (13)
paz, la peace (15)

pecho, el chest (10)
pedagogía, la education (2)
pedazo, el piece (6)
pedir (i-i) to ask for (4)
peinarse to comb (5)
peine, el comb (5)
película, la movie (4)
peligroso/a dangerous
pelo, el hair (5)
peluquero/a, el/la hair stylist (11)
pena, la sorrow; pain
pensar (+ inf.) to think; to plan (to do something) (4)
peor worse (5)
pequeño/a small (1)
perder (ie) to lose (4)
perderse (a alguien) to be lost (by someone) (15)
perdido/a lost (3)
perezoso, el sloth
periódico, el newspaper (13)
periodista, el/la journalist with newspaper man/woman (11)
permitir to permit (9)
pero but (2)
personaje, el character (15)
pesas, las weights (10)
pesca, la fishing
pescado, el fish (6)
pescar to fish (9)
peso, el weight (10)
pesticidas, los pesticides (12)
petróleo, el petroleum (12)
piano, el piano (14)
picado/a chopped (6)
picante hot (spicy) (6)
pícnic (hacer un...) (to have a) picnic (7)
pie, el foot (10)
piedra, la stone
piel, la leather; fur (14)
pierna, la leg (10)
pieza, la piece (14)
piloto, el/la pilot (9)
pimiento, el green pepper (6)
pinta, la appearance
pintar to paint
pintoresco/a picturesque
piratear to pirate
piscina, la swimming pool (9)
piso, el floor (5)
pizarra, la chalkboard (1)
pizca, la pinch (of salt, pepper, etc.) (6)
plan de retiro, el retirement plan (11)
plancha, la iron (5)
planchar to iron (5)
planta nuclear, la nuclear plant (12)
plátano, el banana (6)
platería silversmithing
platos, los dishes (5)
playa, la beach (7)
plomero, el/la plumber (11)
poblado/a populated
pobre poor (2)
pobreza, la poverty (15)

poco little *(adv.)* (1)
poder (ue) to be able; may; can (4)
poliéster, el polyester (14)
política, la politics (15)
pollo (asado/a parrilla), el (broiled/grilled) chicken (6)
pomada, la cream
poner (pongo) to put (4)
poner la mesa to set the table (5)
ponerse (+ adj) to become (+ adj.) (5)
ponerse en forma to get in shape (10)
por by; for (9)
por ahora for now (9)
por aquí around here (9)
por Dios for God's sake (9)
por ejemplo for example (9)
por eso that's why (9)
por favor please (9)
por fin finally (9)
por lo general in general (9)
¿por qué...? why...? (2)
por supuesto of course (9)
por último finally (9)
porque because (2)
posible, es it's possible (11)
postre, el dessert (6)
practicar to practice; to play (a sport) (2)
precio, el price (8)
preciso, es it's essential (11)
predecir to predict
preferir (ie) to prefer (4)
pregunta, la question (1)
premio, el prize
prenda, la garment (14)
preocupado/a worried (3)
preocupes (no te...) don't worry (7)
presentación, la presentation (1)
presentador/a, el/la moderator (13)
presidente/a, el/la president (15)
presupuesto, el budget
prevenir to prevent; to warn (15)
primavera, la spring (1)
primera actriz, la leading lady (13)
primera plana, la front page (13)
primero/a first (8)
primo/a, el/la cousin (4)
principiante, el beginner
principio, el beginning (13)
prisa (tener...) haste (to be in a hurry) (3)
probable, es it's probable (11)
probador, el fitting room (8)
probarse (ue) to try on (8)
procesador de textos, el word processor (12)
procurar to procure; secure (15)
productor/a, el/la producer (13)
productos lácteos, los milk products (10)
profesor/a el/la professor (1)

programar to program (12)
programas sociales, los social welfare programs (15)
prohibir to prohibit (9)
prometer to promise
promover (ue) to promote (15)
propina, la tip (6)
protagonista, el/la protagonist; star (13)
proteger (j) to protect (12)
proteína, la protein (10)
prueba, la test (10)
psicología, la psychology (3)
psicólogo/a, el/la psychologist (11)
público, el audience (13)
pueblo, el the people; the masses (15)
puerta de salida, la gate (9)
puerta, la door (1)
puertorriqueño/a Puerto Rican (2)
pues *(conj.)* well (3)
puesto, el position (job) (11)
puesto/a put; placed (12)
pulmón, el lung (10)
pulsera, la bracelet (8)

Q

¿qué es esto? what is this? (1)
¿qué hay en...? what is there...? (1)
quehaceres domésticos, los household chores (5)
¿qué pasa? what's happening? (1)
¿qué tal? how are you? (fam.) (1)
¿qué...? what...? (2)
quedar to be left; remain (5)
quedar muy bien, le to fit very well (8)
quedarse to stay (somewhere) (9)
quedarse (a alguien) to remain (by someone) (15)
querer (ie) to want; to love (4)
queso, el cheese (6)
¿quién(es)...? who...? (2)
¿quieres ir a...? do you want to go to...? (4)
química, la chemistry (3)
quinto/a fifth (8)
quitar la mesa to clear the table (5)
quitarse to take off (5)
quizás perhaps

R

radicado en based in
radio, el radio (set) (13)
radioactividad, la radioactivity (12)
radiografía, la x-ray (10)
radioyente, el/la listener (13)
rana, la frog
rato, el a short while

ratón, el mouse (12)
rayas, de striped (8)
rayón, el rayon (14)
razón ([no] tener...) reason (to be right [wrong]) (3)
rebajas, en on sale (8)
receta, la recipe (6)
recetar to prescribe (10)
recibir to receive (2)
reciclaje, el recycling (12)
reciclar to recycle (12)
recinto, el area; campus
recipiente, el container (6)
recoger to pick up; harvest (12)
recomendación, la recommendation (11)
recomendar (ie) to recommend (9)
recordar to remember (4)
recorrer to go round; to travel through/across (9)
rectoría, la administration building (3)
recuerdo, el souvenir (9)
recurso natural, el natural resource (12)
Red informática, la Internet (12)
reforestación, la reforestation (12)
refresco, el soft drink, soda (3)
refrigerador, el refrigerator (6)
regatear to haggle over
regresar to return (2)
regular ok (1)
reina, la queen (15)
reírse (i-i) to laugh (5)
reliquia, la relic
rellenar to fill completely; to fill out (11)
reloj de pulsera, el wristwatch (8)
reloj, el clock (1)
remedio, el remedy (10)
rendir to produce
renombre, el renown
reparar to repair (11)
repartir to deliver; to distribute (11)
repertorio, el repertoire (14)
repetir (i) to repeat; to have a second helping (4)
repite (repitan) repeat (fam./form.) (1)
repoblación forestal, la reforestation *(Sp.)*(12)
reportero/a, el/la (television) reporter (13)
representante, el/la representative (15)
representar(se) to perform (13)
rescate, el rescue
reserva, la reservation (9)
resfriado, el a cold (10)
respirar to breathe (10)
responsabilidades, las responsibilities (11)
respuesta, la answer (1)
restaurante, el restaurant (6)

retirarse to retire (11)
revisar to check (13)
revista, la magazine
revuelto/a scrambled (6)
rey, el king (15)
rico/a rich; delicious (2)
riel, el rail
río, el river (9)
riqueza, la richness
ritmo, el rhythm
rodilla, la knee (10)
rojo/a red (1)
rollo de película, el roll of film (for camera) (9)
romperse (un hueso) to break (a bone) (10)
ropa, la clothing (5)
rosado/a pink (1)
roto/a broken (12)
rubio/a blonde (2)
ruido, el noise

S

sábado, el Saturday (1)
sábana, la sheet
saber (se) to know (how to do) something (4)
saborear to savor
sacar to stick out (10)
sacar fotos to take pictures (9)
sacar la basura to take out the trash (5)
saco, el coat (8)
sacudir el polvo de los muebles to dust (5)
sala de espera, la waiting room (9)
sala de reclamación de equipaje, la baggage claim room (9)
sala, la living room (5)
salario, el salary (11)
salida de emergencia, la emergency exit (9)
salir (salgo) to leave; go out (4)
salsa de tomate, la tomato sauce (6)
salsa picante, la hot sauce (6)
salto, el waterfall (9)
salud, la health (10)
saludo, el greeting (1)
saludos, los salutations; greetings (11)
sandalias, las sandals (8)
sangre, la blood (10)
sapo, el toad
sartén, la skillet; frying pan (6)
saxofón, el saxophone (14)
secadora, la hair dryer (5)
secar(se) to dry (oneself) (5)
sección de no fumar, la no smoking section (9)
sección deportiva, la sports section (13)
sección financiera, la business section (13)
seco/a dry
secretario/a, el/la secretary (11)

sed (tener...), la thirst (to be thirsty) (3)
seda, la silk (8)
seguir (i-i) to follow; to continue (4)
segundo/a second (8)
seguro médico, el health insurance (11)
seguro, es it's certain (11)
selva, la jungle (12)
semana, la week (6)
sembrar (ie) to plant (12)
semestre, el semester (3)
senador/a, el/la senator (15)
sencillez, la simplicity (14)
sentarse (ie) to sit down (5)
sentir (ie, i) to feel; to be sorry for; to regret (6)
sentirse (ie, i) to feel (5)
señalar to point
señor (Sr.), el Mr. (1)
señora (Sra.), la Mrs. (1)
señorita (Srta.), la Miss (1)
septiembre September (1)
séptimo/a seventh (8)
ser to be (1)
ser humano, el human being
serpiente, la snake
servir (i-i) to serve; help (4)
sexteto, el sextet (14)
sexto/a sixth (8)
siempre always (3)
sierra, la mountain range (12)
siglo, el century
silla, la chair (1)
sillón, el armchair; overstuffed chair (5)
simpático/a nice (1)
sin without (5)
sin que without (11)
sinfonía, la symphony (14)
síntoma, el symptom (10)
sobre on (5)
sobrepeso, el excess weight; obesity (10)
sobrino/a, el/la nephew/niece (4)
sociología, la sociology (3)
sofá, el sofa (5)
sol, el (hace...) sun (it is sunny) (7)
solamente only (3)
soler to tend to
solicitud de empleo, la job application (11)
solista, el/la soloist (14)
sólo only (3)
soltero/a single; unmarried (4)
sombrero, el hat (8)
sombrilla, la beach umbrella (7)
son you (pl.) they are (1)
soñar (con) to dream (about) (4)
sopa, la soup (6)
soprano, la soprano (14)
sorprender(se) to surprise (10)
sospechar to suspect
sótano, el basement
soy I am (1)
subir de peso to gain weight (10)

subrayar to underline
suegro/a, el/la father-in-law/mother-in-law (4)
sueldo, el wages (11)
soltar to turn loose
sueño (tener...) sleep (to be sleepy) (3)
suerte, (¡qué mala...!) (what bad) luck! (7)
suéter, el sweater (8)
sufijo, el suffix
sugerencia, la suggestion (10)
sugerir (ie, i) to suggest (9)
sumamente extremely
superar to overcome
supervisor/a, el/la supervisor (11)
sur, el south

T

tal (¿qué... si...?) how about if...? (7)
talco, el powder (8)
talentoso/a talented (14)
tamaño full-size; life-size
también also, too (2)
tambor, el drum (14)
tampoco neither; not either (7)
tan pronto como as soon as (11)
tapar to cover (6)
taquilla, la ticket office
tarde, la late; afternoon (2)
tarjeta de embarque, la boarding pass (9)
tarta de limón, la lemon pie (6)
tasa (de desempleo), la rate (of unemployment) (15)
¿te gustaría (+ inf.)...? would you like (+ inf.)...? (4)
té, el tea (6)
techo, el ceiling
teclado, el keyboard (12)
tecnológico/a technological (12)
tejer to weave
tejidos, los woven goods
tela, la fabric (8)
teléfono inalámbrico, el cordless telephone (12)
teléfono móvil, el cellular telephone (12)
telenovela, la soap opera (13)
televidente, el/la television viewer (13)
televisión por cable, la cable TV (13)
televisión, la television program (13)
televisor, el television set (13)
temer to fear (10)
temperatura, la temperature (10)
temporada, la season (7)
temprano early (2)
tenebroso/a gloomy
tener (ie) (que + inf.) to have (to) (2)
tener en cuenta to keep in mind

tener éxito to succeed

tener hambre to be hungry (lit. to have hunger) (3)

tengo I have (1)

tenis (los zapatos de...) tennis (shoes) (8)

tenis, el tennis (2)

tenor, el tenor (14)

tentación, la temptation

terapia, la therapy

tercero/a third (8)

terciopelo, el velvet (14)

tiempo (hace buen...) weather (it is nice out) (7)

tienda, la store (8)

tienes you have (fam.) (1)

tímido/a timid (1)

tío/a, el/la uncle/aunt (4)

tiras cómicas, las comics (13)

titular, el headline (13)

título, el title (1)

tiza, la chalk

toalla, la towel (7)

tocador de CD/DVD, el CD/DVD player (12)

tocar to touch; to play a musical instrument (6)

todas las noches every night (3)

todo *(pron.)* everything; all (3)

todo el día all day (3)

todo/a *(adj.)* all (of) (3)

todos los días everyday (3)

todos/as; todo el mundo everyone; everybody (3)

tomar to take; to drink (2)

tomarse la presión to take one's blood pressure (10)

tomate, el tomato (6)

tonelada, la ton

tórax, el thorax

torero/a, el/la bullfighter

toronja, la grapefruit (6)

torta de chocolate, la chocolate cake (6)

tortilla, la omelet (6)

tos, la cough (10)

toser to cough (10)

tostada, la toast (6)

tostadora, la toaster (6)

tostar (ue) to toast (6)

trabajador/a hardworking (1)

trabajar to work (2)

trabajar a comisión to work on commission (11)

traer (traigo) to bring (4)

traje de baño, el bathing suit (7)

traje, el suit (8)

transmitir to transmit (13)

trimestre, el trimester (3)

triste sad (3)

trombón, el trombone (14)

trompeta, la trompet (14)

tú you (fam.) (1)

tu/tus your (fam.) (1)

tubo, el pipe

tul, el tulle (silk or nylon net) (14)

tumba, la tomb

turnarse to take turns

U

ubicación, la location

último/a, el/la last

uña, la nail; fingernail

únicamente only

unido/a close; close-knit (4)

urgente, es it's urgent (11)

usted you (form.) (1)

utensilio, el utensil (6)

útil useful

uva, la grape (6)

V

vacante, la job vacancy (11)

valer to be worth; cost (8)

validez, la validity

vamos we're going; let's go (3)

¿vamos a...? should we go...? (4)

¡vamos! let's go! (4)

vaqueros, los jeans (8)

ve (vayan) go (fam./form.) (1)

veces (a la semana) times (per week) (5)

veces, a sometimes; at times (5)

vela, la candle

vender to sell (2)

venezolano/a Venezuelan (2)

venir (ie) to come (4)

venta, la sale

venta-liquidación, la clearance sale (8)

ventanilla (de) (by) the window

ver to see; to watch (television) (2)

ver to see (7)

verano, el summer (1)

¿verdad (de)? true (really?) (2)

verdad, es it's true (11)

verde green (1)

verduras, las vegetables (6)

vergonzoso/a embarrassing

vespertino/a evening *(adj.)*

vestido, el dress (8)

vestirse (i, i) get dressed (5)

veterinario/a, el/la veterinarian (11)

vez en cuando, de from time to time (5)

vez, otra again (5)

vez, una one time; once (5)

viajante, el/la traveling salesperson (11)

viajero, el traveler (9)

vida estudiantil, la student life (3)

vida, la life

videograbadora, la video cassette recorder (VCR) (12)

viejo/a old (2)

viento (hace...) wind (it is windy) (7)

viernes, el Friday (1)

vino (tinto/blanco), el (red/white) wine (6)

viola, la viola (14)

violar to violate; to rape (15)

violín, el violin (14)

virtuoso/a virtuoso (14)

visitar to visit (4)

vista, la view (9)

visto/a seen (12)

viudo/a widow

vivienda, la housing

vivir to live (2)

vivo, en live (on television) (13)

volcán, el volcano (9)

vólibol, el volleyball (7)

volver to return (4)

votar (por) to vote (for) (15)

vuelto/a returned (12)

Y

y and (1)

yerno, el son-in-law (4)

yogur, el yogurt (6)

Z

zanahoria, la carrot (6)

zapatillas de tenis, las tennis shoes (8)

zapato, el shoe (8)

zona franca, la duty-free zone

English-Spanish Vocabulary

A

abolish, to abolir (15)
above arriba de (5)
accessory accesorio, el (5)
accountant contador/a, el/la (11)
achieve, to lograr (15)
acid rain lluvia ácida, la (12)
accordion acordeón, el (14)
act, to actuar (actúo, actúas, ...) (13)
activist activista, el/la (15)
add, to añadir, echar (6)
adjective adjetivo (1)
administration building rectoría, la (3)
admission ticket entrada, la (4)
adverb adverbio (1)
advice column consultorio sentimental, el (13)
advise, to aconsejar (9)
aerobic aeróbico/a (10)
after después de (3)
after después (de) que (11)
again otra vez (5)
against contra (5)
airplane avión, el (9)
airport aeropuerto, el (9)
aisle (by the...) pasillo (de...) (9)
alarm clock despertador, el (5)
alcoholic beverage bebida alcohólica, la (10)
algebra álgebra, el (3)
all (of) todo/a (adj.) (3)
all day todo el día (3)
allergies alergias, las (10)
ally aliado/a, el/la
also, too también (2)
although aunque (11)
altitude altura, la (9)
always siempre (3)
ample, wide, detailed amplio/a
amuse oneself, to distraerse
ancestry ascendencia, la
and y (1)
angry enfadado/a (Esp.); furioso/a (3)
announcer locutor/a, el/la (13)
answer respuesta, la (1)
answer (fam./form.) contesta (contesten) (1)
answering machine contestador automático, el (12)
antacid antiácido, el (10)
anthropology antropología, la (3)
antibiotic antibiótico, el (10)
any, some algún, alguno/a(s) (7)

appearance pinta, la
applaud, to aplaudir (14)
apple manzana, la (6)
appliance aparato, el (6)
April abril (1)
aquarium acuario, el
architect arquitecto/a, el/la (11)
architectural arquitectónico/a (9)
area; campus recinto, el
Argentine argentino/a (1)
arm brazo, el (10)
armchair, overstuffed chair sillón, el (5)
army ejército, el (15)
around here por aquí (9)
arrangement arreglo, el
arrival llegada, la (9)
arrive on time, to llegar a tiempo
arrive, to llegar (2)
art arte, el (f.) (2)
article artículo, el (13)
as long as mientras que (11)
as soon as en cuanto; luego que; tan pronto como (11)
ask for, to pedir (i-i) (4)
aspirin aspirina, la (10)
assemble, to ensamblar
atmosphere atmósfera, la (12); ambiente, el
attend, to asistir a (2)
attract, to atraer
attraction atracción, la (9)
audience público, el (13)
audition audición, la (14)
August agosto (1)
automatic teller cajero automático, el (12)
autumn otoño, el (1)
avoid, to evitar

B

back espalda, la (10)
bad malo/a (1)
bad(ly) mal (1)
baggage claim room sala de reclamación de equipaje, la (9)
bake, to hornear (6)
bakery panadería
ballet billetera, la (8)
ballet cartera, la (8)
banana banana, la; plátano, el (6)
band banda, la (14)
bank (of a river) orilla, la
bargain, good deal ganga, la (8)

baritone barítono, el (14)
baseball béisbol, el (2)
based in radicado en
basement sótano, el
basketball baloncesto, el (2)
bass (music) bajo, el (14)
bat, to batear (7)
bathe, to bañarse (5)
bathing suit traje de baño, el (7)
bathroom baño, el (5)
battle batalla, la
be able, to; may; can poder (ue) (4)
be, to estar (3); ser (1)
beach playa, la (7)
beach resort balneario, el
beach umbrella sombrilla, la (7)
beans (kidney, pinto, red) frijoles, los (6)
because porque (2)
become, to (+ adj.) ponerse (+ adj) (5)
bed cama, la (5)
bedroom cuarto/dormitorio, el (5)
beef carne de res, la
beer cerveza, la (6)
before antes (de) que (11)
begin, to empezar (ie) (4)
beginner principiante, el
beginning principio, el (13)
behind detrás (de) (3)
believe, to creer (2)
bench banqueta, la
benefits beneficios, los (11)
better mejor (5)
between entre (3)
bicycle (riding) bicicleta (en...) (9)
big grande (1)
big bag bolsa, la (7)
bill cuenta, la (6)
biology biología, la (2)
black negro/a (1)
black coffee café solo, el (6)
blind ciego/a
blonde rubio/a (2)
blood sangre, la (10)
blouse blusa, la (8)
blue azul (1)
board, to abordar (9)
boarding pass tarjeta de embarque, la (9)
body cuerpo humano, el (10)
boil, to hervir (ie, i) (6)
book libro, el (1)
book bag mochila, la (1)

bookcase librero, el (5)
bookstore librería, la (2)
boots botas, las (8)
border frontera, la
bored aburrido/a (3)
boring aburrido/a (1)
boss jefe/a, el/la (11)
bother, to molestar (5)
bottle of cologne/perfume frasco de colonia/perfume, el (8)
boxing boxeo, el (7)
boy/girl muchacho/a, el/la (2)
boyfriend/girlfriend novio/a, el/la (2)
bracelet pulsera, la (8)
brand marca, la (12)
bread pan, el
break (a bone), to romperse (un hueso) (10)
breakfast desayuno, el (5)
breathe, to respirar (10)
bring, to traer (traigo) (4)
brochure folleto, el (9)
broken roto/a (12)
broom escoba, la (5)
brother/sister hermano/a, el/la (4)
brother-in-law/sister-in-law cuñado/a, el/la (4)
brown marrón (1)
brush (tooth...) cepillo (de dientes), el (5)
brush, to cepillarse (5)
budget presupuesto, el
building edificio, el (3)
bullfighter torero/a, el/la
business administration administración de empresas, la (2)
business letter carta comercial, la (11)
business section sección financiera, la (13)
busy ocupado/a (3)
but pero (2)
butterfly mariposa, la
buy comprar (5)
by, for por (9)

C

cable TV televisión por cable, la (13)
cafeteria cafetería, la (3)
calculator calculadora, la (3)
calculus cálculo, el (3)

camera cámara fotográfica, la (9)
campaign campaña, la (15)
Canadian canadiense (2)
candidate candidato/a, el/la (15)
candle vela, la
capable capaz (11)
capital city capital, la (2)
caramel custard flan, el (6)
carbohydrates carbohidratos, los (10)
care (to be careful) cuidado (tener...) (3)
career carrera, la
carpenter carpintero/a, el/la (11)
carrot zanahoria, la (6)
carry out, to llevar adelante
cash register caja, la (8)
castle castillo, el (9)
cat gato, el
cathedral catedral, la (9)
CD/DVD player tocador de CD/DVD, el (12)
CD-ROM drive CD-ROM, el (12)
ceiling techo, el
cellular telephone teléfono móvil, el (12)
census censo, el
century siglo, el (2)
certain cierto (2)
chain cadena, la
chair silla, la (1)
chalk tiza, la
chalkboard pizarra, la (1)
challenging, demanding exigente (3)
champion campeón/ona, el/la
channel canal, el (13)
character personaje, el (15)
charity caridad, la
cheap barato/a (1)
check in the luggage, to facturar equipaje (9)
check, to revisar (13)
checkup examen físico, el (10)
cheese queso, el (6)
chemistry química, la (3)
chest pecho, el (10)
chewing gum chicle, el
chicken (broiled/grilled) pollo (asado a parrilla), el (6)
Chilean chileno/a (2)
chocolate cake torta de chocolate, la (6)
cholesterol colesterol, el (10)
chop (pork) chuleta (de cerdo), la (6)
chopped picado/a (6)
cigarette cigarrillo, el (10)
cinematography cinematografía (13)
citizen ciudadano/a, el/la (15)
city ciudad, la (2)
clarinet clarinete, el (14)
class schedule horario de clases, el (3)
classified ads anuncios (avisos) clasificados, los (13)
clean, to limpiar (5)

clear the table, to quitar la mesa (5)
clearance sale venta-liquidación, la (8)
clerk dependiente/a, el/la (8)
climate clima, el
climb, to escalar (9)
clock reloj, el (1)
close, close-knit unido/a (4)
close (fam./form.) cierra (cierren) (1)
closet armario, el (5)
closing (of a letter) despedida, la (11)
clothing ropa, la (5)
cloudy nublado/a (7)
club discoteca, la (7)
coach class clase turista, la (9)
coach, trainer entrenador/a, el/la (7)
coat abrigo, el; saco, el (8)
coffee with milk café con leche, el (6)
coffeepot cafetera, la (6)
cold resfriado, el (10)
cold frío/a (6)
cold (it is...) frío (hace...) (7)
cold (to be...) frío (tener...) (3)
collide, to chocar
Colombian colombiano/a (1)
color color, el (1)
comb peine, el (5)
comb, to peinarse (5)
come, to venir (ie) (4)
comedy comedia, la (13)
comics tiras cómicas, las (13)
commemorate, to conmemorar
common común (10)
communications comunicaciones, las (2)
company empresa, la (11)
complicated complicado/a (3)
compose, to componer (14)
composer compositor/a, el/la (14)
computer computadora, la (3)
computer (electronic) game juego electrónico, el (12)
computer science informática, la (2)
concert concierto, el (4)
concert hall casa de ópera, la (14)
condiment condimento, el (6)
conductor director/a, el/la (14)
conflict conflicto, el (15)
conjecture conjetura, la
conserve, to; to preserve conservar (12)
consultant; advisor asesor/a, el/la (15)
consume, to consumir (12)
container (aluminum) envase (de aluminio), el (12)
contaminate, to contaminar (12)
contest; pageant certamen, el (13)
contract contrato, el (11)

contralto contralto, el (14)
control, to controlar (15)
convent convento, el (9)
cook cocinero/a, el/la (11)
cook, to cocinar
cookie galleta, la (6)
cool fresco/a
cool (it is...) fresco (hace...) (7)
cooler heladera, la (7)
coordinator coordinador/a, el/la (11)
cordially cordialmente (11)
cordless telephone teléfono inalámbrico, el (12)
corduroy pana, la (14)
corn maíz, el (6)
cornet corneta, la (14)
corruption corrupción, la (15)
cost, to costar (ue) (4)
cotton algodón, el (8)
cough tos, la (10)
cough syrup jarabe, el (10)
cough, to toser (10)
country país, el (2)
cousin primo/a, el/la (4)
cover, to tapar (6)
covered cubierto/a (12)
cowboy; rancher gaucho, el
cream pomada, la
cream (shaving) crema (de afeitar), la (5)
critic crítico/a, el/la (13)
criticism crítica, la (13)
cross over, to atravesar
crown corona, la
cry grito, el
Cuban cubano/a (2)
cure, to curar (11)
current corriente (15)
customer, client cliente/a, el/la (6)
customs aduana, la (9)
cycling ciclismo, el (7)

D

daily diario/a (5)
dance, to bailar (2)
dangerous peligroso/a
dark moreno/a (2)
database base de datos, la (12)
daughter-in-law nuera, la (4)
dawn aurora, la
day before yesterday anteayer (6)
dead muerto/a (12)
dear estimado/a (11)
death, demise fallecimiento, el
December diciembre (1)
decide, to decidir (2)
deed hecho, el (15)
defense defensa, la (15)
deforestation deforestación, la; despoblación forestal *(Esp.)*, la (12)
delay demora, la (9)
delicious rico/a (6)
delight, to encantar (5)
delighted encantado/a (1)

deliver, to; to distribute repartir (11)
demilitarization desmilitarización, la (15)
democracy democracia, la (15)
democratization democratización, la (15)
dentist dentista, el/la (11)
deny, to negar (ie) (10)
deodorant desodorante, el (5)
department store almacén, el (8)
depict, to detallar
design diseño, el (12)
design, to diseñar (11)
designer diseñador/a, el/la (14)
dessert postre, el (6)
develop, to; take place, to desarrollar
developing country país en desarrollo, el (15)
development desarrollo, el
diabetes diabetes, la (10)
diagnosis diagnóstico, el (10)
diamond earrings aretes de diamantes, los (8)
dictator dictador/a, el/la (15)
dictatorship dictadura, la (15)
dictionary diccionario, el (1)
diet (to be on a) dieta (estar a...) (10)
difficult difícil (2)
dining room comedor, el (5)
dinner cena, la (6)
director director/a, el/la (11)
disarmament desarme, el (15)
discover, to descubrir
discovered descubierto/a (12)
disguise disfraz, el (14)
dishes platos, los (5)
dishwasher lavaplatos, el (5)
diskette disquete, el (12)
dismay, to consternar
diva diva, la (14)
divorced divorciado/a (3)
do the shopping, to hacer las compras (5)
do you want to go to...? ¿quieres ir a...? (4)
do/make (fam./form.) haz/hagan (1)
do; to; make, to hacer (3)
doctor's office consultorio, el (10)
Dominican dominicano/a (2)
don't worry preocupes, no te... (7)
done; made hecho/a (12)
door puerta, la (1)
dossier expediente, el (11)
double room cuarto doble, el (9)
doubt, to dudar (10)
downtown centro, el (4)
drama drama, el (13)
drawing dibujo, el
dream (about), to soñar (con) (4)
dress vestido, el (8)
dresser cómoda, la (5)

dressing room camerino, el

drink bebida, la (6)

drink, to beber (2)

dropped, to be (by someone) caerse (a alguien) (15)

drug addiction drogadicción, la (15)

drugstore droguería, la (8)

drum tambor, el (14)

drums batería, la (14)

dry seco/a

dry (oneself), to secar(se) (5)

dust, to sacudir el polvo de los muebles (5)

duty deber, el (15)

duty-free zone zona franca, la

DVD disk DVD, el (12)

E

ear oído, el (10)

ear oreja, la (10)

early temprano (2)

easy fácil (2)

eat breakfast, to desayunar (6)

eat dinner, to cenar (6)

eat, to comer (2)

editorial page editorial, el (13)

education pedagogía, la (2)

effort esfuerzo, el (15)

egg huevo, el (6)

eighth octavo/a (8)

either...or o... o (7)

elastic elástico, el (14)

elect, to elegir (i, i) (15)

electric razor máquina de afeitar, la (5)

electrician electricista, el/la (11)

electronic electrónico/a (12)

embarrassing vergonzoso/a

embrace, to abrazar (6)

emerald esmeralda, la

emergency exit salida de emergencia, la (9)

emphasize, to destacar

employee empleado/a, el/la (11)

enchanting, delightful encantador/a (14)

encourage; cheer, to animar (7)

end final, el (13)

end, to eliminar (15)

energy energía, la (12)

engineer ingeniero/a, el/la (11)

engineering ingeniería, la (2)

enjoy your meal ¡buen provecho! (6)

enjoy, to disfrutar

entertainment section cartelera, la (13)

enthusiastic entusiasta (11)

environment medio ambiente, el (12)

erase, to borrar (12)

essence esencia, la

ethics ética, la

even aun

evening *(adj.)* vespertino/a

every night todas las noches (3)

everyday todos los días (3)

everyone; everybody todos/as; todo el mundo (3)

everything; all todo *(pron)* (3)

exam examen, el (2)

excess weight; obesity sobrepeso, el (10)

exercise ejercicio, el (10)

expenses gastos, los

expensive caro/a (1)

explain, to explicar (6)

extremely sumamente

extroverted extrovertido/a (1)

eye ojo, el (5)

F

fabric tela , la (8)

face cara, la (5)

face, to afrontar (15)

factory fábrica, la (12)

faithful fiel

fall asleep, to dormirse (ue, u) (5)

fall in love (with), to enamorarse (de) (5)

fan aficionado/a, el/la (7)

fantastic! ¡fantástico! (7)

far (from) lejos (de) (3)

fare, ticket pasaje, el (9)

farewell despedida, la (1)

farm, ranch finca, la (12)

fascinate, to fascinar (5)

fascinating fascinante (1)

fashion show desfile de modas, el (14)

fat gordo/a (2)

fat grasa, la (10)

father padre, el (2)

father-in-law/mother-in-law suegro/a, el/la (4)

fear (to be afraid) miedo (tener... de que) (10)

fear (to be afraid) miedo (tener...) (3)

fear, to temer (10)

February febrero (1)

feel, to sentirse (ie, i) (5)

feel; to be sorry for, to sentir (ie, i) (6)

fence cerca, la

fever fiebre, la (10)

fiancé novio/a, el/la (2)

fields of study campos de estudio, los

fifth quinto/a (8)

fig higo, el

fight, to luchar

fight, to combat, to combatir (15)

figure línea, la (10)

file; to save, to archivar (12)

fill (out), to llenar (11)

fill completely; to fill out, to rellenar (11)

film cinta, la (13)

film, to filmar (13)

finally por fin (9)

finally por último (9)

find, to encontrar (ue) (4)

fine multa, la (12)

fine with me; okay de acuerdo (4)

finger dedo de la mano, el (10)

fingernail uña, la

fire, to despedir (i, i) (11)

firefighter bombero/a, el/la (11)

first primero/a (8)

fish pescado, el (6)

fish fillet filete de pescado, el (6)

fish, to pescar (9)

fishing pesca, la

fit very well, to quedar muy bien, le (8)

fitting room probador, el (8)

flight attendant aeromozo/a, el/la (9)

floor piso, el (5)

flower flor, la (9)

flu gripe, la (10)

flute flauta, la (14)

follow; to continue, to seguir (i-i) (4)

foods alimentos, los (10)

foot pie, el (10)

for example por ejemplo (9)

for God's sake por Dios (9)

for now por ahora (9)

forest bosque, el (9)

forget, to olvidarse (de) (5)

forgotten, to be (by someone) olvidarse (a alguien) (15)

form formulario, el (11)

fort fuerte, el

forum foro, el

fountain fuente, la (9)

freezer congelador, el (6)

French francés (1)

fresh fresco/a (6)

Friday viernes, el (1)

fried frito/a (6)

friend amigo/a, el/la (2)

fries papas fritas, las (6)

frog rana, la

from time to time vez en cuando, de (5)

from where...? ¿de dónde...? (2)

front page primera plana, la (13)

fruit fruta, la (6)

fry, to freír (i, i) (6)

full lleno/a

full-size; life-size tamaño natural

function, to work, to funcionar (12)

funny, witty gracioso/a (4)

furniture muebles, los (5)

G

gabardine (light-weight wool) gabardina, la (14)

gain weight, to subir de peso (10)

game partido, el (4)

game show; pageant concurso, el (13)

garage garaje, el (5)

garden, yard jardín, el (5)

garlic ajo, el (6)

garment prenda, la (14)

gastronomy; local food culture gastronomía, la

gate puerta de salida, la (9)

generic pot, bowl, dish, etc, recipiente, el (6)

geography geografía, la (2)

geology geología, la (3)

get angry, to enojar (10)

get angry, to enojarse (con) (5)

get better, to get well, to mejorarse (10)

get dressed vestirse (i, i) (5)

get in shape, to ponerse en forma (10)

get up early, to madrugar

get up, to levantarse (5)

give, to dar (5)

glasses gafas, las

gloomy tenebroso/a

go on an outing; to tour, to excursión, la (9)

go round, to; to travel through / across recorrer (9)

go to bed, to acostarse (ue) (5)

go, to ir (3)

go (fam./form.) ve (vayan) (1)

goal meta, la (11)

gold ring anillo de oro, el (8)

golf golf, el (7)

gone ido/a (12)

good bueno/a (1)

good afternoon buenas tardes (1)

good day buenos días (1)

good night buenas noches (1)

gossipy chismoso/a

gourd calabaza, la

governor gobernador/a, el/la (15)

grade nota, la

grandfather / grandmother abuelo/a, el/la (4)

grandparents abuelos, los (4)

grandson / granddaughter nieto/a, el/la (4)

grape uva, la (6)

grapefruit toronja, la (6)

great! ¡fabuloso! (7)

great! wonderful! ¡magnífico! (7)

green verde (1)

green beans judías, las (6)

green pepper ají verde, el (6); pimiento, el (6)

greeting saludo, el (1)

grey gris (1)

guess, to adivinar

guide book guía, la (9)

guitar guitarra, la (14)

gymnasium gimnasio, el (3)

gymnastics gimnasia, la (7)

H

haggle over, to regatear

hair pelo, el (5)

hair dryer secadora, la (5)

hair stylist peluquero/a, el/la (11)

half medio/a (2)

half mitad, la
hall pasillo, el (5)
hallucinogenic alucinógeno/a
ham jamón, el (6)
hamburger hamburguesa, la (3)
hand mano, la (5)
handsome guapo/a (2)
happy contento/a (3)
happy, to be estar contento/a (de) (10)
happy, to become...; be glad alegrarse (de) (5)
hard disk disco duro, el (12)
hardworking trabajador/a (1)
harp arpa, el (14)
harvest cosecha, la
harvest, to cosechar (12)
haste (to be in a hurry) prisa (tener...) (3)
hat sombrero, el (8)
have (to), to tener (ie) (...que + inf.) (2)
have a good / bad / wonderful time, to pasarlo bien (9)
have a picnic, to merienda (hacer una...) (7)
have fun, to divertirse (ie, i) (5)
have just (done something), to acabar de (+ inf.) (11)
have lunch, to almorzar (ue) (4)
have, to (aux.) haber (12)
head cabeza, la (10)
headache dolor de cabeza, (10)
headline titular, el (13)
health salud, la (10)
health insurance seguro médico, el (11)
hear, to oír (-go) (6)
heart corazón, el (10)
heat, to calentar (ie) (6)
hello (answering the phone) aló; bueno *(Mex.)*; diga *(Sp.)* (4)
help, to ayudar (2)
here aquí (1)
heron garza, la
hey! ¡oye! (2)
hide, to disimular
high/ medium /low heat fuego al/ mediano /bajo, a (6)
high fashion costura, alta, la (14)
hire, to contratar (11)
history historia, la (2)
hockey hockey, el (7)
home hogar, el
honest honrado/a, honesto/a (11)
honesty honradez, honestidad, la (15)
hope, to esperar (10)
horoscope horóscopo, el (13)
horse(back) caballo (a...)
hot caliente (6)
hot (it is...) calor (hace...) (7)
hot (spicy) picante (6)
hot (to be...) calor (tener...) (3)
hot sauce salsa picante, la (6)
hotel hotel, el (9)
house casa, la (5)

household chores quehaceres domésticos. los (5)
housing vivienda, la
how about if...? tal (¿qué... si...?) (7)
how are you? (fam.) ¿cómo estás? (1)
how are you? (fam.) ¿qué tal? (1)
how are you? (form.) ¿cómo está usted? (1)
how much (many)...? ¿cuánto/a(s)? (1)
how much does it/do they cost? ¿cuánto cuesta(n)? (1)
how...? what...? ¿cómo...? (2)
howler monkey mono aullador, el
human being ser humano, el
human rights derechos humanos, los (15)
humanities/liberal arts filosofía y letras, las (2)
humming bird colibrí, el
hunger (to be hungry) hambre (tener...) (3)
hungry, to be (lit. to have hunger) tener hambre (3)
hurt, to doler (ue) (10)
husband marido, el
husband / wife esposo/a, el/la (4)
hyperlink hipervínculo, el (12)

I

I am soy (1)
I am sorry lo siento (1)
I have tengo (1)
I need necesito (1)
I would love to me encantaría (4)
ice hielo, el (7)
ice cream helado, el (6)
ice skating patinaje, el
illness enfermedad, la (10)
impatient impaciente (5)
impress, to impresionar
improve, to mejorar (15)
improvise improvisar (14)
in a hurry apurado/a (3)
in case en caso de que (11)
in front of delante (de) (3)
in front of, across from enfrente (de) (3)
in general por lo general (9)
in love with enamorado/a de (3)
in order that a fin de que; para que (11)
increase, to aumentar (15)
infection infección, la (10)
inflation inflación, la (15)
influence, to influir
influential influyente
ingest, to ingerir (ie-i) (10)
ingredient ingrediente, el (6)
in-laws familia política, la (4)
insist, to insistir (en) (9)
install, to instalar (12)

intelligent inteligente (1)
interest, to interesar (5)
interesting interesante (1)
Internet Red informática, la (12)
interpreter intérprete, el/la (11)
interview entrevista, la
iron plancha, la (5)
iron, to planchar (5)
island isla, la (9)
it is/ she is/ he is es (1)
it/they cost/s cuesta(n)... (1)
it's a pity lástima, es (11)
it's bad malo, es (11)
it's better mejor, es (11)
it's certain seguro, es (11)
it's common común, es (11)
it's difficult difícil, es (11)
it's doubtful dudoso, es (11)
it's easy fácil, es (11)
it's essential preciso, es (11)
it's evident evidente, es (11)
it's good bueno, es (11)
it's important importante, es (11)
it's impossible imposible, es (11)
it's incredible increíble, es (11)
it's indispensable indispensable, es (11)
it's necessary necesario, es (11)
it's obvious obvio, es (11)
it's possible posible, es (11)
it's probable probable, es (11)
it's strange extraño, es (11)
it's the same to me me da igual (7)
it's true es cierto; es verdad (11)
it's urgent urgente, es (11)

J

jacket chaqueta, la (8)
January enero (1)
jealousy celos, los
jeans vaqueros, los (8)
jewelry store joyería, la (8)
job application solicitud de empleo, la (11)
job candidate aspirante, el/la
job responsibility cargo, el (11)
job vacancy vacante, la (11)
jog, to jogging, hacer (10)
journalist periodista, el/la (11)
judge juez, el/la (15)
July julio (1)
June junio (1)
jungle selva, la (12)
just justo/a (11)

K

keep in mind, to tener en cuenta
key chain llavero, el (8)
keyboard teclado, el (12)
kick, to patear (7)
kid, boy/girl; man/woman *(coll.)* el/la chico/a (3)
kilogram (equivalent 2,2 pounds) kilo, el (6)

king rey, el (15)
kitchen cocina, la (5)
kitchenette cocinita, la (9)
knee rodilla, la (10)
know (how to do) something, to saber (sé) (4)
know (someone); to be familiar with conocer (zc) (4)

L

lack, to carecer de
lacking, to be; needed faltar (5)
lake lago, el (9)
lamp lámpara, la (5)
land, to aterrizar (9)
language laboratory laboratorio de lenguas, el (3)
languages (foreign) idiomas (extranjeros), los (2)
last último/a, el/la
last night anoche (6)
late; afternoon tarde, la (2)
laugh, to reírse (i-i) (5)
law el derecho (2); la ley (15)
leading lady primera actriz, la (13)
leading man galán, el (13)
learn to, to aprender a (2)
leather cuero, el (8)
leather, fur piel, la (14)
leave, go out, to salir (salgo) (4)
lecture conferencia, la
left (to the...; on the...) izquierda (a la...) (3)
left, to be; to remain quedar (5)
leg pierna, la (10)
lemon pie tarta de limón, la (6)
lemonade limonada, la (6)
less menos (2)
let's go! ¡vamos! (4)
lettuce lechuga, la (6)
library biblioteca, la (3)
lie; falsehood mentira, la
life vida, la
like (be pleasing), to gustar (5)
likewise igualmente (1)
lipstick lápiz labial, el (5)
listen (fam./form.) escucha (escuchen) (1)
listener radioyente, el/la (13)
liter litro, el (6)
literature literatura, la (3)
little *(adv.)* poco (1)
live (on television) en directo; en vivo (13)
live, to vivir (2)
living room sala, la (5)
lobster langosta, la (6)
locust cigarra, la
location ubicación, la
lodging hospedaje, el (9)
lonely extraño/a
look at, to mirar (2)
lose weight; slim down, to adelgazar (10)
lose weight, to bajar de peso (10)
lose, to perder (ie) (4)

lost perdido/a (3)
lost, to be (by someone) perderse (a alguien) (15)
lotion (shaving) loción (de afeitar), la (5)
lung pulmón, el (10)
lunch almuerzo, el (3)
luxury de luja (9)

M

magazine revista, la
mail correo, el
mailman, mailwoman cartero/a, el/la (11)
make an appointment, to cita, la (10)
make good; to fulfill (a promise), to cumplir (con) (15)
make the bed, to hacer las cama (5)
makeup maquillaje, el (5)
manage, to manejar (12)
manager gerente, el/la (11)
mandatory obligatorio/a (12)
mansion mansión, la (9)
map mapa, el (1)
maraca maraca, la (14)
March marzo (1)
married casado/a con (3)
mask máscara, la
match, go well with, to hacer juego (con) (8)
mathematics matemáticas, las (2)
May mayo (1)
mayor alcalde/alcaldesa, el/la (15)
meal; dinner; lunch *(Sp.)* comida, la (3)
measure medida, la (12)
measurement medida, la (6)
meat carne, la (6)
mechanic mecánico, el (la mujer...) (11)
media medios, los (13)
medicinal médico/a (10)
medicine medicina, la (2)
Mexican mexicano/a (1)
mezzo soprano mezzosoprano, la (14)
microwave microondas, el (6)
midnight medianoche, la (2)
milk leche, la (6)
milk products lácteo/a (10)
mineral water agua mineral, el (f.) (3)
minister ministro/a, el/la (15)
mirror espejo, el (5)
Miss señorita (Srta.), la (1)
mix mezclar (6)
model modelo, el/la (14)
moderator presentador/a, el/la (13)
monarchy monarquía, la (15)
Monday lunes, el (1)
monkey mono, el
monument monumento, el (9)

moon luna, la
more or less más o menos (1)
mother madre, la (2)
motto lema, el (15)
mountain montaña, la (9)
mountain range sierra, la (12); cordillera, la
mouse ratón, el (12)
mouth boca, la (10)
movie película, la (4); filme, el (13)
movies (theater) cine, el (4)
Mr. señor (Sr.), el (1)
Mrs. señora (Sra.), la (1)
much mucho (1)
much pleasure mucho gusto (1)
museum museo, el (9)
music música, la (3)
musical comedy comedia musical, la (14)
musical instrument instrumento musical, el (14)
musician músico/a, el/la (14)
Muslim musulmán/ana
my mi/mis (1)
my name is... me llamo...; mi nombre es... (1)

N

native home patrio/a, el/la
natural resource recurso natural, el (12)
nature naturaleza, la (12)
nearby (close to) cerca (de) (3)
need, to necesitar (9)
neighborhood colonia, la
neither, not either tampoco (7)
neither...nor ni...ni (7)
nephew / niece sobrino/a, el/la (4)
nervous nervioso/a, (5)
nettle; prickly plant ortiga, la
never jamás; nunca (7)
new nuevo/a (2)
news story crónica, la (13)
newscast noticiero, el (13)
newscaster, commentator comentarista, el/la (13)
newspaper periódico, el (13)
New Yorker neuyoricano/a
next to junto a; al lado (de)
nice simpático/a (1)
nightstand mesa de noche, la (5)
ninth noveno/a (8)
nobody; no one nadie (7)
noise ruido, el
none, not any ningún, ninguno/a(s) (7)
noon mediodía, el (2)
North American norteamericano/a (2)
nose nariz, la (5)
no-smoking section sección de no fumar, la (9)
notebook cuaderno, el (1)
notes apuntes, los
nothing, not anything nada (7)
November noviembre (1)

now (right...) ahora (mismo) (2)
now that ahora que / ya que (11)
nuclear plant planta nuclear, la (12)
nylon nilón, el (14)

O

obituary esquela, la (13)
ocean mar, el (7)
October octubre (1)
of course claro (4); por supuesto (9)
office despacho, el (11)
oh, no! ¡Ay bendito! (7)
ok regular (1)
old viejo/a (2)
older mayor (4)
olive aceituna, la
omelet tortilla, la (6)
on sobre (5)
on sale rebajas, en (8)
on the dot en punto (2)
on top of encima de (5)
one time; once una vez (5)
onion cebolla, la (6)
only solamente (3); sólo (3); únicamente
open, to abrir (2)
open abierto/a (12)
operate, to operar (10)
opponent contrincante, el/la (15)
or o (1)
orange anaranjado/a (1)
orange naranja, la (6)
orchestra orquesta, la (4)
orchid orquídea, la
order, to mandar (9)
ostentatious fastuoso/a (14)
out of work paro, en (11)
outdoors' cafe café al aire libre, el (4)
outfit conjunto, el (14)
oven horno, el (6)
overcome, to superar
owner dueño/a el/la

P

pacifist pacifista, el/la (15)
pain dolor, el (10)
pain killer, sedative calmante, el (10)
paint, to pintar
painting cuadro, el (5)
pair pareja, la
palace palacio, el (9)
Panamanian panameño/a (2)
pants, slacks (shorts) pantalones (cortos), los (8)
paper papel, el (1)
parade desfile, el
parents padres, los (2)
park parque, el (4)
patient paciente, el/la (10)
patio patio, el (5)
pay cash , to pagar al contado (8)

pay, to pagar (6)
peace paz, la (15)
peak apogeo, el
peanut cacahuete, el
pearl necklace collar de perlas, el (8)
pen (ballpoint) bolígrafo, el (1)
pencil lápiz, el (1)
people, the masses pueblo, el (15)
perform, to representar(se) (13)
perhaps quizás
permit, to permitir (9)
pesticides pesticidas, los (12)
pet mascota, la
petroleum petróleo, el (12)
photocopy machine fotocopiadora, la (12)
photocopy, to fotocopiar (12)
physical education educación física, la (2)
piano piano, el (14)
pick up, clean, to ordenar (5)
pick up; harvest, to recoger (12)
picnic (to have a...) pícnic (hacer un...) (7)
picturesque pintoresco/a
piece pedazo, el (6)
piece (music) pieza, la (14)
pill; lozenge pastilla, la (10)
pilot piloto, el/la (9)
pinch (of salt, pepper, etc,) pizca, la (6)
pink rosado/a (1)
pipe tubo, el
pirate, to piratear
place lugar, el (2)
plaid cuadros, de (8)
plant, to sembrar (ie) (12)
play (theater) obra, la (13)
play, to jugar (ue) a (4)
pleasant agradable
please por favor (9)
pleasure gozo, el
pleasure is mine (the...) el gusto es mío (1)
plum ciruela, la
plumber el/la plomero, (11)
plump gordito/a (2)
point, to señalar
political post cargo político, el (15)
political sciences ciencias políticas, las (2)
politics política, la (15)
polyester poliéster, el (14)
poor pobre (2)
populated poblado/a
pork carne de cerdo, la
position (job) puesto, el (11)
potato papa (patata *Sp.*), la (6)
pound, to golpear
poverty pobreza, la (15)
powder talco, el (8)
practice; to play (a sport), to practicar (2)
prairie pampa, la
predict, to predecir (i)
prefer, to preferir (ie) (4)

prescribe, to recetar (10)
presentation presentación, la (1)
president presidente/a, el/la (15)
pretty bonito/a (2)
prevent; to warn, to prevenir (15)
price precio, el (8)
print (printed), to imprimir (pp: impreso) (12)
printer impresora, la (12)
prize premio, el
procure; secure, to procurar (15)
produce, to rendir
producer productor/a, el/la (13)
professor profesor/a el/la (1)
proficient in; control of dominio/a (de)
program, to programar (12)
prohibit, to prohibir (9)
promise, to prometer
promote, to promover (ue) (15)
promote, to; move up, to ascender (ie) (11)
protagonist; star protagonista, el/la (13)
protect, to proteger (j) (12)
protein proteína, la (10)
provided (that) con tal (de) que (11)
psychologist psicólogo/a, el/la (11)
psychology psicología, la (3)
publishing house editorial, la (13)
Puerto Rican puertorriqueño/a (2)
punishment castigo, el
purchase compra, la (15)
purple morado/a (1)
purse bolso, el (8)
push, to empujar
put on makeup, to maquillarse (5)
put out, extinguish (fires), to apagar (gu) (fuegos) (11)
put; placed puesto/a (12)
put, to poner (pongo) (4)

Q

quality calidad, la (8)
quarter, fourth cuarto/a (2)
quartet cuarteto, el (14)
queen reina, la (15)
question pregunta, la (1)
quit, to dejar (11)

R

radio (set) radio, el (13)
radio station (business entity) emisora, la (13)
radio station (on the dial) estación de radio, la (13)
radioactivity radioactividad, la (12)
rail riel, el
rain lluvia, la
rain, to llover (ue) (7)

raise aumento, el (11)
rare; raw crudo/a (6)
rate (of unemployment) tasa (de desempleo), la (15)
rather bastante (1)
rayon rayón, el (14)
razor blade cuchilla (la navaja) de afeitar, el (5)
read, to leer (2)
reader lector/a, el/la (13)
ready; disposed dispuesto/a (12)
real estate agent agente inmobiliario/a el/la
really? ¿de verdad? (1)
reason (to be right [wrong]) razón ([no] tener...) (3)
receive, to recibir (2)
recipe receta, la (6)
recommend, to recomendar (ie) (9)
recommendation recomendación, la (11)
record, to grabar (12)
recording grabación, la
recycle, to reciclar (12)
recycling reciclaje, el (12)
red rojo/a (1)
referee árbitro, el (7)
reforestation reforestación, la; repoblación forestal (Esp.), la (12)
refrigerator refrigerador, el (6)
regret, to lamentar (10)
regret, to sentir (ie, i) (10)
rehearse ensayar (14)
relic reliquia, la
remain (by someone), to quedarse (a alguien) (15)
remedy remedio, el (10)
remember, to recordar (4); acordarse (de) (ue) (5
renown renombre, el
rent, to alquilar
repair, to reparar (11)
repeat, to; to have a second helping repetir (i) (4)
repeat (fam./form.) repite (repitan) (1)
repertoire repertorio, el (14)
report, to informar (13)
report, to; denounce denunciar
reporter (television...) reportero/a, el/la (13)
representative representante, el/la (15)
rescue rescate, el
reservation reserva, la (9)
responsibilities responsabilidades, las (11)
restaurant restaurante, el (6)
retire, to jubilarse (11)
retire, to retirarse (11)
retirement plan plan de retiro, el (11)
return (something), to devolver (ue) (8)
return, to regresar (2)
return, to volver (4)
returned vuelto/a (12)

rhythm ritmo, el
rice arroz, el (6)
rich rico/a (2)
richness riqueza, la
ride, to montar
right derecho, el (15)
right (to the...; on the...) derecha, a la (3)
right away enseguida (6)
river río, el (9)
role papel, el
roll of film (for camera) rollo de película, el (9)
roundtrip ida y vuelta (de...)
royal family familia real, la
run for (congress, etc.), to aspirar (a) (15)
run, to correr (7)

S

sad triste (3)
saffron azafrán, el (6)
said dicho/a (12)
salad ensalada, la (3)
salary salario, el (11)
sale venta, la
salutations; greetings saludos, los (11)
sandals sandalias, las (8)
sandwich bocadillo, el (6)
satellite dish antena parabólica, la (12)
Saturday sábado, el (1)
savor, to saborear
saxophone saxofón, el (14)
say, tell, to decir (5)
scanner escáner, el (12)
School of Art facultad de arte, la (3)
School of Engineering facultad de ingeniería, la (3)
School of Humanities facultad de filosofía y letras, la (3)
School of Law facultad de derecho, la (3)
School of Medicine facultad de medicina, la (3)
School of Science facultad de ciencias, la (3)
sciences (physical...) ciencias (físicas), las (2)
scrambled revuelto/a (6)
screen pantalla, la (12)
script guión, el (13)
scuba dive, to bucear (9)
seafood mariscos, los (6)
season temporada, la (7)
seat (window / aisle) asiento, el (9)
second segundo/a (8)
secretary secretario/a, el/la (11)
see you later hasta luego (1)
see you soon hasta pronto (1)
see you tomorrow hasta mañana (1)
see, to ver (2)
see, to; to watch (television) ver (3)

seem, to parecer (5)
seen visto/a (12)
sell, to vender (2)
semester semestre, el (3)
senator senador/a, el/la (15)
September septiembre (1)
sequin lentejuelas, las (14)
serve desempeñar
serve, help, to servir (i-i) (4)
set the table, to poner la mesa (5)
seventh séptimo/a (8)
sextet sexteto, el (14)
shampoo champú, el (8)
shave, to afeitarse (5)
sheep oveja, la
sheet sábana, la
shirt camisa, la (8)
shoe zapato, el (8)
shoe size número, el (8)
shopping center; mall centro comercial, el (8)
short bajo/a (2)
short- / long-sleeved manga corta / larga, de (8)
short while (a...) rato, el
shortage escasez, la (12)
shot inyección, la (10)
should we go...? ¿vamos a...? (4)
should; ought to; must deber (2)
shout, to gritar (7)
show función, la (4)
show a movie, to pasar una película (4)
show host/hostess anfitrión/anfitriona, el/la (13)
shower ducha, la (5)
shower, to ducharse (5)
shrimp camarones, los (6)
sick enfermo/a (3)
sick, to become... enfermarse (5)
sign (a treaty, etc.), to firmar (15)
silk seda, la (8)
silver chain cadena de plata, la (8)
silversmithing platería
simplicity sencillez, la (14)
since desde que (11)
sincerely (truly) atentamente (11)
sing, to cantar
single, unmarried soltero/a (4)
sit down, to sentarse (ie) (5)
sixth sexto/a (8)
skate, to patinar (7)
ski, to esquiar (esquío) (7)
skiing (water...) esquí (acuático), el (7)
skillet, frying pan sartén, la (6)
skillful diestro/a
skinny flaco/a (2)
skirt falda, la (8)
sky cielo, el
sleep (to be sleepy) sueño (tener...) (3)
sleep, to dormir (4)
sleeveless manga, sin (8)

sloth perezoso, el

small pequeño/a (1)

smog; pollution (it is smoggy.) contaminación (hay...) (7)

smoke humo, el (12)

smoke, to fumar (10)

snack merienda, la (6)

snack, to merendar (ie) (6)

snake culebra, la

snake serpiente, la

snow, to nevar (ie) (7)

soap jabón, el (5)

soap opera telenovela, la (13)

so-called denominado/a

soccer fútbol, el (2)

social page crónica social, la (13)

social sciences ciencias sociales, las (2)

social welfare programs programas sociales, los (15)

sociology sociología, la (3)

sock calcetín, el (8)

sofa sofá, el (5)

soft drink, soda refresco, el (3)

soloist solista, el/la (14)

someone, anyone alguien (7)

something, anything algo (7)

sometimes; at times a veces (5)

son/daughter hijo/a, el/la (4)

song canto, el (14)

son-in-law yerno, el (4)

soprano soprano, la (14)

sorrow, pain pena, la

soup sopa, la (6)

south sur, el

Spanish español/a (1)

specialty of the house especialidad de casa, la (6)

spectator espectador/a, el/la (13)

speech discurso, el (15)

spend (time), to pasar (4)

spend, to gastar (8)

spider araña, la

sponsor patrocinador/a, el/la (13)

sponsor, to patrocinar (13)

sport deporte, el (2)

sports section sección deportiva, la (13)

sportscaster comentarista deportivo/a, el/la (13)

spreadsheet hoja electrónica, la (12)

spring primavera, la (1)

sprinkle, to espolvorear

stable establo, el

stage escenario, el (14)

stair steps escalones, los

stand in line, to hacer cola (9)

statuary imaginería, la

stay estadía, la (9)

stay (somewhere), to quedarse (9)

stay in bed, to guardar cama (10)

stay in shape, to mantenerse en forma (10)

stay trim, to watch one's figure, to guardar la línea (10)

steak bistec, el (6)

stepbrother / stepsister hermanastro/a, el/la (4)

stepfather padrastro, el (4)

stepmother madrastra, la (4)

stew estofado, el

stewpot, casserole dish, saucepan cazuela, la (6)

stick out, to sacar (10)

still life naturaleza muerta, la

stockings medias, las (8)

stockings; pantyhose pantimedias, las (8)

stomach estómago, el (10)

stone piedra, la

stop (doing something), to dejar de (+ inf.) (10)

stop by, to pasar por (4)

stop talking, to; quiet oneself, to callarse

store tienda, la (8)

stove estufa, la (6)

straw paja, la (14)

strengthen; fortify, to fortalecer (zc) (15)

stress estrés, el (10)

striped rayas, de (8)

student estudiante, el/la (1)

student center centro estudiantil, el (3)

student life vida estudiantil, la (3)

study (fam./form.) estudia (estudien) (1)

study, to estudiar (2)

style estilo, el (14)

style (in) moda, de (8)

subject (academic) materia, la (3)

succeed, to tener éxito

suffer (from), to padecer (zc) (de) (10)

suffix sufijo, el

suggest, to sugerir (ie, i) (9)

suggestion sugerencia, la (10)

suit traje, el (8)

suitcase maleta, la (9)

summer verano, el (1)

sun (it is sunny) sol, el (hace...) (7)

sun glasses gafas de sol, las (9)

Sunday domingo, el (1)

supervisor supervisor/a, el/la (11)

support apoyo, el

support (a family, etc.), to mantener (ie) (15)

support, to apoyar (15)

sure, to be asegurarse

surprise, to sorprender(se) (10)

suspect, to sospechar

sweater suéter, el (8)

sweep, to barrer (5)

swell, to hinchar

swim , to nadar (2)

swimming natación, la (2)

swimming pool piscina, la (9)

symphony sinfonía, la (14)

symphony orchestra orquesta sinfónica, el (14)

symptom síntoma, el (10)

system analyst analista de sistemas, el/la (11)

T

table mesa, la (1)

tablespoon cucharada, la (6)

take a walk, to pasear (4)

take care of oneself, to cuidar (se) (10)

take off, to despegar (gu) (9)

take off, to quitarse (5)

take one's blood pressure, to tomarse la presión (10)

take out the trash, to sacar la basura (5)

take pictures, to sacar fotos (9)

take the part of, to hacer el papel (de)

take to; to drink tomar (2)

take turns, to turnarse

talented talentoso/a (14)

talk, to hablar (2)

tall alto/a (2)

taxes impuestos, los (15)

tea té, el (6)

teach, to enseñar (2)

team; equipment equipo, el (7)

tear lágrima, la

teaspoon cucharadita, la (6)

technological tecnológico/a (12)

teeth dientes, los (5)

television program televisión, la (13)

television set televisor, el (13)

television viewer televidente, el/la (13)

temperature temperatura, la (10)

temptation tentación, la

tend to, to soler

tennis tenis, el (2)

tennis court cancha de tenis, la

tennis shoes tenis (los zapatos de...); zapatillas de tenis, las (8)

tenor tenor, el (14)

tenth décimo/a (8)

terrific! ¡estupendo! (7)

test prueba, la (10)

thank you gracias (1)

that's why por eso (9)

therapy terapia, la

there *(adv.)* allí (1)

there is/are hay (1)

thin delgado/a (2)

think; to plan (to do something), to pensar (+ inf.) (4)

third tercero/a (8)

thirst (to be thirsty) sed, la (tener...) (3)

thistle cardo, el

thorax tórax, el

throat garganta, la (10)

throw out, to arrojar (12)

Thursday jueves, el (1)

ticket boleto, el

ticket office taquilla, la

tie corbata, la (8)

tie (the score), to empatar (7)

tight estrecho/a (8)

times (per week) veces (a la semana) (5)

timid tímido/a (1)

tip propina, la (6)

tired cansado/a (3)

title título, el (1)

toad sapo, el

toast tostada, la (6)

toasted bread pan tostado, el (6)

toast, to tostar (ue) (6)

toaster tostadora, la (6)

tomato tomate, el (6)

tomato sauce salsa de tomate, la (6)

tomato soup (cold, pureed) gazpacho

tomb tumba, la

tombstone lápida, la

ton tonelada, la

tongue lengua, la (10)

tooth, molar muela, la (10)

toothbrush cepillo de dientes, el (8)

toothpaste pasta de dientes, la (8)

touch; to play a musical instrument, to tocar (6)

tour gira, la (14)

tour guide guía, el/la (9)

towel toalla, la (7)

track and field atletismo, el (7)

training entrenamiento, el (11)

transmit, to transmitir (13)

travel agency agencia de viajes, la (9)

traveler viajero, el (9)

traveling salesperson viajante, el/la (11)

tree árbol, el

trimester trimestre, el (3)

trombone trombón, el (14)

trompeta trompeta, la (14)

true (really?) ¿(de) verdad? (2)

try on, to probarse (ue) (8)

t-shirt camiseta, la (8)

Tuesday martes, el (1)

tulle (silk or nylon net) tul, el (14)

tuna atún, el (6)

turn loose, to soltar

turn off, to apagar (12)

turn on, to encender (ie) (12)

tuxedo esmoquin, el (14)

type, to escribir a máquina (11)

U

U.S. citizen estadounidense (2)

ugly feo/a (2)

uncle/aunt tío/a, el/la (4)

under debajo de (5)

underline, to subrayar

understand, to comprender (2); entender (4)

unemployment desempleo, el (11)

unless a menos (de) que (11)
until hasta que (11)
useful útil
utensil utensilio, el (6)

V

vacuum aspiradora, la (5)
vacuum, to pasar la aspiradora (5)
validity validez, la
vegetables verduras, las (6)
velvet terciopelo, el (14)
Venezuelan venezolano/a (2)
very muy (2)
veterinarian veterinario/a, el/la (11)
veterinarian veterinario/a, el/la (11)
video camera, camcorder cámara de video, la (9)
video cassette recorder (VCR) videograbadora, la (12)
view vista, la (9)
viola viola, la (14)
violate, to; to rape violar (15)
violin violín, el (14)
virtuoso virtuoso/a (14)
visit, to visitar (4)
volcano volcán, el (9)
volleyball vólibol, el (7)
vote (for), to votar (por) (15)

W

wages sueldo, el (11)
waiter/waitress camarero/a el/la (6)
waiter/waitress mesero/a el/la
waiting room sala de espera, la (9)

wake up, to despertarse (ie) (5)
walk (to go out take a walk), to paseo (dar un...) (7)
walk, to caminar (2)
want, to; love querer (ie) (4)
warm caluroso/a
wash (oneself), to lavar(se) (5)
washing machine lavadora, la (5)
waste desechos, los (12)
waste desperdicio, el (15)
waste basket basurero, el (5)
waterfall catarata, la
waterfall salto, el (9)
wave ola, la
way, manner (of dressing) modo (de vestir), el (14)
we're going; let's go vamos (3)
weapon arma (f.), el (15)
wear (shoes), to calzar (8)
wear, to llevar (8)
weather (it is nice out.) tiempo (hace buen...) (7)
weatherman, weatherwoman meteorólogo/a, el/la (13)
weave, to tejer
Wednesday miércoles, el (1)
week semana, la (6)
weight peso, el (10)
weights pesas, las (10)
well pues *(conj.)* (3)
well *(adv.)* bien (1)
well-being bienestar, el (10)
what bad luck! ¡qué mala suerte! (7)
what color is it? ¿de qué color es? (1)
what is it/he/she like? ¿cómo es? (1)
what is there..? ¿qué hay en...? (1)

what is this? ¿qué es esto? (1)
what is your name? (fam.) ¿cómo te llamas? (1)
what is your name? (form.) ¿cómo se llama usted? (1)
what...? ¿qué...? (2)
what's happening? ¿qué pasa? (1)
when cuando (11)
when...? ¿cuándo...? (2)
where donde (11)
where (to)...? ¿adónde...? (2)
where...? ¿dónde...? (2)
which (one/ones)...? ¿cuál(es)...? (2)
white blanco/a (1)
who...? ¿quién(es)...? (2)
whose...? ¿de quién(es)...? (2)
why...? ¿por qué...? (2)
widow viudo/a
win ganar (7)
wind (it is windy) viento (hace...) (7)
window (by the...) ventanilla (de)
wine (red / white) vino (tinto/blanco), el (6)
winter invierno, el (1)
wish, to desear (9)
with con (1)
within; inside of dentro de (5)
without sin (5)
without sin que (11)
wood madera, la
wool lana, la (8)
word processor procesador de textos, el (12)
work on commission, to trabajar a comisión (11)
work schedule horario de trabajo, el (11)

work, to trabajar (2)
worldly mundado/a (14)
worried preocupado/a (3)
worse peor (5)
worth, to be; to cost valer (8)
would you like (+ inf.)...? te gustaría (+ inf.)...? (4)
woven goods tejidos, los
wristwatch reloj de pulsera, el (8)
write, to escribir (2)
write (fam./form.) escribe (escriban) (1)
written escrito/a (12)

X

x-ray radiografía, la (10)

Y

yank out, to arrancar
year año, el (6)
yearly bonus bonificación anual, la (11)
years (to be ... years old) años (tener...) (3)
yellow amarillo/a (1)
yesterday ayer (6)
yoghurt yogur, el (6)
you (fam.) tú (1)
you have (fam.) tienes (1)
you (form.) usted (1)
you [(pl.) they are] son (1)
you are welcome de nada (1)
you need (fam.) necesitas (1)
young joven/a (2)
younger menor (4)
your (fam.) tu/tus (1)